日本古代宮廷社会の儀礼と天皇

吉江　崇著

塙書房刊

はしがき

本書は、恒常的あるいは臨時的に催行された宮廷儀礼を主たる分析対象と定め、それらに関する検討を通じて、天皇を頂点とする宮廷社会の構造的特質とその変質過程を、可能な限り立体的に描き出すことに課題を置く。

七世紀後葉に花開いた日本の律令国家は、前代に存在した大王と諸氏族及び人民との間の重層的な関係を、律令法に依拠しながら合理化、固定化することによって形成された国家である。その頂点には神話的、儒教的、仏教的な外皮を纏った天皇が存在し、その天皇が官僚機構を介して自らのもとに一元的に位置付けられた諸氏族を率い、均質化された公民に対して支配を行ったという点に、国家の特質を見出すことが可能である。律令法に基づき構築された官僚機構は、極めて整然とした体系を有しており、有力氏族で構成される貴族への優遇的な側面を持つものの、天皇と氏族との没個性的な関係で運営されることを原則とした。

しかし、八世紀後葉には、個としての天皇に近侍、帰属するような特別な人々が現れ、こうした近侍集団は九世紀前葉にかけて次第に組織化されていく。もっとも、ここに萌芽する天皇近侍組織は、基本的には官僚機構とは別個に現れたものであり、その登場自体は、律令国家の構造と何ら抵触するものではないが、律令国家の基盤にあった氏族の原理とは異なる性質を有していたことから、次第に氏族の存在形態を変化させ、官僚機構を変質させていく要因となった。一〇世紀中葉から後葉になると、官人のみならず官司もまた天皇の近侍的性格を濃くしていき、その流れの延長上に、天皇を後見する王家、王家を各々の立場から支える各権門が確立していくこととなる。こうした日本古代の宮廷社会の様相を、宮廷儀礼という観点から描写することが本書の課題である。

極めて乱暴に整理するならば、権力の所在を中心に、政治動向を動態的に把握するのが狭義の政治史研究であり、結果として定立された各種の法制からそうした政治動向に定点を与え、俯瞰的、枠組み的に政治及びその構造を捉えるのが法制史研究の役割ということになろう。対して本書で扱う儀礼史研究とは、政治を動かす人や組織の関係性に着目し、その維持や表象を目的としてなされた儀礼を主眼に据えることで、逆に、人や組織の関係性の特質や変容の様子を見出そうとする研究手法である。儀礼の次第や所作、用いられる種々の器物や儀場の空間構成、運営のあり方などを、総体的に把握、復原し、それらを通じて、組織・集団の規範意識や儀礼に込められた象徴的意味合いを読み解くことになる。

日本が継受した律令法の中には、本来的に礼的な秩序が含まれており、法制と儀礼とは、国家を支える両輪とも言うべき位置にあった。精緻になされてきた法制史研究に、儀礼に力点を置いた考察の成果を加味することは、より具体的な政治史の把握に繋がるはずであり、その意味において儀礼史研究は、大きな可能性を秘める研究手法と考える。ただ、その一方で、儀礼が本来的に有する性質上、表層的あるいは静態的な把握に陥りかねず、空間的な広がりとして見た場合にも、必ずしも射程の広いものではない点は、予め認めておかねばならない。儀礼を主たる分析対象とするのであれば、内包される欠点や限界にも配慮することが必要であり、それ故に、巨視的な立場から位置付ける視点を、他の研究手法以上に、意識的に持つ必要があると考える。

議論を進めるに先立ち、本書の構成を簡略に示しておくこととする。第Ⅰ部は、前代からの様相を色濃く残しながらも、日本型の専制君主を戴くものとして成立した律令制期の宮廷社会について、政務・儀式などで天皇が座る座の様相（第一章）、天皇の発した宣命と詔勅との関係（第二章）、律令制期の神祇祭祀の様相（第三章）を取り上げながら、その特色を論じるものである。第Ⅱ部では、饗宴儀礼の変質（第一章）、天皇の家の祭祀の創出（第二章）、侍臣及び近侍組織の形成（第三章）、天皇を守護する新たな宗教施設の出現（第四章）といった点から、家の形成を核とした九世紀前葉における天皇制の変容を検討する。第Ⅲ部は、儀礼を運営する官司の変化（第一章）、それをもとにした家の儀礼の発展（第二章）、官司内の儀礼の展開（第三章）、天皇に関わる財の継承と天皇への後見の変容（第四章）、天皇と対比される貴族の家の継承（付章）、といった視点から、一〇世紀中葉から一一世紀中葉において、天皇の家が官僚機構そのものを転換させた様子を考察する。こうした検討を通じて、全体として右述の課題に迫りたいと考える。

なお、本書の各章は、ほとんどはすでに発表した小文を再構成したものである。発表後に受けた批判については、注を付すなどして現時点での理解を述べることに努めたが、批判の背景にある進展著しい研究動向全般については、それを受け止めた形で新たな議論を展開することは叶わず、表現や字句の修正に止めざるを得なかった。それは、偏に筆者の怠惰な性格によるものであるが、一方で、初出時の問題の所在を示すことも無意味ではないといった、言い訳めいた期待にもよる。予めご了承いただくとともに、諸賢の叱正を仰ぐ次第である。

目次

目　次

日本古代宮廷社会の儀礼と天皇

第Ⅰ部

第一章　天皇の座と儀礼構造
――高御座に関する考察から――

はじめに

本章が課題とするところは、律令天皇制の特質を儀礼構造という観点から描き出すことにある。周知の通り律令制期の天皇制は、唐から継受した専制君主的側面と前代からの未開とも言える固有的側面とを併せ持つ存在であった(1)。こうした天皇制の二面的性格は、しばしば形式と実態という二つの対立する概念に置換され、固有性の析出からその実態に迫ろうとする傾向はなお強い。しかし、律令制の導入、律令公民制・律令官僚制の形成に伴い、天皇制が日本的な専制君主制へ移行したことも明確な事実であり、それを形式的なものとのみ理解することは不適切で、むしろ二面的性格が相互補完的に機能したのが律令天皇制の特徴であったと考えるべきであろう。ここでは、それ以前の天皇制とは異なる新たな天皇制が国家機構にとって不可欠であったことを積極的に評価し、それと固有性との関係を見ることで、律令天皇制の特質を描き出したいと考える(2)。

こうした課題に近付くため儀礼構造の分析という方法を採るのは、律令法が天皇制を原則として規定しない以上、令文に垣間見える天皇制の分析は、多かれ少なかれその固有性の指摘に帰結せざるを得ないと考えるからであり、それとは距離を置き、より明確な形で天皇のあり方を検討したいからである。古代における政治・文化・宗教は、程度の差こそあれいずれも儀礼的であり、古代国家の儀礼とは決して抽象的・形式的なものではない。

こうした観点から儀礼構造を分析するのであれば、重要となるのは儀礼空間の構成を復原し、空間構成から儀礼の特質を読み取ることで、それを天皇制に引き付けて論じるならば、儀礼における天皇の座の様相を検討することは不可欠な視座となる。そこで、律令天皇制にとって最も重要な座と思われる高御座を中心に天皇の座に関する基礎的考察を行い、天皇制に関わる儀礼構造を素描する中から、上記の課題に近付きたいと考える。

高御座に関しては、和田萃の研究が天皇制との関係を視野に置き、全般的に考察したほとんど唯一の研究である[3]。その指摘は多岐にわたるが、結論的な部分を要約すると次のようになろう。すなわち、「タカミクラ」の大きな特徴は八角形という形状にあり、それは天皇による全国支配を象徴したもので、推古・舒明朝以来の「やすみしし吾大王」という観念、孝徳朝に生み出された「(オオ)ヤシマグニシロシメススメラミコト」という呼称がその形状に影響を与え、歴代遷宮のなくなる藤原宮大極殿の成立とともに、天武天皇以前の登壇即位における壇を踏襲する形で、大儀ごとに臨時に敷設される「タカミクラ」が成立したとする。和田の指摘は示唆に富み、特に八角形なる形状が全国支配を象徴したとする点は天皇制の根源を考える上で重要な視座と言えよう。

しかし、高御座の形状的特質が八角形という点のみに集約し得るか否かはなお問題とされねばならず、また成立時期に関しても、歴代遷宮の消滅がなにゆえ高御座の成立と結び付くかは必ずしも明確には論じられていない。加えて、七世紀の歴代遷宮を疑問視する見解が有力である以上[4]、『日本書紀』に見える飛鳥浄御原宮大極殿を「大安殿なりの間違い」と片付けることはできず、その成立に関しては、大極殿の成立時期とともに再検討されるべきであろう。そもそも、高御座が天皇位の象徴であるとともに儀礼における実際的な座であることを想起するならば、その特徴を論じるには、他の儀場における天皇の座との相違を説明し、高御座に座す儀礼構造とその他の儀礼構造とを比較する視角が必要と思われる。律令天皇制にとって重要な座である高御座は、こうした天皇の座の全般的な考察を通じて、はじめて律令国家儀礼の中に位置付け得ると考える。

本章では、このような問題意識のもと、平安時代の儀式史料を積極的に利用し、高御座を中心とした天皇の座という観点から天皇制の儀礼構造を考察したい。こうした検討を通じて、前述したような律令天皇制の特質をいくらかでも明確にできればと考える。

一　高御座の形状的特質

まず、高御座の形状に関する検討から始めることとする。もっともこの点に関しては、高御座に触れる多くの研究が論究し、新たに付け加えるべき点はそれほど多くはない。しかし、何をもって高御座の特質と見るかという基本的な点に関しては、八角形に装飾することを重視する和田の見解以外に明快な言及はなく、なお検討の余地はあろう。そこで、先行研究に多くを依拠しながら、若干の私見を加えて、その特質を定義し直してみたい。

大極殿高御座に関する史料のうち、まとまった最古の史料は次の『延喜式』の規定で、これが最も基本的な史料となる。

『延喜式』巻一五、内蔵寮

元正預前装二飾大極殿一。鳳形九隻、順鏡廿五面、玉幡八旒、玉冒甲十六条、鄣子十二枚、韓紅花綾表、白綾裏。帳二条、浅紫綾表、緋綾裏。上敷両面二条、下敷布帳一条、已上高御座料。錦幔一条、緋綱八条、漆土居桁柱一具、土敷布帳卌七条、鎮子鉄一百廿廷。廷別納レ帒。与二内匠・主殿・掃部等寮一共依レ例装束。従二小安殿一至二高御座一之間、敷二両面一為二御道一。其日駆使以二左右衛士各十人一充レ之。

『延喜式』巻一七、内匠寮

凡毎年元正、前一日官人率二木工長上雑工等一、装二飾大極殿高御座一。（蓋作二八角一、角別上立二小鳳像一、下懸以二玉幡一。毎レ面懸二鏡三面一、当レ頂著二大鏡一面一。蓋上立二大鳳像一。惣鳳像九隻、鏡廿五面。）幔台一十二基、立二高御座東西各四間一。（中略）元日高御座飾物収二内蔵寮一、当レ時出用。幔台及火爐収レ寮。

ここからは、内匠寮が高御座を飾る小鳳像以下の装飾具が、「元日高御座飾物」として内蔵寮に収められていたこと、内蔵寮には他に斗帳に用いるのであろう障子や帳(5)、高御座の壇下、東西南に敷く土敷布帳(6)なども収納されたこと、内蔵(7)・内匠・主殿・掃部がこれらを用い協力して高御座と大極殿の装飾にあたったこと、をまず知ることができる。

これを踏まえて先行研究が注視してきたのは、常設か否かという点である。和田は『延喜式』に見える高御座は一般的には八角形の屋形と蓋を指し、下壇が常設か否かは不明だが大極殿や豊楽殿への出御に際して「臨時に敷設された」とし、橋本義則も同様に理解する。古尾谷知浩・箱崎和久も、「最下壇の「壇」のみは複数常設であっても、狭義の高御座本体は唯一であり、（中略）儀式に先立って臨時に敷設される建前であった」と見る。こうした臨時性を強調する見方がある一方、「平安宮では、大極殿に八角形の蓋・屋形と壇の高御座、豊楽殿に壇のみの高御座が常置され、両者が併存した」と平安宮の高御座の常設性を指摘する今泉隆雄の見解も存在し、少なからぬ相違を見出すことができる(8)。

常設か否かの問題は、高御座とはいかなる座かという根本的な理解とも関わり容易には解決し難い。蓋の飾りや障子・帳が通常内蔵寮に収められていたことは明白であるから、ここで問題となるのは蓋を含めた骨組みが常設か否かである。もっとも内蔵寮式が記す「漆土居桁柱」を斗帳の土居桁と見れば、高御座の斗帳の骨組みも臨時の構築となるが、斗帳に限定して解するだけの根拠は管見の限り存在しない。内蔵寮式に蓋そのものの規定がないのも臨時の敷設と見るには気がかりで、『日本紀略』昌泰二年（八九九）五月一二日条に「瓢風吹。傾二大極殿高御座於巽方一」とあることは斗帳の常設を示唆するかもしれない。しかし、帳のない骨組みのみが常設されていたと見ることはやはり不自然な感を否めない。断定は避けざるを得ないが、「土居桁柱」を斗帳の土居桁、蓋に関しては内匠寮式の「蓋作二八角一」が蓋を組み立てる行為を示すと理解し、斗帳は全体として臨時に敷設されるものであったと見るのが穏当ではなかろうか[9]。

しかし、これはあくまで斗帳部分、しかも帳などで装飾されていない骨組みの問題であり、たとえそれが常設であったとしても、壇と骨組みの状態と壇のみの状態との間に大きな差異を認めることはできない。高御座の特質を考えるのであれば、むしろ重視すべきは常設の壇が存在した事実であろう。『江家次第』巻一二、斎王群行は大極殿に臨御した天皇の座を「当二階下一少向レ巽、装二飾御座一」と記すが、ここに見える「階」とは、天皇が座さない時の高御座の東階である。仏教儀礼で高御座が仏台となることや、『延喜式』巻一五、内蔵寮に「大極殿高御座帊一条。黄表帛裏、長一丈五尺六幅。」とあること、前掲の『日本紀略』の記載などを考え併せると、階の取り付く壇が古くから大極殿に常設されていたと考えて問題はない。常設の壇の存在は、天皇の座す場が常時確保されていたことを意味する。特殊な場合を除き、壇上には天皇以外の座は設置されないのであり、このことからは、斗帳が臨時の敷設であったとしても、天皇の座は大極殿の中央に常に位置付けられていたと理解し得るのである。先行研究は常設の壇の存在をあまり注意しないが、こうしたことを考慮すると、その存在は決して看過し得るものではなく、むしろ常設の壇から天皇の座の実質的な常設性を見ることも、十分可能であると考える。

平安宮に存在した豊楽殿・武徳殿の高御座にもこのことは当てはまる。武徳殿高御座は、『西宮記』に「高座」と記されるもので、天慶七年（九四四）に武徳殿へ行幸した朱雀天皇が、儀式途中で東廂の穏座[10]である大床子へ移動する際、「于レ時　天皇起二御座一。（中略）帝従二西面階一降、出レ従二壇戌亥角一着二東庇御座一。件御座立二平文大床子二脚一、以二南北一為レ妻。」」、「震（宸）儀起二御座一従二西階一降給」とあるように、⑾階が付き、「戌亥角」がある方形の壇に設けられた座であったことを知ることができる。『延喜式』巻一七、内匠寮では「凡五月五日節、前一日、武徳殿構二立斗帳又軟障台二基一。立二御座壇以南西二間一。」と常設であろう「御座壇」の存在を示しており、節会に際しては常設の壇の上に斗帳を立てて座を設け、「御座壇」以南の西間二ヶ間に軟障を懸けて装飾したようである。

豊楽殿高御座は、『儀式』巻六、元日御二豊楽院一儀において「構二立御斗帳於豊楽殿高御座上一。（中略）掃部寮敷二御座於高御座一」とある如く、「高御座」の上に斗帳を立てて座としており、壇自体は常設だったようである。豊楽院儀の節会は、天皇が大極殿閤門に出御し、律令官人を一同に会して賜宴した形態に系譜を持ち、紫宸殿儀の節会とは臣下の参加形態や儀礼構造を大きく異にした。⑿武徳殿での五月節会においても六位以下を含む百官が参列し、大極殿・豊楽殿・武徳殿の三殿は、天皇が恒常的に行幸し、六位以下を含む律令官人と向き合う内裏外殿舎という点で共通する。こうした殿舎の天皇の座がいずれも高御座と呼ばれ、常設の壇に斗帳を立てた様相だったという事実は注目されてよい。

近世の紫宸殿に設置された高御座の壇は「広サ東西一丈九尺余、南北一丈七尺余、高サ三尺余」で、⒀古代の大極殿高御座はこれより大きかったとも思われ、その大きさや高さには無視し得ないものがある。また、天平一六年（七四四）の「運二恭仁宮高御座幷大楯於難波宮一」という記事は、難波宮への遷都が顕在化する上で重要な定点とされるが、⒁ここに高御座の移動が特記された理由を、斗帳部分の移動ということよりも、藤原宮→平城宮→恭仁宮と移築されてきた大極殿上⒂に代々常置されてきたであろう壇の移動に求める方が、難波宮遷都の評価にとって重要ではあるまいか。そもそも高御座なる名称を先入観なく見れば、高い座であることに由来することは明白で、壇は高御座にとって必要不可欠な要素と言える。常設の壇を持つことが高御座の共通した特徴で、壇の存在から天皇の座の実質的な常設性を看取できるのであれば、高御座の最も重要な形状的特質とは、まさに「高御座」（＝壇上の座）であることに求めるのが適当であろう。先行研究が注目した八角形という形状はあくまで飾り方の問題に過ぎず、常設の壇はそのこと以上に重要で基礎的な特質であると考える。

さて、前掲の『儀式』では「構二立御斗帳於豊楽殿高御座上一」と斗帳が立てられる壇を高御座と呼称しているようであり、この記事からは、推定を一歩進め、高御座は壇それ自体を指すと見ることも可能ではあるまいか。こうした考えを採るにあたっては、古尾谷・箱崎が「畳を用いず、椅子式にするという方針から」復原した斗帳内の倚子の是非が問題となる[16]。倚子座を天皇の座と考えるならば、高御座を壇それ自体であると見ることに、少なからぬ矛盾をきたすと思われるからである。

諸史料に現れる高御座は、帳中に畳・茵を敷くのが通常で、倚子座を明記するものはわずかな例外を除き存在しない。例外とは「早旦撤二両国御帳幷標等一、装束司装二飾高御座一如レ例。帳三面褰レ之。高座外壇上敷二青絹一。撤二高座一敷二錦毯代一立二平文御倚子一」と記す『兵範記』仁安元年（一一六六）一一月一八日条の大嘗祭豊明節会（大極殿儀）のことで、貞享四年（一六八七）に復興された大嘗祭豊明節会が倚子座の高御座だったのは、この『兵範記』を参照してのことと見てまず間違いはない[17]。この様相がいつまで遡り得るかは不明だが、九世紀の豊明節会にまで遡らせても不都合はなかろう。しかし、復興された大嘗祭の高御座が倚子座であったのに対し、即位儀の高御座は畳の座だったことには注意を要し、明治以前の高御座には倚子を置く様相と倚子のない様相の二つが存在したのである。

豊明節会の高御座に倚子が設置された理由を明確に述べることは困難だが、おそらく高御座の両側に設営された悠紀・主基帳が倚子座であることと対応し、それとの釣り合いで倚子を置いたと見るのが穏当であろう。倚子座の高御座は、『兵範記』が記す如く、装飾された高御座中の「高座」（＝畳などを指すか）を撤して倚子を立てるのであり、これを本来的な姿と見ることはできない。また、豊明節会以外の豊楽殿節会では、前掲の『儀式』に「敷二御座於高御座一」とあったことから「敷く」と表現されるべき座であることを知ることができ、豊明節会をもって豊楽殿高御座の一般的な様相と見ることには慎重にならざるを得ない。現代の高御座が常に倚子座であるのは、おそらくは大嘗祭を即位儀に連続して行うこととした明治四二年（一九〇九）公布の登極令及び附式の段階に、大嘗祭の形態が古儀と認識されたからであり、現代の高御座の様相が近代の思想によることを忘れてはならない。古尾谷・箱崎の復原においても、十分な根拠は提示されておらず、種々の史料を勘案すれば、高御座には倚子は当初よりなかったと見るのが自然である。

以上のように、『儀式』が壇を「高御座」と呼称すること、倚子座を想定する必要はないこと、そして何よりも「高御座」が高い座であることに由来する名称であることを考え併せると、高御座の形状的特質である常設の壇を単なる土台と理解するのではなく、これ自体が一つの座として機能したと認めるべきであろう。もっともこうした事柄は、先行研究の視点を変えたに過ぎず、和田が指摘した八角形に装飾されることの重要性を減じはしない。しかし、上記の事柄は座の様相から見れば極めて特殊なものであり、これを無視しては高御座の特徴を論じ得ず、高御座を座として捉えるのであれば、その特質は何よりもこの点に求めねばならないと考える(18)。

二　紫宸殿儀式と天皇の座

- 帳中倚子型
  - 節会（元日・白馬・踏歌・重陽・豊明）、朔旦冬至
  - 政務（旬政・擬階奏・除目）
- 大床子型
  - 南廂簾中型
    - 相撲召合、八月勅旨牧御馬御覧（甲斐・秩父・信濃・上野）、陸奥交易馬御覧
    - 立后、立太子、任大臣
  - 母屋簾中型 ―― 釈奠内論義、節会不出御儀
- その他 ―― 仁王会（北廂中央間）、祈年穀奉幣遙拝（南廂東第一間）

図1　紫宸殿儀式への出御形態

前節では、高御座の形状的特質が常設の壇にあることを指摘した。はじめにでも述べたように、高御座を天皇が着す実際的な座であるという前提に立つならば、こうした様相の特殊性は、高御座以外の座と比較する中で明らかにされねばならないと考える。それには何よりも、内裏前殿たる紫宸殿の天皇の座との比較が不可欠なものとなろう。

紫宸殿儀式における天皇の座は、仏教儀礼や神事を除くと、御帳の中の倚子に座す「帳中倚子型」と、御簾を懸けその中に臨時に大床子を設けて座す「大床子型」に大別できる（図1）。後者はさらに、南廂に御簾を懸け南廂の大床子に座す「南廂簾中型」と、母屋に御簾を懸け母屋内の大床子に座す「母屋簾中型」とに分かれるが、このうち「母屋簾中型」は、釈奠内論義のみに用いられた座の様相で（図2）、「天皇御二南殿一、着二帳中御座一。若有二余熱一、依レ仰懸二御簾母屋一。其内御帳東向〔間カ〕、逼レ南立二大床子一為二御座一。」とあるように[19]、本来は「帳中倚子型」だったものが「余熱」という理由で略された形態である。母屋に御簾を懸けたのは、南廂と簀子敷を用いて論義がなされるためで、「南廂簾中型」が南庭の儀式を観覧するのと相違する。また、御簾の懸け方は節会不出御儀と同様であり[20]、天皇の出御形態としては特殊な様相と言えよう。紫宸殿儀式の天皇の座は、基本的にはそれを除く、「帳中倚子型」と「大床子型（南廂簾中型）」の二つの形態に集約し得ると考える。

「大床子型（南廂簾中型）」は、南廂西第一間より第六間まで御簾を懸け、その東端から賢聖障子までの南北三ヶ間にも御簾を懸け渡して御簾と障子・壁で囲む閉じられた空間を作り、その中にさらに屏風を廻らせて、大床子を南廂中央間（信濃駒牽以外の八月駒

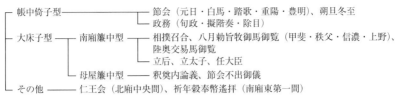

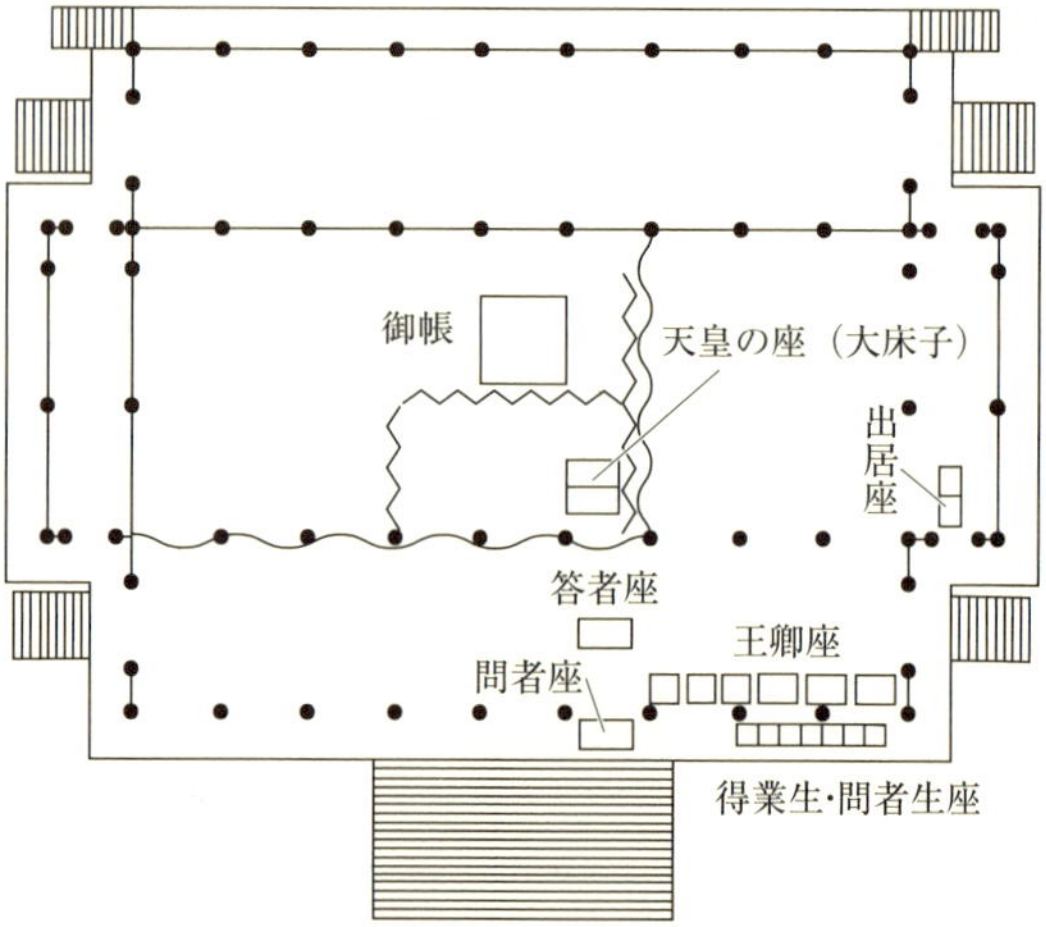

図２　大床子型（母屋簾中型）―釈奠内論義
※主な典拠：『政事要略』巻22、年中行事八月所引「装束記文」（八月尺奠紫宸殿内論義）、『江家次第』巻８、八月釈奠紫宸殿内論義装束

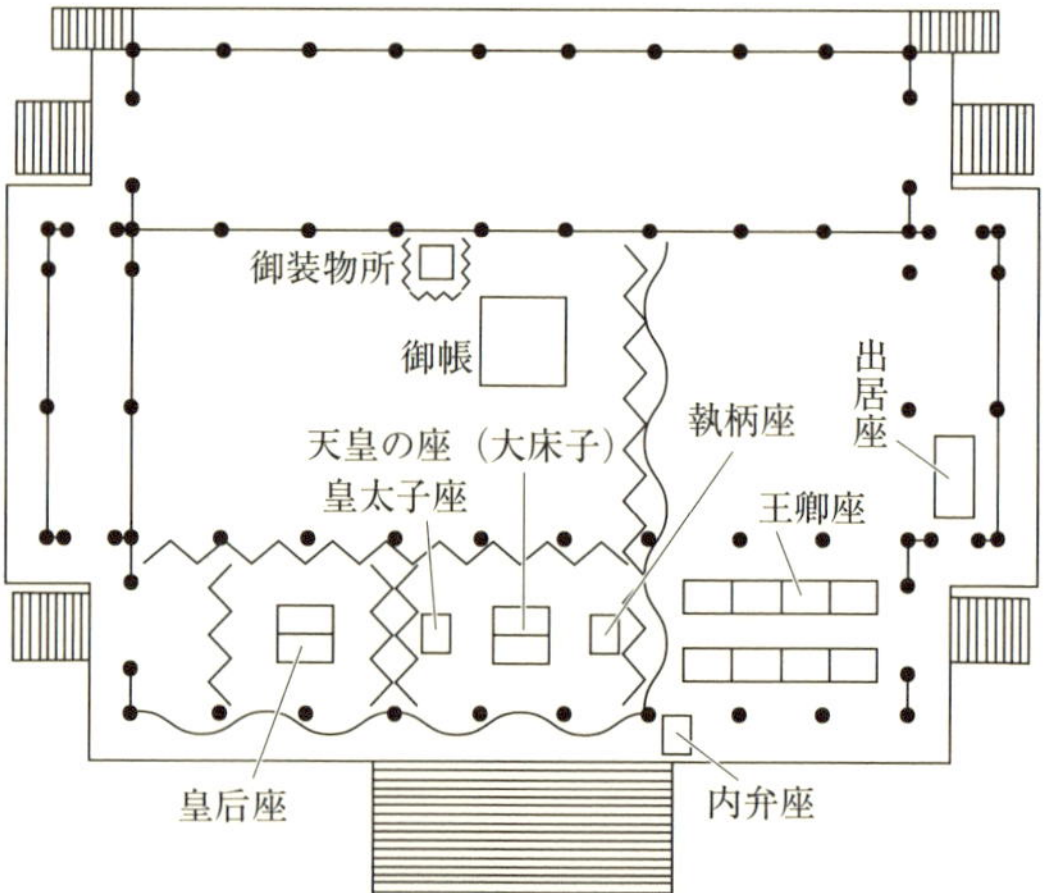

図３　大床子型（南廂簾中型）―相撲召合
※主な典拠：『江家次第』巻８、七月相撲召合装束、『雲図抄』七月相撲節

牽では西に寄せる）に設置し座とする。信濃駒牽が「今日殿上装束如二相撲召一。今日（衍カ）懸二御簾一。親王・公卿・出居座又如二彼日一。」とされ、(21)天元五年（九八二）の藤原遵子立后儀が「南殿御装束略如二相撲召合儀一。垂二御簾一。」(22)だったことから、この形態は相撲召合儀に代表されるような座の様相と言ってよい（図３）。

相撲は、本来、雑令諸節日条に規定する七月七日節会で、『内裏式』『延喜式』は神泉苑儀を記している。『延喜式』巻一七、内匠寮は、前掲の武徳殿五月節会装束に続き「其神泉苑立二斗帳一亦同」と記しており、神泉苑儀では斗帳を立てて座したようである。しかし、天長三年（八二六）に平城上皇の国忌を避けて式日が節日から移動し[23]、九世紀末には娯楽性の強い「召合」（紫宸殿儀）として再編され[24]、一一世紀初頭には節会と異なる「臨時小儀」と理解されるに至る[25]。南廂の座は母屋に比して南庭の儀式の観覧に適し、時には皇后・皇太子も天皇の側に座して相撲を観覧したが、その一方で殿上の王卿と天皇の間は御簾と屏風で仕切られ、節会の如き天皇と王卿との一体性は存在しない。南庭を使って行われる相撲召合儀は娯楽性の強い儀式なのであり、成人の天皇が日中に御簾を巻き観覧することが批判の対象となったのも、このことと関係するのだろう[26]。八月駒牽においても、四月駒牽と異なり節会と結び付かないこと[27]、不出御儀では馬の馳走がないこと、陽成天皇・花山天皇といった病的なまでに馬好きな天皇の存在など、相撲と同様な娯楽性を指摘し得る。九世紀後半には「天皇於二南殿御簾中一観二相撲一」、「天皇御二紫宸殿一於二御簾中一観二相撲一」と簾中で相撲を観覧する形態が見え[28]、節会と異なるこうした様相は、節会から明確に分離する中で成立したものと推測する。王卿の座を対座で設けるのはその名残と見ることができよう。

一方、同様な装束がなされる立后・立太子・任大臣儀は当然ながら娯楽性は存在せず、「大床子型」を採る理由は別に説明されねばならない。それを明確にはし難いが、儀礼の中心が官人にその旨の宣命を読み聞かせることにあり、殿上・庭中で宴が催されないことに注目したい。すなわち、これは宣命を宣し群臣が拝舞するだけの厳格な儀式で、南庭を退出した群臣は、その後、皇后・皇太子の本宮、大臣の家へ行き、そこで饗宴を受けることになる。神亀四年（七二七）の某王立太子儀が「賜下宴文武百寮已下至二使部一於中朝堂上」いなされたこと、天長四年（八二七）の正子内親王立后儀に紫宸殿での宴が伴っていたことなどを考えると[29]、宴を付すのが本来的な儀礼形態だったらしく、天皇の座も節会の如きものだった可能性がある。奈良末から平安初期に、唐礼における冊書の影響を受けて宣命の使用が定着し[30]、饗宴の意味合いが相対的に減じることで、天皇は直接姿を見せず簾中に出御するようになったのではなかろうか[31]。「大床子型」はいずれも特殊な事情に基づき成立したものであり、もともとの出御形態ではなかったと考える。

これに対し、「帳中倚子型」は紫宸殿儀式のより一般的な座の様相と言える。倚子は清涼殿儀式においても頻繁に使用されたが、清涼殿儀式と紫宸殿儀式の倚子のあり方は大きく異なっている。その相違は、前者が通常、殿上間にあって殿上倚子、または侍所倚子と呼ばれ、儀礼開催時に儀場へ移されるのに対し、後者が帳中に常置されたことに端的に現れる。すなわち、殿上倚子は蔵人所が管理し、小朝拝・男踏歌・臨時祭試楽など天皇が東庭での拝礼・歌舞を見る時、簾外の東廂または東孫廂に単独で置かれた[32]。紫宸殿と同様に帳中に倚子を設置する儀礼としては、小朝拝皇太子参入儀や内親王対面儀があるが、両儀では皇太子・内親王が清涼殿上で拝礼を行ったことから、東庭での歌舞や臣下の拝礼には御簾の前に設置した倚子に座し、殿内での拝礼には帳中の倚子に座すという、礼制上の明確な区別が存在したようである。

庭中の拝礼における倚子設置は内裏以外でも窺える。例えば任大臣時の上表では、上表の返却を自邸で受けた任人は、中使を「令レ就二堂上倚子一」め自らは「進二庭中一拝舞」する[33]。拝舞が終わると倚子は撤去され、殿内に平敷の座を設け、そこへ座した中使へ禄物が授与されるのであり、倚子は任人の拝舞を中使が受けるための座であった。他にも、故藤原頼忠の封国返上の上表で、藤原実資が「但不レ立二倚子一。無二拝礼一」と記し、藤原彰子立后時に「此間大臣奉レ遣二経房中将於中宮一、被レ申乙可下立二大床子一置中師子形上、幷可レ立二倚子一事甲。為二拝礼一也。」とされ、倚子の設置は拝礼と密接に結び付くものといえる[34]。しかし、実資の任右大臣時の上表で「令レ新二作倚子一」めたことや[35]、寝殿には通常倚子が設置されていないことから、それは臨時性の強い座と言え、清涼殿儀式の倚子も殿上間出御時の座であることが第一義的であり、清涼殿の日常的な座は、官奏や除目で座す平敷の昼御座と見るのがよい。清涼殿儀式の倚子は臨時的な座という意味合いが強く、それゆえその使用には御帳を伴わず、単独で用いるのであろう。

一方、紫宸殿の倚子の特徴は帳中に常置されたことにある。そして帳中の倚子に座すのが、紫宸殿儀式の一般的な座の様相であった[36]。しかし、このような「帳中倚子型」も細部では節会と政務[37]とで異なっている（図４・５）。

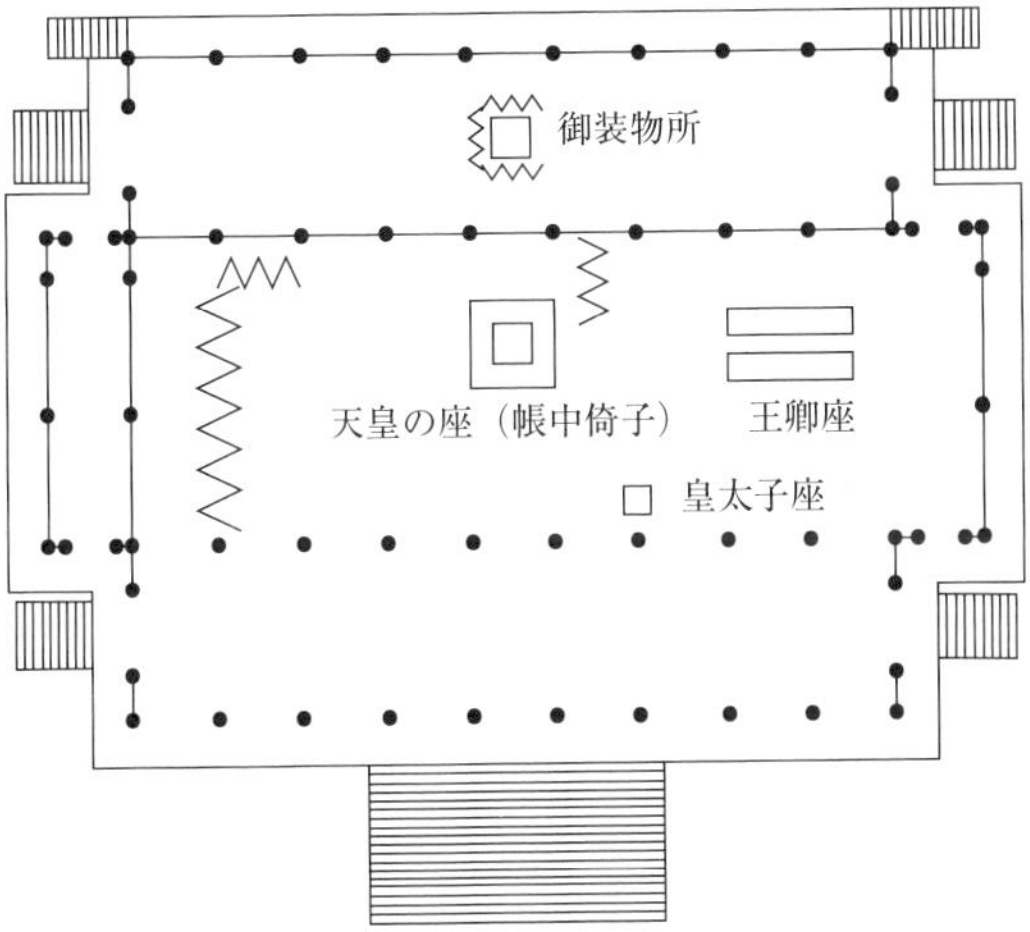

図４　帳中倚子型（節会）―白馬節会
※主な典拠：『江家次第』巻２、正月七日節会装束

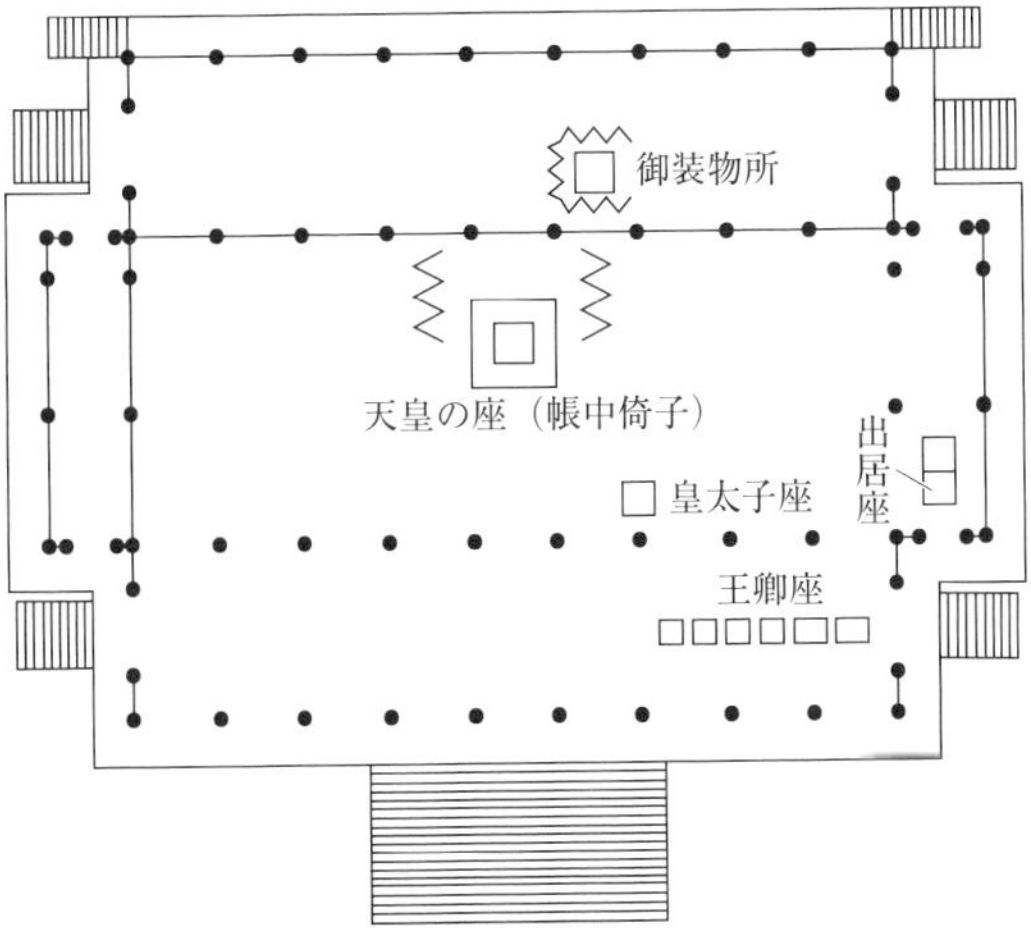

図５　帳中倚子型（政務）―旬政
※主な典拠：『左経記』万寿３年（1026）４月１日条、『江家次第』巻６、四月、二孟旬儀

節会における王卿の座は天皇の近く、「当二御帳東一第二間中央」に対座で設けられるのに対し、政務では南廂に北面して設けられる。この違いは、天皇と王卿との一体性を重視する節会と日常的な政務との本質的な差異に起因するものと思われ、これは天皇の座の相違としても現れる。節会では、『江家次第』に「撤二尋常御倚子一鋪二唐錦毯代一、立二平文御倚子一鋪二唐錦褥一」とあるように、通常の「黒柿木倚子」[38]を撤して帳中に立てられた「平文御倚子」に着す。一方、政務では、『江家次第』巻六、二孟旬儀が「掃部官人立二整御倚子於御帳内一」と記すことから節会と同様であるかのようにも見えるが、これは万寿三年（一〇二六）の旬政で「立二平文御倚子一。装束使記云、黒柿倚子者。而其倚子紛失。仍立レ之。」とされたように[39]、黒柿木倚子の紛失によるものであった可能性が強く、帳中常置の黒柿木倚子に座すのが本来的な姿であった。

周知の通り、『日本三代実録』貞観一三年（八七一）二月一四日条に「承和以往、皇帝毎日御二紫宸殿一視二政事一」とされ、『寛平御遺戒』で「延暦帝王、毎日御二南殿帳中一。政務之後、解二脱衣冠一、臥起飲食」とあるように、平安初期においては紫宸殿に出御して政務を執るのが天皇の日課であった。そしてその座が「帳中」にあったのであり、上述の如き様相は平安初期まで遡るものであろう。節会に用いる平文倚子は黒柿木倚子に比して壮麗な倚子と言え、節会という性格に適する臨時的なものと考えることができる。

さて、紫宸殿儀式の天皇の座が「帳中倚子型」と「大床子型（南廂簾中型）」の二つに大別され、前者がより一般的な座の様相で、なかでも日常的に用いる座が帳中常置の倚子であったならば、高御座の特殊性は、こうした倚子座の特徴と比較する中で論じる必要がある。「帳中倚子型」の分析は、天皇制をめぐる儀礼構造全般を鮮明にする上でも極めて重要な視角であり、高御座の考察へと戻る前に、理解をより深めておくことにしたい。

三　「帳中倚子型」の系譜

紫宸殿儀式の一般的な座である「帳中倚子型」の特徴を捉えるには、その系譜を探ることが最も単純であり、かつ最も効果的な方法と考える。『儀式』巻三、践祚大嘗祭儀中の大嘗祭辰日・巳日節会の悠紀・主基帳は、『西宮記』以降の儀式書が倚子座を記すのに対し床子座の様相を記しており、ここから『儀式』の記す様相は悠紀・主基帳の古い形態で、後に床子座から倚子座へ変化したと理解できる。このことは紫宸殿の倚子座の系譜を推定する上で極めて重要なことと思われ、この考察を核に「帳中倚子型」の特徴を検討していくこととしたい。

まずは『儀式』の該当箇所を掲げる。

訖各装二飾豊楽院御座一。塗漆斗帳一基。方一丈四尺五寸。一窠白綾覆上、白地摸摺為二帷表一、白絹為レ裡。同色為二帽額一、深蘇芳板押羅為レ緒。懸二斗帳一料鏡二面。径一尺一寸。御床子一脚。長八尺、広五尺、高一尺二寸。以二藍染綾一為レ覆。長一丈四尺五幅、浅黄遠山綾為二垂帷一。錦端龍鬢御帖二枚。長八尺、広五尺。下敷御畳十五枚。長各八尺、広各四尺。出雲席、紫地黄文両面端。

『儀式』と『西宮記』以降の儀式書との相違についてはすでに榎村寛之が注目し、榎村は復原図を作成してその相違を説明する。(40) しかし、「下敷御畳十五枚」を重ねその上に床子を置く榎村の復原に対しては、いささか不自然さを感じざるを得ない。仮に『類聚雑要抄』巻四が記す斗帳の地敷と同じ厚さの畳（＝二寸五分）が敷設されたならば、重ねられた一五枚の畳に床子の高さ（＝一尺二寸）を加えると五尺弱（＝約一五〇㎝）の高さを持ち、しかも下の畳よりも床子の方が大きいという不安定な座となってしまう。元永二年（一一一九）の崇徳天皇出産時に鳥羽天皇から待賢門院璋子へ送られた調度には、「御畳十五帖此中御帳料三帖、前敷二帖、已上白綾ヘリ。」があり、(41)『御産部類記』巻

八、崇徳院所引「源礼委記」が記す「蔵人持参送文」の雛形に「御畳十三枚／御帳料三枚／前敷二枚／辺敷八枚」とあることを考えると、出産の場を清浄にするために一面に新しい畳を敷くことが重要だったと推測される。これを参照するならば、悠紀・主基帳の場合の「下敷御畳十五枚」も斗帳の下や周辺に敷き詰めた畳の合計と見るのが適当であろう。

問題となるのは直前に記す「錦端龍鬢御帖二枚」である。その用法の可能性としては、①斗帳の地敷、②床子の下敷、③昼御座の如き前敷、などが考えられようが、①は斗帳より地敷の方が小さくなり不可能で、②も敷き詰めた畳の上にまた畳を敷き、その上に床子を置くというのは不自然な感が強い。「龍鬢御帖」であることを考えれば、①②がともに不適当なことは明白と言える。③については、大嘗祭豊明節会で「御二豊楽殿広廂一宴二百官一」した例があることから一概には否定し難いが[42]、この場合も本来は高御座上の斗帳内に着くべきで、悠紀・主基帳にこのような穏座的な座が存在したかは疑わしい。「龍鬢御帖」と床子の大きさが一致し、かつ続けて記されていることを考慮するならば、床子の上に二枚重ねて敷いたと見るのが妥当ではあるまいか。二枚重ねる理由や「下敷御畳」の敷き詰め方などに若干の不安は残るものの、ここでは図6の如き復原案を提示したい。『賀茂社嘉元三年遷宮記』などをもとに復原された上賀茂神社御帳台は[43]、細部はともかく全体としてはこの復原案と類似し、こうした推定を補強し得るものと考える。以下、こうした様相を持つ座への出御形態を、前節に倣って「帳中床子型」と称することとする。

さて、ここで用いられる床子は長八尺、広五尺、高一尺二寸というもので、これは正倉院北倉に伝来し聖武天皇の寝台と言われる「御床」が長七尺九寸、幅四尺、高一尺三寸であるのと近似し、『延喜式』巻三四、木工寮、神事并年料供御に掲載される「牀長八尺、広五尺、高一尺三寸、厚二寸四分。」や、雑作に載る大床子を二つ並べた大きさとほぼ等しい。

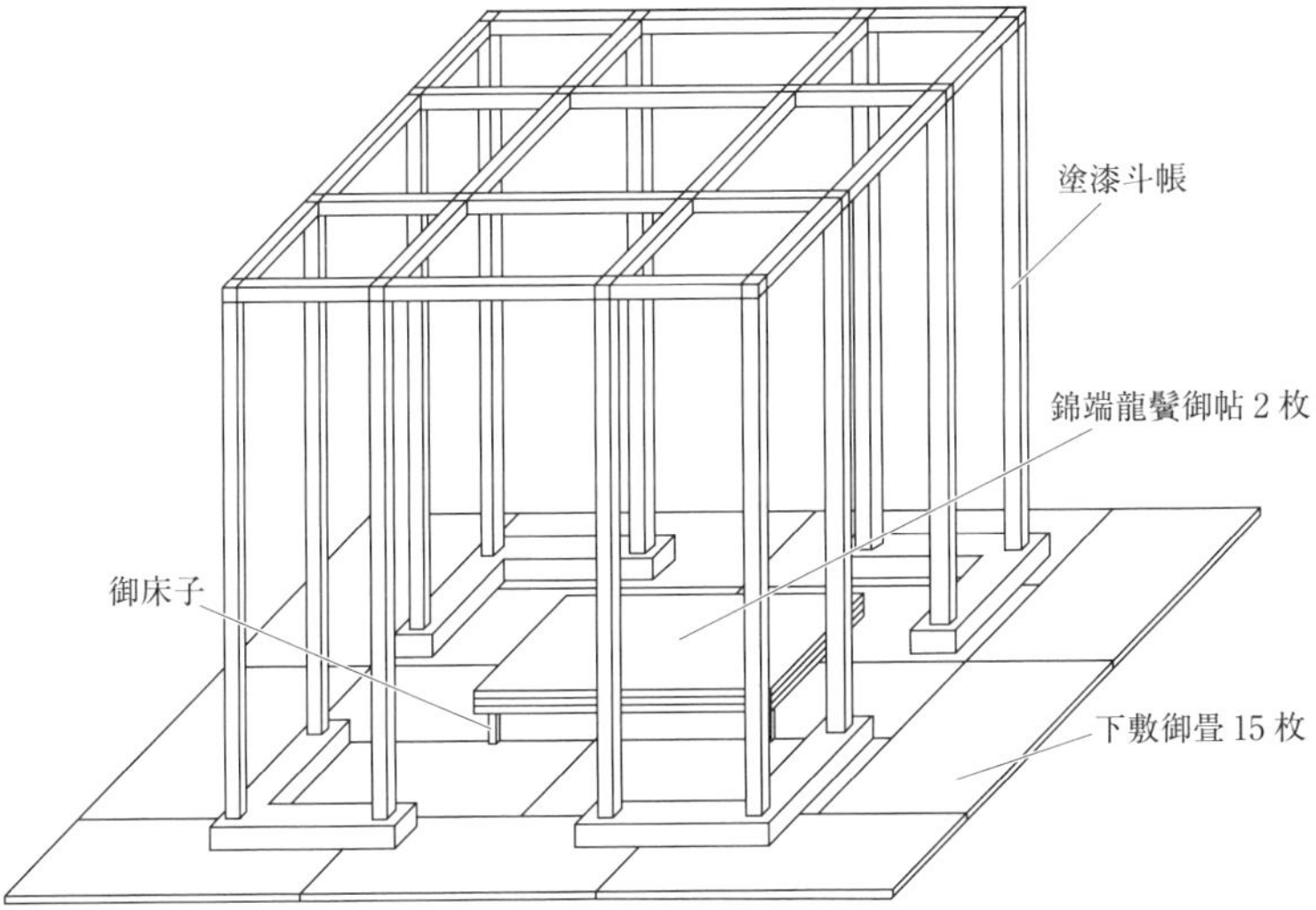

図 6　『儀式』に見る悠紀・主基帳復原図

もっとも正倉院の「御床」は二つ並べて用いたらしく[44]、悠紀・主基帳で一つだったのと相違があるが、上記の推定が正しいならば床子の上に畳を敷く様相は同じで、また悠紀・主基帳の床子も寝台と見ても十分な大きさを持っている。職員令によれば、宮内省被管の主殿寮が供御の帷帳を、内掃部司が供御の牀を管理した。唐の殿中省尚舎局と比較すると、主殿寮と内掃部司が尚舎局の内廷的職掌を、主殿寮と大蔵省被管の掃部寮が尚舎局の外廷的職掌を分割継受したことは明白で、管理が異なるものの帷帳と牀とを対に用いた可能性がある。もっとも両者とも一般的な装飾具・座具であり、別々に使用することも多かっただろうが、古代における「床」「牀」が寝たり座したりする調度で[45]、御帳も寝所に用いる器物であることを考えれば[46]、八世紀の内裏内には牀を置いた御帳があり、天皇がそこで起居・飲食したと推定するのはさほど困難ではない。つまり、悠紀・主基帳の古い様相である「帳中床子型」は寝所の如き様相を有しており、この様相は八世紀の内裏内において、天皇の寝所として実際に使用された様相に極めて近いものであったと考えるのである。

「帳中床子型」を寝所と関連するものと見るこの推定は、九世紀中葉の天皇の寝所においても間接的にではあるが確かめられる。『続日本後紀』嘉祥三年（八五〇）二月甲寅（五日）条には「召二皇太子及諸大臣於床下一令レ受二遺制一」、乙卯（六日）条に「御体疲殆。衆僧入二於御簾中一繞二御床一而奉二加持一」とあることから、病の仁明天皇が清涼殿の御床の上で臥していることを知る。ここに見える御簾とは、正月己亥（二〇日）条の内宴舞妓観覧時に垂らした御簾と同一と思われ、加えて皇太子・諸大臣・衆僧が御床を囲繞することから、仁明天皇が夜御殿の如き狭い空間で臥したとは想定しにくく、御床は清涼殿中央にあった可能性が高いものと考える。また、『日本高僧伝要文抄』所引「延暦僧録」思託伝が「宝亀年、勅二思託一東大寺攘災大仏頂行道。勅請入レ内。香水散二御帳及大宮一」と、「御帳」と「大宮」とを香水の対象として記していることも注目される。後七日御修法の終日に、大阿闍梨が清涼殿へ参入して天皇と公卿に向かい加持香水することを参照すると(47)、御帳への散水と天皇への散水が対応し、この時点において御帳が天皇と密接な関係にあったことを読み取ることができる。

これらを勘案すると、九世紀中葉においても天皇は起居する殿舎の中央に置かれた帳中の床子で起居・飲食した可能性は高く、「帳中床子型」は八世紀以来一貫して天皇の寝所として用いられた様相と見てよかろう。清涼殿など天皇が起居する殿舎において、こうした様相がいつまで残ったかについては明確には論じ得ないが、延喜一九年（九一九）の小朝拝皇太子参入儀で天皇は帳中に座しており(48)、これは前節で触れた清涼殿の帳中に倚子を設ける形態と同一と思われることから、九世紀後半以降のある時点で帳中の床子は帳外に置かれるようになり、角田文衞が述べるように、清涼殿は一〇世紀初頭にはよく知られる座の配置となったようである(49)。

では逆に、「帳中床子型」はいつまで遡るのだろうか。推古三六年（六二八）に山背大兄王が推古天皇の遺詔を聞いた小墾田宮の大殿では、「於レ是近習者、栗下女王為レ首、女孺鮪女等八人、幷数十人侍二於天皇之側一。且田村皇子在焉」と天皇の周囲に数十人の侍者がおり[50]、推古天皇の臥す場はある程度の広さが必要と思われ、仁明天皇の清涼殿と同じく、大殿中央に設けられたと推測することが可能である。岸俊男は「小墾田宮の構造は、南門を入ると朝庭があり、そこには大臣・大夫らの座位する庁＝朝堂がある。そしてさらに朝庭の北には大門が開いていて、その奥におそらく天皇の坐す大殿があったのであろう」とし、推古天皇が執務する殿舎が大殿と呼ばれ、日常生活を送り崩じた殿舎でもあったと見たが[51]、寝所が大殿中央にあったとする推測が正しいならば、推古天皇が政務を執る座と起居・飲食した座は同一と見るのが自然で、座の様相としてはやはり「帳中床子型」を想定するのがよかろう。つまり、「帳中床子型」は少なくとも七世紀前半にまで遡る古い様相であると考えるのである[52]。

さて、本節の冒頭に触れた如く悠紀・主基帳が床子座から倚子座へ変化したことを考えるならば、紫宸殿の「帳中倚子型」の前段階に「帳中床子型」を想定することもさほど難しくはない。天皇の倚子使用は、内掃部司の職掌に倚子が見えないことから比較的新しいと見るのがよく、また旬政の如き政務形態が小墾田宮に遡るという指摘に従えば[53]、「帳中床子型」を紫宸殿の本来的な姿と考えることができる。「帳中倚子型」は前節でも垣間見えたように倚子座の性格から向き合う臣下の存在が不可欠なものと推測されるが、寝所の様相である「帳中床子型」は必ずしもそうした対象を必要とはせず、「帳中倚子型」への変化は内裏前殿たる紫宸殿が日常生活空間よりも儀礼空間の意味合いを増したことに起因するのだろう。

雑令には「凡庁上及曹司座者、五位以上並給二牀席一。其制従二別式一」とあり、五位以上の庁・曹司の座は牀であったが、弘仁九年（八一八）格で「親王及中納言已上倚子、五位已上漆床子、自余白木床子」と変化し[54]、上級貴族の倚子使用はこの時点から一般化する。弘仁九年の改変は、唐風化政策に伴う致敬変化の一環で、内裏内も改変を受けたことは殿舎名や門号の改変からも明らかである。こうした弘仁九年の改変を重視するならば、内裏前殿における「帳中床子型」から「帳中倚子型」への変化をその前後に求めるのが最も適当ではあるまいか。もっとも八世紀の内裏で倚子を全く用いなかったとは考え難く、また悠紀・主基帳の倚子座への変化が早くとも九世紀中葉以降であることを考えると、他の時期の可能性も皆無ではないが、弘仁年間の内裏儀式の整備と結び付けるのが極めて自然な理解と思われる。清涼殿の変化が床子を帳外に出し、御帳の前に昼御座を置くのに対し、紫宸殿では倚子を床子の代替として帳中に常置したのであり、このことは清涼殿と紫宸殿の変化が同時期ではないことを予想させる。清涼殿の如き調度配置が寝殿造に一般的なことを想起すると、紫宸殿の変化の方が清涼殿よりも一足早いと見るのが妥当であり、このことは上記の推測と矛盾するものではない[55]。

このように、前節で見た紫宸殿の「帳中倚子型」は、寝所の様相を持つ「帳中床子型」なる形で七世紀前半にまで遡るものと考える。それ以前に遡るか否かはなお問題として残るが、寝所という生活形態を反映した座であるならば、さらに遡ると考えても問題はない。すなわち、内裏前殿の座の様相は伝統的な形態に由来するものであり、律令制期の天皇制は、その中枢部において律令制以前の固有的側面をなお有していたと見ることができよう。平安期における清涼殿儀式の整備やそれに伴う清涼殿の様相変化が端的に示すことになろう天皇制の変化については、天皇家の家的組織の形成と関連する事柄と思われるが、このような座の様相から窺える天皇制中枢部の儀礼的固有性は、律令制導入以後、少なくとも「帳中倚子型」へと変化する平安初期まで持続されたことは確実であろうと考える。

四　高御座の成立と飛鳥浄御原宮大極殿

ここまで、高御座の形状的特質を常設の高い壇を有することに求め、それとの比較で紫宸殿の一般的な天皇の座が帳中常置の倚子座と考え得ること、それが少なくとも七世紀前半まで遡るような寝所の様相に起源を持つことを指摘した。高御座の特質として重要なことは、内裏の座がこうした日常生活と密接な様相に由来するのに対し、それとは異なるいわば非日常的な様相を有することにあると考える。

周知の通り、『延喜式』巻八、祝詞所収の大殿祭祝詞をはじめ多くの宣命・詩歌には、天上世界から連綿と受け継がれてきた天皇位の象徴として高御座が描かれる[56]。それは即位儀礼の中で明確な形で示され、天皇は高御座に昇り、中臣から天神寿詞を忌部から神璽鏡剣を受けることで地位を獲得した[57]。ここに端的に示されるように、高御座は紫宸殿の座に比してイデオロギー的な意味合いが強い座で、和田が明快に論じたように、神祭りのための壇に昇り即位する、登壇即位における壇（以下「壇」と略す）を踏襲したことに起因する可能性は高いと言えよう。壇上の座という非日常的な様相を有する大きな理由は、ここにあると考えてよい。

こうした高御座の特質は、唐の皇帝の座と比較する中で一層明瞭なものとなる。唐の太極殿儀式で皇帝が座したのは、『大唐開元礼』巻九五、皇帝元正冬至受二皇太子朝賀一に「尚舎奉御設二御幄座於太極殿北壁一」とある如く、尚舎奉御が太極殿の北壁のもとに敷設した幄座であった。幄座は、「尚舎奉御鋪二御幄座於太極殿中楹之間一」、「尚舎奉御整二設御幄於所御之殿北壁一」と北壁以外でも太極殿以外でも用いられ、さらに「尚寝帥二其属一設二御幄於皇后正殿北壁一」、「典設設二皇太子幄座於正殿東序一」と皇后・皇太子の座の様相としても見える[58]。それぞれの幄座が同じ様相か否かは不明であり、多少の差異を想定するのが自然と考えるが、幄座なる同一の語句で表現されたことは注目されてよい。高御座が固有名詞的に用いられ、大極殿、豊楽殿、武徳殿の中央に設置された天皇専有の座であったこととの相違は大きいと言える。そもそも唐の太極殿の壮大さは大明宮含元殿の復原から容易に想像し得るが[59]、その北壁のもとに設けられたこと自体、太極殿前に列立した臣下の視線を前提とした様相とは考えられず、他の殿舎の座の様相と相違する必然性は存在しないのだろう。ここからは、高御座と唐の皇帝の座とでは有する意味合いを大きく異にしていたことが予想され、出御の際に壮麗に飾り立てられる高御座の特質を、「壇」を踏襲することで天皇の権威をイデオロギー的な側面から支える役割を果たした点に求めることは十分可能である。このことを無視することはできないと考える。

しかし、「壇」と高御座との系譜的な繋がりを過度に強調してはならない。「壇」と高御座との看過し得ない相違は、「壇」が即位儀において即位を天と群臣へ告げる一回性のものであるのに対し、高御座の特徴は祭祀や仏教儀礼では避けられたものの、種々の儀礼で使用される座である点にある。「壇」から高御座への変化は、臨時的・形式的な構造物から実際的な用途を持つ座へという、飛躍とも言えるような変化であり、高御座はあくまで座という範疇で位置付けねばならない。元来、「壇」自体は中国に起源するもので、中国と異なる高御座の特色は「壇」を座として利用したことにあり、その意味で大極殿に常置されたという前述の事柄は決して無視し得るものではないと考える。高御座を座として捉える以上、それが常設か臨時かの区別は儀礼構造全体の中で大きな意味を持ち、ここにあえて常設性を強調した意図が存在するのである。たとえ「壇」に由来するとしても、新たな目的のもとで案出された様相として、高御座は規定されねばならない。

さて、前述の如く内裏中枢部では伝統的な座の様相が少なくとも平安初期までは残ったのであり、それは高御座の出現によって消滅したわけではなく、両者が併存したという事実には注意せねばならない。天皇の座の様相に着目するならば、律令天皇制の儀礼構造は、日常生活に密接な「帳中床子型」の座に出御する内裏的な儀礼形態と、高御座に座して臨む儀礼形態の二つに大別し得るのである。そして、高御座を置く大極殿・豊楽殿・武徳殿のいずれの儀礼も基本的に六位以下を含む百官が参加する朝賀や節会といった儀礼であることを考慮すれば、後者の儀礼形態は、天皇が向き合う律令官人層、その延長上に位置する律令公民層の存在を明確に意識した内裏外での儀礼形態と捉えるのがよく、高御座はそうした儀礼のあり方と不可分である。

和田は、高御座成立の背景に思想的な発展や歴代遷宮の変容を指摘したが、より重要で直接的な要因は、律令官人層・律令公民層を形成する中で向き合うべき対象が格段に拡大され、それを通じて専制君主的な地位を獲得していった天皇が、拡大された対象にその権威を新たな形で表現せねばならない必要が生じたことにあると考える。その必要から、新たな儀礼形態の創出とそれに伴う新たな様相の座の案出が不可欠となり、結果的に「壇」を発展させる形で、イデオロギー的性格の強い高御座という座が成立したと見るのである。高御座の成立を天皇号や「現御神」観念の成立という問題に安易に置換することは慎重になるべきで、律令国家儀礼の形成というより現実的な枠組みの中に位置付けるべきであろう。

ならば、高御座の成立時期を特定する上で、大極殿の成立時期が改めて重要となる。高御座の成立は、上記の如き儀礼を行うための空間である大極殿の成立と不可分と見るのがよい。筆者は、文飾の感が強い飛鳥板蓋宮大極殿を除く実質的な大極殿の初見記事が飛鳥浄御原宮でのものであること、『日本書紀』が数ヶ所にわたり飛鳥浄御原宮大極殿を記すこと、そして何よりも伝承飛鳥板蓋宮跡第三期遺構を浄御原宮と捉え、その東南郭正殿を大極殿に比定する見解が極めて説得的なことから[60]、大極殿は飛鳥浄御原宮で成立し、高御座もそれと同時に成立したと考える。狩野久は、大極殿一郭を天皇の独占的空間と捉え、官人を前殿に喚ぶ浄御原宮大極殿に関して文飾の可能性を指摘したが、独占的空間の最たるものであろう内裏へは、官人が召しに応じて頻繁に参入したのであり、ここからも独占的空間と官人の召し入れとは相反する事象とは言えない[61]。平城宮大極殿もその前庭の広さから百官が参入したと推測せねばならず、また藤原宮の大極殿一郭においても百官の列立を想定し得るだけの広さがあり[62]、このような儀礼空間は浄御原宮→藤原宮→前期平城宮へと発展していったと見るのが自然である。

このように、狩野が文飾の可能性を指摘した史料から、逆に浄御原宮大極殿の実在性は補強し得ると考えるが、その一方で発掘調査で判明した東南郭正殿の前庭はあまりにも狭小であり、正殿前方に朝堂空間と直結する門がないなど藤原宮以降との相違は看過し得ず、このことがその存在を肯定する上で障壁となることも予想される。ここでは、それを克服する一つの仮説として、東南郭正殿は造営当初、大極殿と明確には認識されておらず、それゆえ藤原宮以降との相違が生じたのではないかという理解の仕方を提示してみたい。

壬申の乱に勝利した天武天皇は、一度、斉明天皇・天智天皇の宮室である後岡本宮へ移り、「営二宮室於岡本宮南一。即冬遷以居焉」する[63]。この記事を先入観なく見れば、天武天皇が「遷以居」したのは後岡本宮の南に新造された宮室と解するのが自然で、これに比定すべき東南郭は居住空間として造営されたと見るのがよい。上記の仮説の唯一とも言える論拠はこの解釈に依拠している。もっともこれに続く「是謂二飛鳥浄御原宮一」なる記載は、朱鳥元年（六八六）の命名を先取りしたものだが、これ以外の部分をも文飾と見るだけの根拠はなく、仮に文飾とすれば、浄御原宮が後岡本宮から継承した内郭と新造された東南郭とから構成されるという理解自体が成立し難くなる。翌年（六七三）二月の天武天皇即位儀が前代以来の登壇即位であり、持統四年（六九〇）の持統天皇即位儀が全体として律令制的な儀礼だったことからも、高御座は天武初年まで遡り得ず、大極殿もそれ以降の成立と考えるのが適当であろう。一方、地名に基づく高市大寺を大官大寺と改名したことや[64]、朱鳥建元に伴い飛鳥浄御原宮なる嘉号を宮に付した事例は[65]、大規模な改作を伴わない殿舎名変更が不自然でないことを示すのに十分である。これらを勘案すると、すでに存在した東南郭正殿が、ある時期に大極殿という名称を付与された可能性は高いものと推測できよう。

こうした理解が成立するとすれば、次に解明すべきはその命名時期である。福山敏男は、飛鳥浄御原宮における元日朝賀の初見記事から大極殿は天武四年（六七五）まで遡ると見たが[66]、大極殿で天皇が向き合う律令官人は天武一一年以降の一連の政策で形成されたのであり[67]、高御座・大極殿の性格を前述のように捉えるならば、大極殿が天武朝前半に遡る可能性は低い。加えて、「凡当㆓正月之節㆒、親王・諸臣及百寮者、除㆓兄姉以上親及己氏長㆒以外莫㆑拝焉」との詔が出される天武八年以前の朝賀を過大に評価することはできないだろう[68]。筆者は、飛鳥浄御原宮大極殿の初見が天武一〇年の律令制定詔においてであることを重視し[69]、これを大きく遡らない時期、あるいはこの時点において、東南郭正殿が大極殿と命名されたと見るのが妥当と考える。翌年九月の礼制の改革はこうした理解の傍証となり得るものである[70]。仮説の域を出るものではないが、東南郭正殿は本来居所として造営され、天武末年に至り、浄御原令の制定に伴って大極殿と命名されたと見るのが自然な理解ではなかろうか。

本格的な律令制の導入を明確に示し、律令国家の形成を目指す中で、これから形成されるであろう専制君主たる天皇と律令官人・公民との関係を表象する儀礼空間の構築が不可欠だったことは想像するに難くない。ここにこそある殿舎に大極殿といった中国的な名称を付与する要因が存するのであって、命名と造営とを一体的なものと捉える必然性は存在しない。「壇」の系譜を引きつつ座として発展した高御座は、天皇のイデオロギー的な権威をより広い範囲に表現する座として、こうした儀礼空間に不可欠な座として成立するのであろう。このように考えるならば、高御座の成立時期を「近江令」を大幅に更改し、浄御原令として整備していく天武末年に置くのが最も相応しいものと考える。

おわりに

本章では、律令天皇制の特質を儀礼形態という観点から描き出すことを目的に、律令天皇制にとって最も重要な座と思われる高御座の成立意義を検討した。高御座は、天皇位の象徴であるとともに天皇が種々の儀礼で着した実際的な座で、常設の壇を有することに特徴があり、それは律令制導入に伴う新たな儀礼形態の構築とともに成立したと考える。高御座が常置された大極殿は、天皇の下に六位以下官人を含む律令官人が列立し、その延長上に公民がいるという律令天皇制の専制君主的な側面を象徴する空間として生み出され、高御座はそこに不可分な座として案出されたのである。高御座は、このような現実的な目的のもとで成立し、そこへ座す儀礼が律令国家の重要な儀礼形態として確立していったのであり、そうした儀礼に出御することが天皇にとって重要な責務であったことは決して軽視してはならない。こうした儀礼形態から窺える律令天皇制の専制君主的な側面を形式的なものとのみ理解することは不適切であり、むしろ国家機構にとって不可欠な要素と評価せねばならないだろう。

その一方で、律令制以前に系譜を引く群臣層が参加した内裏内部の日常的な政務・儀礼が、なお国家の中核的なものとして有効に機能したことには注意が必要である。つまり、七世紀末以降、大極殿の高御座に座して律令官人全体と向き合うような、イデオロギー的性格の強い儀礼形態と、内裏の「帳中床子型」に座してより限定された群臣と向き合うような日常的側面の強い儀礼形態とが、律令天皇制の儀礼構造として併存していたのである。

こうした二つの儀礼形態は互いに代替されるというような性格のものではなく、まして形式と実態というような対立する概念で捉えるべきものでもない。大極殿の高御座に座す儀礼と内裏の「帳中床子型」の儀礼とは、天皇と臣下とのあり方を異なった形で再確認していたのであり、両者は相互補完的に律令天皇制を支える役割を担ったと見るのがよい。律令天皇制の儀礼とは、こうした二面的な構造を有することに大きな特色があると考える。

さて、こうして案出された高御座という座が、その本来的な性格としてイデオロギー的な意味合いを有したことには十分な注意を払う必要がある。すなわち、律令官僚制・律令公民制の形成を通じて、律令制に本源的なあり方である専制君主制へ移行するにあたって、天皇制はその権威が天上世界に由来することを繰り返し表現せねばならなかった。ここに律令天皇制の特殊性を見出し得るとともに、中国の皇帝制とは異なり、常に超越的な権威を表現せねばならない天皇制のある種の限界性をもまた看過し得ないのである。こうした点は日本の律令国家の特質と不可分であり、またその後の中世的な天皇制への変容は、この限界性の克服という観点から考察する必要があるものと憶測する。

（1）石母田正『日本の古代国家（著作集第三巻）』（岩波書店、一九八九年）、早川庄八『日本古代官僚制の研究』（岩波書店、一九八六年）、大津透『古代の天皇制』（岩波書店、一九九九年）。

（2）天皇号の成立は少なくとも天智朝に遡る可能性が高いが、その時期に関する断案はなく、「大王」なる語を避け「天皇」の表記で統一したい。麻木脩平「野中寺弥勒菩薩半跏像の制作時期と台座銘文」（『仏教芸術』二五六、二〇〇一年）参照。

（3）和田萃「タカミクラ—朝賀・即位式をめぐって—」（『日本古代の儀礼と祭祀・信仰』上、塙書房、一九九五年、初出一九八四年）。なお、和田は「タカミクラ」と記すが、「高御座」という表記が重要と考え「高御座」の表記で統一したい。

(4) 小澤毅「小墾田宮・飛鳥宮・嶋宮」（『日本古代宮都構造の研究』青木書店、二〇〇三年、初出一九九五年）。

(5) 高御座の装飾については、古尾谷知浩・箱崎和久「高御座の考証と復原」（『奈良国立文化財研究所年報』一九九七―Ⅰ、一九九七年）に依拠する点が多い。

(6) 『内裏式』上、元正受㆓群臣朝賀㆒式。

(7) 内匠寮の設置以前は木工寮が携わったのであろう。

(8) 和田萃「タカミクラ」（注3前掲、一七九頁）、橋本義則「朝政・朝儀の展開」（『平安宮成立史の研究』塙書房、一九九五年、初出一九八六年、一八八頁）、古尾谷知浩・箱崎和久「高御座の考証と復原」（注5前掲、二二頁）、今泉隆雄「平城宮大極殿朝堂再論」（『古代宮都の研究』吉川弘文館、一九九三年、初出一九八九年、一九九頁）。

(9) 斗帳を臨時の敷設と考える古尾谷知浩・箱崎和久は、『日本紀略』の史料を、この時期には慣習的に常設されていたとして理解する。古尾谷知浩・箱崎和久「高御座の考証と復原」（注5前掲）。

(10) 『西宮記』（尊経閣文庫所蔵巻子本）巻三、五月六日幸㆓武徳殿㆒に、「天皇服㆓青色㆒。天暦九移㆓隠〔穏〕座㆒之間、改㆓赤色㆒」とある。

(11) 『九暦』天慶七年（九四四）五月三日条、同六日条。

(12) 橋本義則「平安宮草創期の豊楽院」（『平安宮成立史の研究』注8前掲、初出一九八四年）、神谷正昌「紫宸殿と節会」（『平安宮廷の儀式と天皇』同成社、二〇一六年、初出一九九一年）、山下信一郎「『延喜式』からみた節会と節禄―「賜」の考察―」（『日本古代の国家と給与制』吉川弘文館、二〇一二年、初出一九九四年）。

(13) 『文政度　悠紀主基御帳継壇御装束之事』（宮内庁書陵部蔵、F一〇・四九三）。

(14) 『続日本紀』天平一六年（七四四）二月甲寅（二〇日）条。直木孝次郎「天平十六年の難波遷都をめぐって―元正太上天皇と光明皇后―」（『飛鳥奈良時代の研究』塙書房、一九七五年、初出一九七〇年）参照。

(15) 小澤毅「平城宮中央区大極殿地域の建築平面」（『日本古代宮都構造の研究』注4前掲、初出一九九三年）。

（16）古尾谷知浩・箱崎和久「高御座の考証と復原」（注5前掲、一三三頁）。

（17）倚子座であったことは『貞享四年大嘗会記（基勝朝臣記）』（京都大学附属図書館蔵、五一―一七・シ・四七）などからわかる。『大内裏図考証』や『高御座勘物』が記す高御座のうち、豊明節会の史料は『兵範記』の記事のみで、これが近世においてその様相を知り得る唯一の史料であったのだろう。『高御座勘物』については、所功「平（谷口）胤禄注進『高御座勘物』」（『産大法学』二四―一、一九九〇年）参照。

（18）旧稿発表後、樋笠逸人「高御座の成立―八世紀における登壇儀礼の再検討―」（『日本史研究』六二四、二〇一四年）が著された。樋笠の指摘は詳細で、高御座の屋形（斗帳）の考察などは貴重と言えよう。なかでも本章と関わるのは、壇自体を座とした本章の解釈は合理的ではなく、基礎部分がユカに相当し、その上の御座は平敷であるという理解が自然に導き出せると述べた点である。本章では、他の座とは異なる高御座の特質を壇を有することに求め、その常設性の意義を高く評価するという意図から右の如く解釈したが、その結果、高御座の上部構造の理解が疎かになった点は否めない。しかし、樋笠にしても、高御座と関係する法会の「高座」を「高い座」と捉え、大極殿には常設の壇（土壇など）があったと解しているようであり、何を重視するかという視点を別にすれば、実態としては理解の相違はさほど大きくないものと推測する。なお、樋笠は、高御座の成立を大極殿の成立と切り離し、大極殿儀礼の整備との関連から座の成立を論じるが、大極殿の中央に壇が常置され、天皇が座す位置が常に示されているのであれば、やはり大極殿の成立と高御座の成立とを結び付けて捉える方が自然な理解ではあるまいか。

（19）『政事要略』巻二二、年中行事八月上、釈奠明日論義所引「清涼記」上丁明日明経論義事。『北山抄』巻二、釈奠内論義事などの諸儀式書にも同様の記載が見える。

（20）『権記』長徳三年（九九七）八月六日条の釈奠内論義において「所司装二束南殿一。其儀同下不二出御一節会上」とあり、諸儀式書の記す節会不出御儀の装束からも確認できる。

（21）『九暦』承平七年（九三七）八月一五日条。諸儀式書にも同様な記載がある。

（22）『小右記』天元五年（九八二）三月一一日条。

(23)『類聚国史』巻七三、天長三年（八二六）六月己亥（三日）条。
(24)大日方克己「相撲節」(『古代国家と年中行事』吉川弘文館、一九九三年)、吉田早苗「平安前期の相撲人」(『東京大学史料編纂所研究紀要』七、一九九七年)、「平安前期の相撲節」(『国立歴史民俗博物館研究報告』七四、一九九七年)。
(25)『小右記』長元四年（一〇三一）七月一八日条。
(26)『権記』寛弘七年（一〇一〇）六月四日条。
(27)四月駒牽が馬寮の櫪飼御馬と令制以前に遡る畿内近国の国飼馬を牽くものであったのに対し、八月駒牽は内厩寮所管牧の系譜を引く御牧（勅旨牧）からの貢上馬を牽くもので、両者の性格は大きく異なる。山口英男「八・九世紀の牧について」(『史学雑誌』九五―一、一九八六年)、吉川敏子「古代国家における馬の利用と牧の変遷」(『史林』七四―四、一九九一年）参照。
(28)『日本三代実録』貞観七年（八六五）七月二三日条、元慶七年（八八三）七月二八日条。
(29)『続日本紀』神亀四年（七二七）一一月己亥（二日）条、『日本紀略』天長四年（八二七）二月己未（二八日）条。
(30)古瀬奈津子「儀式における唐礼の継受―奈良末～平安初期の変化を中心に―」(『日本古代王権と儀式』吉川弘文館、一九九八年、初出一九九二年)、「格式・儀式書の編纂」(『同』初出一九九四年)。もっとも藤森健太郎が明快に論じるように、冊書と宣命はその内容において決定的に相違するが、唐礼の継受による儀式の整備という古瀬の指摘は動かない。藤森健太郎「平安期即位儀礼の論理と特質」(『古代天皇の即位儀礼』吉川弘文館、二〇〇〇年、初出一九九四年)。
(31)『日本後紀』弘仁六年（八一五）七月壬午（一三日）条の橘嘉智子立后儀では、「暴雨雷鳴、庭潦泛溢」という事情から藤原緒嗣が「就₂閤門₁宣命」したが、ここからも立后宣命のみでは天皇と臣下が直接向き合う必要性の低いことが読み取れる。
(32)美川圭は、殿上倚子の基本的性格が天皇と殿上人との主従関係の維持・確認にあったとし、保立道久は、倚子が殿上間に収納されたことから、殿上人に対する「天皇の視線の常在」を指摘する。美川圭「公卿議定制の類型とその性格―坂本賞三・安原功両氏の批判にこたえて―」(『院政の研究』臨川書店、一九九六年、初出一九九一年)、保立道久「内裏清

涼殿と宮廷説話」（『物語の中世―神話・説話・民話の歴史学―』東京大学出版会、一九九八年、初出一九九六年）。

(33)『北山抄』巻四、拾遺雑抄下、上表事。

(34)『小右記』永祚元年（九八九）一二月一五日条、『権記』長保二年（一〇〇〇）二月二五日条。また、昇殿を許され朝干飯間で御衣を賜与された源師房が、特殊ではあるが、「出二侍方一於二御倚子前地一拝舞」（『左経記』寛仁四年（一〇二〇）一二月二九日条。『小右記』は「小板敷前」と記す）したことも、倚子と拝礼の繋がりを示すものである。

(35)『小右記』治安元年（一〇二一）一〇月一六日条。

(36)天皇元服儀などでは帳中に平敷の座を設けたが、これは唐礼の影響によるものである。『新儀式』天皇加二元服一事、『西宮記』（尊経閣文庫所蔵巻子本）巻一一、天皇元服儀。

(37)諸儀式書によれば南殿除目儀や擬階奏は「装束同レ旬」とされており、政務一般の装束は旬政に代表されるものと考えてよい。

(38)『延喜式』巻三八、掃部寮。

(39)『左経記』万寿三年（一〇二六）四月一日条。

(40)榎村寛之「律令国家の王位継承儀礼について」（『律令天皇制祭祀の研究』塙書房、一九九六年、初出一九九〇年、四五頁）。

(41)『中右記』元永二年（一一一九）四月一九日条。

(42)『日本三代実録』貞観元年（八五九）一一月一九日条、元慶八年（八八四）一一月二五日条。

(43)同書は『賀茂文化研究』三（一九九四年）に須磨千頴による翻刻がある。また、復原された御帳台については、川出清彦『神社有職』（川出清彦先生喜寿祝賀刊行会、一九七九年）の冒頭に、昭和一三年（一九三八）の宮地直一の解説文とともに写真が載せられている。

(44)「東大寺献物帳」（『大日本古文書』四、一七〇頁）。橋本義彦「正倉院のダブルベット」（『正倉院の歴史』吉川弘文館、一九九七年、初出一九九三年）参照。

(45) 高井昭の研究では、さらに一歩進めて「床とは神の出現するところ、魂の宿るところ」と指摘する。高井昭「記・紀・万葉・風土記に現れたる『床』について」(岡田精司編『祭祀と国家の歴史学』塙書房、二〇〇一年)。

(46) 寝所における床と帳との関係は、小泉和子『家具と室内意匠の文化史』(法政大学出版局、一九七九年)など小泉の一連の論考参照。「すまい」における帳の重要性については、玉腰芳夫『古代日本のすまい』(ナカニシヤ出版、一九八〇年)に詳しい。

(47)『御質抄』末、十四日夜加持香水作法。

(48)『西宮記』巻一(尊経閣文庫所蔵巻子本)、小朝拝所引勘物。

(49) 角田文衞は、清涼殿が常御殿として固定し、今日一般に知られるようなプランを採るに至ったのは寛平年間以降で、延喜年間の清涼殿がその後の清涼殿の平面空間とほとんど大差ないことは確実とする。角田文衞「平安内裏における常御殿と上の御局」(『王朝文化の諸相(著作集第四巻)』法藏館、一九八四年、初出一九七一年)。

(50)『日本書紀』舒明即位前紀。

(51) 岸俊男「都城と律令国家」(『日本古代宮都の研究』岩波書店、一九八八年、初出一九七五年、二八七頁)。

(52) ただし、こうした座の様相はあくまで原則的なあり方で、蘇我入鹿暗殺に際して皇極が「即起入二於殿中一」ったことや(『日本書紀』皇極四年(六四五)六月戊申(一二日)条)、前期難波宮の構造などを考慮すれば、大殿の「殿中」あるいは大殿以外の殿舎に推古が起居・飲食するような私的空間が存したことは否定し得ない。

(53) 吉川真司「律令国家の女官」(『律令官僚制の研究』塙書房、一九九八年、初出一九九〇年)、「申文刺文考―太政官政務体系の再編成について―」(『同』初出一九九四年)。

(54)『政事要略』巻六九、糾弾雑事(致敬拝礼下馬)、『弘仁格抄』上、格巻一、式部上。

(55) 旧稿発表後、大隅清陽は、旧稿を引用しながら「帳中床子」が令制当初からの玉座の基本形であると論じた上で、『続日本後紀』承和七年(八四〇)五月戊戌(一三日)条をもとに、少なくとも仁明朝までは毎日の聴政でも「帳中床子」であったとする。唐風化と座の変化を結び付けて述べた本章の理解は短絡的であったとせざるを得ず、修正を要するものと考えるが、「紫宸殿の尋常倚子（黒柿木倚子）は、太政大臣藤原良房により主導・演出された天皇聴政の復興の動きの中で、貞観格式の編纂・施行と連動する形で導入された貞観式に規定されたと考えておきたい」と論じる大隅の理解も万全とは言い難いだろう。紫宸殿における座の変容については、ひとまずは旧稿の理解を維持し、後考を俟つこととしたい。大隅清陽「摂関期内裏における玉座とその淵源」（大津透編『摂関期の国家と社会』山川出版社、二〇一六年、一一四頁）。

(56)　熊谷公男は、ここから天皇の「連続的皇統観」と「現神思想」を読み取る。熊谷公男「持統の即位儀と「治天下大王」の即位儀礼」（『日本史研究』四七四、二〇〇二年）。

(57)　藤森健太郎は、「即位」という語が狭義には正式の座に即くことを意味し、天神寿詞・神璽鏡剣を受けた後に高御座へ座したと見るが、持統天皇即位儀において寿詞鏡剣の奉上と受朝賀が殿舎を異にして行われたとは想定しにくく、また後の大嘗祭豊明節会の寿詞奉上儀や出雲国造神賀詞儀をも参照すると、やはり高御座に座して天神寿詞・神璽鏡剣を受けたと見るのが自然であろう。藤森健太郎「八世紀までの即位儀礼と朝賀儀礼」（『古代天皇の即位儀礼』注30前掲）。

(58)　『大唐開元礼』巻八三、皇帝親征告㆓於太廟㆒・解厳、『同』巻七九、皇帝受㆓蕃使表及幣㆒、『同』巻九八、皇后正至受㆓外命婦朝賀㆒、『同』巻一一二、皇太子元正冬至受㆓群臣賀㆒。なお、皇帝の座は倚子座の可能性が高い。大隅清陽「座具から見た朝礼の変遷―養老儀制令12庁座上条の史的意義―」（『律令官制と礼秩序の研究』吉川弘文館、二〇一一年、初出二〇〇二年）参照。

(59)　楊鴻勛（田中淡・福田美穂訳）「唐長安大明宮含元殿の復元的研究―その建築形態にかんする再論―」（『仏教芸術』二三三、一九九七年）。

(60)　小澤毅「飛鳥浄御原宮の構造」（『日本古代宮都構造の研究』注4前掲、初出一九九七年）、林部均『古代宮都形成過程の研究』（青木書店、二〇〇一年）。

(61)　狩野久「律令国家と都市」（『日本古代国家と都城』東京大学出版会、一九九〇年、初出一九七五年）。なお、吉田歓は同様な指摘をしながらも、なお内裏とは異なる排他性を大極殿に求め、排他性の成立を飛鳥浄御原令によると見るが、独占的空間なる概念は極めて曖昧なもので、これを強調し過ぎてはならない。吉田歓「天皇聴政と大極殿」（『日中宮城の

比較研究』吉川弘文館、二〇〇二年、初出一九九九年)。

(62) 藤原宮大極殿は、南北約二五〇尺という前庭を有するが(『日本古文化研究所報告』一一、一九四一年)、『内裏式』上、元正受二群臣朝賀一儀や『儀式』巻六、元正朝賀儀では、官人は親王・太政大臣を筆頭に一丈三尺間隔で二〇列に並んでおり、計算上は二四七尺の空間があればよい。またその間隔や列数が絶対的なものとは考え難く、かつ飛鳥浄御原令官位制における列立の仕方は大きく異なるものだったであろうから、南北約二五〇尺という空間が列立に十分な広さであったと見ることは可能である。

(63) 『日本書紀』天武元年(六七二)是歳条。

(64) 「大安寺伽藍縁起幷流記資財帳」(『大日本古文書』二、六二四頁)。大官大寺の命名と移建とを結び付けることも可能だが、発掘調査からは藤原京内の大官大寺造営が持統末年を大きく遡らず、天武六年の改名が移建を契機としたものとは考え難い。

(65) 今泉隆雄「「飛鳥浄御原宮」の宮号命名の意義」(『古代宮都の研究』注8前掲、初出一九八五年)。

(66) 福山敏男「大極殿の研究　朝堂院概説」(『住宅建築の研究(著作集第五巻)』中央公論美術出版、一九八四年、初出一九五五年、四一頁)。

(67) 熊谷公男「天武政権の律令官人化政策」(関晃教授還暦記念会編『日本古代史研究』吉川弘文館、一九八〇年)。

(68) 『日本書紀』天武八年(六七九)正月戊子(七日)条。

(69) 『日本書紀』天武一〇年(六八一)二月甲子(二五日)条。

(70) 『日本書紀』天武一一年(六八二)九月壬辰(二日)条。

第二章　行為としての宣命と公式令詔書式

はじめに

律令国家の支配構造の中に天皇制を位置付けようとするのであれば、天皇の発する詔勅や宣命に関わる分析を避けて通ることはできない。この分野に関する研究は、本居宣長の『続紀歴朝詔詞解』を嚆矢として、国語学・歴史学の双方から、横断的に積み重ねられてきた。とりわけ、一九七六年に日本思想大系の一冊として『律令』が刊行され、詔書・勅旨を規定する公式令に詳細な注解が施されたことで、研究は飛躍的に進展することとなり、歴史学的な観点からの研究では、公式令詔書式と宣命との関係如何が議論の中核を占めることとなった。一九八〇年代に相次いで公にされた櫛木謙周、小林敏男、大平聡、森田悌らの研究では[1]、いずれもこうした観点からの分析が論述の基軸に置かれており、個々の論点に相違はあるものの、公式令が記す詔書が宣命体であったこと、それとは別に漢文体の詔書が存在し、それぞれ別個の機能を果たしていたこと、の二点においては、学界の共通理解になったと言えよう。九〇年代以降になっても着実に研究が蓄積されてきており、近年では、天皇権力と官僚機構との関係や、文書行政と口頭政務との関連を論じる際に、こうした分野からのアプローチが大きな成果を挙げるに至っている[2]。

しかし、公式令詔書式条が示す詔書が宣命体であったという理解は、果たして動かし難い鉄案だと言えるのだろうか。宣命が「命ヲ宣ル」という行為を指すのが第一義で、他方、公式令が律令文書行政に関わる基本法典だという原点に立ち戻って考える時、筆者は少なからぬ違和感を覚えざるを得ない。夙に指摘されてきた如く、整備された官僚機構とそれを支える文書行政が律令国家の主柱であると言えようが、文書行政の要にある詔書が宣命体であったとするならば、唐よりの律令法の継受という観点から見て、それは日本律令国家の看過できない特質となる。この条文がそのような重要性を孕むものである以上、右に示した違和感の在処を明らかにすることも、無意味なこととばかりは言えないだろう。

本章では、詔勅と宣命との関係を、もう一度、原点に立ち戻って捉え直すことを課題とする。ともすると、重箱の隅を突くが如き微細な事柄に終始するやもしれず、また、各分野で成果を挙げてきた研究の流れに逆行する危惧も拭えないが、今後の検討に備える意味も兼ね、筆者が日ごろ懐いてきたささやかな疑問を示しておきたいと考える。

一　宣命を行わない詔書

考察を始めるにあたって、左に公式令詔書式条を掲げておく。養老令文を本文とし、大宝令文にも存したと思われる字句には「○」を、なかったと考え得るものには「×」を付し、字句が異なっていた場合は傍注の形で示すこととする。(3)

明神御宇日本天皇詔旨云云、咸聞。

明神御宇天皇詔旨云云、咸聞。

明神御大八州天皇詔旨云云、咸聞。
天皇詔旨云云、咸聞。
詔旨云云《書カ》、咸聞《聞宣》。
　年月御画日
中務卿位臣姓名宣
中務大輔位臣姓名奉
中務少輔位臣姓名行

太政大臣位臣姓
左大臣位臣姓
右大臣位臣姓
大納言位臣姓名等言、
詔書如レ右。請奉レ詔、付レ外施行。謹言。
　年月日
可　御画
右、御画日者、留二中務省一為レ案《詔書者写二通、一通留中務為案》、別写二一通一印署、送二太政官一。大納言覆奏、画可訖留為レ案。更写二一通一誥《宣》、訖《付省》施行。中務卿若不在、即於二大輔姓名下一注レ宣、少輔姓名下注二奉行一。大輔又不在、於二少輔姓名下一併注二宣奉行一。若少輔不在余官《者丞》見在者並准レ此。

公式令詔書式を宣命体と見る主な論拠は、「明神」から始まる書き出しや大宝令の「聞宣」という結語が『続日本紀』などに見える宣命と類似し、また、『令集解』が「検二諸云一、可二宣命一者必作レ詔。不レ可二宣命一者勅也」と記す如く、『令集解』所引の諸説が宣命の有無と詔書・勅旨の相違とを結び付けて説明すること、大宝令文の「宣訖付レ省施行」という文言に、古記が「有二聚レ衆宣一」と注すること、のおおむね三点に尽きる。前二者については追々触れるとして、まずは最後に記した古記の記載から見ていくこととしたい。古記の記述とは次の如きものである。

問、宣訖付レ省施行。未レ知、宣方、又施行方。答、(a)有二聚レ衆宣一。(b)或直付レ省施行。(c)或太政官造レ符施行。(d)或直写二詔書一施行也。

これを取り上げる研究では、個々の解釈には違いがあるが、文章全体の構造としては、(a)が「宣方」に、(b)から(d)が「施行方」に対応すると見た櫛木謙周の見解が、広く受け入れられている。[4] しかし、果たしてこの理解は正しいのだろうか。(a)から(d)を詔書施行の四種と捉えた『律令』の解釈に異を唱えたことは首肯すべきと考えるが、『令集解』を通覧すれば明白なように、「或」を対比的に用いる構文では、「A、或B」や「或A、或B」のように二者を比べるのが通例で、対句表現を強く意識した事例も枚挙に遑がない。また、「(或) A、或B、或C、或D」のように四者の対比を行うことも稀にはあるものの、これは二者の対比からの派生と認めてよかろう。古記の記載を三つの事柄の対比と見るのであれば、管見の限り、これは『令集解』の中で唯一の例外的な構文ということになる。

先行研究の問題は形式的な側面のみに止まらない。(b)の「直付レ省施行」については、「弁官を経ずに一般諸司に詔書を施行した場合」(『律令』)、「大納言から弁官を経ず、八省へ施行する手続き」(八木充)、「太政官が直接関係諸司に詔書の写しを下付する方式」(大平聡)、「中務省から直接八省に施行する特異な方式」(森田悌)、「詔書の正文を付する方法」（吉川真司）、などの見解がなされている。(5) このように意見の一致を見ない最大の要因は、(b)に対応する「施行方」が古記以外には存在しないからで、森田がいみじくも述べたように、これが「特異な方式」だったことによる。(b)の「直付レ省施行」なる「特異な方式」は、(c)(d)とは異なり養老令の諸注釈書には継承されないのである。

また、この(b)の「直付レ省施行」が、「宣訖付レ省施行」という令文に付せられた点からすれば、これが注釈として意味を持つのは「直」という字句を含むからで、この字句がなければ全く意味をなさない。ここに記される「直チニ」とは、「…をせずに」という否定の意味を本来的に含む語で、(d)に見える「直チニ」が、(c)に示された「造レ符」らずに、という意を含むことからも、「直チニ」が否定する内容は、前に示された事柄である場合が多い。(6)「弁官を経ずに」や「中務省から直接」、「詔書の（写しではなく―引用者注）正文を」といったいずれの説を採るにしても、それらは(c)(d)の記述を読んだ後に、(c)(d)と比較して始めて導き出される解釈であって、文章としては若干複雑すぎる嫌いがある。(7)

つまるところ、(b)の内容を(c)(d)とともに「施行方」と捉えるにはいくつかの問題が存在する。ならば、(b)を(a)と対応させ、(c)(d)と切り離して理解する方法も模索すべきだろう。筆者は、(b)は「宣万」に相当し、「聚レ衆宣」することをせずに施行する、という意に他ならないと考える。(8) 古記はどの機関が施行するかを説いているわけでは決してなく、(a)「聚レ衆宣」してから施行するか、(b)「聚レ衆宣」することをせず「直チニ」施行するかの二つの方法がまずあり、施行する際の方法も、(c)官符に造って施行するか、(d)官符に造らず「直チニ」詔書を写して施行するかの二種類があることを、単に説明しているに過ぎない。このように読むことで、古記の文章は安定感を増して単純明快なものとなり、また、古記以外の諸説に(b)にあたる「施行方」が窺えないことも、(c)(d)とは異なる視点からの説明だからとして容易に解決できよう。なお、(b)に「施行」という語が含まれるからといって、(c)(d)と同様の具体的な「施行方」を指すと見る必然性がないことは言うまでもない。

もっとも右の理解を採るならば、(b)は「聚レ衆宣」することをしないという意となり、詔書は必ず宣命されるという基本的な理解と抵触することとなる。しかし、この理解こそが誤りなのではあるまいか。古記は、詔書と勅旨との違いについて、「問、詔書勅旨、若為其別。答、(A)詔書、謂臨時。在必作レ勅。今検下可二宣命一之事上、皆此大事。論下不レ可二宣命一之色上、皆此小事。又同而何也。(B)勅旨、謂尋常行事」と注解する。意味のとりにくい箇所も存在し、文意の理解は容易ではないが、[9]両者の相違が第一に(A)「臨時」か(B)「尋常行事」かという点にあった事実は動かないだろう。そして、構文としては、(A)の中に「可二宣命一之事」(＝大事)と「不レ可二宣命一之色」(＝小事)とが存在すると見るのがよく、古記にとっては、詔書の範疇の中に宣命しないものが含まれる可能性もあったと言える。

他の諸説も、詔書＝宣命という点で一致しているわけではない。「臨時大事為レ詔、尋常小事為レ勅」(義解)、「臨時云レ詔、尋常云レ勅」(穴記)、「詔大事、勅旨小事」(跡記)の如く、諸説は詔書と勅旨との違いを、第一義的には臨時か尋常か、大事か小事か、といった視角から説明する。宣命の有無と明確に関連付けるのは、「詔書者、臨時尋常大小事皆約。但為二宣命一色、為二詔書一。不レ為二宣命一而可レ行、為二勅書一者」とする穴記所引の朱説のみで、ここには「未レ明。額不レ同」との注記が付く。朱説を引く穴記は、「臨時云レ詔、尋常云レ勅」との説明の後、「私思、此条、為下可二宣命一事上生レ文。下条、為下不レ可二宣命一事上為レ文。案二当条文一可レ知。然則、宣命者為レ行二臨時所レ宣而所二誥爾一也。即知、非下可二宣命一事上者、不レ論二大小一、皆須レ為二勅書一。可二宣命一事者、不レ限二大小一、皆為二詔書一也」と記すが、これは「案二当条文一可レ知」とある如く、詔書式条自体から導き出された解釈であった。前述の「検二諸云一、可二宣命一者必作レ詔。不レ可二宣命一者勅也」なる説が、「検二諸云一」とあって実態からの説明ではなかった点にも注意したい。穴記の「私思」の理解は「誥」という字句に由来するのだろうが、(10)本章にとっては、詔書・勅旨と宣命の有無との関係が、明法家の一つの解釈に過ぎないことを確認できればそれで十分である。

さて、古記の(b)が「聚レ衆宣」することなしに施行するという意だとすると、それは「宣訖付レ省施行」という令文自体を否定しかねない。これこそが、養老令で「宣」が「誥」に換えられ、「付レ省」が除かれた理由だったのではあるまいか。『文心雕龍』巻四、詔策に、「漢初定レ儀。則有二四品一。一曰策書、一曰制書、三曰詔書、四曰戒勅。勅戒二州部一、詔誥二百官一、制施二赦命一、策封二王侯一。策者簡也。制者裁也。詔者告也。勅者正也」とあるように、「誥」は詔書と親近な関係にある語であった。(11)また、ここに記された「戒」「施」「封」に比すれば、「誥」なる語は、本来的には百官に「誥グ」という抽象的な意味しか有していなかったものと推測される。(12)「宣訖付レ省施行」とする大宝令文が、行為としての宣命を強く意識していたことは疑いないが、実際には、宣命を行わない詔書が存在した可能性は存在し、養老令文では、これをも包摂する語として、抽象的で詔書と結び付き易い「誥」が採用されたものと推測する。そして、「聚レ衆宣」することのない施行を認めるのであれば、担当官司のみを対象に「誥」する場合も想定され、「付レ省」ということを殊更に記すことも必要なくなる。詔書の結語が「聞宣」から「咸聞」へと変化したことも、「宣」という語を避けたかったからとして説明できるかもしれない。

以上、本節では、宣命を行わない詔書が当初より存在した可能性を指摘した。次に、詔書と宣命の作成・伝達方法の違いという観点から、理解をより深めていくこととしよう。

二　詔書と宣命の作成と伝達

詔書と宣命の作成方法を把握するにあたっては、平安時代の史料をも積極的に活用せねばならない。まず取り上げたいのは『延喜式』巻一二、内記の記載である。

凡(α)節会及尋常詔旨者、内記預書。(1)元日賜㆓群臣㆒宴、及七日叙位賜宴、十六日踏歌、九月九日賜宴、十一月大嘗会等詔旨、当日進㆓参議已上㆒。(2)正月十四日斎会、四月成選位記、同月任郡司等詔旨、内記前一日付㆓内侍㆒奏㆑之。内侍執奏、了即時返㆓授内記㆒。内記当日早旦進㆓大臣㆒。其詞各見㆓儀式㆒。但(β)臨時詔勅者、承㆑旨即内記作㆓詔書㆒、畢納㆑筥、令㆔参議已上若内侍進㆓於御所㆒。

これによると詔旨は、内記が予め作成する(α)「節会及尋常詔旨」と、内記が内容を承ってから「詔書」を作る(β)「臨時詔勅」に大別される。(α)は、儀式当日に内記から参議以上に進められる(1)と、内記が前日に奏上し、当日に大臣に進められる(2)とに分けられ、(1)が節会詔旨に、(2)が尋常詔旨に対応するのだろうことは、筧敏生の述べた通りである[13]。

このうち(2)に見える成選位記や任郡司は、『延喜式』巻一八、式部上に「凡於㆓朝廷㆒宣命者、群官降㆑座立㆓堂前庭㆒。謂成選授位并任郡司及臨時宣詔之類。事見㆓儀式㆒。」とあるように、「臨時宣詔」と対比される代表的な宣命すべき恒例儀式であった[14]。(1)で例示された儀礼でも、宣命の宣読は儀礼の中で不可欠な要素として存在し、(α)は宣命の作成に関わる記載と見てよい。また、(2)に記された正月十四日斎会は天皇出御のない大極殿儀で、成選位記や任郡司は、朝堂儀の後に「於㆓曹司庁㆒行㆑之亦同」と記す『延喜式』巻一一、太政官の成選位記の他、『儀式』では太政官曹司儀が記される。(α)が宣命に関わるのであれば、儀場における天皇の存否は重要な指標となり、(1)と(2)は天皇の出御の有無に基づく相違と見てよかろう。儀礼当日の宣命の伝達経路を儀式書や古記録から整理するならば、天皇出御儀の(1)では内記→大臣→天皇→大臣→宣命使、天皇不出御儀の(2)では内記→大臣→宣命使という形をとることとなる。

一方、後半の詔書作成に関わる(β)については、それに続く内容が、

凡奉二詔書一者、使三内豎喚二省輔一。輔称唯入二閤門一、進就二版位一。即奉レ勅、執二詔書筥一退出。事見二儀式一。別写二一通一、印署送二太政官一。慰労詔書不レ在二此限一。

として『延喜式』巻一二、中務省から窺え、文書の作成方法をおおよそ把握することが可能である。しかし、『延喜式』の記載は断片的にならざるを得ず、比較的詳細な『内裏式』下、詔書式を取り上げ、全体像の把握につとめたい。

内記作二詔書一畢、或自二内裏一仰二内記一令レ作。或大臣奉レ勅令レ作。納レ筥令三参議以上若内侍進二御所一。御画日訖、置二殿上机上一、掃部寮預立二漆案一。而退下。須臾参議以上一人升レ殿、喚二内豎一、召二中務省一。称唯出。出二入日華門一。喚二輔以上一人一。入レ自二左掖門一就二版位一。若有二雨水一、通レ自二南廊一、立二承明門内東第二間一。他皆效レ此。勅曰、参来。称唯升レ自二南階一、立二簀子敷一。当二御前一。勅曰、書賜礼。称唯、進取二勅書筥一退出。用二同門一。既而御画日者留為レ案、別写二一通一、印署送二太政官一。大納言覆奏、画レ可。詔書画レ可、論奏等画二聞字一。訖留為レ案、更写二一通一施行。頃年所行、更不レ写二一通一。画二可字一者、附二弁官一令二施行一、畢即収二外記一。

注意したいのは、『内裏式』の内容が、『延喜式』や『西宮記』（尊経閣文庫所蔵大永本）第九、詔書事、『北山抄』巻六、詔書事と矛盾するところがなく、[15]公式令詔書式条と比較しても、「誥」なる行為が見えない点を除けばほぼ一致するという事実である。その一方、中務省式には、書き出しが「詔」、結詞が「主者施行」とするような、公式令とは異なる詔書の書様が記載される。このことより、公式令から『延喜式』の間に詔書の書様が変化した可能性を想定し得るのであるが、にもかかわらず、作成方法の面ではさして変化がなかったと言える。

『西宮記』が詔書作成の所作を記した後に公式令詔書式条を引用することも、公式令の延長上に位置する規定であると、『西宮記』自体が認識していたことを示唆している。

ところで、宣命の(α)と詔書の(β)との間には看過し難い差違が存在する。それは、(α)からは中務省の関与が全く認められないことである。もっとも(α)が「節会及尋常詔旨」であることからは、こうしたあり方を簡略化された様相として説明し得るかもしれない。しかし、例えば『儀式』巻五、譲国儀からは、譲位宣命の作成・伝達が、①内記による宣命の作成、②大臣から天皇への草案の奏覧、③草案の返給、④黄紙への清書、⑤天皇の南殿出御、⑥大臣から天皇への宣命文と宣命使名の奏覧、⑦宣命文の返給、⑧宣命使への宣命文の授与、⑨宣命の宣読、という流れでなされたことを知る。臨時の宣命であっても、(α)と同様、中務省は関与せず、それは立太子儀や立后儀などでも同様であった。また、譲位宣命は、臨時であるが故に草案の奏上を要したが、『儀式』は②に続けて「若有レ可二損益一者、拠二勅処分一筆」と記しており、その訂正は天皇―大臣間でなされたことを知る。中務省が関与しないばかりか、全ての議政官が携わったわけでもないのである。宝亀元年(七七〇)の光仁天皇即位の際に、藤原百川らが「偽作二宣命語一」り、宣制時に右大臣吉備真備が「巻レ舌無二如何一」かったことは、宣命が上記の如き性格のものだったことに起因する。[16]

また、(β)において、詔書が内記から「納レ筥」めて奏上され、筥のまま中務省へ下されたという微細な点にも注意を払いたい。『西宮記』は、内記不参時に弁が詔書を作る作法を記すが、そこでも「上卿召二外記筥一、入レ之奏聞」とあるように、上卿は筥を用いて奏聞を行った。他方、(α)はというと、大臣から書杖を用いて奏上されるのが通例で、譲位宣命の⑥のように、多くの場合、天皇出御後の所作となる。『朝野群載』巻一二、内記に載る恒例宣命の書様には、「用二書杖一」と「用レ筥」のいずれかの注記が付くが、(α)に挙がる八つの儀礼のうち、記載のない九月九日賜宴、成選位記、任郡司を除くと全て「用二書杖一」と注され、『柱史抄』上からは、この三つの儀礼もまた「用レ杖」いたことが確認できる。「用レ笏」とあるのが諸社への宣命だったことを思うと、神へ敬意を払うという観点から、天皇に献上するとの意味が強い書杖を避けたと捉えるのが穏当だろう。[17] 官人に対して宣読するような一般的な宣命の奏上は、書杖を用いてなされるものだったのである。

問題は、書杖による奏上と笏によるそれとが、いかなる関係にあるかである。書杖型の奏上には、宣命奏の他、見参奏や矢取奏、馬奏、擬階奏、官奏など実に様々なものが存在した。これらの多くは天皇への臣下からの報告事項であり、裁定が必要な場合には結申がなされる。書杖型の基本は臣下からの奏にあったと言える。他方、笏型の奏上には、詔書奏の他、郡司読奏や女官任官奏などがあり、その場での文書作成を伴うことが多い。例えば、郡司読奏では、奏笏、勘文笏、硯笏が儀場に運び込まれ、読奏者が名を読み上げると、「随レ読大臣奉レ勅、且点二其定不一」じた。[18] 擬階奏が、奏授対象者の名簿を書杖を用いて奏上するのみであることに照らせば、裁定における天皇の役割に微妙な違いを見出せる。天皇の決裁を仰ぐ文書の奏上には、臣下の奏に対して口頭で裁可を下す書杖型と、天皇が主体となり、臣下が補佐して文書を作成する笏型の二種が存在し、詔書の作成に笏が用いられたことも、詔書が天皇の発議文書であることに由来すると見て間違いはあるまい。[19]

しかし、作成時に笏を用いて奏上された詔書であっても、『西宮記』が「大納言覆奏。外記進レ文。大納言至二東階下一付二内侍等一之儀、如レ常。御可訖返給。大納言至二階下一、取二奏杖一給二外記一、還二着本座一」と記す如く、大納言は書杖を用いて覆奏を行った。天皇への覆奏文書には、大納言以上の位署と「請奉レ詔、付レ外施行」という文言が付されたが、ここに臣下からの奏への裁可という書杖型との共通点を読み取ることは可能である。そして、詔書は施行を許可する御画可を得た後に宣読された。詔書の施行に先立つ宣命なる行為は、太政官が施行の許可を申請し、許可を得て始めてなされるものなのである。

公式令詔書式条が示す詔書が宣命体かという問題に戻るならば、結局のところ、覆奏される詔書の書様と宣命のそれとが、同じと見てよいかという問題に帰着する。これに直接答えるような史料は皆無であるが、宣命の奏上が当日の儀式次第に組み込まれており、覆奏からは一定の時間が経過していた可能性が高い点からすると、同一の書様と解するだけの必然性がさして高くないことも事実である。少なくとも宣命なる行為の存在が、公式令詔書式が宣命体であったとする理解の、決定的な論拠とはなり得ないことだけは言えそうである。

三　公式令詔書式の書様

残された問題で、かつ先行研究が最も注視してきたものは、「明神」から始まる書き出しや大宝令の「聞宣」という結語が、『続日本紀』などに見える宣命に類似するという点である。しかし、公式令詔書式と宣命との関係はあくまで類似であって、その枠を出るものではない。公式令は五つの書き出しを示すが、『続日本紀』所収の宣命に完全に一致するものは一つとしてなく、『令義解』などが記す使用上の区別も、合致する事例は見られない。結語の「聞宣」にしても、宣命では「衆聞食止宣」など「衆（諸）」なる語が定型句的に付くことが多く、逆に「宣」だけの場合もある。「聞宣」から「咸聞」へという大宝令から養老令への変更に至っては、それが反映された様子を窺うことは不可能で、『続日本紀』所収の宣命の書様が詔書式に則ったと認めるには、なお躊躇せざるを得ないものがある。

その一方、『日本書紀』大化元年（六四五）七月丙子（一〇日）条には、『続日本紀』所収の宣命以上に詔書式に近しい漢文体の詔が存在し、これを無視するわけにはいかない。

> 高麗・百済・新羅並遣㆑使進調。百済調使兼㆓領任那使㆒、進㆓任那調㆒。唯百済大使佐平縁福、遇病留㆓津館㆒而不㆑入㆓於京㆒。巨勢徳大臣詔㆓於高麗使㆒曰、「明神御宇日本天皇詔旨、天皇所㆑遣之使与㆓高麗神子奉遣之使㆒、既往短而将来長。是故、可㆘以㆓温和之心㆒、相継往来㆖而已。」又詔㆓於百済使㆒曰、「明神御宇日本天皇詔旨、始我遠皇祖之世、以㆓百済国㆒為㆓内官家㆒、譬如㆓三絞之綱㆒。中間以㆓任那国㆒属㆓賜百済㆒、後遣㆓三輪栗隈君東人㆒、観㆓察任那国堺㆒。是故百済王随㆑勅悉示㆓其堺㆒。而調有㆑闕。由㆑是却㆓還其調㆒。任那所㆑出物者、天皇之所㆓明覧㆒。夫自㆑今以後、可㆕具題㆔国与㆓所㆑出調㆒。汝佐平等不㆓易面㆒来。早須㆓明報㆒。今重遣㆓三輪君東人・馬飼造㆒、闕名。」

この記載がどれほどの史実を反映するのかは慎重に検討すべきだが、詔の書き出し部分のみに着目すれば、『令義解』が「以㆓大事㆒宣㆓於蕃国使㆒之辞」とした詔書式冒頭のものと完全に一致する。この記述に関して金子武雄は、もとは和文だったものを漢文に翻訳したのがこれで、書き出し部分のみは翻訳できなかったとし、逆に稲岡耕二は、もとは漢文だったが、冒頭部分のみ和文的に加えた可能性が高いと指摘した[20]。しかし、漢文への翻訳にしろ、和文的表現の付加にしろ、それをせねばならない『日本書紀』編者の意図を明瞭に把握することは困難である。両氏とも、宣命の形成過程に関する分析を踏まえた上での結論だが、一歩、公式令詔書式が宣命体だったという前提を離れてしまえば、この立論はほとんど意味をなさなくなる。この記載を虚心に眺めるのであれば、「明神御宇日本天皇詔旨」なる書き出しと漢文体の内容との間にさして不和はなかったという事実に至らざるを得ない。この記事が何らかの潤色を受けたと認めるならば、なおさらのことである。

詔書式で和文的に見えるのは実は書き出しのみで、「聞宣（咸聞）」といった結語は、「謹解」（解式）や「故移」

勅					合　計
結語なし	布告文言	施行文言	布告文言＋施行文言	小　計	
6		1		7	13
11	1			12	13
6	2	5	3	16	18
22	1	3		26	26
4		7	1	12	12
	1	1		2	10
1	1		1	3	5
				0	1
			2	2	2
			1	1	3

（移式）などとさして違いはない。唐の制書式の「主者施行」なる結語との相違は看過できないが、『類聚三代格』巻一七、蠲免事、天長五年（八二八）七月二九日詔が「早以頒示、咸令㆓聞知㆒」と結ぶ点は「咸聞」と類似する。また、勅旨は漢文体と見るのが一般的だが[21]、詔書と勅旨との間には、臨時か尋常か、大事か小事か、といった程度の差違しかなく、六国史で詔と勅がしばしば混同されることからも、両者の書様に決定的な違いがあったかは疑わしい。これらを勘案すれば、右の漢文体の姿こそ公式令詔書式条が想定する書様だったと考える余地はあろう。櫛木謙周は、実効的効果を期待する法令施行の際に、宣命の他に漢文詔勅が出されたと推測したが、漢文体の詔書が本来の姿で、宣命を行うに際して宣命体へ書き改められたと見ても、何ら不都合はないものと考える[22]。

もっとも、右の理解が妥当だとしても、宣命が基本的には天皇の出御を前提とするのであれば、公式令が想定する詔書作成→宣命→施行という流れが恒常的に守られたとは限らない。詔書の作成と宣命とが逆転することや、いくつかの詔書をまとめて宣命することもあり得ただろう。また、前述の通り、詔書と

表1　8・9世紀の〈漢文詔勅〉と結語

西暦	詔				
	結語なし	布告文言	施行文言	布告文言＋施行文言	小計
701〜720	6				6
721〜740	1				1
741〜760	2				2
761〜780					0
781〜800					0
801〜820	2	2	4		8
821〜840		1		1	2
841〜860		1			1
861〜880					0
881〜900			1	1	2

宣命とが完全に対応するとは必ずしも言えず、逆に詔書を伴わない宣命の存在や、宣命が勅旨と結び付くことがある点も、実例より垣間見えるところである。日本の詔書式・勅旨式は、唐において七つに区分されていた皇帝の勅命を、取捨選択かつ集約して継受したものだが、詔書と勅旨との間には、使用の上で曖昧な区分しか持たせることができなかった。(23) こうした曖昧性を有する一方で、詔書式の書様は装飾的とも言える書き出しを持つこととなり、文書に基づく唐の勅命下達制度を継受するにあたって、宣命の書様が強く意識されたこと自体は否定し得ない。しかし、これらが詔書が宣命体だったとすることの明確な証拠になり得ないことは、縷述してきた通りである。

「詔」に始まり漢文体の内容を有するいわゆる〈漢文詔〉についても、簡単にではあるが触れておきたい。表1は、『類聚三代格』などに見える八・九世紀の漢文詔勅の数を、結語に注目して整理したものである。(24) 表中の布告文言とは「普告二遐邇一令レ知二朕意一」など天皇の意を伝達させる文言を、施行文言とは「主者施行」に代表される施行命令の語を、それぞれ含むことを意味する。格に定立される際にこれらが省かれた事例も存したろうが、施行文言がなく布告文言で止まる詔勅の存在も注意され、これには「聞宣（咸聞）」という詔書式の布告文言的な結語との関連を予感させるものがある。また、公式令勅旨式条では、史が加える「符到奉行」の他に純粋な結語は見えないが、霊亀三年（七一七）五月一一日勅で、唐の制書式に倣ったと思われる「主者施行」なる結語が初出し、それは、天平勝宝末年の藤原仲麻呂政権の確立以降、頻繁に使用されるようになったようである。

注視したいのは詔と勅とが偏在する状況である。八世紀前葉において詔と勅とは混在していたが、天平一六年（七四四）七月二三日詔の後、詔は大同二年（八〇七）四月二二日詔まで六〇年以上にわたって見えず、以降は、しばらくの間、詔のみが使用される。詔勅が八世紀中葉に勅旨に一本化され、一本化された勅旨が九世紀初頭に詔書に置き換わった様相を看取することができ、その後は、九世紀前葉から中葉にかけて、詔・勅ともに減少することとなる。(25) 先行研究では、〈漢文詔〉と公式令詔書式とを異なるものと認識し、前者を「主者施行」で結ぶ『延喜式』の書様と結び付けて理解する傾向が強いが、「主者施行」なる結語を持つ詔書の初見が、詔が再出するこの大同二年の詔である事実を看過すべきではない。『延喜式』に勅旨式が存在しないことも考え併せるならば、『延喜式』の詔書の書様は、詔書が勅旨の影響を受けて再編されたことによると見るのが穏当である。

前述の通り、平安時代の儀式書が記す詔書の作成方法は、公式令詔書式条と大きく相違するものではなく、公式令の延長上に位置していた。また、本来「勅旨」を書き出しとする勅旨が、「勅」で始まることも散見する。『延喜式』の書様が九世紀に成立した比較的新しいものなのであれば、八世紀前葉から見える〈漢文詔〉もまた公式令の範疇で捉えられていた可能性は十分に存在し、むしろ「詔」で始まるこの〈漢文詔〉こそが、実際には詔書の主体を占めていた可能性をも想定し得る。いずれにせよ、いわゆる〈漢文詔〉の存在が、公式令詔書式を漢文体と考えることの、大きな障害となるものではないだろう。

おわりに

以上、公式令詔書式条が示す詔書が宣命体であり、これとは別に漢文詔が存在したとする通説的な理解について、若干の疑問を呈してきた。先行研究では、詔書式の書き出しや結語と『続日本紀』所収の宣命との類似、『令集解』諸説が記す詔書・勅旨との差違と宣命の有無との繋がり、といった点から、右の理解を提示してきたのであるが、いずれも決定的な論拠となり得るものではないと考える。公式令詔書式に則ったと思しい漢文体の詔が実際に存在し、また、詔書と宣命とを区別する平安時代の儀式書においても、漢文体の詔書を公式令詔書式の延長上に位置付けていたことからすれば、詔書式が示す書様を漢文体と認めても何ら問題はないだろう。筆者は、公式令詔書式は漢文体の詔書を想定した規定であり、宣命なる行為を行うにあたって、宣命体へ改められたと考えるものである。

本章は、日ごろ抱いてきた通説に対する違和感を吐露してみたに過ぎない。天皇制を律令国家の中に位置付けるための詔勅・宣命を用いた総体的な議論は、全て今後の課題である。

（1）　櫛木謙周「宣命に関する一考察―漢文詔勅との関係を中心に―」（日本古文書学会編『日本古文書学論集4　古代Ⅱ』吉川弘文館、一九八八年、初出一九八〇年）、小林敏男「詔書式と宣命」（『古代天皇制の基礎的研究』校倉書房、一九九四年、初出一九八一年）、大平聡「奈良時代の詔書と宣命」（土田直鎮先生還暦記念会編『奈良平安時代史論集』上、吉川弘文館、一九八四年）、森田悌「詔書・勅旨と宣命」（『日本古代の政治と地方』高科書店、一九八八年、初出一九八六年）。

（2）筧敏生「太上天皇宣命と公式令詔書」（『古代王権と律令国家』校倉書房、二〇〇二年、初出一九九七年）、熊谷公男「跪伏礼と口頭政務」（『東北学院大学論集　歴史学・地理学』三二、一九九九年）、鈴木琢郎「奈良時代の大臣任官と宣命」（『日本歴史』六七五、二〇〇四年）。

（3）大宝令文の復原は、大平聡「奈良時代の詔書と宣命」（注1前掲）、坂上康俊「詔書・勅旨と天皇」（池田温編『中国礼法と日本律令制』東方書店、一九九二年）に依拠する。

（4）櫛木謙周「宣命に関する一考察」（注1前掲）。

（5）八木充「大宝令勅符について」（『日本古文書学論集4　古代Ⅱ』注1前掲、初出一九七八年）、小林敏男「詔書式と宣命」（注1前掲）、大平聡「奈良時代の詔書と宣命」（注1前掲）、森田悌「詔書・勅旨と宣命」（注1前掲）、吉川真司「勅符論」（『律令官僚制の研究』塙書房、一九九八年、初出一九九四年）。

（6）もっとも同条義解に「凡施二行詔書一者、於二在京諸司一、直写二詔書一、副二官符一行下。若其外国者、更謄二官符一施行」とあるように、否定する内容が、絶対に前にあるとは限らない。

（7）諸氏の見解に従えば、(b)が「直」なる語で(c)(d)を否定し、さらに(d)が、同じく「直」で(c)を否定することとなり、複雑な文章であることを否めない。

（8）『令集解』巻二二、考課令家令条の穴記が、「申レ省案記」に関して「申レ省、謂先申レ官送レ省。或説直送レ省。為レ劣」と注することは、類似する「直」の使い方と言えよう。

（9）「在必作レ勅」に関しては、大平聡が「在二必作一レ勅」と読んで、宣命体の詔書は漢文体の勅旨で個別具体化されると論じ、筧敏生が「勅（この場合は天皇の意志一般を指すか）を作成するにあたって」と解釈するが、尋常行事に勅旨を作るという理解に引き付け、「必ズニ在ルハ勅ニ作ル」と訓じる余地や、「在」を「不」の誤字と捉えて「必ズシモ勅（宣命のことか）ニ作ラズ」と読む可能性もあろう。大平聡「奈良時代の詔書と宣命」（注1前掲、五二三頁）、筧敏生「太上天皇宣命と公式令詔書」（注2前掲、二一二頁）。また、「又同而何也」は「又同ジニシテ何ゾヤ」と読み、「宣命するものとしないものとが同じく詔書であるのは、どのような理由によるのか」という程度の意味なのだろうか。

（10）穴記では「更写二一通一誥」に「更為レ誥写」と注しており、「誥」なる行為に着目する。なお、「誥」を記さない勅旨式条でも「少弁以上依レ式連署、留為レ案。更写二一通一施行」とあることから、穴記の解釈が正しいものだったかは疑問が残る。

（11）『政事要略』巻三〇、御画事にも、「蔡邕独断云、詔誥也」という記載が見える。

（12）櫛木謙周や東野治之が言うように、唐でも詔書が宣布される事例は存したが、かといって、全てが多くの人を集めて宣読されねばならないとまでは断言できない。櫛木謙周「宣命に関する一考察」（注1前掲）、東野治之「大宝令成立以前の公文書制度—口頭伝達との関係から—」（『長屋王家木簡の研究』塙書房、一九九六年、初出一九八九年）。

（13）筧敏生「太上天皇宣命と公式令詔書」（注2前掲）。

（14）「宣命」の初見は、『続日本紀』神亀五年（七二八）三月丁未（一一日）条の「制、選叙之日、宣命以前、諸宰相等出二立庁前一、宣竟就レ座。自今以後、永為二恒例一」であるが、これが選叙に関わるものであることにも注意される。

（15）『西宮記』と『北山抄』は、大納言覆奏の所作を詳しく記すことに特徴がある。

（16）『日本紀略』宝亀元年（七七〇）八月癸巳（四日）条所引藤原百川伝。

（17）諸社への告文が筥を用いた理由について、岸俊男は簡状という形状から説明する。岸俊男「宣命簡」（『日本古代文物の研究』塙書房、一九八八年、初出一九七六年）。なお、宣命が臣下に宣布する「宣命」と神社・山陵に奏上する告文、僧綱の補任に用いられる僧綱宣に大別され、それぞれ動詞字が異なることは、白藤禮幸「平安初期宣命の国語史上の一、二の問題」（築島裕博士還暦記念会編『国語学論集』明治書院、一九八六年）、池田幸恵「宣命の文章構造—ノリタマフ系宣命を中心に—」（『萬葉』一六三、一九九七年）など参照。

（18）『儀式』巻九、奏二銓擬郡領一儀。

（19）天皇への文書の奏上には、書杖型・筥型とは別に函を用いた儀礼が存在する。函と筥とは混用されることもあるが、多くの場合、筥は柳筥を、函は直方体で蓋の付いた文箱を指す。そして、書杖・筥が大臣や大将などからの上奏に用いられるのに対し、函は告朔文奏や暦奏、御体御卜奏など一般官司からの奏聞に使用され、外国使節とのやり取りも函を用いてなされた。なお、出土遺物としての函については、小池伸彦「木箱と文書」(『木簡研究』一一、一九八九年)に詳しい。

(20) 金子武雄『続日本紀宣命講』(高科書店、一九八九年、初刊一九四一年、一九頁)、稲岡耕二「続日本紀における宣命」(『新日本古典文学大系　続日本紀』二、岩波書店、一九九〇年、六八三頁)。

(21) 金子武雄は詔書も勅旨も和文であったと理解する。金子武雄『続日本紀宣命講』(注20前掲、四頁)。

(22) 櫛木謙周「宣命に関する一考察」(注1前掲)。宣命が詔勅の翻案に由来し、漢文訓読文に近いとした小谷博泰の議論も看過できない。小谷博泰「宣命の起源と詔勅」(『木簡と宣命の国語学的研究(著作集第一巻)』和泉書院、二〇一七年、初出一九七九年)など。

(23) 弘仁格までの漢文詔勅を集成した坂上康俊は、詔は禁忌と関係するものが多く、その他の広範な勅命には勅が用いられたと述べ、そうした区別は大同年間になくなったと論じた。坂上康俊「詔書・勅旨と天皇」(注3前掲)。史料上の制約からその正否を即断するわけにはいかないが、詔と勅とが唐の王言に比して曖昧な区別であった点は動かない。なお、後論との関係に限定して坂上の詔勅の集成について触れておけば、坂上が詔に分類した天平勝宝九歳(七五七)四月四日のものは、天平宝字二年(七五八)七月三日勅に引かれる「恩詔」で、実際は勅であったことが『類聚三代格』より確認できる。同じく延暦一五年(七九六)一一月一五日の詔は、『類聚国史』巻七四に「詔曰」として引かれる冬至赦で、詔書の形態をとったかは不明である。勅に分類した大同三年(八〇八)一〇月一三日のものは、事実書が「勅依二前件一」とあるに過ぎず、『弘仁格抄』も勅と扱っていないことから、太政官符の抄出と見るのが穏当である。

(24) 表を作成するにあたっては、できる限り正確を期したいとの思いから、謄詔(勅)官符や官符などに引かれる詔勅、国史に記された詔勅は除外し、純粋に「詔」、または「勅」で始まり、年月日を有するもののみを対象とした。

(25) 吉川真司は、格に定立されるような詔勅の減少を、上宣制の成立に関連付けて説明する。吉川真司「上宣制の成立」(『律令官僚制の研究』注5前掲)。

第三章　祭祀空間としての神祇官

はじめに

本章が課題とするところは、神祇祭祀と律令天皇制との関係を描き出すことにあり、その目的のもと、神祇官の特質を祭祀空間という観点から考察しようとするものである。こうした課題を設定するにあたって、何よりもまず挙げねばならないのは、岡田精司と早川庄八の研究であろう(1)。岡田は、律令的神祇祭祀として班幣という祭祀形態を重視した上で、班幣を全国の神々を網羅的に対象とする祈年祭と、特定の社に対して特権的に幣物を送る月次・新嘗祭とに二分し、その背景に屯倉への種稲分与の伝統をひき、地方神に稲の豊穣を命じる前者と、天皇家の祖先祭において陪食を許す後者との相違が存在すると指摘した。これを受ける形で早川は、班幣行事に天皇が参加しない祈年祭に比べて、天皇の神事ないし秘事の挙行される月次・新嘗祭の方が古く、それはかつて地域的王権が執行した宮廷祭祀が原型を変えないまま国家祭祀に組み込まれたことによるとして、岡田が提起した祭祀形態の枠組みを、自らの畿内政権論の中へ位置付け直したものと言える。岡田と早川の研究以降、それまで固有信仰の指摘などに帰結していた感の強い古代祭祀研究の分野に、国家機構の解明を明確に意識した実証的かつ多角的な論考が多く登場するようになり、神祇祭祀に関する考察は、律令国家の特質を捉える上で不可欠な素材に昇華したことは疑いなかろう。

こうした動向の中で、両者の説を最も的確に批判したのは加藤優と古川淳一である。[2] すなわち、祭儀や祝詞などから班幣儀礼を比較するならば、祈年・月次・新嘗の三祭の関係は、岡田や早川が述べるような〈祈年祭〉―〈月次・新嘗祭〉ではなく、むしろ〈祈年・月次祭〉―〈新嘗祭〉として捉えるのが適当であると論じたのであり、これは動かし難い定見であると考える。もっとも古川の批判は、早川の畿内政権論という大枠を認めた上でのものであったため、祈年祭も当初は畿内を対象とし、律令制以後に全国規模となったというように、結果として畿内から全国への拡大という点に結論付けねばならなかったが、そもそも早川においては、天皇の神事関与と班幣の新旧及び規模とが不可分な関係にあったことを考えれば、加藤や古川の見解が有効である以上、早川の論拠の根幹は崩れたものと見なさなければならない。律令的神祇祭祀の特質を畿内と畿外との関係のみに帰着させることは適当ではなく、新たに意味付け直さねばならない段階に至っていると考える。

ところで、班幣が奉幣とは異なる祭祀形態であるとする岡田の提言に関しては、奉幣・班幣の語は一社を対象としたか複数の社を対象としたかという程度の相違で、岡田のように敬神の有無を論じることはできないとする熊谷保孝の批判が存在する。[3] 確かに岡田の史料用語分析は厳密さを欠き、また幣物を下賜するという班幣の基本的な理解に対しては、いささか飛躍を感じざるを得ない。しかし、祭祀形態に二つの様相を見た岡田の指摘は継承すべきものであり、これを概念的な意味で奉幣と班幣とに区分しても問題はなかろう。奉幣と班幣との相違を用語の問題のみに集約することはできず、その違いは畢竟、儀礼形態の相違に由来すると見るべきで、神祇祭祀を検討するに際しては儀礼形態の分析が不可欠な視座となる。早川が論拠とした班幣における天皇の不在性についても、儀礼形態を整理する中で改めて検討されねばならない。本章が祭祀空間という観点から神祇官を考察するのはこうした考えに基づくものであり、それを通じて神祇祭祀と律令天皇制との関係を、畿内政権論とは距離を置く形で新たに提示したいと考える。

一　班幣儀礼の儀礼的特質

祈年・月次・新嘗祭といった代表的な班幣儀礼は、神祇官を儀場としたことに共通点がある。なかでも祈年・月次祭は、神祇令が「其祈年・月次祭者、百官集二神祇官一、中臣宣二祝詞一、忌部班二幣帛一」と記すように、百官が参集したことに特質があった[4]。新嘗祭班幣では諸司の供奉はなかったが、その性格を天皇神事への付随的なものと捉えるならば[5]、神祇官における班幣儀礼の儀礼構造を祈年・月次の二祭で代表させても大過はなかろう。

神祇官における班幣儀礼の特質を百官の参入に求めた場合、『令集解』巻二八、儀制令春時祭田条所引古記が「春時祭田之日、謂国郡郷里毎レ村在社神、人夫集聚祭。若放二祈年祭一歟也」と記すことは注目される。おそらく古記は、春時祭田における「人夫集聚祭」と祈年祭の「百官集二神祇官一」とを類似する様相と捉え、村落祭祀である春時祭田の構造を宮廷の祈年祭に倣ったものかと述べたのであり、翻って見れば、百官の参集が祈年祭の遂行に不可欠だった様子を窺える。他方、同じく百官が参集する月次祭が比較の対象とはならなかった点にも注意したい。古記が春時祭田の説明に祈年祭を取り上げたのは、両者が春の農耕祭祀という点で共通するが故であることは疑いないが、唐令の対応条文に記されていた百神への報恩感謝と来年の豊穣を祈念する歳末の「蜡祭」[6]を、あえて春時祭田に変更して継受した点を想起するならば、日本律令の基本的な意図としては、農耕祭祀の中で最も大規模になすべきものが、「毎レ村在社神」にまで及ぶ春時の祭祀だったことを看取できよう。ここにこそ祈年祭と春時祭田とが対比され得る理由がある。祭神数における祈年祭と月次祭との規模の相違についても、こうした春時の祭祀を重視する意図が背後にあることを十分に留意せねばならず、祭神数の多寡を成立時期の差に置換することには慎重にならねばならない。

月次祭を検討する際に注目されてきた記事として、『令集解』巻七、神祇令が月次祭に付した注釈がある。「謂於二神祇官一祭、与二祈年祭一同。即如二庶人宅神祭一也。釈及古記无レ別」との記載がそれであり、神今食の併祭という事実を媒介として、月次祭を「宅神祭」（＝祖霊祭または竈神祭）と結び付ける見解がしばしばなされてきた[7]。しかし、「如二庶人宅神祭一也」の前に置かれた「即」なる語は、前文を受ける接続詞として用いられるのが一般的で、「如二庶人宅神祭一」という解釈は「於二神祇官一祭」ることと不可分と見るのがよく、儀場を異にする神今食からこの記事を解することは妥当ではない。また、『令集解』は神祇官を儀場とする点で「与二祈年祭一同」とも述べており、ここから祈年祭をも「如二庶人宅神祭一」と解していたと考えるのが自然であろう。『令集解』は月次祭の宗教的性格を注解しているのではなく、祭場の性格に注目して解釈を施していると見るのがよい[8]。

右の『令集解』の記載を神祇官という儀場に関しての説明と解するならば、「庶人宅神祭」なる語句は「庶人の宅神祭」と読むよりも、「庶人宅の神祭」の如く場に力点を置いて読むのが適当ではあるまいか。「宅神祭」という用語は、四月と一一月の二季に行われる貴族の私的な祭祀を示すものとして、平安中期以降に頻出するのに対し[9]、「神祭」は『続日本紀』和銅七年（七一四）二月丁酉（九日）条に「令レ主二神祭一」とある如く、早くから一般名詞的に使われる語で、こうした読み方は決して不自然ではない。もっともこの読み方が妥当だとしても、その実態を祖霊祭あるいは竈神祭と捉えることもなお可能であり、「庶人宅神祭」の性格を論じるには両者に大差はないと言える。しかし、神祇官を儀場としたことへの説明であることに鑑みるならば、この読み方は大きな意味を持つこととなり、つまり、神祇官という空間が庶人宅に対比され得る場と見なされたことを示唆する。そして、「庶人」なる語が通常天皇に対置して使われることを考えれば、神祇官という空間は天皇の宅に准え得るものという解釈が可能となろう。『令集解』は神祇官における班幣儀礼について、天皇と関係の深い空間で開催された祭祀と認識したものと考える。

『儀式』巻一、二月四日祈年祭儀によれば、神祇官人と御巫は東中門より神祇官斎院に入って西舎につき、大臣以下は北門から入って北舎の座についたのに対し、儀礼的特質とした百官と班幣対象である祝部とは、南門より斎院へ参入して、百官は南舎に、祝部は西舎南庭にそれぞれついた。神祇官が東中門から入ったのは、隣接する東院が神祇官の執務空間だったことに由来し、大臣以下が北舎についたのは彼らが儀式運営の職務を担ったからに他ならない。そして、百官・祝部といった主要な参会者が出入りする門は南門であった。班幣儀礼の儀礼構造の特徴は、多くの官人・神職者が庭中に並べられた幣物を「コ」の字型に囲むことにあるが、参会者の観点から見るならば、南から北へという方向性を意識したことは疑いない。これは神祇官の門の中で最大のものが、八世紀以来北門だったという事実とも符合する。(10)

また、『続日本紀』天平勝宝八歳（七五六）一一月丁卯（一七日）条の「廃二新嘗会一。以二諒闇故一也。検二神祇官記一、是年於二神祇官曹司一行二新嘗会之事一矣。」を初見として、不出御儀の神今食や新嘗祭神事では神祇官を儀場とするのが通例で、伊勢例幣も承和七年（八四〇）以降、(11)神祇官で発遣儀がなされる事例が散見する。神今食や新嘗祭神事は、神嘉殿が建設される以前は内裏を儀場とした可能性が高く、(12)前期平城宮での大嘗祭が大極殿のある中央区ではなく東区朝堂院で催されたのも、(13)東区朝堂院が観念的にも内裏の延長上に位置したことによるのだろう。神祇官は内裏の代替となり得る儀場なのであり、神祇官儀となることについて、しばしば「付二所司一」と記されることを考えると、(14)神祇官は内裏で行うべき祭祀を「付二所司一」す儀場という性格を有していた。班幣儀礼における天皇の不在性を強調し過ぎることは適当ではなく、祝詞に「皇御孫の命」とあることや[15]前述した儀礼構造などを勘案すると、むしろ天皇の存在を明確に意識した空間の祭祀と捉え得る。

ところで、班幣儀礼の検討に際して関説されてきたものに、大宝元年（七〇一）冬から翌年春にかけてなされた造大幣司の設置と、国造を入京させての畿内・七道諸社への大幣班賜とがある。[16]これに関しては、大宝律令制定に伴う班幣や神祇令天皇即位条に基づく祭祀との見解もあるが、[17]祈年祭と理解するのが優勢である。[18]その論拠は、春の班幣であること、即位に関わるとするには時期的に不可解なこと、『続日本紀』大宝二年七月癸酉（八日）条の「宜レ入二大幣及月次幣例一」との記載から[19]「大幣」が「祈年幣帛」と同義と理解し得ること、などである。しかし、熊谷保孝の批判にある如く、恒例の祈年祭と見るには相違点があまりに多く存在し、[20]それを克服するために、律令制定後初の祈年祭だったことにより特別扱いされた、といったような説明が付されることが多い。

祈年祭と見る上での問題は、律令制定後初の恒例行事を通常と異なる形態で運営したと捉えねばならない点にある。もっとも祈年祭の班幣対象が当初は国造で、後に祝部に変更されたとする通説に従えば特殊性の一端は解消されるが、[21]七世紀末においても祝部に対する班幣儀礼の存在は確認でき、[22]祝部→国造→祝部という複雑な変遷を想定することは不自然な感がある。八世紀の出雲国造神賀詞奏上儀では、国造が出雲国全社の祝部を率いて来朝したが、[23]ここからも国造が単独で訪れたと見る必要はなく、祝部が国造に引率されたと解することも可能である。前掲史料の「大幣」が実態として「祈年幣帛」を指すことは疑いないが、神祇令から類推すると、大幣に預かるとは官社となり天神地祇惣祭に預かることと推察され、大幣班賜は恒例的には祈年祭班幣を、臨時的には即位に伴う班幣に代表される祭祀を指すのだろう。大幣に預かることは祈年祭の対象となることの必要条件であっても十分条件ではなく、この時の大幣班賜を臨時祭祀として捉え、大規模であるが故に国造が召集されたと考えることはなおできよう。そして、臨時の天神地祇惣祭が即位に限定されたという証拠も存在せず、他の理由を検討する余地は残されているものと考える。

『続日本紀』は班幣儀の前に「鎮二大安殿一大祓。天皇御二新宮正殿一斎戒」というように、鎮祭と天皇の「新宮正殿」での斎戒があったことを記す。先入観なくこの記載を見れば、「新宮」の造営に何らかの形で関わる祭儀と捉えるのが自然である。大化三年（六四七）の「始処二新宮一将レ幣二諸神一、属二乎今歳一。又於二農月一不レ合レ使レ民、縁レ造二新宮一固不レ獲レ已」との理由で国司の罪を許したことからは、[24]宮都造営に伴う祭祀が大規模になされたことを知る。『続日本紀』の「新宮」は藤原宮以外には考え難く、遷都後七年も経てなされたことに違和感もあるが、慶雲元年（七〇四）の京戸への賜布が藤原京完成に伴うものとする説に従えば、[25]藤原宮は八世紀初頭においても造営中と認識されていたと見ることができ、京戸への賜布からほど経ずして平城宮建設が本格化することを考えると、[26]賜布はそれを視野に入れた藤原宮完成の表明だったとも憶測し得る。仮説の域を出るものではないが、その前段階として造大幣司の設置と国造を集めての班幣儀礼がなされたとも考えられよう。

その当否は措くとしても、この儀礼に天皇が関わった事実は看過し得ない。臨時の大規模班幣には天皇が関与したのであり、「天皇御二新宮正殿一斎戒」との記載からは、天皇出御のもとで班幣がなされた可能性もある。神祇官での班幣儀礼に天皇の姿が見えないのは、簡略化された恒例行事であったためとも推測し得る。唐代の皇帝祭祀は皇帝親祭と有司が代行する有司摂事とに弁別されていたが、[27]これらを考慮すると、神祇官なる儀場は天皇に代わって恒例祭祀をなす空間であり、その儀礼的特質は天皇が参加しない代わりに神祇官が百官を集めて班幣儀礼を行った点にあると考える。そして、こうした様相を祈年・月次の二祭が共通して有したことは、相違を見るよりも前に配慮されねばならない事柄だろう。

祭祀空間という観点から神祇官を検討すると、宮内省と代替し得る関係にあったことが垣間見えてくる。宮内省を祭場とする鎮魂祭は、宮内省が大嘗会行事所となったり触穢の際には神祇官を儀場として行われ[28]、他方、神祇官でなされるべき御体御卜では、「依二神祇官穢一於二宮内省一行レ之」った事例が存在する[29]。神嘉殿を使用し得ない場合の神今食や新嘗祭神事は神祇官で催行されるのが一般的であったが、宮内省で催されることも散見する[30]。前述の通り、内裏の祭祀と神祇官での祭祀の間には一定の関係を想定できるが、これに宮内省を加えた三つの空間が、宮廷祭祀に相互補完的な機能を果たしたものと考える。

二　神祇官と宮内省

しかし、宮内省を祭場とする場合でも、官司としての神祇官と宮内省とが儀礼運営において代替し得る関係にあったわけではなく、宮内省が祭祀に中心的な役割を担ったとは考え難い。鎮魂祭を例にとれば、上卿と神祇官、猿女を管轄する縫殿寮、楽人・歌女を率いた治部省・雅楽寮の座が、祭所となる宮内省正庁内に設置されたのに対し、宮内省官人の座は正庁には存在しなかった[31]。鎮魂祭の祭神は神祇官斎院に鎮座する八神に大直神を加えた九神であったし、御巫が供神米を神祇官斎院の庭で舂くことに端的なように、神祇官が祭祀の準備を行い、さらには鎮魂祭でタマフリされた御魂緒が、祭の後に神祇官斎院の斎戸神殿に鎮祭されるのであって、鎮魂祭の遂行には神祇官の存在が欠かせない[32]。宮内省の儀礼関与は、内舎人や大舎人などとともに倭舞をし、管下の大膳職に酒食を弁備させる程度のもので、祭祀そのものでの存在意義は神祇官に比して格段に低く、主要な役割は、他の神祇祭祀と同様に神祇官によって担われていたと見て間違いなかろう。

神今食や新嘗祭神事に際しては、祭祀に供奉する小忌官人の卜定が宮主と卜部とによって行われた。卜定は、神祇官でなされる親王・公卿・次侍従などを対象とした前日の儀と、祭日に宮内省にて行われる六位以下を定めるものの二つに大別し得る。[33]両者における宮内省の立場は大きく異なり、神祇官儀では卜定される側でしかなかったのに対し、宮内省儀では卜定すべき内侍や文武官人の名簿を正庁に座す神祇官へ進上しており、宮内省は諸司官人と神祇官との仲介的な役割を担ったようである。神今食・新嘗祭神事における親王・公卿の関与が本格化するのが九世紀初頭以降だったことを考えれば、[34]卜定のうちでも宮内省を儀場とする後者の方が本源的なものと推測される。宮内省を儀場とする他の年中行事としては御薪進上儀があるが、宮内省に仲介される形で諸司の天皇への供奉が表現された点は、小忌官人の祭祀供奉のあり方と類似すると言えよう。前代の氏姓制度が色濃く残る官司を管掌し、それを通じて天皇へ奉仕するというのが宮内省の本来的な職掌であったとされるが、[35]宮内省で小忌卜定を行った理由は、おそらくこうした職掌と関係するもので、神祇官でなされるべき性格の儀礼ではなかったのだろう。

『令集解』巻二、職員令神祇官条は、大嘗（＝新嘗）と鎮魂とに関して、「唯此二祭者、是殊為二人主一不レ及二群庶一」と記しており、これらは奉幣・班幣儀礼の如き「常典」とは一線を画すものであった。天皇が直接神事を行う新嘗・大嘗は、内裏ないし朝堂院でなされるが、それと一連の小忌卜定・鎮魂祭・解斎は全て宮内省を儀場とした。前述の如く、不出御儀の神今食・新嘗祭神事は神祇官を儀場とするのが一般的で、それは八世紀中葉に遡り、一〇世紀以降には天皇が神祇官へ行幸して行われる事例も登場する。しかし、天皇の行幸に関して見れば、神祇官儀に比して圧倒的に例の少ない宮内省儀の方が早く、九世紀後半には見出すことが可能であり、[36]神祇官と宮内省の祭祀空間としての性格は若干相違すると見るのがよかろう。祈年祭の如き百官が参集する班幣儀礼が宮内省を儀場としないことをも勘案すれば、宮廷祭祀の儀場としては内裏→宮内省→神祇官の順に天皇親祭という色彩が薄らぎ、逆に官人に付すという性格が強くなる。宮内省儀の祭祀とは、神祇官儀に比して「為二人主一不レ及二群庶一」る祭祀へ官人が供奉するという性格を意識したものだったのだろう。宮内省が祭祀に主体的に関与したとは言い難いものの、天皇祭祀に供奉する官人を管掌すると認識されたが故に、宮内省が儀場とされたのであり、そこでは神祇官の主導のもと、天皇に近しい諸司が祭祀に奉仕したものと考える。

ところで、神祇官と宮内省との関係は祭祀空間における代替関係だけではない。諸司が奏上などを目的に内裏等へ参入する際には、入閤を申請する闈司奏を必要としたが(37)、神祇官の参入においては、宮内省が闈司奏を経てまず参入し、参入した宮内省の奏を経て神祇官が参入するというように、闈司奏に加えて宮内省奏がなされるのが通例であった（表1）。もっとも伊勢例幣など天皇の召しによって参入する場合は、版位についた少納言に対して「中臣・忌部を喚せ」との勅があり、少納言の命に従って参入するのであり(38)、諸司が天皇に召される際に闈司奏がないのと同様に闈司奏も宮内省奏も必要としない。ここに天皇が言葉をかけて勅使が発遣されるという奉幣儀礼の特質を見出せるが、一方で、行幸還宮における御麻奉上儀では、闈司奏が見えないにもかかわらず宮内省奏が存在し(39)、神祇官の天皇への供奉には宮内省の仲介が不可欠であった。『古語拾遺』は「又殿祭・門祭者、元太玉命供奉之儀、斎部氏之所職也。雖レ然、中臣・斎部共任二神祇官一、相共供奉。故宮内省奏詞偁、将レ供二奉御殿祭一、而中臣・斎部候二御門一。至二于宝亀年中一、初宮内少輔従五位下中臣朝臣常恣改二奏詞一云、中臣率二斎部一候二御門一者。彼省罔〔因循カ〕修永為二後例一、于レ今未レ改」と記しており、宮内省奏の存在が宝亀年間よりも前に遡ることは確実である。

一般に諸司が被管官司を引率して参入する場合は、上級官司が闈司奏で許可を得た後、被管官司を伴って同時

表１　諸司の参入と闈司奏

奏　名	参入者（※１）	参入申請者	申　請　詞（※２）
御暦奏	中務省（＋陰陽寮）	大舎人→闈司	御暦進らむと中務省官姓名等門に候ふと申す
氷様・腹赤奏	宮内省（＋主水司・大宰府使）	大舎人→闈司	氷様進らむと宮内省官姓名等門に候ふと申す
卯杖奏	大舎人寮	大舎人→闈司	御杖進らむと大舎人寮官姓名等門に候ふと申す
	兵衛府（※３）	大舎人→闈司	—
御弓奏	内舎人	大舎人→闈司	御弓事申し給はむと内舎人姓名門に候ふと申す
	兵部省（＋兵庫寮）	内舎人→天皇	御弓進らむと兵部省官姓名等門に候ふと申す
請印位記	少納言	大舎人→闈司	—
番奏	六衛府	大舎人→闈司	番事申し給はむと左近衛少将姓名等門に候ふと申す
庭立奏	少納言	大舎人→闈司	—
請進鎰奏	監物（＋典鎰）	大舎人→闈司	鎰給らむと監物姓名・典鎰姓名等門に候ふと申す
菖蒲奏	中務省（＋内薬司） 宮内省（＋典薬寮）	大舎人→闈司	漢女草進らむと中務省官姓名・宮内省官姓名等門に候ふと申す（※４）
御体御卜奏	宮内省	大舎人→闈司	御卜事申し給はむと宮内省官姓名門に候ふと申す
	神祇官	宮内省→天皇	御体御卜供奉れる事申し給はむと神祇官姓名候ふと申す
神今食	小忌親王以下	大舎人→闈司	御畳進らむと某親王門に候ふと申す
大殿祭	宮内省	大舎人→闈司	大殿祭事申し給はむと宮内省官姓名門に候ふと申す
	神祇官	宮内省→天皇	大殿祭供奉らむと神祇官姓名忌部を率て候ふと申す
御麻・御贖物奏	宮内省	大舎人→闈司	御麻事申し給はむと宮内省官姓名門に候ふと申す
	神祇官	宮内省→天皇	御麻進らむと神祇官姓名門に候ふと申す
	神祇官	宮内省→天皇	御贖進らむと神祇官姓名倭河内の忌寸部・四国の卜部等率て候ふと申す
具注暦奏	中務省（＋陰陽寮）	大舎人→闈司	御暦進らむと中務省官姓名門に候ふと申す
御宅稲数奏	宮内省	大舎人→闈司	御宅田獲稲事申し給はむと宮内省官姓名門に候ふと申す

追儺	親王以下	大舎人→闈司	儺人等率て参り入らむと某官親王門に候ふと申す
御薬奏	中務省（＋内薬司） 宮内省（＋典薬寮）	大舎人→闈司	御薬進らむと中務省官姓名・宮内省官姓名等門に候ふと申す
諸司奏	諸司	大舎人→闈司	其事申し給はむと某官姓名門に候ふと申す
請進鈴奏	少納言	大舎人→闈司	—
弾奏	弾正台	大舎人→闈司	—
大嘗祭天神寿詞奏	宮内省（※５）	大舎人→闈司	—
	神祇官	宮内省→天皇	神事申し給はむと神祇官位姓名門に候ふと申す

※１　参入者の（＋○○）は引率して同時に参入することを示す。
※２　表現は『延喜式』を基準とし、『延喜式』に見えず他の儀式書に見える場合、その記載された表現を一部変更したものもある。
※３　兵衛府の参入には大舎人寮の参入とは別の闈司奏があったと推定する。
※４　『儀式』は中務省、『延喜式』は宮内省を中心に記すが、御薬奏の事例にならって統合した。
※５　宮内省の参入所作を記した史料はないが、他の事例から闈司奏があったものと推測する。

に参入する。こうした所作と比較すれば、神祇官の参入に宮内省奏が必要だとしても神祇官が宮内省の被管とされたわけではない。『延喜式』巻一三、中宮職が六月晦日御麻御贖進上儀において、「神祇官率二卜部等一候二西廊殿南一。職亮若進一人立二東礩下一対二内侍一密啓曰、御麻又御贖進牟登神祇官姓名候登申。内侍啓レ之。奉レ令令レ召」と、内裏の宮内省奏に対応する参入の許可申請を、中宮職官人の「密啓」と表現することからも、神祇官の参入が通常とは異なる様相を持っていたことが窺える。

また、宮内省を媒介とした神祇官の参入と同様な所作としては、白馬節会で兵部省が御弓を進上する際に闈司奏と別に内舎人奏があった。内舎人の関与は「凡有レ献二軍器・戎仗等一、即令下内舎人随二献人一将入上」という宮衛令の規定に由来するもので、御弓進上という行為が勅許申請を必要とし、天皇を警衛する内舎人の職掌が兵部省の奉仕を間接的なものにしたと言えよう。これより類推すれば、神祇官の参入に宮内省奏を必要としたのは、神祇官の天皇に対する奉仕が宮内の庶事を管掌する宮内省の管轄下にあると認識されたことによるもので、宮内省による勅許申請を必要とする行為だったと考えられよう。神祇官は天皇に対して直接的に奉仕し得る立場にはなく、宮内省が仲介するという意味では小忌官人などと同様で、神祇官と天皇との間には一定の距離を想定するのがよい。もっともそうしたことは、神祇官が宮内省に管掌されたことを意味せず、神祇官が有する供奉の職掌が宮内省の管轄下にあったに過ぎないが、そこには一般的な律令官司とは異なる神祇官の特殊な奉仕のあり方を看取できる。

このように神祇官と宮内省との間には密接な関係が存在した。宮内省が諸司を管轄して神祇祭祀を行う場合には、神祇官は祭祀を主体的に運営することで宮内省の職掌を補佐し、神祇官が天皇に関わる祭儀に奉仕する時には、神祇官の天皇への供奉は宮内省による仲介を必要とする。前者は神祇官の専門職的機能に起因し、後者は神祇官が有する天皇供奉の職掌によるもので、いずれにしても神祇官の天皇祭祀への奉仕には宮内省の関与が不可欠であった。この点を考慮すると、神祇官を儀場とする律令的神祇祭祀が宮内省を媒介とせずに運営され、百官が参集して内裏でなされる儀礼を補完したことは改めて注目されてよい。神祇官における神祇祭祀の成立によって、神祇官は宮内省に管轄されない新たな職掌をもって天皇に奉仕することが可能となったと推測され、祭祀空間としての神祇官の成立が、律令官司としての神祇官の成立と不可分であったと見ても大過なかろう。

三　神官から神祇官へ

神祇官の成立を考えるにあたっては、『古語拾遺』が記す神官をいかに捉えるかが重要となる。該当記事を天理大学図書館所蔵の嘉禄本をもとに、尊経閣文庫所蔵『本朝月令要文』所引古語拾遺（以下『要文』と略す）との相違を示す形で掲示しよう。[40]

至二于難波長柄豊前朝白鳳四年一、以二小花下諱斎〔斎・要文ナシ〕部首作賀〔賀・要文ナシ〕斯一拝二神〔祠・要文〕官頭一、今神祇伯也。〔要文分注ナシ〕令レ掌二叙王族・宮内礼儀・婚姻・卜〔巫・要文〕筮事〔事・要文ナシ〕一。夏冬二季御卜之式、始起二此時一。作〔仰・要文〕賀〔賀・要文ナシ〕斯之胤不レ能〔能・要文ナシ〕レ継二其職一。陵〔淩・要文〕遅衰微以至〔于・要文アリ〕レ今。

この記事に関しては、孝徳朝官制の実態解明を目的とした東野治之の著名な論考が存在する。[41] 東野は『要文』所引の「古語拾遺」を現行の『古語拾遺』より古体と捉え、そこに記された「祠官」なる官司が他見しないことなどから孝徳朝官制の一例を示すとし、その上で「祠官」は中国南北朝の祠部に影響を受けた官司と論じた。『要文』を『古語拾遺』より古体とした論拠は、訓仮名の字形が平安から鎌倉初期の古形を有すること、「諱部」に付された「イムヘ」なる訓注は「斎」の字を脱しているわけではないことを証すること、「今神祇伯也」との分注はむしろ後代の書き入れと考えられること、四字句構成が徹底していること、などであり、こうした史料批判から導き出された「祠官」の実在性に関しては、官司的性格について若干の批判があるものの、[42] ほぼ通説化したといってよい。しかし、緻密になされた感のある東野の史料解釈にも検討の余地はなお存在し、祠部に影響を受けたとされる「祠官」なる官司の存在も無批判には認め得ないものと考える。

東野の論拠で最も重要な位置にあるのは訓仮名の字形である。しかし、簡略であることに最大の特徴を持つ片仮名にあっては、字形がある程度確定した平安中期以降の変遷を明確にはし難く、[43]『要文』の奥に片仮名で記された歌を見るならば、『要文』の書写者である称名寺の学僧全海が、本文の訓仮名と奥に記す和歌との字形を意識的に区別したとは考えにくい。建武三年（一三三六）の一見奥書を持ち、鎌倉期に遡ることが確実な九条家本『本朝月令』[44]に訓仮名が付されていないことを考えると、『要文』の訓注は全海が初めて付した可能性も捨て切れない。加えて、嘉禄元年（一二二五）に書写された嘉禄本の訓注は、保安五年（一一二四）の写本に依拠した可能性が高く[45]、仮に『要文』が古訓を残そうとも嘉禄本はそれに匹敵する価値を持つだろう。「諱部」の表記に関しては、尊経閣文庫所蔵の釈無弐本などが「諱」を小字で記しており、それが本来の形であったが書写過程で本文に入り、最終的に「斎」を脱するものが現れたと推測する余地もある。『古語拾遺』が全体として四字句構成を徹底しているとも認め難く、東野の論拠は必ずしも盤石とは言えない。

もっとも九条家本『本朝月令』の記載は『要文』とほぼ同様で、当時の一般的な『本朝月令』が引く「古語拾遺」が「祠官」と記していたと見て間違いはない。しかし、そのことが『古語拾遺』の古写本の価値を減じることはなく、それより書写年代が一〇〇年ほど遅れる『本朝月令』が引載した「古語拾遺」を特別視する東野の分析は、方法的にも容認し得ないと考える。「神官」が「祠官」の誤記である可能性は皆無ではなく[46]、いずれが正しいかを判断することは結局のところ不可能に近いが、『古語拾遺』の古写本全てに「神官」とある以上、その表記を一方的に無視してはならない。つまるところ、「祠官」と校訂するだけの根拠に乏しく、「神官」の表記を採用するのが穏当だと判断する。そして、「祠官」が絶対でないならば、当然ながら祠部と関連付けて論じることにも再検討を要することとなる。

『古語拾遺』の記載で何よりも注意したいのは、作賀斯の後胤が「神官頭」を継承し得なかったことが今に至るまでの「陵遅衰微」の要因とする認識である。神官が短期的な官司であったならば現状の原因とはなり得ず、「神官頭」の延長上に斎部氏が就任できずにいる神祇伯を位置付けたと見るのが文意の自然な解釈である。「令レ掌二叙王族・宮内礼儀・婚姻・卜筮事一」という記載から、王親司・内礼司・治部省との関連が注視されてきた職掌についても、治部省による婚姻の掌握が継嗣の把握と不可分なことからは[47]、婚姻のみを扱うこととの間に差異が見出せ、「宮内礼儀」に関しても、『古語拾遺』の他所に見える「礼」は祭礼を指し[48]、神祇令が記す「礼儀」

も祭式と同義であることからすると、内礼司による「非違禁察」の対象となる「宮内礼儀」とは性格を異にするかもしれない。すなわち、神官の職掌が令制下で別の官司に移ったということは確実ではなく、前述した神祇官と宮内省との関係を想起すれば、神祇官がこうした職掌を観念的にであれ継承した可能性を捨て切れない。さらに、神祇官の古訓が「カミ（ム）ツカサ」だったことも神官と神祇官との系譜的な繋がりを示唆すると言えよう。(49) 『古語拾遺』にとっては、神官と神祇官との連続性が了承し得るものだったと見てよく、仮に「今神祇伯也」という分注が後代の書き入れだったとしても、こうした『古語拾遺』の基本的な認識は動かないだろう。東野は「祠官」に中国的な官制の受容や律令官制との隔絶を見たが、祠部との結び付きには疑問が残り、また『古語拾遺』の認識を文飾として否定するだけの根拠もなく、ならば神官は神祇官の前段階に位置した官司と捉えるのが自然である。

こうした理解が正しいならば、次に問題となるのは職員令が神祇伯の職掌の筆頭に掲げた「神祇祭祀」が神官に見えないことである。東野が述べる如く、『中臣氏系図』所引「延喜本系」が記す祭官が中臣氏に、神官が斎部氏にそれぞれ分掌され、神祇祭祀は祭官によって担われたと理解すれば説明は容易い。しかし、神官の職掌には「卜筮」があり、孝徳朝に始まったと記す御体御卜奏上儀において、中臣が「升立二殿上簀子敷一、披二上奏案一微声奏レ之」したことを考えれば、神官は卜部と関係の深い中臣氏の職掌をも掌握していたことになる。(50) 斎部氏が「神官頭」を継承し得なかった事実も氏族間の分掌には否定的な材料となろう。むしろ、祭官は頭を有する神官に比して単純な官職だったとも推測され、神官と祭官とを対等に扱うのではなく、そこに管掌関係を想定することもできる。(51) 祭官が祭祀に携わったことは想像に難くないが、神祇令が記す神祇祭祀の多くが七世紀後葉に成立することからは、それ以前の祭祀、ひいては祭官の存在意義を過大に評価することはできない。祭官と神官との管掌関係の当否は措くとしても、祭官の存在や祭祀に関する記載がないことが、神官と神祇官との連続性を否定する根拠となり得るものではなかろう。

しかしながら、神祇祭祀に関する職掌が明記されない神官から祭祀空間を有する神祇官への展開が大きな変容であることも看過できず、祭祀空間としての神祇官の成立時期は、律令的神祇祭祀の形成を考える上でも重要な視座となる。祈年祭の成立に関連して注目されてきた記事として、天智九年（六七〇）の「於二山御井傍一敷二諸神座一、而班二幣帛一。中臣金連宣二祝詞一」との記載がある[52]。これが祈年的な意味を有した可能性はあるが、「敷二諸神座一」いたことからは実際に諸社へ幣物を班賜したとは考え難く、「山御井傍」を儀場としたことからも、「遣唐使祠二神祇於蓋山之南一」や「遣唐使拝二天神地祇於春日山下一」などと同様[53]、宮外の臨時の祭場で完結する祭儀であろう。天智九年の班幣儀礼の様相は神祇官でなされた祈年祭のあり方とは異なるものであり、恒例祭祀としての祈年祭はもちろん、宮内の祭祀空間も、この時点では十分整備されていなかったと見るのが無難である。

祭祀空間という観点から神祇官を捉えるならば、持統三年（六八九）の「百官会二集於神祇官一。而奉二宣天神地祇之事一」なる記載は軽視できない[54]。これは官司としての神祇官の確実な初見で、同時に空間としての神祇官の初出記事でもあるが、そこに百官が会集したことは、神祇官が当初より百官の参集を想定した場であったことを示唆する。「近江令」に伴う官制改革に先立ち「大錦上中臣金連命二宣神事一」した事例を想起すれば[55]、「天神地祇之事」を「奉宣」した理由を二ヶ月前の浄御原令の班賜、翌年正月の持統即位とそれに伴う「畿内天神地祇」への班幣など、一連の政治機構の変革との関連で考えたい。「天神地祇之事」の具体的内容は判然としないが、本格的な律令体制への移行に際し、新たな統治観念を百官に「奉宣」したのかもしれず[56]、結果的に律令官人を率いて祭祀を行う神祇官の基本的機能の実質的表明になったとも捉えられよう。祭祀空間としての神祇官の成立時期はこの時点に置くのが最も妥当と考える。祈年祭を中心とする班幣儀礼については、これ以降に神祇官という官司が散見し、班幣儀礼の記事も頻出するようになることから、七世紀末に置くのが穏当で[57]、神祇官とともに飛鳥浄御原令に基づき成立したものと推測する。

ところで、西宮秀紀は律令官制としての神祇官について、その成立過程を論究し、構造的・機能的にも神祇官の先行官司とは呼べず、負名氏が祭祀を担う天智朝以前の段階、新嘗祭神事などの運営のために神官が設置されたものの、いまだ天皇に直属する小規模で未整備な官司でしかなかった天武朝の段階、構造・職務・官衙が整備され、律令神祇官制の実質的な成立と見ることができる飛鳥浄御原令制下の段階、の三段階に区分した[58]。西宮の区分はおおむね妥当と考えるが、これを上記の如き観点から筆者なりに整理し直すならば、天皇に供奉するという意味合いが強い神官の職掌に、天武朝以降、新嘗祭神事や広瀬・竜田祭、大祓などの祭祀が徐々に加わり、飛鳥浄御原令の施行とともに独自の祭祀空間を持ち、百官を率いて班幣儀礼を行う神祇官なる機関が完成したと捉えられよう。こうした神祇官の成立の様相は、内廷的な職掌に限定された神官からの飛躍とも言えるが、一方で『古語拾遺』の記載や宮内省の管轄下にある職掌から考えると、あくまで神官の延長上に位置していたと見て問題はなかろう。神祇官は、天皇に供奉する前代以来の様相に、天皇に代わって祭祀を行うという職掌を付加する形で成立した律令官司であったと考える。

おわりに

以上、本章では祭祀空間という観点から神祇官の特質を検討した。神祇官を儀場とする班幣儀礼は天皇の存在を前提になされたものであり、天皇が行うべき祭祀を代替する意味合いを持って、神祇官に百官が参集して催行されたことに儀礼的特質があると考える。その一方、神祇官は宮内省に管轄されるような内廷的職掌を本源的に有しており、これは前代の神官の機能を受け継ぐもので、神祇官は律令官人を率いて祭祀を行う側面と、宮内の庶事の一環と認識された天皇に供奉する側面とを内包していたと考える。職員令が神祇伯の職務の筆頭に「神祇祭祀」を掲げることを想起すると、神祇官の職掌としては前者がより重要なことは疑いなく、本格的な律令体制の樹立に伴い内廷的な色彩が強い神官から脱却し、独自の祭祀空間を有した神祇官なる官司へと大きな変貌を遂げたものと推察する。

はじめにで触れたように、早川庄八は日本の律令国家の特質について、天皇の神事が伴う月次・新嘗祭からは地域的王権という性格を、天皇が関与しない祈年祭からは天皇と同体ではない国家の様相を見出した。しかし、この三者の祭祀は班幣なる儀礼形態を共有しており、そうした類似性を超越し得るだけの明確な相違が存在するかは疑問とせざるを得ない。また、班幣儀礼が天皇の存在と全く無関係に機能したとも考え難い。律令国家が伝統的な要素を有していたことは事実だろうが、そうした側面は新たに出現した様相を制約するものではなく、両者は相互補完的な関係にあったと認識せねばならない。班幣儀礼を中心とした神祇祭祀の整備は、律令国家・律令天皇制が基盤とする宗教イデオロギー的性格にとって不可欠だったのであり、太政官との併置に端的に示される神祇官の重視も、こうした背景のもとで理解すべきと考える。

本章では、畿内政権論的な視座からは距離を置く立場で神祇祭祀を検討したため、検討対象は自ずと宮廷内部の様相のみとなってしまった。しかし、早川などが着目したように、律令制期の神祇祭祀は、中央と地方が一体となって催行されたことも看過し難い重要な側面であり、本章の検討は、地方祭祀の様相と連関させなければ意味をなさないだろう。地方祭祀に関する考察は全て今後の課題とせざるを得ず、その検討を通じて改めて律令国家・律令天皇制における神祇祭祀の位置付けを考える必要がある。

（1）岡田精司「律令的祭祀形態の成立」（『古代王権の祭祀と神話』塙書房、一九七〇年）、早川庄八「律令制と天皇」（『日本古代官僚制の研究』岩波書店、一九八六年、初出一九七六年）。

（2）加藤優「律令制祭祀と天神地祇の惣祭」（奈良国立文化財研究所編『研究論集』Ⅳ、一九七八年）、古川淳一「班幣祭祀の成立」（『歴史』七四、一九九〇年）、「祈年祭・月次祭の本質」（『ヒストリア』一三四、一九九二年）。

（3）熊谷保孝「祈年祭奉幣について」（『政治経済史学』二〇〇、一九八三年）、「律令国家と祈年・月次・新嘗祭」（『政治経済史学』三四四、一九九五年）。

（4）矢野建一は、祈年祭における神主・祝部の入京と百官の参集に「一体感」「近親感」を読み取り、祈年祭は天皇との君臣関係を毎年再確認することで、国家体制の一翼を担わせようとしたものと見る。矢野建一「律令国家の祭祀と天皇」（『歴史学研究』五六〇、一九八六年）。

（5）加藤優「律令制祭祀と天神地祇の惣祭」（注2前掲）。

（6）増尾伸一郎「「百神」と「天地の神」―古代村落祭祀に関する覚書―」（井上辰雄編『古代中世の政治と地域社会』雄山閣出版、一九八六年）。

（7）岡田精司「律令的祭祀形態の成立」（注1前掲）、森田悌「祈年・月次・新嘗祭の考察」（『解体期律令政治社会史の研究』国書刊行会、一九八二年、初出一九七七年）、加藤優「律令制祭祀と天神地祇の惣祭」（注2前掲）など。

（8）この説明が祈年祭ではなく月次祭に付けられたのは、説明の多寡によると考える。

（9）近藤喜博『家の神―基層の信仰文化―』（塙書房、一九八一年、一一～一六頁）。なお、古川淳一は宅神祭が屋外庭上でなされたことが祈年祭と類似すると論じる。古川淳一「祈年祭・月次祭の本質」（注2前掲）。

（10）八世紀後葉の神祇官とされる平城宮式部省東方官衙上層遺構で検出された北門は、桁行三間梁間二間の八脚門であり（奈良国立文化財研究所『平城宮跡発掘調査部発掘調査概報一九九二年度』（一九九三年））、また平安宮でも同規模であったことが室町期書写の『神祇官旧小図』（宮内庁書陵部所蔵、三五五―五〇）から判明する。
（11）『西宮記』（尊経閣文庫所蔵大永本）第三、九月十一日奉幣所引勘物。
（12）丸山茂「平安時代の神嘉殿について―神事伝統の継承からみる常設神殿の一成立過程―」（『神社建築史論―古代王権と祭祀』中央公論美術出版、二〇〇一年、初出一九八三年）。
（13）上野邦一「平城宮の大嘗宮再考」（『建築史学』二〇、一九九三年）。
（14）『北山抄』巻二、伊勢例幣事など。
（15）丸山裕美子「天皇祭祀の変容」（大津透他『古代天皇制を考える（日本の歴史第08巻）』講談社、二〇〇一年）。
（16）『続日本紀』大宝元年（七〇一）一一月丙子（八日）条、同二年二月庚戌（一三日）条、三月己卯（一二日）条。
（17）熊谷保孝「造大幣司と新国造の召集」（『政治経済史学』三三五、一九九四年）、矢野建一「律令国家の祭祀と天皇」（注4前掲）。
（18）田中卓「造大幣司―「祈年祭」の成立―」（『壬申の乱とその前後（著作集第五巻）』国書刊行会、一九八五年、初出一九五四年）、西山徳「造大幣司考」（『増補上代神道史の研究』国書刊行会、一九八三年、初出一九五六年）、渡邊晋司「大幣と官社制度」（『神道及び神道史』三一・三二、一九七八年）など。
（19）『続日本紀』慶雲三年（七〇六）二月庚子（二六日）条。
（20）熊谷保孝「造大幣司と新国造の召集」（注17前掲）。
（21）森田悌「律令班幣制度考」（『日本古代の政治と宗教』雄山閣、一九九七年、初出一九九五年）など。なお、森田は神祇官の規模が全官社の祝部が参集するには小さ過ぎるとも述べるが、参列方法の分析などに基づく数量的な考察から導かれたものではなく、説得力に欠けよう。
（22）『日本書紀』持統八年（六九四）三月乙巳（二二日）、丙午（二三日）条。

(23)『新日本古典文学大系　続日本紀』二（岩波書店、一九九〇年）補注七―八参照。
(24)『日本書紀』大化三年（六四七）三月辛巳（一二日）条。
(25)橋本義則「「藤原京」造営試考―「藤原京」造営史料とその京号に関する再検討―」（奈良国立文化財研究所編『研究論集』Ⅺ、二〇〇〇年）。
(26)岸俊男「平城京へ・平城京から」（『日本古代宮都の研究』塙書房、一九八八年、初出一九七四年）、鎌田元一「平城遷都と慶雲三年格」（『律令公民制の研究』塙書房、二〇〇一年、初出一九八九年）。
(27)金子修一「唐代皇帝祭祀の特質」（『古代中国と皇帝祭祀』汲古書院、二〇〇一年、初出二〇〇〇年）。
(28)『日本三代実録』元慶元年（八七七）一一月一七日条、『北山抄』巻二、鎮魂祭事、『江家次第』巻一〇、鎮魂祭など。
(29)『小記目録』永観元年（九八三）一一月一〇日条。
(30)『日本三代実録』貞観二年（八六〇）一一月一五日条など。
(31)『儀式』巻五、鎮魂祭儀など。
(32)『延喜式』巻二、四時祭下、『日本三代実録』貞観二年（八六〇）八月二七日条。
(33)『儀式』巻一、六月十一日神今食儀など。
(34)本書第Ⅱ部第二章。
(35)宮内省の職掌については、直木孝次郎「大蔵省と宮内省の成立」（『飛鳥奈良時代の考察』高科書店、一九九六年、初出一九七六年）、荊木美行「宮内官の成立と展開」（『初期律令官制の研究』和泉書院、一九九一年）などを参照。
(36)宮内省儀での行幸は『日本三代実録』貞観六年（八六四）一二月一一日条を初見とし、神祇官儀の行幸は『西宮記』（尊経閣文庫所蔵巻子本）巻四、神今食雑例が引く天徳四年（九六〇）が初例である。
(37)吉川真司「律令国家の女官」（『律令官僚制の研究』塙書房、一九九八年、初出一九九〇年）。
(38)『儀式』巻五、九月十一日奉二伊勢大神宮幣一儀など。
(39)『延喜式』巻三一、宮内省。

(40)『古語拾遺』の嘉禄本に関しては、天理図書館善本叢書編集委員会編『天理図書館善本叢書　和書之部　第一巻　古代史籍集』（八木書店、一九七二年）を使い、他に前田育徳会尊経閣文庫編『尊経閣善本影印集成31　古語拾遺』（八木書店、二〇〇四年）を参照した。『本朝月令要文』は、前田育徳会尊経閣文庫編『尊経閣善本影印集成47―1　本朝月令要文』（八木書店、二〇一三年）に影印が存在する。なお、『本朝月令』及び『本朝月令要文』の書誌的な事象については、和田英松『本朝書籍目録考証』（明治書院、一九三六年、一一八頁）、清水潔編『新校　本朝月令』（皇學館大学神道研究所、二〇〇二年）、吉岡眞之「尊経閣文庫所蔵『本朝月令要文』解説」（『尊経閣善本影印集成47―1　本朝月令要文』）などを参照。

(41)東野治之「大化以前の官制と律令中央官制―孝徳朝の中央官制を中心として―」（『長屋王家木簡の研究』塙書房、一九九六年、初出一九七六年）。

(42)押部佳周は「祠官」は祠部を模したものではなく神官の別称に過ぎないとし、荊木美行は「祠官」の職掌が広範囲なことから、孝徳朝の職掌と見ることを不安とする。押部佳周「天智朝の官制」（『日本律令成立の研究』塙書房、一九八一年）、荊木美行「孝徳朝の官制をめぐる二、三の問題」（『初期律令官制の研究』注35前掲、初出一九八八年）。

(43)東野は帝国学士院『仮名遣及仮名字体沿革史料』（国定教科書共同販売所、一九〇九年）を利用して『要文』の訓仮名を古体とするが、ここに収集された仮名から字体の変遷を明確に論じ得るかは、筆者にとっては甚だ疑問である。

(44)宮内庁書陵部所蔵（九―三八六）。

(45)嘉禄本は、奥書によれば卜部兼直が藤原長倫所蔵の保安五年（一一二四）の写本を写し、「証本」で比校したものである。そこに付された訓仮名には濃墨と薄墨の二種類があるが、濃墨が本文と同時に記され、薄墨が証本との比校に伴って付されたとする石崎正雄の解説（『天理図書館善本叢書　和書之部　第一巻　古代史籍集』注40前掲所収）に従えば、濃墨の訓注は長倫所蔵本にすでに存在した可能性が高いと考える。なお、長倫本が成立する際に「吏部侍郎判在　与二菅貢士一読合」したことからすれば、嘉禄本がもとにした訓注はこの時に付されたのかもしれない。

(46)『日本書紀』垂仁二七年八月乙卯（七日）条に「令四祠官卜三兵器為二神幣一」と見えることは「祠官」の傍証ともなるが、河村秀根『書紀集解』が当該記事について示すような『史記』や『漢書』による文飾の可能性もある。

(47) 熊谷公男「治部省の成立」（『史学雑誌』八八―四、一九七九年）。

(48) 熱田社が奉幣を受けないことに対して「未レ叙二礼典一」と表現し、現時点を「不レ制二望秩之礼一」と認識するなど、『古語拾遺』の中の「礼」は祭式と同義である。

(49) 『続日本紀』天平宝字二年（七五八）八月庚子朔条の詔に「其中臣・忌部、元預二神官常祀一、不レ闕二供奉一久年」との表現があり、この訓み方は八世紀にまで遡ると見てよい。なお、国史大系本では「神宮」を「神宮」とするが、「神宮」が何を指すかは明確ではなく、中臣・忌部の供奉という点から考えて、岩波新古典文学大系本に倣って「神官」とするのがよかろう。

(50) 『儀式』巻五、奏二御卜一儀など。中臣氏と卜部氏については、横田健一「中臣氏と卜部」（『日本古代神話と氏族伝承』塙書房、一九八二年、初出一九七一年）参照。

(51) 祭官が推古朝から天智末年まで続いた職だったことも、分掌と見る上で否定的な材料となろう。古川淳一「祭官小考」（『国史談話会雑誌』三五、一九九五年）参照。

(52) 『日本書紀』天智九年（六七〇）三月壬午（九日）条。岡田精司「律令的祭祀形態の成立」（注1前掲）参照。

(53) 『続日本紀』養老元年（七一七）二月壬申朔条、宝亀八年（七七七）二月戊子（六日）条。

(54) 『日本書紀』持統三年（六八九）八月壬午（二日）条。

(55) 『日本書紀』天智一〇年（六七一）正月癸卯（五日）条。

(56) 岡田精司は持統三年（六八九）の記事に関して、〈新〉神話体系の公表と草壁の死去に伴う王統危機の脱却という意味合いを指摘する。岡田精司「記紀神話の成立」（『岩波講座　日本歴史』二、古代二、岩波書店、一九七五年）。

(57) 『年中行事秘抄』二月四日祈年祭事所引「官史記」には「天武天皇四年二月甲申祈年祭」と記すが、『日本書紀』天武四年（六七五）正月戊辰（二三日）条の「祭二幣諸社一」との記載と関連する誤伝の可能性もあり、これを重視することには慎重でありたい。

(58) 西宮秀紀「律令神祇官制の成立について」（『律令国家と神祇祭祀制度の研究』塙書房、二〇〇四年、初出一九八一年）。

第Ⅱ部

第一章　平安時代宮廷社会の〈土器〉

はじめに

都城から出土する〈土器〉は[1]、八世紀後葉から九世紀前葉を境に大きく変貌する。生産の開始以来、主要な食膳具であり続けた須恵器は、土師器に凌駕されて主体を鉢や壺・甕といった貯蔵・調理具へ移行し、また、多様な器種から構成されていた土師器は、器種の減少、製作技法の簡略化を通じて、大量生産を志向することとなる。他方、土師器に炭素を吸着させた黒色土器や、緑釉陶器・灰釉陶器といった国産施釉陶器など、技術の進展に由来する〈土器〉が登場することで、多彩な食膳具の様相が現出する。これらに白色土器・輸入陶磁器を加えた複合的なあり方が、一〇世紀後葉から一一世紀前葉に至るまでの宮廷社会における〈土器〉を規定することになるのである。

こうした〈土器〉の展開を歴史的に位置付ける試みは、文献史学と考古学の双方から多くの蓄積があり、研究史の整理も様々な局面でなされてきた。それ故、研究動向全体の概観はもはや必要ないとも考えるが、本章の視座を明確にするためにも、今日まで影響力を持続する浅香年木と西弘海の論考については、簡単にでも触れておかざるを得ない[2]。

手工業史研究の一環として窯業生産を考察した浅香は、律令制期の窯業の特質を在地の生産物を調として収奪する形態に求める。その上で、貴族的領有の進行によって須恵器生産集団が解体した畿内と、後進性故に貴族の需要と国衙機構の関与によって施釉陶器生産へ移行した尾張というように、上記の変化を律令制崩壊の地域的二面性の中で位置付けた。浅香の研究は、〈土器〉生産の場である在地社会の動向に着目した分析であり、〈土器〉の変容を、調制・交易制の推移や荘園制・供御人制の展開に引き付けて論じる考察は、こうした視角を継承し、深化させたものと言える。(3)(4)

浅香の問題意識が〈土器〉供給の場に立脚したものだったのに対し、西の論考は、考古学的見地から需要・使用の側面に焦点をあてる。西は、法量の規格性、多様な器種分化、土師器と須恵器の互換性、といった点に七世紀後半以降の〈土器〉の特質を見る。そして、その前提に大量の官人層の出現があったことを推測し、その上で、このような〈土器〉の様相を「律令的土器様式」と概念化した。(5)惜しむらくは、律令制期の〈土器〉の特色に主眼があったために、変質過程にはさほど注意が払われていない点で、「律令的土器様式」の創出を官人層の出現に見ながら、その転換を官人とは直接関係のないインフレの進行や工人の自立化に求めたことは、一貫性を欠く議論であったとの批判もできよう。その意味では、緑釉陶器の出現を平安初期の儀礼整備や唐風化といった宮廷社会内部から説明しようとした高橋照彦の論考が、西の問題提起を正面から捉え直した分析として、研究史上の重要な位置にあるものと考えたい。(6)

このように浅香と西の研究は、〈土器〉の変容に関わる研究の対照的な二つの方向性を示唆する。もっとも両者は弁別し得る立場ではなく、相互補完的になされるべき視角であろうが、研究動向を顧みるならば、後者のような需要・使用に関する分析が相対的に立ち後れている感は否めない。そこで本章では、宮廷社会における〈土器〉の使用という観点から、前述の〈土器〉の変容を跡付けてみたい。それは、一つには上記の如き研究の不十分さを感じるからであるが、一方で、中央集権的な国家形態においては、在地社会の動向は宮廷の意向あるいは趣向に左右されざるを得ず、ならば、前者の如き生産技術や流通といった社会経済史的な様相を理解するためにも、その前提に存在する宮廷社会、ひいてはその中枢に位置する儀礼構造を把握することが、不可欠な視座になると予測するからでもある。

一　宮廷における饗宴儀礼の二類型

豊楽院を儀場とする国家的な饗宴儀礼が後退し、饗宴の主体が内裏内へと移行した平安時代中期において、その頂点に位置したのは紫宸殿で開催された節会と旬儀であった。[7] 節会と旬儀とは、天皇出御のもと公卿が参入して饗饌が設けられる点で共通するものの、天皇の出御形態や公卿の座の配置など基本的様相を異にし、それは臨時的で壮麗な節会と日常的な政務に付随する旬儀との本質的な差異に起因する。[8] 食膳具についても相違が窺え、天皇が銀器を用いた点は等しいが、饗饌に預かる公卿の場合は、節会では朱器、旬儀では土器というように、異なる種類の器を使用した。[9] 宮廷社会における〈土器〉の様相を分析するに際しては、使用された食膳具が明確な節会と旬儀の性格をいかに位置付けるかが重要になると推測され、儀礼形態から窺える両者の特質を改めて整理することから始めたい。

まず注目したいのは、配膳を担当した官司・官人の様相である。節会では、内弁の「侍座《しきいん》」との言葉に従って公卿が参入し、大膳職・大炊寮が朱器を用いて食事を供し、造酒司が朱器の盃で酒を催す。ここからは節会の特徴が律令官司の関与にあると言えるが、彼らに対して配膳を促す如き命が出された形跡はなく、参入した公卿から見ると、なかば自動的に供膳されることとなる。一方、旬儀においては、出居次将の「御飯給《おものたま》へ」との指示の後、内豎が進物所から索餅などの下物を受けて公卿へ授け、酒番侍従が造酒司の準備した酒を土器の盃を使って勧める。内豎は南廂西第一間で「朱器垸」（＝下器）を用いて下物を受け、日華門外に戻って分け盛った後に公卿のもとへ持参するのであるが、公卿が使用した四種の皿が土器だったことに照らすと、内豎が分け盛った器も土器だった可能性が高い。勧盃役となる酒番侍従に関しては、次侍従とともに番をなして天皇に仕えたことが『延喜式』巻一二、中務省の記載から窺え、節会とは異なる旬儀の特質を、出居次将・酒番侍従といった侍従的な組織による供膳に見出すことが可能である。

宮廷儀礼一般において、官人が天皇から酒盃を給わった場合には、酒を銀盃から土器に瀉して飲むのが通例で、飲酒後に庭中に降りて拝舞を行った(10)。旬儀で下物が朱器の下器から分け盛られることや、土器の酒盃が用いられることも、このような土器の盃に瀉して飲む所作と類似の意味を有するのだろう。『古事談』巻二には、「旬時懸貝引寄也。主上御ヲロシヲ次第取下之故、用㆓浄貝㆒也。尋常節会ニハ、依㆑無㆓取下之儀㆒、以㆑箸可㆓引寄㆒之由相存」との言説が載る。この理解をどれほど一般化できるかは検討の余地があろうが、旬儀における「御ヲロシ」の存在と「浄貝《〔匙〕》」なる清浄な食器とを結び付ける点は注目され、「清しと見ゆるもの」として「土器」を掲げる『枕草子』の著名な史料も、こうした理解に通底する意識かもしれない。食膳具の違いの背景には、律令官司によって自動的にもたらされた節会と、侍従的な組織を通じて配膳された食事を天皇からの下物と認識し、清浄な食器を用いるべきと理解された旬儀との、観念的な相違があったものと理解する。

一方で、公卿にとってそれ以上に直接的でかつ関心が高かった差異は、勧盃における作法の違いであった。旬儀における勧盃の作法は、「一献之者唱㆑平。大臣指。献者跪飲、又立唱㆑平。大臣執㆑盃飲」と記されることや、

「先例呼レ平勧レ盞。貫首人揖。勧者跪、起又呼レ平勧」とか、「執二土器一参上、入レ酒唱レ平。予小揖。跪傾、又盛唱レ平。予執傾返レ盃。次第唱レ平及二出居一」との記載から、[11]勧盃者である酒番侍従の唱平[12]→公卿の揖→酒番侍従の飲酒・唱平→公卿の飲酒、という形でなされたことを知る。他方、節会における勧盃作法はと言うと、旬儀ほど明瞭ではないものの、旬儀と同様な所作を採ったことが判明する朔旦冬至に際して、「先例、勧盃侍従唱レ平献。第一人相揖。仍跪飯〔飲カ〕、又更起唱レ平勧レ之。而無二其事一、宛如二節会一。失也」との記述が見え、[13]ここで言う「而無二其事一、宛如二節会一」とは、節会における造酒司の唱平が儀式書で確認できることからすれば、唱平の有無とは関係ない所作、すなわち勧盃者の飲酒がなかったために節会の如き儀礼形態であった、ということを意味するのだろう。節会の勧盃に関して具体的な記載が少ないのも、旬儀に比して関心が薄かったからというわけではなく、造酒司の唱平→公卿の飲酒、という単純な所作であったことによるものと考える。

勧盃の作法上の相違は儀礼の一部分に過ぎず、そのため些末な問題とも映り易い。しかし、公卿の立場から見るならば、それは見過ごし難い相違となる。すなわち、造酒司から給わった酒を単純に飲むだけの節会に対し、旬儀では自らが飲む前に勧盃者である酒番侍従へ飲酒を促す役割を果たさねばならないのであり、そのためその差異を十分に承知しておく必要があった。勧盃者に飲酒を促すことが持つ意味については明確には示し難いが、被勧盃者の勧盃者に対する謙譲や遠慮の表現をそこから読み取ることも不可能ではない。そして、長和五年（一〇一六）の新所旬においては、酒番侍従が持参した盃が「節会酒盃」であるのを見た摂政藤原道長が、「献レ盃者非レ可レ飲レ酒。例旬日用二土器一。仍飲」と上卿藤原顕光に示しており、[14]ここからは、勧盃者の飲酒が土器使用と不可分だったことが窺える。勧盃者の飲酒の有無は食膳具の相違とも連動したのである。これらを勘案すれば、勧盃の作法の相違を些末と見るのは適当ではなく、むしろ儀礼全体に通底するような節会と旬儀の本質的な性格の差異を示す所作として評価するのがよいと考える。

勧盃作法から見た節会と旬儀のあり方は、様々な儀礼の中で言及がなされた。例えば、『北山抄』巻一、二宮大饗事は「於二小門前石階壇上一取レ盃、二人相対酌レ酒唱レ平擬。把人揖レ之。突二左膝一飲了、起又酌レ酒唱レ平。次々唱レ平行レ之、如二旬儀一也」と記し、『北山抄』巻一、釈奠事でも「所司設二百度食一。謂二之百度座一。造酒正以下相向献レ盃、如二節会儀一」と述べる(15)。また、寛仁三年(一〇一九)の皇太弟元服儀においても、「一献。唱レ平如二節会一。但彼是云、可レ用二旬儀一歟者。仍大臣指、執レ盃者跪飲、又起唱レ平」とされ(16)、節会と旬儀との勧盃作法の相違は、饗宴を伴う種々の儀礼の基準とされた。なかには節会型の勧盃作法と旬儀型の所作とを組み合わせた儀礼も存在し、仁寿殿でなされた内宴では、「初献、内蔵頭執レ盃。三献以前、如二節会儀一用二所司盞一、以二銅提壺一為レ杓。四献以後、公卿従レ上次第行酒。其儀如レ旬。盞用二土器一、杓用二瓶子一」や、「三献以上侍臣行酒。唱レ平勧レ盃儀如二節会一。(中略)四献。執レ盃之人酌レ酒、〔唱脱カ〕平擬二左府一。々々揖レ之。執レ盃之人跪飲レ之、更酌唱レ平勧レ之。」の如く(17)、三献以前は内蔵頭・侍臣が飲酒せずに造酒司の盃を用いて酒を勧め、四献以後は公卿同士が土器の盃を使って飲酒しながら行ったらしく、儀礼途中での節会型から旬儀型へと作法の変更が窺える。

このような観点で見るならば、太政官庁を儀場とした列見の次第は興味深い。列見は成選人を点検する儀礼で、庁での政務終了後に饗宴が催された。設けられた饗饌は、儀場や座の配置を異にする三種類から構成され、庁から朝所へ移動してなされた朝所饗、朝所から庁へ戻り催される庁宴、庁宴の延長上にある穏座の三つが存在した。定考も同様の三種の儀礼を有しており、大学寮における釈奠でも、百度食という東西堂での儀礼を挟むが、庁でなされる寮饗が列見の朝所饗に対応し、寮饗と百度食の後には庁で宴座と穏座が催された。そして、長元元年(一〇二八)の定考では、政務と朝所饗は通常通りなされたものの、庁宴と穏座が「今年殿下御重喪之中、女院又如レ此。官中何行二遊興事一哉」との理由で停止され、それは「有レ定被レ止二宴・穏座一」た数日前の釈奠とも関連した。こうしたことからは、庁宴と穏座は遊興と捉えられるものであり、かつ政務に付随する朝所饗とは明確に区別し得るものだったことが判明する[18]。

それでは、列見における勧盃はいかなる形態をとったのだろうか。朝所饗では、勧盃者が上卿へ酒を持参↓上卿の揖に従い勧盃者が飲酒↓勧盃者が上卿へ酒盃を献上↓上卿が次人に目す↓次人が上卿のもとへ進む↓上卿が飲酒して次人へ盃を渡す、といった行為の繰り返しで酒宴が進んだ。盃が渡る巡流が見える点は無視し得ないものと考えるが[19]、勧盃者の飲酒が存在することは旬儀の作法と等しい。これに対して庁宴では、勧盃者が酒を盃に入れて唱平↓上卿が飲酒↓勧盃者が次人へ酒を勧める、というように勧盃者の飲酒が介在しない。また、盃は予め参加者の前に設置されており、次人以下への伝盃の必要も存在しなかった。穏座の作法は明瞭ではないものの、盃の巡流が記されることから推すと、朝所饗と同じく勧盃者の飲酒が存在した可能性は否定できない。

用いられる盃も朝所饗と庁宴とで異なっていた。すなわち、朝所饗で使用される盃は、三献以前が様器、四献以後が土器だったのに対し、庁宴は『西宮記』（尊経閣文庫所蔵巻子本）巻三、十一日列見に「参議以上大盤中居二白銅壺・盃一。弁・少納言座用二朱漆坏一。外記・中〔史カ〕座用二黒漆盃一。已下皆有レ壺」とされ、『知信記』天承二年（一一三二）三月二六日条では「朱器盃」を使用したと記す。様器なる食膳具については次節で述べることにしたいが、土器が使用されて勧盃者の飲酒がある点で朝所饗を旬儀型に、白銅盃や朱器盃などが用いられて勧盃者の飲酒がないという点からは庁宴を節会型に、それぞれ区分することが可能である。そして、前述の如く庁宴が遊興と認識され、朝所饗が政務と一体であるという相違は、節会と旬儀との性格の相違にも対応するものであり、食膳具と勧盃作法とに基づく節会型と旬儀型との違いは、饗宴儀礼の本質的な差異と不可分な要素として一般化し得るものと考える。

先行研究を見るならば、高位者が用いた朱器に対して土器はそれよりも低い地位の人が使用したというように、食膳具の利用形態を身分差に還元することが多い。「新嘗会宴食料依二前件一。其雑器、親王已下三位已上朱漆、四位已下五位已上烏漆幷土器」という『延喜式』巻三二、大膳上の記載からは、こうした側面も否定はできないだろう。しかしながら儀礼全体を見るならば、身分差・階層差は節会型・旬儀型の範疇における差異として捉えねばならない。日常的な場面では土器が使用され、遊興的な儀礼では土器以外の食膳具が用いられたという右述の基本的な傾向は、身分差よりも上位に存在した概念と考える。

二　旬儀型の饗宴儀礼と様器

前述の如く、宮廷における饗宴儀礼は、勧盃者の飲酒を伴い、土器を用いる旬儀型と、勧盃者が飲酒せず、朱器など土器以外の器を用いる節会型の二つに大別し得ると考える。しかし、平安時代の史料を通覧するならば、旬儀型の饗宴儀礼の事例の方が節会型に比べて圧倒的に多く、宮中から貴族の邸宅に至るまで広く行われたと推察することは容易い。また、前節で触れたように、旬儀型の朝所饗においては、三献以前で様器の盃を、四献以降は土器を使用した。儀礼途中における様器から土器への変更は、饗宴儀礼のうちで最も研究の蓄積が厚い大臣大饗でも同様で[20]、中宮大饗においても、三献以前の様相は明確ではないが、四献から土器の盃へ改めた事例が存在する[21]。確たる証拠はないものの、平安時代に広く催行されたと思われる旬儀型の饗宴儀礼においては、こうした様器から土器への変更が頻繁になされていたのかもしれない。

一〇世紀以降の史料に散見する様器については高橋照彦の詳細な分析が存在する(22)。高橋は、『執政所抄』に「栗栖野様器」とあること、『うつほ物語』蔵開上の「かく墨つきて汚なげなるは伝へじ。これこそ白けれ、とて御机なる様器を取りかへて」という記述や、『江家次第』巻一七、東宮御元服の「用二様器一。其色白」との記載から、白く綺麗な器と予想されること、などを根拠とし、様器を栗栖野で焼成された可能性の高い白色土器に比定した。おおむね首肯し得る見解と考えるが、様器の語義や特殊例とした『源氏物語』宿木の「銀の様器」など(23)、検討すべき余地はなお残っている(24)。

様器が異なる名称で呼ばれたと解し得る事例は管見の限り二例存在する。一つは、大暦四年（九五〇）八月五日に行われた皇太子憲平親王百日儀に関する史料で、この日の次第を記す『吏部王記』（『西宮記』所引）によれば、「東宮供二進百日餅一。以二尋常供膳大盤一供。唐菓子・木菓子・餅・干物各八種、盛二様器花盤一」の如く、唐菓子以下を盛った器は「様器花盤」とされた。これに対して同日の『九暦』では、「此日、儲宮降誕之後当二百日一。依二世俗例一供二餅御膳一。朱小御台六基。一基御匕・筯・乾荷葉・四種、以上銀器。二基唐菓子八種、二基餅八種、一基等（木）菓子四種、以上盛二銀平盤一。」と、唐菓子以下を「銀平盤」に盛ったと記す。両者を比較すれば「様器花盤」が「銀平盤」と同一であることは明白で、なおかつ四種などの「銀器」と区別されていた可能性も読み取れよう。

もう一点は、藤原道長の任摂政大饗において、その先例とされた道長の父兼家の事例である。藤原実資の指摘に従う形で庇饗での催行を決めた道長は、「但用二庇饗一者、不レ可レ用二朱器一。故殿未レ度二朱器一之間、被レ行二庇饗一用二様器一歟。以二朱器一用二大饗一之人、用二様器一如何。欲レ見下貞信公拝二給太政大臣一之日記上」と実資に述べるのであり、道長は兼家が朱器をいまだ渡されていなかった故に「様器」を使用したと認識していたことがわかる(25)。しかし、兼家の先例に該当すると推測される寛和三年（九八七）の臨時客については、「主人及公卿前漆塗折敷高坏。折敷面朱塗、作〔居カ〕箸。皆用二銀土器形一」と『小右記』が述べており、(26) 道長が述べる「様器」とは、『小右記』が記す「銀土器形」のことを指していることとなろう。

様器を他の名称で示したと推定し得るのは以上の二例のみだが、道長が様器と同一と見た「銀土器形」については、「銀盃土器形」「土器形」「銀土器」「銀土器代」「銀土器様器」など類似の呼称を抽出でき、全て同一のものを指すと考えるのが自然である。(27) また、その具体的な様相を示すものとして天暦三年（九四九）四月の藤花宴があり、『西宮記』（尊経閣文庫所蔵大永本）第三、宴遊は「御箸、四種・生物・干物・窪坏、以レ銀作二土器代一、以二黄土一塗レ之。供畢」と述べ、『花鳥余情』二七、寄生は同じことを「以二土器様銀器一供二御肴・粉熟一」とする。さらに、『御堂関白記』寛仁二年（一〇一八）九月一八日条には「如二春日器一以レ銀作レ之」といった表現があり、春日器が春日土器とも称されることからすれば、『西宮記』の記載と類似すると言えよう。憲平親王百日儀における「様器花盤」が「銀平盤」と同じものを指し、兼家が用いた「銀土器形」が「様器」と一致すること、そして『西宮記』や『御堂関白記』などの具体的な記述を考え合わせれば、様器の語義はもはや明白と言わざるを得ない。すなわち様器とは、「銀を用いて土器の形（様・代）に作った器」を意味するのであり、それは「銀土器様器（銀ノ土器様ノ器）」や「土器様銀器（土器様ノ銀ノ器）」などとも表現されたが、略されて「様器」なる名称に固定したと見るのがよかろう。このように捉えるならば、『源氏物語』の「銀の様器」も特殊例とせずに解釈でき、また、銀土器形及びそれと類似の呼称が一一世紀中葉以降に見えなくなることからは、様器なる名称の定着はその時期と推測することも可能である。

様器の語義に関する筆者の理解は以上の通りだが、これが妥当ならば、次に問題となるのは「銀を用いて土器の形（様・代）に作る」ということが示す具体的な内容である。伊野近富は、先の「以レ銀作二土器代一。以二黄土一塗レ之。」

との記載から、「銀器に黄土を塗り土器代として雅を楽しんだ」とし、別に「如二春日器一以レ銀作レ之」との記述を引き、「春日器の形に似せた銀製のものであった」と説明した[28]。このように銀製の器と捉えることは、自然な史料解釈とも思われるが、子細に見ればいずれの解釈も必ずしも不動のものではない。まず前者であるが、黄土が建築物や調度品の装飾用の顔料であることからすれば、「土器代」となることを目的としたとは見ずに、「土器代」に塗布することで華麗な器を演出したと理解することもできる。「以二黄土一塗レ之」なる割書は、「土器代」の必要条件を示したとするのではなく、「土器代」に黄土を塗ったというように、その時特有の事例を記したと解することも文章上は可能であろう[29]。後者に関しても、銀器が様々な器種から構成され[30]、土師器もいくつかの器形が存在したことを考えれば、土器の銀器への模倣ならまだしも、銀製の器が春日器という土器の形体を模したことが一見して認め得るものだったかは慎重にならざるを得ない。たとえ認識できたとしても、模倣だけで銀器と明確に区別されねばならない必然性も想定し難いのではあるまいか。

　結局のところ、銀土器形を銀製の器と理解する以上、種々の史料から確認し得るような銀土器形と銀器とを弁別せねばならない必然性を見出し難い。ならば、銀製以外の可能性をも視野に入れねばならず、また土器形にしても、器形や色合いといった枠組みを離れ、「土器らしい質感」など、より抽象的な側面を柔軟に考慮する必要もあろう。本章では、様器や白色土器に関して高橋が提示した理解が説得的であると考え、それと前述の様器の語義とを整合的に理解したいとの立場から、様器（銀土器形）を「銀の如き色の素材を用いて、土の器らしく作った器」と解釈し、そうすることで、様器を白色土器に比定した高橋の見解を継承したいと思う。いくぶん拡大解釈の嫌いがあることも十分承知してはいるが、現時点においてはこれよりも適切な理解を提示し難いのではなかろうか。

さて、本節にとって重要な点は、様器が「土器様器」や「土器形」、「土器代」とも称された事実である。このことは、様器が銀器や朱器などではなく、土器の延長上に位置する器であったことを明確に示している。こうした観念こそが、様器の盃から土器の盃への変更を可能にした理由と思われ、翻って見れば、様器は土器を使用する儀礼を壮麗に演出するために案出された、装飾性の強い食膳具だったと見ることも可能と考える。大臣大饗における四献時の盃の変更は、『江家次第』巻二、大臣家大饗の頭書が「三献盃自二酒部所一献レ之。故用二様器一。四献以後自二上〔客カ〕充料理等〔所カ〕一献レ之。故用二土器一」とするように、三献終了後に本来酒を用意するはずの酒部所が退出して、料理担当の上客料理所が四献以降の酒を設けた点や、[31] 四献目から勧盃者が大臣や家司といった主催者側の人間から参加公卿へ移って、大臣自身も飲酒に参加することと密接に関係するものであり、様器の使用に主催者による装飾の意図を読み取ることができる。また、鳥羽天皇の大嘗祭において、小安殿儀の饗饌が「公卿饗麁悪也。不レ用二様器一用二土器一」とされたのは、これと対極の状況を示していよう。[32] 他にも、賀茂祭使や春日祭使の出立儀、賭弓後の大将邸での還饗など、貴族の邸宅における儀礼の中で様器の頻繁な使用を確認でき、これらも装飾という主催者側の意図で理解することは可能と考える。[33]

ところで、東宮初参の旬儀に際しては、坊官が出居となることで朱器を用いた饗宴がなされ、東宮元服儀でも同様の事例が存在する。[34] 周知の如く、大饗で朱器を使用できたのは「大饗幷御節供朱器」を伝授された藤氏長者のみで、朱器渡で長者が大饗に用いる「尊者朱器二枚」を覧じたことは、朱器継承と朱器による大饗催行との繋がりを象徴している。[35] 藤氏長者以外の大饗では様器が使われたのであり、旬儀型の饗宴儀礼における朱器の使用は主催者の特権的な地位と結び付くと言えよう。[36] また、緑釉陶器に比定し得る青瓷は供御薬や精進の際に使用され、乞巧奠で奠物の器としても用いられたし、請雨経法で「抑行二此法一之時、古皆青瓷器。若无レ此者、白瓷器塗二金青一、如二閼伽器一、皆用レ之」いたことなど、(37)仏具としても頻出する。ここからは宗教的な性格を読み取るのが穏当で、青瓷を朱器や土器と同じ意味での儀礼的な器とすることは正確とは言えない。(38)銀器に関しては、藤原実資が娘千古の裳着に合わせて銀器を打たせた事例や、産養における新生児の食膳具に銀器が用いられたこと、死去に伴い仏像へ鋳直した事例が散見することなど、個人の利用に主眼を置いた様相を呈している。(39)

これらに対比して様器を見るならば、その特徴が訪れた客をもてなす饗宴儀礼の中で頻繁に使用された点にあることが明瞭となる。様器は、「土器代」や「土器形」とされる如く、土器の延長上に位置する器として、土器を伴う儀礼を壮麗なものにしようとする主催者の意図のもとで用いられたと考えたい。平安時代における宮廷社会の特徴は、公卿の家政機関が朝廷儀礼の一翼を担った点に見出すことができ、こうした様相の一端が貴族の邸宅での饗応に窺える。そして、実例を見るならば、そこでは勧盃者の飲酒を伴う旬儀型の饗宴儀礼としてなされるのが一般的だったことを推測し得る。これらが旬儀型を採用した理由の一つには、家政機関による運営が侍従的な組織が中心となる旬儀の様相に対応し、逆に律令官司が関与する節会とは相容れないものだったという事柄を推察することも可能かもしれない。その当否はしばらく措くとしても、そうした儀礼形態が宮中だけでなく貴族の邸宅にまで拡大していくのと並行して、儀場を飾る様器の地位が確立していったと見ることに大過はないと考える。

三　春日土器をめぐって

食膳具の変容を旬儀型の饗宴儀礼の展開に結び付けて論じるならば、様器とともに注目すべき素材として春日土器なる器が浮上する。春日土器は春日器とも呼ばれるもので、「今日列見也。（中略）次着二朝所一。（中略）四献、少納言信康。様器不レ加二尻居一如何。今度可レ用二春日土器一也。予此旨示二大理一」とか、「大納言殿令レ任二右大将一給。（中略）三献以前用二様器盃一。（中略）次四献。（中略）今度已後用二春日器盃一」の如く、[40]列見の朝所饗や大饗といった旬儀型の饗宴儀礼において、様器から変更された器として見える。様器から改められる盃は土器と記されるのが通常だが、寛治二年（一〇八八）一二月一四日の藤原師実任太政大臣大饗では、『大記』が「次四献。勧盃新宰相。自レ是盃用二土器一。」と記すのに対し、『寛治二年記』が「次四献。新宰相勧二主人一、散位業房勧二上官一。自二此度一上客料理所献レ盃。春〔日脱カ〕盃。」とすることからも、春日土器が相当量含まれていたと推測することも難くはない。様器と対になるような事例以外にも、『西宮記』（尊経閣文庫所蔵巻子本）巻六（甲）、春日祭裏書所引佐忠私記応和二年（九六二）一一月六日条の「差二氏人一喚レ之。座定勧二春日垸一」を初見として、春日土器は平安時代の種々の史料に登場する。

春日土器に関しては、一般に深草を生産地とした深草土器から類推する形で、春日で焼成された土器と解されている。[41]『兵範記』保元二年（一一五七）八月一一日条の定考朝所饗では「次四献。今度用二深草器一。」とし、八月一九日条の藤原基実任右大臣大饗で「次四献。今度以後用二料理所深草土器一」とあることも、深草土器と春日土器との互換性・対等性を予想させるものであり、深草と対比される春日で焼成されたとの理解と矛盾するものとは言えない。しかし、様器から変更される盃を「土器」以外に明記する場合、春日土器とするのが圧倒的に多く、深草土器への変更を示す事例はわずかである。それが『兵範記』に集中するという傾向も看過するわけにはいかず、[42]春日土器と深草土器とを安易に同列に扱うことには躊躇せざるを得ないものがある。

建保二年（一二一四）に催された『東北院職人歌合』の一二番本には、「深草」なる職人を作者とする二首の歌が掲載される。その一つ（恋）が「ひとめみしかはらけ色のきぬかつき我にちきりやふかくさのさと」で、「深草」という職人の呼称が、「かはらけ」生産地の「ふかくさのさと」に由来したものであることに疑いはない。しかし、「深草」以外の作者は「医師」「壁塗」など具体的な職掌を記しており、「深草」も土器造という職掌をこの表記のみで示している。『庭訓往来』は「鍛冶」「鋳物師」などと並列に「深草土器作」を挙げることをも考えれば、少なくとも一三世紀以降においては、深草土器という語は深草所産の土器というだけではなく、一般名詞的に土器を指す用例が多く存在したと言える。つまり、深草土器は必ずしも深草という土地と不可分とは言えないのである。ならば、春日土器の春日を地名と見る必然性も自ずと減じることになろう。加えて、『執政所抄』が「深草四寸盤」「深草六寸盤」などとともに「深草小春日坏」を掲げることをも想起すると、春日土器は盤と対になるような、深草土器の一つの器種と見ることもできると推測する。

それでは、春日土器とはどのような形体の土器と理解すべきだろうか。前掲の『西宮記』所引佐忠私記の「春日垸」は儀礼内容から酒盃を指すことが確実で、他にも盃として用いた事例は多い(43)。一方、長和五年（一〇一六）の忌火御飯では、「次御飯一盃。春日器盛レ之。御汁物一盃。蚫汁。春日。」の如く飯や汁を入れる器として機能し(44)、他には『今昔物語集』巻二八―五、越前守為盛付二六衛府官人一語に、「菓子ニハ吉ク膿タル李ノ紫色ナルヲ、大キナル春日器ニ十許ヅ、盛タリ」と、菓物を盛る大きな器として見える。時代が下ると「八春日（器）」なる器が史料上散見し、これは「八」とあることからおそらくは大きな器を指すのだろうが、「ヤツカス（ガ）」と呼ばれた可能性があることからは(45)、上賀茂神社において神饌用に使用されている「ヤツカサ土器」(46)に連なるものと見ることができよう。用途から見れば、春日土器は酒や飯・汁を入れるのに相応しいと言え、ここからは、ある程度の器高を持ち、容量の大きな器を想定するのが自然である。ならば、皿などではなく杯や椀の類の可能性が高いものと考える。「春日垸」や「小春日坏」なる表記はあっても、「春日盤（皿）」などと記した例がないこともこの推測を補強し、「大キナル春日器」や「八春日」もここからの派生と捉えることはできよう。「春日」を冠した意味については判然とはしないが、『西宮記』（尊経閣文庫所蔵巻子本）巻二、内宴には「当二子日一、一二献後、女蔵人等以二若菜羹一盛二土器一、就二王卿座一相分」と「若菜羹」の器（汁椀）として土器が見え、これに春日野が若菜摘の著名な歌枕だったことを考えると、(47)一つの憶説に過ぎないが、「若菜の羹用の土器」という象徴的な意味合いを含有する用語と見ることも可能かもしれない。

さて、春日土器を酒や飯・汁を入れるのに適した杯や椀の類とすれば、類似したあり方をする土器として黒土器・黒器が注目に値する。黒土器はその色から服喪時の食膳具としても用いられたが、(48)『醍醐雑事記』巻一、准胝堂には「大豆飯盛二于新黒土器一羞レ之」とあって「大豆飯」を盛ったことが確認でき、『山槐記』応保元年（一一六一）一二月一四日条に「下家司盛二粥於黒器一」とあるように粥を盛る器としての事例も多い。(49)また、『宇治拾遺物語』巻三―一、大太郎盗人の事には「黒き土器の大きなるを盃にして」と見え、例は多くないものの、酒盃として利用された様子も窺うことができる。黒土器の実態は、一般に理解されている通り黒色土器及びそれを継承した瓦器であろうと思われるが、食膳具としての黒色土器・瓦器の器種が椀を主体とすることも、これらの記述に対応している。

ところで、黒色土器の本格的な生産は、内面のみに炭素を吸着させたA類から始まる。それは内面を緻密にみがいて光沢を持たせ、暗文によって加飾することに特徴があり、こうした製作工程は上等品生産を目指したことに起因するもので、黒色土器A類の誕生の背景に朱器への志向を読み取る安田龍太郎の見解も蓋然性は高い。(50)一方、黒色土器の登場と前後する形で、多様な器種から構成されていた土師器は、みがきや暗文を省略しておさえとなでだけで仕上げるようになり、器高も減少して皿を主体とするに至る。上等品志向の黒色土器の出現と土師器の技法簡略化とは、別個な論理による展開とも捉えられようが、『梁塵秘抄』巻二には、「楠葉の御牧の土器造、土器は造れど女の顔ぞ好き」との著名な今様が載っており、時期的なことをも考慮に入れると、ここに見える土器とは京都に流通していた楠葉産瓦器を指す可能性が高い。ならば、土師器と黒色土器・瓦器とは同じ土器の範疇で把握すべきものとなり、上記の変容も不可分な動きと位置付けねばならない事象となろう。つまり、土師器のうちの杯・椀が分化して上等品の黒色土器へと移行し、土師器は杯・椀を切り離していく中で簡略化が進んだと見るのがよく、それによって土師器の皿と黒色土器の椀が対になる様相が現出したものと考える。

こうした変容を前提として、土器は〈土器〉の中で中心的な位置を占めることになる。深草は、土器造の代名詞だった如く土器生産の拠点的な存在だったが、それ故に管轄権は錯綜し、内蔵寮配下の供御人が設置されたのを始め、醍醐寺や長福寺、摂関家の作手が存在した[51]。楠葉についても、大同三年（八〇八）の「禁レ葬二埋於河内国交野雄徳山一。以レ採下造二供御器一之土上也」との記事を筆頭に、内膳司が用意する御歯固の土器が「楠葉御園作手所レ進」とされ、摂関家が「下二知楠葉御牧一」して「黒器」を準備した事例も見える[52]。作手を掌握するまでには至らなかった貴族に関しては、『直幹申文絵巻』が橘直幹邸へ出入りする土器造の姿を描き[53]、『古今著聞集』に「坊城三位入道雅隆のもとに、正月朔日、ふか草かはらけ持てまいりたりけるに」との記載があるなど[54]、土器造が家々を訪問した様子が垣間見える。また、『東北院職人歌合』の前掲以外のもう一首（月）が、「月ゆゑにうちへもいらてとにたてはやうのものとや人の見るらん」と詠むのも、土器を担いで貴族の邸宅の前に立つ土器造の姿を示唆している。さらに『栄花物語』巻三九、布引の滝では、藤原頼通の薨去に際して「土器造りなどいふ者さへ、年ごろ幾年か参り仕まつりて、かくて今はいづちとてかは参りさぶらはんずるとて、声も惜しまず泣くもいとあはれなり」と、土器造の悲嘆が表現される。これらからは、土器造と貴族との密接な奉仕・従属関係を読み取れ、それと表裏関係にある土器を必要とする社会構造をも看取できると考える。

春日土器に話を戻そう。平安時代に宮中や貴族の邸宅などで頻繁になされたと推測される旬儀型の饗宴儀礼は、勧盃者の飲酒が伴い土器を食膳具とすることに儀礼的な特徴があった。そうした儀礼にとって不可欠だったのが土器の酒盃であり、春日土器が杯や椀といった器種を指すならば、その多くが春日土器であった可能性は高いと考える。土器の呼称ともなる「かはらけ」が本来的には酒盃を意味した点からも、盃となり得る春日土器の登場を軽視すべきではなく、土器造と諸権門との密接な繋がりに端的に示されるような土器を必要とする社会の隆盛は、旬儀型の饗宴儀礼の展開に伴う春日土器の登場と不可分であったと見るのがよかろう(55)。加えて、土師器が皿を主体としたのに対して、杯・椀は上等品を志向した黒色土器が担ったという事象や、用途における春日土器と黒土器の類似性などを総合的に捉えるならば、春日土器の実体とは、平安時代に限って見れば黒色土器だったと推察することも強ち誤りではないと考える。こうした理解が妥当ならば、黒色土器の本格的な生産が始まり、土師器における器種の減少が進む八世紀後葉から九世紀前葉の時期に、このような宮廷社会の変容の起点を求めることも可能なのではなかろうか。

四 〈土器〉の変容と律令官僚制の展開

冒頭で触れた如く、西弘海は法量の規格性、多様な器種分化などから「律令的土器様式」といった概念を導き出し、その出現の背景に大量の官人層の登場が存在したことを推測した。この見通しを文献史料から裏付けることは困難であるものの、説得力に富む見解であることに変わりはなく、その蓋然性は高いものと考える。西の見解が妥当であるならば、都城における〈土器〉様式の変容も律令官僚制の変遷過程を考慮に入れて論じる必要がある。ここまで、春日土器と黒色土器との類似性や、様器が白色土器に比定し得るだろうこと、両者の登場が端的に示すことになる土器を必要とする社会の活況が、旬儀型の饗宴儀礼の展開に結び付けて捉えられること、などを述べてきたが、こうした事柄も食膳具の様相が宮廷社会の動向と不可分な関係にあったことを予測させる。本節では、より直接的に律令官僚制の変容に関連付けて、〈土器〉の展開を描き出してみたいと考える。

　こうした観点に立つならば、官司名を記載した墨書土器は好個の材料となろう。平城宮出土の墨書土器を集成・検討した巽淳一郎によれば、その圧倒的多数は須恵器の食膳具で、官司名記載の〈土器〉もこの範疇で捉えられるとする(56)。土師器の出土が須恵器の約五倍に達する長岡京太政官厨家においても、「弁」「外記」「史」などと記したものの大半は須恵器が占め(57)、平安宮中務省跡出土資料でも「□〔務カ〕省」「内舎人」「監」といった墨書土器は須恵器であり(58)、平城宮の状況と大差はないと言える。須恵器の食膳具が消滅した段階では、「右馬」「内舎人所」と記す緑釉陶器、「斎宮」関連の灰釉陶器などが見え(59)、官司名を記す墨書土器は、土師器ではなく緑釉陶器・灰釉陶器へ移行したようである。

　こうした傾向からは、土師器と須恵器・緑釉陶器・灰釉陶器との間の差異を読み取ることが可能である。その成因を実証的に論じることは容易ではないが、須恵器生産が宮内省に管掌された筥陶司の下でなされ、緑釉陶器・灰釉陶器も官営工房からの貢納だったことを考えると、交易が調達主体の土師器に比べて、調として収納され、官司に分配された須恵器の方が、律令官司の食膳具としては正統的な位置にあったと見ることは許されよう(60)。このことは、「土師女」などによる自家生産品であろう土師器が、須恵器に比して多く出土した長屋王邸跡と対照的であり、須恵器は官司といった公的機関における食事と結び付き易い(61)。長岡京太政官厨家の官司名須恵器は、厨家が用意した官人の常食に使用された可能性が高い資料群だが、曹司における政務と食事とが一体的に機能したとの見解に従えば、そうした食膳具と常食との関係は太政官以外の官司でも同様だったと見てよい(62)。そこでは、政務後に催された列見の朝所饗の如き儀礼形態が採られたと推測することも可能と考える。

しかし、こうした常食の様相は九世紀初頭を画期に大きく変貌する(63)。令制では年料舂米を「送二大炊寮一充二諸司常食一」てたが、養老三年（七一九）に劇官に要劇銭が付加され、平安時代初頭の大同三年（八〇八）には、官司の統廃合で閑官がなくなったとして、要劇銭を「普給二衆司一」うこととなる。翌四年には、米価変動を考慮して日別二升という現物支給へ変更され、同時に三位以上及び観察使への支給が除外された。弘仁三年（八一二）に再び銭へ復されたものの、米と銭の併用は続いたらしく、それから七〇年を経た元慶五年（八八一）には、舂米の不足及び米と銭との不均衡を理由として、諸司官田を設置して要劇料支給を諸司に委託する形態へ移行する。そして翌元慶六年には、太政官及び出納所司の要劇料、弘仁九年以前に要劇料から戻された大学寮の月料のみが、大炊寮からの給付を許されるに至る。

以上は職事官の常食に関する変遷であるが、史生・雑任といった番上官はと言うと、「承前諸司番上及雑色人、劇官以外不レ給二衣食一」とあることから、本来的には常食の支給はなく、劇官のみに資粮が給されていたようである。列見や定考では穏座の段階で史生が召され、大臣大饗においても三献の後に史生が参入したという事実も、番上官の饗饌が付加的な要素だったという事柄と合致していよう。大同四年には、職事官の要劇料変更に伴い「定下賜二諸司史生以下雑色人以上一時服幷月料之法上」め、元慶五年に官田が設置されることで、大炊寮からの支給を数種の番上官に限定し、それ以外の番上粮については、基本的には諸司官田で賄う形態が確立するのである。

さて、こうした常食の変遷の中でも、大同年間の変革は看過できないものと考える。制度が確立した時点での支給方法を示す『延喜式』巻一一、太政官の規定を次に掲げよう。

> 凡親王以下月料幷諸司要劇及大粮等、毎月申レ官出充。其月料物者、録二来月数一、毎月十日申二太政官一、十七日官符下二宮内省一、廿五日出給。要劇者、録二前月応レ給官人及物数一、毎月四日申レ官。即加二官要劇一造二惣目一、同日申二太政官一、五日官符下二宮内省一、十三日出給。但給レ田者、下二符勘解由使一。大粮者、毎月十六日申二太政官一、廿日官符下二民部一、廿二日出給。若逢二雪雨一臨時改レ日。

ここからは、毎月支給される親王や官司の食料が、「録二来月数一」して太政官から宮内省へ申請する月料、「録二前月応レ給官人及物数一」して宮内省へ申請し、支給された要劇料、月料と同様に翌月分を民部省から与えられた大粮、の三つに区分されており、官田を有する一般的な官司の要劇料の場合は、国司から直接収納し、勘解由使が関与したことが判明する。注目したいのは月料と要劇料との料米請求の違いである。すなわち、翌月分を前月二五日に支給することが月料の基本だったのに対し、要劇料は前月分を給付するのが原則であった。その支給基準は、大同四年太政官符で「宜下細勘二上日一依レ実申送上」とされ、諸司官田を設置した元慶五年太政官符においても「凡厥上日毎月申レ官、一如二旧規一勿レ失二前躅一」ともあるように、前月の上日に由来するものだった。つまり、要劇料は上日と不可分の俸給的性格が強いものと言うことができる。その意味では、実態が米であっても本質的には養老三年以来の銭支給と変わることはない(64)。このような料米支給の差異を考えると、大同年間における要劇料への変更とは、政務終了後に全職事官へ給した令制以来の常食制度が、上日に基づく職事官の個人的俸給へ変更されたことを意味するのである(65)。

こうした常食の俸給制への移行が、官司における日常的な饗宴儀礼そのものに影響を与えたことは推測し易く、そのことで一堂に会して食事をとる共食の意味は減少せざるを得ない。もっとも、このことで官司内での日常的な饗宴が消滅したことにはならないが、法制上はそうした饗宴が個人の要劇料から支弁される原則が生じたであろう。須恵器を中心とする調納された食膳具は、宮内省―筥陶司を通じて年料として諸司へ配分されたと思われるが、食料が俸給的なものに変更されたのであれば、食膳具のみが上日と無関係に分配される必然性は想定し難い。官司で饗饌が設けられる場合には、その多くは交易で入手するのが一般的な器、すなわち土師器に依存せざるを得なくなったと推測する。こうした俸給制への移行という事柄こそが、調納を基本とする須恵器の生産・貢納を減少させた要因と考える(66)。奈良時代末の「七月要劇銭五貫五百□」なる木簡からは、すでにこの段階で多額の要劇銭支給が確認でき(67)、要劇料に頼る官司運営のあり方が須恵器の生産を次第に落ち込ませていき、大同年間の変革によって須恵器生産は転換を見たとするのがよい。それと前後して、大同三年には筥陶司が大膳職へ併合されるに至るのである。

都城で出土する食膳具の須恵器が減じる背景には、こうした官司制の変容が影響したと考えるが、一方でこのことは、前に示した旬儀型の饗宴儀礼の展開に伴う土器の隆盛という問題を説明したことにはならず、一面的な理解とせざるを得ない。これを考えるにあたって重視すべきは、要劇米支給を規定した大同四年制が、同時に三位以上と観察使とをその対象から除外したことである。この原則は、諸司官田設置後においても「八省卿・弾正尹・二府大将・四府督、或徳高皇子猶在㆓其官㆒、或身貴公卿兼居㆓其職㆒。如㆑此之類元来不㆑給。除㆑此之外例在㆓給限㆒」とあるように変化はない。前述した如く、ここで除外された公卿たちは、紫宸殿で開催された政務に参入し、侍従的な組織を通じて天皇の下物を土器を用いて与えられた。また、太政官庁での政務の後には朝所饗があり、外記政後には南所で饗があった。さらに、釈奠の寮饗は大学寮官人自らが飲食する儀礼ではなく、公卿に対して寮の官人が供膳する形態を採り、御斎会竟日でも公卿は右近陣座に着き、陣官が「居㆓肴物㆒」えたことが確認できる[68]。公卿の重要な職掌は、種々の儀礼に参入してその儀礼を運営することにあったが、そこでは諸司から食事を供給されるのが通常だったのであり、彼らはわざわざ要劇米や月料によらずとも、実質的には宮中で供膳されていたのである。

他方、そうした公卿の特権的なあり方と不可分なものとして、公卿自らが主催者となって財を供出し、中下級官人を饗応する立場となったことも忘れてはならない。その典型的なものが大臣が太政官官人に饗饌を設ける大臣大饗であり、近衛官人をもてなす大将大饗も同様な意味を持つ。こうした儀礼がいつまで遡るかは慎重に検討せねばならないが、大臣大饗に関しては『大鏡』に藤原良房の大饗が見えることから九世紀中葉には存在し[69]、『江家次第』巻二、大臣家大饗の「藤氏長者朱器・台盤、閑院左大臣冬嗣公御物」なる記事を重視すれば、九世紀前葉まで遡る可能性がある。大饗以外の公卿の邸宅における饗宴については、古記録が残る一〇世紀以降にならないと判然とはしないものの、祭使出立儀の饗は九世紀末には確実に存在したことが判明する[70]。

大同四年に除外された三位以上と観察使は、翌五年に観察使が廃止され参議が復活することで公卿制として再編されることとなる。ここに成立する公卿制は、『延喜式』巻一二、中務省の「凡次侍従員百人為ㇾ限。正侍従八人在二此員中一。但参議已上不ㇾ入二此員一。」との規定から、侍従的な性格を本質的に有する組織形態と見るのがよい[71]。全ての官司・官人が一体となり専制君主的な支配構造を支えるのが律令天皇制・律令官僚制の本来的な姿であったが、平安初期には上級官人の侍従的性格が強調され、同時に中下級官人は彼らに率いられる存在へと変質する。こうした変化に伴う天皇制・官僚制の再構築として、この時期の儀礼整備がなされるものと考える。前節までの検討で、貴族の邸宅における饗宴儀礼が旬儀型を採用したことについての原因を、家政機関によって供膳される形態が侍従的な組織による旬儀と類似していたという点から説明したが、ここに至ってより根源的な理由を想定することが可能となろう。すなわちそれは、貴族の邸宅での饗宴が、官司で日常的になされていた饗応の代替として確立したことに起因するのである。大臣大饗が太政官官人を饗応するのが本質であったことも、これに対応すると見るのがよいと考える。

八世紀後葉から九世紀前葉にかけての〈土器〉の変容とは、こうした律令官僚制の展開という潮流の中で理解すべきものと考える。律令官司の常食制度の解体が、調として収納され、諸司に分配される食膳具としての須恵器の存在価値を低減させた。一方で、侍従的性格を色濃くした公卿が国家機構の一翼を主体的に担うようになり、中下級官人はそうした公卿に従属する存在へと変化していくことが、公卿が主客となる旬儀型の饗宴儀礼の展開、及び黒色土器や白色土器の登場などに窺える土器の隆盛を呼び起こしたものと考える。

おわりに

以上、都城で出土する〈土器〉の変容を、律令官僚制の変質、それに伴う旬儀型の饗宴儀礼の展開に引き付ける形で論じてきた。冒頭で示した八世紀後葉から九世紀前葉における変容のうち、緑釉陶器・灰釉陶器といった国産施釉陶器の出現についてはほとんど触れることができず、また、貯蔵・調理具の様相や木製品など〈土器〉以外の食膳具についても今後の課題とせざるを得ない。これらを踏まえて検討する必要があるものの、本章では先行研究が注視してきた技術の展開や生産の推移などとは異なった観点から、〈土器〉の変遷を描き出し得る可能性を提起してきたつもりである。

結論は前節の末尾に記したので改めて述べることはしないが、こうした変容が、宮廷社会における饗宴儀礼の二つの類型のうちでも、日常的な旬儀型の儀礼形態から説明できることには若干の注意を払っておきたい。すなわちそのことは、大臣大饗の如き上級貴族層の自邸での饗宴が、節会など国家的な饗宴儀礼の代替として成立したのではなく、あくまで官司の日常的な饗宴儀礼の延長上にあることを示している。平安時代初期における宮廷社会の展開とは、日常的な政務や天皇の個人的性格と密接に関係するような儀礼における変容と結び付くものではあっても、律令国家が本来的に有した節会などの壮麗な儀礼、ひいては、そこに示される価値体系そのものに大きな変革をもたらしたものではないと見るのがよかろう。

こうした展望に妥当性を認め得るのであれば、次に問題とすべきはそのような律令国家の価値意識の変遷となる。もっともこうした事柄は、多角的に検討すべき性格のものだろうが、都城出土の〈土器〉を主軸に据えるならば、一〇世紀後葉から一一世紀前葉という時期が、本章が考察対象とした変革期に匹敵するほどの大きな転換点であったことには注意されてよい。緑釉陶器の生産が終焉を迎え、灰釉陶器が無釉の山茶碗へ転換して国産施釉陶器は大幅に減退し、黒色土器も内外面を黒色処理するB類が主体となり、その後、瓦器椀が出現する。また、散在的だった輸入陶磁器の出土に一定度の増加が認められるようになるのもこの時期以降であり、新たな〈土器〉の様相が現出したことに間違いはない。出土遺物の大半を占める土師器にそれほど大きな変化が窺えないことからは、こうした変質は土器に基づく旬儀型の饗宴儀礼とは別の論理に起因するものかもしれず、生産地の変容に配慮すると同時に、宮廷社会の価値体系の展開など、より広い視野から検討を加えねばならないだろう。

従来、ともすれば〈土器〉を高級品と安価なものとに区分し、それを階層差に還元する傾向が強く存在した。しかし、都城なるものが律令制と不可分であることを想起するならば、律令制期の都市において純粋な庶民を想定し得るかどうかは検討を要し、平城京・平安京、さらには中世都市京都の住人は、何らかの形で国家機構との繋がりを有していたと捉える方が実態に近いだろう。都城で使用される〈土器〉のあり方とは、そうした宮廷社会を頂点とした儀礼的・文化的な様相の広がりを示し得るものと推測され、翻って見るならば、〈土器〉を検討の俎上に載せることは、宮廷社会を考える上でも、平安京及び京都といった都市構造を考察する上でも、不可欠な素材となり得るのではあるまいか。

（1）出土遺物としての土器が焼き物総体を示すのに対し、史料上に見える土器が、実態としては土師器を指す事例が多いことに鑑み、本章では焼き物としての土器を〈土器〉と表記して史料用語の土器と区別する。

（2）浅香年木「平安期の窯業生産をめぐる諸問題」（『日本古代手工業史の研究』法政大学出版局、一九七一年）、西弘海「土器様式の成立とその背景」（西弘海遺稿集刊行会編『土器様式の成立とその背景』真陽社、一九八六年、初出一九八二年）。

（3）古尾谷知浩は、こうした観点からの考察を整理した上で、調及びそれと連動した交易が調達の主流だった須恵器と、交易が主流の土師器との相違があることを、奈良時代初めに遡らせて指摘する。古尾谷知浩「律令制下における土器の生産・流通」（『文献史料・物質資料と古代史研究』塙書房、二〇一〇年、初出二〇〇六年）。

（4）戸田芳実「山野の貴族的領有と中世初期の村落」（『日本領主制成立史の研究』岩波書店、一九六八年、初出一九六一年）、網野善彦「荘園史の視角」（『荘園公領制の構造（著作集第三巻）』岩波書店、二〇〇八年、初出一九八九年）など。

（5）「律令的土器様式」については高橋照彦の批判が存在する。高橋の議論は、主として広範な地域に及ぶ「様式」の斉一性を疑問視したものであり、適切な批判であろうと考える。しかし、日常的な食事を含む宮廷社会の饗宴儀礼こそが、律令国家を成立させる上での基盤であるとの認識に立つならば、都城に限定された「土器様式」であっても、「律令的」と冠したところで問題はない。むしろ、それを意識的に避けることで、中央集権国家における宮廷社会の位置付けを、過小に評価することに繋がりかねないものと危惧する。「律令的」という語に再考を迫る高橋の批判は、ややもすれば「律令体制」なる概念の是非にも関わるものであり、性急過ぎる議論ではなかろうか。高橋照彦「「律令的土器様式」再考」

（森郁夫先生還暦記念論文集刊行会編『瓦衣千年』一九九九年）。

（6）高橋照彦「平安初期における鉛釉陶器生産の変質」（『史林』七七―六、一九九四年）。

（7）ここで言う旬儀とは具体的には旬宴を指すが、旬宴と表記することで宴が政務と別に存在するかの如き印象を与えかねず、ここでは旬儀として論じていきたい。

（8）本書第Ⅰ部第一章。

（9）儀式次第については『西宮記』『北山抄』『江家次第』などの儀式書を適宜参照し、以下、それらに基づく場合には、煩雑となることを避けて基本的に典拠を記さないこととする。なお、通常、銀器を使用する天皇の場合でも、御厨子所による饗饌は土器を用いて供せられた。

（10）『西宮記』（尊経閣文庫所蔵巻子本）巻八、酒座事など。

（11）『小右記』長徳元年（九九五）一〇月一日条、万寿三年（一〇二六）四月一日条（逸文）、長元二年（一〇二九）四月一日条。

（12）「唱平」の具体的な所作については不明であるが、『建武年中行事』元日節会が「平をとなへてをの〳〵すゝむる也」と訓じており、また『江次第抄』巻一、元日宴会が「愚案、平者称レ寿之意歟」と記している。なお、『江家次第』巻一九、臨時競馬事、長和三年（一〇一四）土御門殿競馬次第に「此間随二勝負一行二罰酒一。勝方近衛次将勧レ盃。用二造酒司酒一。仍呼レ平如レ常」とあることを考えると、唱平の所作は造酒司の酒の使用と対応するようである。

（13）『小右記』正暦四年（九九三）一一月一日条。

（14）『御堂関白記』長和五年（一〇一六）七月一六日条。

（15）『吉記』寿永二年（一一八三）二月二日条が記す釈奠百度食においても、「造酒司勧レ之。奥端二行。唱レ平如二節会一」とある。

（16）『小右記』寛仁三年（一〇一九）八月二八日条。

（17）『北山抄』巻三、内宴事、『小右記』正暦四年（九九三）正月二二日条。

(18)『左経記』長元元年（一〇二八）八月二一日条。なお、この時の釈奠では百度食も停止されたが、これについて『同』八月五日条は、「宴・穏座依二故殿御事一被レ停歟。但無二百度座一事、是非二先例一。上卿失錯所レ被レ行」と記す。

(19) 巡流は酒宴で多く見られる所作であるが、被勧盃者（＝尊者）が次人へ盃を放したところで勧盃者が復座することから考えると、勧盃者によって直接酒を勧められる立場の人と次人以下との差を明確にし、加えて、盃を流す上位者と盃を渡される下位者との恩恵的な関係を象徴的に表現するものだったと推測する。なお、朝所饗に対応する釈奠の寮饗では、「寮頭如正勧レ盃唱レ平。余揖而不レ欲〔飲〕。猶勧レ盃。示二気色一令レ欲〔飲〕。次唱勧。仍取レ之欲〔飲〕」というように、唱平の存在によって、朝所饗と比較してもより旬儀に近い作法となった。『小右記』寛弘八年（一〇一一）八月一六日条。

(20) 倉林正次「大臣大饗」（『饗宴の研究　儀礼編』桜楓社、一九六五年、初出一九六二年）、川本重雄「東三条殿における正月大饗の装束とその次第」（『寝殿造の空間と儀式』中央公論美術出版、二〇〇五年、初出二〇〇四年）など参照。大饗に用いる食器については、野場喜子「大饗の食器」（『国立歴史民俗博物館研究報告』七一、一九九七年）に詳しい。なお、旧稿発表後における大臣大饗の研究としては、中本和「平安時代における儀式と身分秩序―大臣大饗を中心に―」（『ヒストリア』二五三、二〇一五年）、末松剛「10～11世紀における饗宴儀礼の展開」（『日本史研究』六四二、二〇一六年）がある。

(21)『小右記』寛仁三年（一〇一九）正月二日条。

(22) 高橋照彦「「瓷器」「茶椀」「葉椀」「様器」考」（『国立歴史民俗博物館研究報告』七一、一九九七年）。

(23) 高橋照彦は、仮説としながらも、様器の語義を「本来「様」、つまり薄様などの紙を載せて使う器、あるいはそのような使用が主に行われる肴や菓子を盛る器の意味」と理解した（高橋照彦「「瓷器」「茶椀」「葉椀」「様器」考」（注22前掲、五七六頁）。しかし、こうした理解の根拠となった『執政所抄』御節供事の「居様図在端」なる記載は、「居ウル様ノ図ハ端ニ在リ」と訓むべきであり、『長秋記』保延二年（一一三六）正月五日条の「土高坏居様事」についても、「土高坏ノ居ウル様ノ事」と訓むべきで、「薄様を載せる」との解釈は史料の誤読である。

(24)『うつほ物語』蔵開中にも「白銀の様器」なる表現が見える。

(25)『小右記』長和五年（一〇一六）三月三日条。

(26)『小右記』寛和三年（九八七）正月二日条。なお、長和五年（一〇一六）三月三日条では「西対庇為㆓公卿座㆒、見㆓暦記㆒」とされ、これは当該条の「東□〔対カ〕南唐廂、南向公卿座」と矛盾しており、ここから道長が依拠した兼家の先例とは、摂政に任じられた寛和二年六月からこの間までになされた事例と見ることもできる。しかし、『小右記』に寛和二年が現存しないことから不明確なものの、『小記目録』を見る限りでは任摂政から正月までに大饗開催を窺えず、「見㆓暦記㆒」とした事例が『小記目録』に全く記されなかったとは想定しにくいことから、いずれかの記載が誤記であると見るのが穏当ではなかろうか。

(27)「銀盃土器形」については『小右記』永延二年（九八八）一一月七日条、「土器形」は『大鏡』裏書、紫野子日事と『御堂関白記』寛弘元年（一〇〇四）五月二七日条、「銀土器」に関しては『太上法皇御受戒記』と『御堂関白記』寛弘三年（一〇〇六）三月四日条、「銀土器代」は『吏部王記』天暦二年（九四八）一二月三〇日条及び天暦六年（九五二）一一月二八日条、「銀土器様器」については『吏部王記』天暦四年（九五〇）一〇月四日条にそれぞれ記載が見える。

(28)伊野近富「平安時代の諸儀式と土器・陶磁器」（中世土器研究会編『中世土器研究論集―中世土器研究会20周年記念論集―』二〇〇一年、三〇三・四頁）。なお、伊野は「銀土器様器」を「銀土器」と「様器」とに分けて捉えたが、そうした区別は、「様器」と「銀土器」との並記が他見しないことや、これが承子内親王着袴儀の史料であり、二年後の昌子内親王着袴儀では「銀器」と「銀土器代」を用いたこと、「銀ノ土器様ノ器」としても十分解釈できることなどから賛同できないと考える。

(29)様器においても、敦康親王主催の藤原定子忌日法要の際に、臨時的に鈍色に染めた事例が存在する。『権記』寛弘八年（一〇一一）一二月一六日条。

(30)立后・立太子に際しては、御器として飯埦・馬頭盤・水埦・汁物坏・盤・窪坏・四種・酒盞といった銀器の食膳具が用意されるのが一般的であった。『山槐記』久寿二年（一一五五）九月二三日条など。

(31)『長秋記』大治六年（一一三一）正月一九日条にも同様の記載が見える。

(32)『江記』天仁元年（一一〇八）一一月二一日条。

(33) 賀茂祭使出立儀については『吏部王記』承平四年（九三四）四月一六日条や『長秋記』保延元年（一一三五）四月一七日条、春日祭使に関しては『玉葉』治承二年（一一七八）一〇月二九日条、賭弓後の還饗については『西宮記』（尊経閣文庫所蔵巻子本）巻二、賭弓所引勘物、承平七年（九三七）正月一九日条に、それぞれ様器の使用が認められる。

(34)『西宮記』（尊経閣文庫所蔵巻子本）巻六（乙）、旬事裏書所引延喜一六年（九一六）四月条、『春記』永承元年（一〇四六）一二月一九日条。

(35)『吉記』寿永二年（一一八三）一二月一日条、『葉黄記』寛元四年（一二四六）正月二八日条。

(36) なお、醍醐天皇の喪に服する重明親王は、「わたくしの衣装に綾羅美色を着せす、食器も朱漆を用侍ら」ず、また退位後間もない円融院は、節供において「先例以㆓朱器㆒供㆑之。蔵人所衆伝取供㆑之。而事依㆓爾卒《（卒爾）》㆒用㆓様器㆒」いた。ここからは皇親間での朱器の日常的な使用を垣間見ることも可能であろう。『花鳥余情』二三、幻、『小右記』永観二年（九八四）九月九日条（逸文）。

(37)『覚禅鈔』請雨法下。なお、『覚禅鈔』は、この引用文に続けて、「青瓷器」よりも「金銅器」の方が相応しいと説明する。

(38) 高橋照彦は、三節御酒の供御に際して青瓷が用いられた点や、そのことについて『江家次第』が「不㆑給㆓臣下㆒」と記すことを重視して、緑釉陶器を儀礼的な食器と規定するが、三節御酒の供御は天皇の個人的な飲酒と見るべきであり、饗宴儀礼としての節会と直接結び付けるわけにはいかない。緑釉陶器の多量の出土からは、精進などに限定されない通常の飲食での使用も否定はできないが、青瓷を食膳具として利用したのは『時範記』嘉保元年（一〇九四）六月二五日条の南所饗が「汁用㆓土器㆒、湯用㆓青瓷器㆒」とする程度であり、文献史料の上から裏付けることは難しい。高橋照彦「平安初期における鉛釉陶器生産の変質」（注6前掲）。

(39)『小右記』万寿元年（一〇二四）一二月一二日・一三日条、『権記』寛弘八年八月一一日条など。なお、天皇の朝夕御膳の食膳具が銀器である点に着目した佐藤全敏は、そうした食事のあり方を「隋唐様式の正格な食法」と見る。佐藤全敏

「古代天皇の食事と贄」（『平安時代の天皇と官僚制』東京大学出版会、二〇〇八年、初出二〇〇四年）。

(40) 『山槐記』仁安二年（一一六七）六月二五日条、『知信記』長承四年（一一三五）二月八日条。

(41) 春日を地名と見る場合、大和のそれと考えるのが通常だが、梅川光隆は尾張瀬戸の旧郡（春部郡）にちなむ名称とし、春日器を古瀬戸のブランドと理解する。興味深い見解ではあるが、「土器」と表記されることとの関係など検討の余地はあろう。梅川光隆『平安京の器　その様式と色彩の文化史』（白沙堂、二〇〇一年、六二～七〇頁）。

(42) 『兵範記』には他に、長承元年（一一三二）一一月二一日条、仁安三年（一一六八）八月二三日条、一一月二日条に「深草土器」「深草器」が見えるが、「春日土器」の記載があるのは保元二年（一一五七）三月一一日条の一例に過ぎない。

(43) 酒盃の事例は注40で引用した他に、一二世紀に限っても『知信記』天承二年（一一三二）三月二六日条、『兵範記』保元二年（一一五七）三月一一日条、『玉葉』治承二年（一一七八）一〇月二九日条、『猪隈関白記』建久九年（一一九八）正月一九日条がある。

(44) 『左経記』長和五年（一〇一六）六月一日条。『七仏薬師法代々日記』長治二年（一一〇五）閏二月一〇日条にも、「七仏前各飯二坏小春日」とある。

(45) 中井敦史「土器の名前―中世土師器の器名考証試論―」（『日本史研究』四八三、二〇〇一年）参照。

(46) 上賀茂神社の「ヤツカサ土器」は、中央を内側に窪ませた形体に特徴があり、径六寸高さ一寸の「ヤツカサ」、径二寸七分高さ六分の「大ヤツカサ」、径二寸二分高さ六分の「小ヤツカサ」が存在する。『日本料理歳時大観　傳承十二月』（主婦の友社、一九八〇年）、建内光儀『上賀茂神社（賀茂別雷神社）』（学生社、二〇〇三年）参照。

(47) 例えば『古今和歌集』巻一、春歌上に載る「春日野の若菜摘みにや白妙の袖ふりはてて人のゆくらむ」との紀貫之の歌など。

(48) 『吏部王記』承平元年（九三一）一〇月七日条、『兵範記』久寿二年（一一五五）九月二三日条。

(49) 他にも『長秋記』元永二年（一一一九）五月三〇日条、『兵範記』保元元年（一一五六）四月二二日条の中で粥の器として見え、『古事談』巻二でも「雑色黒器ト云物ニミソウツノ毛立タル一盃ト、署預ノ焼タル二筋トヲ持来与之」とある。

(50) 安田龍太郎「黒い色の食器」(奈良国立文化財研究所創立40周年記念論文集刊行会編『文化財論叢Ⅱ』同朋舎出版、一九九五年)。

(51) 浅香年木「平安期の窯業生産をめぐる諸問題」(注2前掲)、網野善彦「荘園史の視角」(注4前掲)、脇田晴子「中世土器の生産と流通」(中世土器研究会編『概説　中世の土器・陶磁器』真陽社、一九九五年、初出一九八六年)など参照。

(52)『類聚国史』巻七九、大同三年(八〇八)正月庚戌(二八日)条、『類聚雑要抄』巻一、供御御歯固、『執政所抄』。戸田芳実「山野の貴族的領有と中世初期の村落」(注4前掲)参照。

(53) 藤原良章「絵画史料と〈職人〉—絵巻物に描かれた土器造り—」(『中世的思惟とその社会』吉川弘文館、一九九七年、初出一九九一年)参照。

(54)『古今著聞集』巻一六、坊城三位入道雅隆正月朔日餅鏡の事。

(55)『源氏物語』をはじめとする文学作品では、酒宴のことを「かはらけまいる」や「かはらけはじまる」と表現することが多いが、『うつほ物語』内侍のかみに「白銀のかはらけ」とあることからも、必ずしも全てが土器を指すというわけではない。康和六年(一一〇四)正月二日の藤原忠実臨時客において、『殿暦』が「一献。余取レ之。清実朝臣折敷ニカハラケヲ居テ持来。ヘイシ諸大夫五位取レ之。」とする「カハラケ」も土器だったとは考えにくく、他の例を勘案すると、様器ないしは朱器と見るのが自然である。なお、土器の酒盃の中でも臨時祭に見える重坏は、『明月記』承元二年(一二〇八)三月一三日条に「器ひとつづ、三度伝レ之。残三ヲ座下ニ指入、ヘシワリテ立」とあることからも器高の低い土師器を想定するのがよく、後代に主流になったのは、あるいはこのような酒盃かもしれない。重坏の作法は『山槐記』仁安二年(一一六七)三月二〇日条にも詳しい。

(56) 巽淳一郎「都城出土墨書土器の性格」(奈良文化財研究所『古代官衙・集落と墨書土器—墨書土器の機能と性格をめぐって—』二〇〇三年)。

(57) 向日市教育委員会編「長岡京跡左京第13次発掘調査報告」(『向日市埋蔵文化財調査報告書　第四集』一九七八年)、『長岡京木簡一　向日市埋蔵文化財調査報告書　第十五集』(一九八四年)。

(58) 京都市埋蔵文化財研究所編『平安京Ⅰ　京都市埋蔵文化財調査報告第13冊』(一九九五年)。
(59) 京都市埋蔵文化財研究所編『平安京跡発掘調査概報　昭和56年度』(一九八二年)、『平安京右京三条二坊十五・十六町―「斎宮」の邸宅跡―　京都市埋蔵文化財調査報告第21冊』(二〇〇二年)、京都市文化市民局編『京都市内遺跡試掘調査概報　平成12年度』(二〇〇一年)。
(60) 土師器と須恵器の調達方法については、古尾谷知浩「律令制下における土器の生産・流通」(注3前掲)、緑釉陶器・灰釉陶器は、高橋照彦「平安初期における鉛釉陶器生産の変質」(注6前掲)参照。須恵器生産が筥陶司の管轄下でなされたことは、筥陶司を吸収した大膳職が和泉国陶山に「陶器寄人」を有していたことから窺える。戸田芳実「山野の貴族的領有と中世初期の村落」(注4前掲)参照。なお、巽淳一郎「都城出土墨書土器の性格」(注56前掲)は、官司名墨書土器の出現が天平期に下ることから、調納制弛緩に伴う官司の直接注文に由来すると見る。
(61) 奈良国立文化財研究所編『平城京左京二条二坊・三条二坊発掘調査報告―長屋王邸・藤原麻呂邸の調査―』(一九九五年)。吉野秋二「食器の管理と饗応」(『日本古代社会編成の研究』塙書房、二〇一〇年、初出二〇〇五年)参照。もっともここでいうところの須恵器の公的機関における使用という性格は、あくまで認識上の事象と捉えるべきであり、そのまま出土量に反映されると見る必要はない。このことは、平城宮内では京内に比べても土師器の出土が卓越するという玉田芳英が指摘する状況と、必ずしも矛盾するものではないと考える。玉田芳英「平城宮の土器」(古代の土器研究会編『古代の土器研究―律令的土器様式の東西―』一九九二年)。
(62) 吉川真司は、南所申文が外記政終了後に侍従所でなされた食事の場での儀礼であることから、外記政と南所申文が一体なものであることを指摘し、その上で、「政務と食事の関係は、太政官以外の諸司でも基本的には同様であったろう」と述べる。吉川真司「左経記」(『律令官僚制の研究』塙書房、一九九八年、初出一九九三年、二七三頁)。
(63) 以下の記述は、早川庄八「律令財政の構造とその変質」(『日本古代の財政制度』名著刊行会、二〇〇〇年、初出一九六五年)によるところが大きい。史料の典拠は早川論文の中に明記されているため、煩雑となることを避けて示すことはしない。

（64）ただし、元慶五年太政官符には「賜二白粲一者全稟二六斗一」との文言も見え、要劇米支給に関わる上日が機械的に三〇日（日別二升）と算出された可能性も捨て切れない。

（65）旧稿発表後、巨細にわたる批判が高橋照彦によってなされた。主たる批判は、月料の変質だけから常食の変化を見るのでは不十分だとするもので、月料の性質や月料と常食との関係についての分析がない以上、旧来の給食制度が大同年間に衰退したと見ることには問題が残る、と指摘する。

この批判は、「朱云、諸司朝夕給常食、幷月一度給月粮等、皆是食料者。或云、不レ然。食料謂二只飯一色一也。故雑穀与二分給一読二一事一者」という『令集解』巻五、職員令大炊寮条が「諸司食料事」に付した記載から、「朝夕の常食と月に一度の月料が区別されていること」（一六二頁）を読み取った点に由来する。しかし朱説は、朝夕ごとに諸司が給わる常食も、月に一度、諸司が給わる月粮も、みな「諸司食料」であると述べているに過ぎない。「或云」が「食料謂二只飯一色一也」として朱説を退けたことから、一方が「飯」で他方が「飯」以外と捉えるのが自然だが、「粮」との用字から後者が「飯」にあたると解され、「朱云、食料、謂菜也。不レ在レ飯者。未レ知、而朝夕常給何」という『令集解』巻五、職員令大膳職条の記載からも、前者が「飯」ではないことを推測し得る。「或云」の「雑穀与二分給一読二一事一」とは、直前の「雑穀分給」との令文に付された古記に「雑穀、分二諸司一者、弁官勘二量月料一給」、穴記に「分給、謂毎レ馬給二豆一升一之類」とある点からして、月ごとに給される「雑穀」と日々の「分給」との「二事」に分けて令文を読むべきとした注記である。つまり「或云」は、月ごとではない支給に配慮して、雑穀に「分給」という文言を付した令文の意図を解さず、「分給」を記さない「諸司食料」に、「飯」以外の朝夕ごとの給食を含ませた朱説に対して「不レ然」と断じたのである。官人が給わる食事として、「常食」とは別に「月粮」があったわけではない。「飯」である「月粮」が「常食」の主体である点も動かず、ならば、月料の変化から給食制度の変容を論じることは、むしろ正当な議論の方法と思われる。高橋の批判は、史料が示す内容を理解しようとせず、用字を表面的になぞってなされたものに過ぎず、より慎重な史料解釈を行う必要があろう。

その他の批判に関しても、認識の相違や用語の定義という域を出るものではなく、大きな修正を要するとは考えない。

高橋照彦「銭貨と土器からみた仁明朝」（角田文衞監修『仁明朝史の研究―承和転換期とその周辺―』思文閣出版、二〇一一年）。

(66) 官司における食事の様相を捉えるためには、仕丁などへの大粮米支給も無視してはならないと考えるが、大粮が民部省管轄であることからすれば、宮内省系統で配分される月料・要劇料及び須恵器とは、一応切り離して理解するのがよかろう。なお、旧稿では、「須恵器の生産・貢納を崩壊させた」と述べたが、在地向けなどで須恵器の生産は継続したとの高橋照彦の批判に従って表現を改めた。高橋照彦「銭貨と土器からみた仁明朝」（前掲注65）。

(67) 奈良国立文化財研究所編『平城宮木簡　三』三五四四号（一九八〇年）。なお、当時の米価を升別一〇文と見積もるならば五五石以上となり、大同四年制の日別二升を当てはめると、上日三〇日としても九人以上を要劇料で賄っていたことになる。当時の物価については、関根真隆『奈良朝食生活の研究』（吉川弘文館、一九六九年）参照。

(68)『江家次第』巻三、御斎会竟日など。

(69)『大鏡』太政大臣基経。

(70)『類聚三代格』巻一九、禁制事、昌泰三年（九〇〇）四月二五日太政官符。

(71) 本書第Ⅱ部第二章。

第二章　荷前別貢幣の成立

はじめに

本章が目的とするところは、平安初期における律令天皇制の展開を、儀礼の側面から意味付けることにある。その手段として荷前別貢幣という山陵祭祀の成立を、儀式次第の考察を中心に論じることとする。

七世紀末以降、毎年一二月吉日に諸陵寮が中心となって全山陵に対して奉幣を行う山陵祭祀（常幣）がなされてきたが、当代の天皇との血縁関係から奉幣対象陵墓に遠近の差が設けられるようになり、平安初期には近陵・近墓に対して、それまでの奉幣に加えて別貢幣と呼ばれる祭祀が成立する。別貢幣は、祭使（荷前使）発遣の際に天皇の出御があり、また発遣される荷前使が公卿であることなど、政治機構の中枢が全面的に関与する祭祀であった。本章が律令天皇制の展開という観点から荷前別貢幣を取り上げるのは、血縁関係という天皇の人格と密接に関わる祭祀が、政治機構の中枢の関与のもとで成立することに、平安初期の大きな特色を窺うことができると考えるからである。

荷前、特に別貢幣に関しては少なからぬ研究の蓄積がある。[1] なかでも服藤早苗の研究は、その儀礼的な特徴を考察した上で、別貢幣の成立と天皇家の成立とを結び付けて論じたものであり、この分野において重要な位置を占めると言える。[2] 服藤の別貢幣に関する見解を要約すれば次のようになろう。

①荷前は、天皇親祭の別貢幣と班幣の常幣との二つの異なる儀礼からなり、別貢幣対象陵墓は、内廷的性格を持つ伊勢神宮と同格の重要な国家的祭祀対象であった。
②天平元年（七二九）に「諸大陵」とあることや国忌と対応する特別な陵墓が見えることから、少なくとも八世紀中葉の聖武朝頃には別貢幣の荷前儀式が成立した。
③延暦一〇年（七九一）の国忌整理は宗廟祭祀の導入を示すもので、桓武天皇は国忌や別貢幣対象陵墓を自己の直接の祖先に限定して家の祖先祭祀を創設し、自己の王朝の正統性を表明しようとした。
④清和朝頃から皇位の父系直系血縁原理が定着し、皇位継承に関わる直系祖先陵墓への即位・立太子告文使派遣が重視され、別貢幣対象陵の加除がなくなった。

服藤のこうした見解は、氏の変質の中から家が成立し、八世紀末に天皇位の家的継承を示す一系的祖先祭祀が成立するという観点から論じられたものであり、儀礼的な考察を機軸とすることで、それまでの荷前ひいては家に関する研究を大きく進展させたものと言える。このような父系直系的な家の成立を解明する試みは、肯定的にであれ批判的にであれ、今後も継承・発展させていかねばならず、その意味でも陵墓祭祀研究の担う役割は大きい[3]。しかし、家の成立が持つ意味については、もう一つの研究視角が存在していよう。すなわち、個人的側面に大きく左右される家の行事を可能とした家政機関・家産機構の成立から家の成立を論じるという視角であり、家政機関・家産機構の成熟が最終的に中世的な権門の成立へと結び付くことを考えれば、こうした観点は不可欠なものとなる。そして、家的継承が天皇家より始まったのと同じく、家的組織―家政機関・家産機構―の成立も、おそらくは天皇家から明確化するのであり、両者がともに整備されていく中の一つの現れとして、荷前別貢幣儀礼が成立するものと考える。

本章では、このような関心のもと、服藤が十分には触れ得なかった儀礼運営主体たる家的組織の整備という観点から荷前別貢幣の成立を論じたい。その方法として、九世紀以降の儀式書や古記録に描かれた別貢幣儀礼の検討を通じて、天皇家の祖先祭祀がいかなる形態で運営されたかを考察し、それを遡及させる形で成立時期を特定していくこととする。このような方法を採ることで、別貢幣の成立が持つ意味を天皇家の一系的祖先祭祀の成立という枠組みのみからではなく、より大きな宮廷社会の問題として論じることが可能となり、最終的に律令天皇制の展開という側面をも展望し得るものと考える(4)。

一　荷前別貢幣儀式次第の検討

はじめに荷前別貢幣の儀式次第について検討する。雨儀では宜陽殿西廂に御座が設けられるが、ここでは通常の建礼門前の儀を中心に考察する（図1）。なお、諸儀式書に描かれた装束は多少異同があるが、儀式次第そのものに関しては大きな相違はない。『儀式』『西宮記』『北山抄』『江家次第』といった平安時代の主要な儀式書が記す別貢幣の儀式次第は次のようである。

①一二月一三日に参議以上の使を定め、侍従以下の使はそれと前後して定める。
②荷前前日、内侍以下が内裏より縫殿寮南庭へ退出し、夜通しかけて幣物を裹む。
③荷前当日、上卿・使の公卿以下が建礼門前の座に着き、天皇が出御する。
④幣物が南幄（＝「運二渡幣物一之所」）に運び込まれ、使の公卿以下が南幄へ行く。
⑤長官（公卿）と次官（侍従・次侍従）が相対して案を舁いて参入し、天皇の前の畳の上（＝「立二幣案一之所」）に

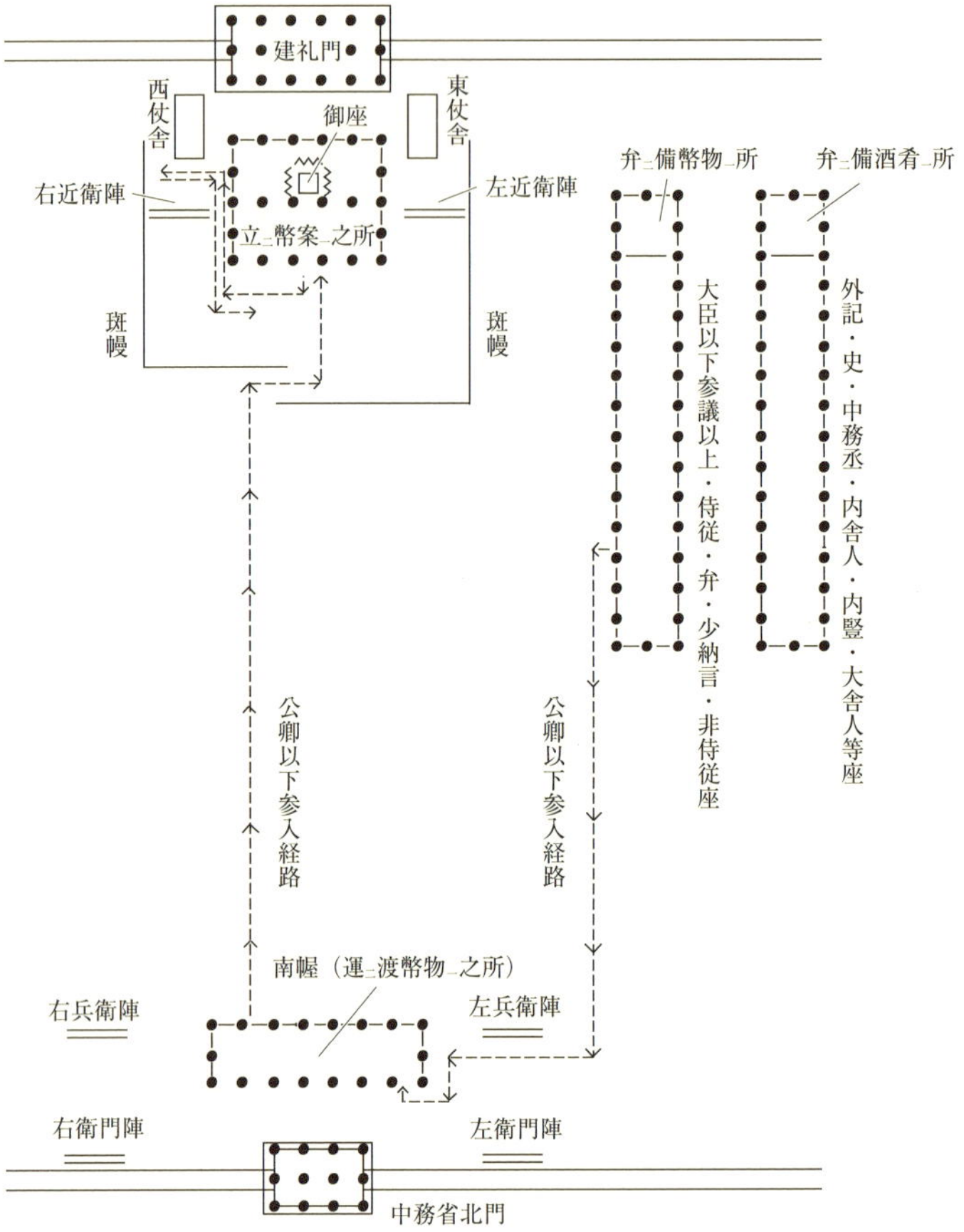

図1　荷前別貢幣建礼門前装束

※『西宮記』荷前事、『政事要略』巻29、荷前事所引「装束記文」十二月建礼門前装束を中心に作成。

置いて退出する。次いで内舎人が参入し、幣をその案の上に置き退出する。一〇陵の幣物が同様に一陵ずつ運び込まれる。

⑥一〇陵の幣物が並べられると天皇がそれに対して両段再拝し、天皇の御拝が終わったことを闈司が告げ、使が再び次々と参入して幣物を取り退出する。

⑦天皇が還御する。

この中でいくつかの点に注目して検討を加えることとする。第一に注目したいのが、内侍以下が内裏より退出して幣物を裹むことである。『延喜式』巻一五、内蔵寮では、内廷的官司とされる内蔵寮が幣物を準備する祭祀を一三例認めることができるが、(5) 内侍が内裏より退出し幣物を裹むのは荷前別貢幣と伊勢例幣のみで、その他は使人や内蔵寮官人が予め裹むことになっていた。言うまでもなく女官は男官に比して天皇に近侍する立場にあり、(6) 内侍が裹むことは、この二つの祭祀が天皇親祭という意味合いが強いことを示している。また、伊勢例幣の場合、儀場となる八省院小安殿で当日裹むのであるが、荷前の場合は、前日に儀場とは異なる縫殿寮へ退出し、夜通しかけて裹む。裹む場所の相違はその後の所作に関係し、伊勢例幣では御座近くで幣物が裹まれ、出御以前に御座の前へ設置されるため、使が幣物を舁き入れる儀式は存在せず、一方、別貢幣では、出御場所とは異なる場所で幣物が裹まれるため、幣物の舁き入れが必要な所作となる。夜通しかけて裹むのは、裹む量とも関係すると思われ、『延喜式』段階では、一〇所の陵と八所の墓の分の幣物を裹むことになっている。

第二に注目するのは天皇が両段再拝を行う場についてである。天皇の御在所と幣物が準備される南幄、及び官人の座がある幄とは斑幔によって仕切られ、御在所は周囲を廻らす幔幕によって閉じられた空間となっている。西南にある二つの幔の切れ目が公卿以下の使が幣物を持って参入する「門」（幔門）となり、幔の内には殿上侍臣及び女官が伺候する。[7]「門」を通って幣物を運び入れた使は、退出して西仗舎前の右近衛陣まで行って待機し、天皇の御拝終了後に再び参入して幣物を持って退出することになる。宜陽殿儀でかつ天皇不出御で行われた寛仁四年（一〇二〇）の別貢幣では、「立二隠春興殿南廊之後一。次第進二舁出幣案一臨二向当所一」と、使が待機している様子を「立隠」と表現する。[8]以上の如き幔幕の配置や使の動きは、荷前使発遣儀の中心が幣物に対する天皇の両段再拝以外の何物でもなく、天皇は閉じられた空間で諸官人を介さず祭儀を行ったと言えよう。[9]

第三には、別貢幣儀における闈司の所作に注目したい。闈司は通常、官人が門を入る時に勅許を得るための作法、闈司奏を行う女官で、闈司奏は天皇の空間と臣下の空間とを区別する上で重要な儀式であった。[10]荷前別貢幣の場合も幔の切れ目を「門」と表現し、また「皇帝端レ笏再拝。両段訖闈司出告二執幣者一」とある如く、[11]使が再び参入するに際して闈司が「出告」げることから、一見闈司奏の如き所作がなされたかに見える。しかし、「次告二御出之由一。闈司之最也。而近来必無二其勤一云々。」とあることや、[12]「午三剋、天皇御出云々。仍召二左近官人一取二案内一。御出已了云々。供二幣物一如レ例」と、上卿である右大臣藤原師輔は、闈司の代わりを担うようになった近衛官人を通じて[13]天皇が出御したことを知り、その後、幣物を舁き入れる儀式が始まることから、[14]闈司が示すのは天皇出御という事柄であり、闈司奏の如き参入の勅許を使者に伝えているのではない。天皇が出御したことを闈司を通じて知った使の公卿以下は、行事上卿の指示のもと、天皇の命を待たずに幣物を持って参入し、御拝の終了したことを聞いて再び参入する。そこには闈司奏のような参入の勅許を得る儀式の存在を窺うことはできない。

このことは、逆に使の参入に際して天皇がそれを許可するために言葉を発していないことを意味する。[15]のみならず、天皇が使に対して言葉をかけることはない。伊勢例幣では、天皇が大舎人を介して「参来《まうこ》」と勅して中臣・忌部を召し、忌部に幣を取らせた後、中臣に対して「常の如く好く申して奉れ」という言葉をかけ、使が参入する時も参入した使に対しても天皇は言葉を発している。[16] これに対して荷前では、使参入時に闈司奏も使を召す勅もなく、まして使に対して言葉をかけることはない。つまり建礼門前に出御した天皇は、儀式的には全く言葉を発しないまま舁き入れられた幣物に対して両段再拝を行い、還御していくのである。

伊勢例幣と別貢幣の相違について触れたついでに、『朝野群載』巻一二、内記に載る伊勢と山陵への即位告文の比較を行うことで、それぞれと天皇との関係の差異を一層明確なものにしておきたい。山陵への即位告文の内容は次の三点に要約される。

①太上天皇が厚い矜れみを垂れて天の日嗣を自分に授けた。自分はそれを辞退したが許されず、即位するのだということ。

②何月何日に即位し、天の日嗣を戴き荷ない守り仕えること。

③御陵の厚い慈みを受けることで、天の日嗣の政は平安に永く守り仕えることができるであろうと思うこと。

伊勢への告文と大きく異なるのは告文の主眼とも言うべき③の部分である。すなわち伊勢への告文では、「掛畏支皇太神此状乎平久安久聞食天、天皇朝廷乎宝位無レ動久食国乃天下母無レ事久、平久安久護賜比幸賜倍止、恐美恐美毛申給倍止申」とあるように、朝廷・天下に対する守護が告文の主眼となるのに対し、山陵への告文では、「又申久、掛畏支某乃御陵乃矜賜波牟厚慈乎蒙戴天、天之日嗣乃政波平久天地日月止共尓、守仕奉倍之止思食事乎、恐美恐美毛申賜波久止奏」とあって、「守仕」えるという天皇の行為及び「思食」すという天皇の考えを含むこととなる。つまり、朝廷・国家の代表者・主権者となる天皇が、その地位に基づいて朝廷や国家の加護を祈願する伊勢への告文に対し、山陵への告文では、天皇位に就く個としての天皇が、山陵の慈みを受けて天の日嗣を守り仕えるというように、個人的な行為・考えを表明することに力点を置く。[17] 山陵への即位告祭の対象陵墓と荷前別貢幣の対象陵墓とは相違するが、別貢幣対象陵墓も遺詔で不設置となる例を除けば(18)、即位告祭と同様、基本的には直系皇統を意識したものであり、天皇との関係において両者の間にそれほど大きな相違があったとは考えられない。天皇の個人的側面が強く現れるところに、伊勢祭祀とは異なる山陵祭祀の特徴があったと言えよう。

　第四に注目したいのは、使の長官、公卿と次官、侍従・次侍従とが相対して幣の案を天皇の前に舁き入れることである。前述した如く伊勢例幣ではこの所作がなく、このことからも不可欠な所作とは言えず、また「中務丞・内舎人等、至二幣物所一舁二幣物一。経二上達部幄後一運二移南幄一。使公卿以下、起レ座渡二南幄一」と、幣物は儀礼開始時にわざわざ南幄へ「運移」されているのであり(19)、明らかに公卿以下の奉仕を可視的に表現するのが目的である。『儀式』では公卿が使とならない山陵も存在するが、『政事要略』所引西宮記では長官・次官の官職の不明な三陵以外は全て公卿が派遣されることになっており、『江家次第』巻二、元日侍従並荷前定は光仁天皇陵・崇道天皇陵へ公卿が派遣されないことについて、「田原陵用二四位者一。依レ為二遠所一也。在二大和国添上郡一。八島又大和也。自余皆当国也」とし、この二陵が大和国にあるためだとする。このように公卿が長官で侍従・次侍従が次官を担うというのが荷前使の基本形であった点は、あらためて注目しておきたい。また、公卿が長官とならない陵への使は、『拾芥抄』が「以二侍従二人一為レ使」とするように侍従二人が使となるのであり、これは公卿と侍従・次侍従が相対して案を舁き入れることとともに、使の公卿が侍従的要素を持ち合わすことを示す。荷前別貢幣の特徴は、公卿が侍従的性格を持ち、侍従・次侍従とともに使となることにある。

　上記のような天皇が使に対して言葉を発しないことの一つの理由はここにあると推測する。すなわち、伊勢例幣では王大夫・中臣・忌部が使となるが、荷前ではより地位が高く侍従的性格を持つ公卿と、天皇に近侍する侍従・次侍従が使となり、このことと伊勢例幣の如く「常の如く好く申して奉れ」といった言葉をかけないこととは関係するのではあるまいか。もっとも、一〇世紀以降に成立する伊勢公卿勅使発遣儀では例幣と同様の言葉が存在し、言葉の有無を公卿の関与のみに求めることはできず、別貢幣において使が入れ替わり参入することを考えれば、彼らに対して一々言葉をかけることが煩瑣であり、それ故のこととも推測し得る。しかし、そうした現実的側面を考慮したとしても、使が天皇のもとへ参入しながらも、直接的な命令を受けずに退出するということは大きな特徴であろう。公卿と侍従・次侍従が相対して案を天皇の前に舁き入れることは、両者が天皇の奉幣に対して奉仕することの象徴であるが、天皇から見れば、彼らが奉仕することで自らの意志が忠実に果たされるものと観念されたのであり、そのような天皇と公卿以下の使との関係性を通じて、天皇の個人的側面が強く現れる別貢幣儀礼が行われていたと言えよう。

以上、断片的ではあるが、これらを通して知られることは、荷前別貢幣使発遣儀は閉じられた空間で諸官人を介さずに天皇が幣物に対して拝礼を行う儀礼であり、そこでは天皇の個人的側面が強く現れ、それを忠実に果たし得るものと観念された公卿等が使を奉仕したということである。

二　荷前使の儀礼関与形態

前節では、荷前使発遣儀に焦点をあて、主に天皇の立場から検討したが、ここでは、これまでほとんど言及されることのなかった遣された側の荷前使の所作について見る。儀式書における荷前使の所作はおおむね簡略であるが、その中にあって『江家次第』に、

使等率二次官以下一各向二其陵一。両段再拝、解レ剣。置二案下一。長官・次官共可レ拝。令レ焼二幣物一。次長官・次官又

両段再拝。畢次官帰参、就㆓内侍所㆒申㆓供了由㆒。〔近代不㆑然。〕公卿最〔荷〕前使時、暫先還㆑家設㆑饌、給㆓次官以下㆒云々。

とあるのが最も詳しく、『政事要略』所引西宮記[20]や『北山抄』もほぼ同じ所作を記す。ここから、山陵において二度の両段再拝を行うこと、幣物を焼くこと、山陵より帰参の後、次官が内侍所へ行き、供え終えたことを申すこと、公卿が荷前使の時は進発前に次官以下に饗饌を設けることなどがわかる。これらの考察のために実際に山陵へ行った公卿の日記を取り上げ具体的なものにしたい。管見の限り最も山陵での所作が詳しいのは、荷前使ではないが『愚昧記』仁安三年（一一六八）四月三〇日条の即位告祭である[21]。

今日即位由可㆑被㆑告㆓山陵㆒也。（中略）取㆓宣命㆒副㆑笏、揖了退去。於㆓敷政門代外㆒給㆓次官㆒退出。於㆓二条町㆒乗車、次官留了。宣命取㆑之懐中。於㆓尊勝寺前㆒騎馬、侍四人〔行盛・親長・清遠・能盛。〕相具、即参㆓向山階山陵㆒。令㆑尋㆓陵預㆒。頃之出来。予問云、参㆓御山㆒歟、将候㆓此鳥居㆒歟。答云、此鳥居下令㆑候也。行盛云、故殿為㆓荷前使㆒令㆑参之時、御㆓此鳥居下㆒也。平相公入㆓此鳥居㆒参㆓御山㆒云々。然而付㆓両説㆒也。陵預儲㆓手水㆒洗㆑手。預直懸㆑之。称㆓先例㆒也。下㆑裾取㆓副宣命於笏㆒揖着座。〔預丸敷㆓筵一枚於鳥居内㆒。〕又揖。次再拝。次読㆓宣命㆒又再拝。次焼㆓宣命㆒。於㆑内平相公云、宣命不㆑可㆑焼。懐中可㆑帰也。我両度勤仕皆如㆑此。藤中納言云、可㆑焼也。愚案又如㆑此。仍焼㆑之。抑可㆑為□也。忘却尤奇怪々々。酉剋許入洛。

これは、二月に即位した高倉天皇の即位告文使として天智天皇山階陵へ派遣された従二位中納言三条実房の記録である。当日の記録は『兵範記』にもあり、天智陵の以外に桓武天皇陵以下七陵に遣使があり、使は他に権中納言二人、参議四人、非参議一人と全て公卿、次官も全て四位・五位の者で荷前使と基本的には同じ形態を採っている。また、山陵での所作についても、父公教が荷前使だった時のことが参照されている。臨時祭祀と別貢幣では山陵へもたらすものが宣命か幣物かという相違はあるが、どちらも焼却されるのが基本で、拝礼など、ほぼ同じ所作を採るものと推測される。

さて、この記事の中で最初に注目したいのが陵預の関与である。陵預は筵を敷き、手水を用意するなど儀礼を手助けし、これは少なくとも一〇世紀中葉まで遡る。[22]また、実房は陵預に「参二御山一歟、将候二此鳥居一歟」と拝礼場所について助言を求めており、陵預は山陵での儀式次第に精通していたと見てよい。しかし、保安元年（一一二〇）に荷前使として桓武陵へ派遣された藤原宗忠が、「陵守不レ見也」としながらも何の支障も記しておらず、無事儀礼が遂行されたらしいことから、[23]陵預は儀礼に直接関与したのではなく、助言や手助けといった程度の関与をしたに過ぎない。こうした陵預の役割は、伊勢神嘗祭が王以下の勅使だけではなく太神宮司以下多くの神官が直接携わっていることに窺えるような、他の神祇祭祀における神官の役割と大きく相違するものと考える。

実房の記録の中で次に注目したいのは、どこで儀礼を行うか、宣命をどうするかについて議論があることである。侍行盛は、実房の父公教が荷前使だった時の所作や平親範（平相公）の説を実房に伝え、実房は行盛の言葉や藤原資長（藤中納言）の説を参照しながら儀礼を行う。行盛については姓や官職など詳細は不明であるが、実房家にとって重要な役割を果たした侍であろうことが他の記事から推測でき、[24]事前に実房のために情報を収集していたものと推測される。親範はこの時、醍醐天皇陵に遣された人物で、資長も嵯峨天皇陵に派遣されており、実房は同時に派遣される他の公卿の山陵での所作について、家に仕える侍を通じて情報を収集していた。

公卿が儀礼を行うにあたって事前に他の公卿から情報を得ることは、すでに多くの点から指摘がある。[25]『九暦』承平六年（九三六）一二月一六日条には「召二内豎・大舎人等一、以二幣物一令レ置二棚上一焼レ之、其後四度奉レ拝。依二左衛門督実頼卿説一所レ拝也。後日大閤仰云、未レ焼之前、有レ拝歟。但我不レ任二件役一、已及二廿余年一。慥不レ悟レ之。」とあり、荷前使藤原師輔が事前に兄実頼の説を聞いて行動し、事後に父忠平の意見を仰いでおり、山陵での所作に関して荷前使が情報を収集することは一〇世紀前半にまで遡る。『小右記』寛仁二年（一〇一八）一二月一九日条では「乗昏宰相来云、為レ勤二荷前使一参内者。作法相含了」とあり、藤原実資もまた資平に荷前使の作法を教えている。師輔も資平もこれが最初の荷前使奉仕で、そのため事前に所作を尋ねているのである。[26]

『九暦』天慶八年（九四五）一二月二〇日条では「而次官共昇二立於御前一。先例令三内豎・大舎人昇二立之一。倩案二事情一、猶長・次官躬可二昇立一者也。仍今年躬昇二立之一。」と、天智天皇陵へ派遣された師輔が自らの考えに基づき、先例とは異なる行動を採る。荷前の場合、毎年何人もの公卿が派遣されるので、公卿は一生のうちに何度も荷前使となった。師輔も参議となった承平五年から右大臣となる天暦元年（九四七）までの一二年間に、少なくとも七回荷前使となったことを確認し得るが、その中で疑問を持った箇所を訂正するのであり、公卿は荷前使を繰り返し奉仕していく中で、山陵での所作を様々に考え行動した。『愚昧記』によれば、醍醐天皇陵へ派遣された親範が、宣命の焼却など山陵での所作について実房と違う理解をしており、親範が自らの判断で行動していたことがわかる。伊勢公卿勅使発遣においては、「次被レ仰曰、宣命読了於二神前一可レ焼レ之。若不レ被レ仰者、出二殿上一令下蔵人申中可レ焼歟、将可二返上一歟由上。」[27]と出立に先立って宣命の扱いに関する指示を受けることとなっていたが、[28]今時の山陵告祭では、実房を含めた公卿は宣命の扱いについて指示を受けておらず、前述した伊勢と山陵との相違がここでも窺える。このように山陵での儀式は、公卿の経験と判断、情報収集に依拠する面が強く、公卿は他の神祇祭祀のように祭祀に参加するために派遣された使ではなく、祭祀を主催すべく派遣されたのであり、前述したような陵預の行為が手助け程度であるのもこれに関係する。

これに関連して、『江家次第』が記すように公卿が進発前、次官以下に饗饌を設けることに注目したい。饗饌については『九暦』承平六年一二月一六日条が最も詳しいが、それによれば、幣物を持って退出した藤原師輔は、次官・内舎人・内豎・大舎人等のために饗を設け、幣持者と持八足者に調布を与え、さらに山陵から帰ってきた後、付き従った随身等に禄を与えている。祭使に対して饗饌や禄を設けることは他の祭祀でも見られ、例えば春日祭では、祭使の家へ舞人や陪従の使用するものなどを送ることが公卿・殿上人の間で広く行われ、祭使の主人が出立儀・還饗を開いて舞人や陪従に衣装・禄を賜っており、賀茂祭でも同様であった[29]。また、一〇世紀後葉以降の多くの国家的儀礼は、受領等の編成を通した新たな富収積の形成を背景に、公卿自らの用途調達に依存するようになり、公卿が朝廷儀礼のために財を割いて奉仕することが一般化した[30]。これらのことは、別貢幣において公卿が饗饌・禄など財を供出することと通底するものであろう。

しかし、そのような儀礼と若干異なる別貢幣の特色にも注意したい。例えば伊勢神嘗祭では、伊勢へ遣わされる王・中臣・忌部・卜部と彼らに付き従う従者、祭祀に携わる伊勢国司には太神宮司から禄が与えられており[31]、賀茂祭においても私的な饗饌とは別に内蔵寮が設ける公的な饗饌が存在した。饗饌や禄を支給するのは、祭祀を行う機関であったり祭使を派遣する機関であるなど、祭祀主催者たる国家機関であるのが本来的な姿であって、別貢幣のように祭使として派遣される公卿自らが、饗饌や禄を用意・支給するのとは幾分相違する。また、華やかに出立儀・還饗が行われた春日祭使が巡によって定められた使であるのに対し、別貢幣では何人もの公卿が同時に派遣され、毎年のように山陵へ向かうのであるから、春日祭の如く他の公卿と協力して用途調達を行うことは不可能で、公卿全体の巡によらない恒常的な負担であったと見てよかろう[32]。

それでは、荷前におけるこうした公卿全体の財の負担はいつまで遡れるのであろうか。諸祭近衛官人使の私的な饗饌に対する禁制が九世紀末に出されており[33]、そうした諸祭の饗に財を出していた公卿が、自らが祭使となる別貢幣において饗饌を行わなかったとは考え難く、少なくともその時点まで遡ると見るのが自然である。また、五節舞姫は九世紀前葉では「諸家」が競って舞姫を献上したのに対し、一〇世紀以降、その弊害から舞姫献上の巡が定められたのであり、[34]公卿全体が財を供出する荷前は、公卿が巡によらず舞姫を献上する状況と類似し、九世紀前葉に遡る可能性が高い。『江家次第』が「公卿最〔荷〕前使時」とわざわざ断っているように、次官以下に饗饌を設け禄を与えるのが公卿が長官となる時のみで、侍従二人が派遣される場合には行われず、このことを考えれば、財を出すのは荷前使長官に本来的なものではなく、次官以下とは区別された公卿が使となることによるものである。荷前使の財の供出は公卿が使となった当初から行われたのではなかろうか。

荷前別貢幣において次官以下のために饗饌を設け、随身に禄を与えている長官である公卿は、儀礼の主催者側の立場にあると言える。故に、山陵での所作は公卿各自の判断に依拠する面が強く、また陵預が儀式に関与するがそれは手助け程度のことで、荷前使が自主的に儀式を行うこととなる。他の神祇祭祀と異なる主催者側の公卿の全面的な奉仕によって別貢幣は成り立っていたと言えよう。

三　荷前別貢幣儀の成立時期

この節では上記のような荷前別貢幣儀礼の成立時期について考察する。はじめにで紹介したように、服藤早苗は、天平元年（七二九）の「諸大陵」とある記事[35]や国忌と対応する陵墓が見えることから、別貢幣儀礼の成立を八世紀中葉の聖武朝頃とした。国忌と別貢幣は九世紀以降の史料に対となって現れる場合が多く、別貢幣の加除と国忌の加除とが対応することも周知のことである。[36]国忌・別貢幣の設置拒否の初見である淳和上皇の遺詔においても、

又国忌者、雖㆓義在㆒追遠㆒、而絆㆓苦有司㆒。又歳竟分㆓綵帛㆒号曰㆓荷前㆒、論㆓之幽明㆒、有㆑煩無㆑益。並須㆑停状、

必達二朝家一。

と国忌と荷前（別貢幣）は対となって現れる。[37] しかし、以上のことを考慮しても、国忌との関係から別貢幣の成立を論じることには慎重にならざるを得ない。

淳和上皇の右の遺詔にあらためて注目したい。淳和は、国忌には追遠の意味があるが有司を絆苦させるもので、一方の荷前は、年末に綵帛を分かつことを荷前というとして、煩いばかりで益のないこととし、並びに停止するように求めている。ここで国忌は、「絆二苦有司一」するものと理解される。『延喜式』巻一九、式部下には国忌に参会すべき官人が列挙されているが、それによれば、諸司の五位以上一人と六位以下一人、寮以上の官司の史生一人、散位の五位以上が国忌が開催される寺へ行かねばならず、また『延喜式』巻一一、太政官は東西両寺の国忌に関して参議以上一人、弁・外記・史各一人という行事執行者の参加を記す。儀制令には国忌日を廃務とする規定があり、藤堂かほるはこのことに注目して、「特に国忌日の廃務は、特定の先帝の存在を全官人に意識させることにより、律令国家段階の先帝意識の形成に一定の役割を果たしたと考えられる」と述べる。[38] 国忌は全官司が参加した大規模なものであったと言える。そもそも国忌の創始は持統天皇が行った天武天皇の一周忌に求め得るが、[39] 周知のように天武の葬礼は僧侶を含めた大規模なもので、[40] 国忌は官人全体で天皇の追善供養を行うことに意義があったのである。

これに対して荷前別貢幣は、前述の如く諸官人を介さないような儀式次第が発遣儀において採られ、天皇の個人的側面が強く現れる祭祀であり、儀場に参入するのも荷前使、天皇の近臣、武官などわずかな官司だけで、決して全ての官司が参加する祭祀とはなっていない。淳和の遺詔の中で国忌に対してのみ「絆二苦有司一」との語句があるのもこのことに通じるものである。服藤が別貢幣儀式の成立を八世紀中葉とした根拠は、薨日とは異なる一二月の国忌設置に関して、「一二月に勅が出されたのは、国忌と対応する「別貢幣」対象陵への編入であった」と理解したことにあるが、一方が全官司の参加する追善儀礼であり、一方が天皇親祭の儀礼であるという儀礼形態の差異に注目すれば、国忌の設置記事から別貢幣の存在を推測するという方法には慎重でなければならない。確かに薨日とは異なる一二月に国忌の設置があることは配慮すべきだが、国忌設置と同時にその墓（御墓）が陵に格上げされていることに注意したい[41]。令制では陵と墓は明確に区別され、墓は荷前（常幣）の対象とならなかったのであり、こうした記事も国忌を設置すると同時に墓を陵に格上げし、常幣の対象としたものと考えたい[42]。また、もう一つの根拠である「諸大陵」への臨時祭祀にしても、全山陵ではない「諸大陵」という概念が存在したからといって、それが直接別貢幣の成立と結び付く必然性はなく、臨時祭祀であるからこそ祭祀対象を限定したとも考え得る[43]。

また服藤は、延暦一〇年（七九一）の国忌整理の記事[44]は宗廟祭祀の導入を示すもので、これを通じて桓武天皇は、自己の直接の祖先に限定した祖先祭祀を創始したと述べる。しかし、上記の如く国忌と荷前を弁別して捉えるならば、この記事で宗廟祭祀と結び付けられたのが荷前ではなく国忌であることが注意される。そもそも中国では宗廟と国忌は対象となる人物が異なり[45]、宗廟祭祀を導入するにあたって、あえて国忌を対応させたことは、当時山陵が宗廟と対応するものと明確には理解されていなかったことを示す。事実、桓武は中国皇帝の重要な祭祀たる郊祀を導入して自己の正統性を主張したが[46]、唐では郊祀が皇帝親祭で行われる場合、その前に必ず太廟への告祭があるのに対し[47]、桓武の郊祀では、光仁天皇を配祀したにもかかわらず、山陵告祭が付随していない。後の文徳天皇による郊祀が光仁天皇陵への告祭を伴っていることを考えれば[48]、山陵祭祀が明確な形で宗廟祭祀と類似すると理解されるのは、桓武朝よりも遅れると考えるのが自然であろう。別貢幣を拒否し、散骨を命じる淳和の遺詔を受けた藤原吉野は「山陵猶㆓宗廟㆒也」と述べており、そこには別貢幣と宗廟祭祀との対応関係を想定し得るが、その対応を窺えない桓武朝まで別貢幣の成立を遡らせるのは困難である。

以上のように、服藤の別貢幣成立時期については賛同し得ない部分が存在する。荷前別貢幣の成立時期を特定するには、やはりこれまで検討してきたような儀式次第の特徴を踏まえて論じる必要がある。

荷前別貢幣の儀式次第の特徴は、閉じられた空間で天皇が幣物に対して拝礼を行い、公卿を長官とする荷前使が発遣されることにあったが、天皇の出御は『年中行事秘抄』所引弘仁式に「天皇御㆓便殿㆒礼拝奉㆑班」とあり、また弘仁一一年（八二〇）に「其朕大小諸神事及季冬奉㆓幣諸陵㆒、則用㆓帛衣㆒」と荷前時の天皇の服が規定されることから(49)、この時点までに天皇の出御があったことは確実であろう。これ以前の史料に出御を示すものはないが、弘仁七年の藤原乙牟漏陵の祟りに対して、嵯峨天皇は「朕情所㆑敬唯在㆓山陵㆒。而有司不㆑勤㆓督察㆒致㆓斯咎徴㆒」と母の山陵を敬っていることを表明するのであり(50)、この時点には出御があったと見てもよかろう。

一方、公卿は侍従的性格を持ち、主催者側にあって使となったが、そうした公卿の参加はいつまで遡れるのだろうか。臨時祭祀における公卿派遣の初見は、延暦四年の天智天皇陵に派遣された中納言藤原小黒麻呂である(51)。しかし、この時の山陵告祭では他に施基親王陵と光仁天皇陵とに使が派遣されるが(52)、いずれも公卿の派遣ではなく、また施基陵には治部卿が派遣されており、常幣に窺えるような喪葬儀礼に繋がる要素がなお強いものであった。次に公卿の派遣が確認できるのは弘仁元年の桓武陵への参議藤原緒嗣の派遣であるが(53)、それ以後の臨時祭祀においては公卿の派遣が定例となり、公卿以外の派遣は使の名が確認できる事例の一割にも満たなくなる(54)。臨時祭祀において公卿の使が定式化するのは弘仁元年が画期となっている。

恒例祭祀たる荷前別貢幣の公卿派遣については、天長元年（八二四）の宣旨で参議以上もしくは非参議三位以上の派遣を規定しているのが最も早いが、(55) この宣旨は淳和朝における別貢幣対象陵墓の入れ替えが主旨であり、公卿の派遣自体はおそらくこれ以前にまで遡るであろう。『類聚符宣抄』巻四、帝皇（荷前）に載る弘仁四年一二月一五日宣旨が極めて重要と考える。

参議秋篠朝臣安人宣、承前之例、供奉荷前使五位已上外記所レ定。今被二右大臣宣一、自今以後、中務省点定、永為二恒例一者。但三位已上、外記申上可レ点者。

この宣旨によって四位・五位の荷前使は、外記ではなく中務省が点定することになる。北康宏はこの宣旨に触れて、「この改正は四位五位の使者の点定を大舎人の使者の任命を掌る中務省に譲って一本化するのが目的であって、制度の強化というよりは任命手続きの合理化に契機がある」とするが、(56)『儀式』では参議以上の使は大臣が、次侍従以上と内舎人・大舎人は中務省が定めることになっており、このことに注意するならば、結局のところこの宣旨は、四位・五位の使を中務省管掌下の侍従・次侍従に限定することを定めたものと捉えるのがよい。四位の参議の点定については問題が残るものの、基本的には五位以上の使を三位以上の公卿と四位・五位の侍従・次侍従とに分け、両者を派遣するという制度がこの時点で確立したと言えよう。

延暦一六年には、土師氏が喪葬儀礼を専らに携わる制度を改め、彼らが担ってきた荷前についても「省宜下承知、年終幣使者、依二治部省移一、差二蔭子孫・散位・位子等一充上レ之」という太政官符が出され改正された。(57) これによって、式部省が治部省移により蔭子孫等の中から荷前使を定めることになったが、これは、弘仁四年宣旨のような太政官や中務省が点定するのと大きく相違し、治部省が管轄していることから常幣に対応するものと考えるのがよい。常幣荷前使は土師氏から蔭子孫以下が担うものへと変更され、北が言うように、『延喜式』巻一一、太政官の「但常幣者、（中略）其使者、中務・式部差定移二送治部一」という規定や『延喜式』巻一二、中務省の

「凡供二諸陵幣一使大舎人者、依二治部移一、令三本寮差定移二送歴名一」という規定に受け継がれることになる[58]。七世紀末以来行われてきた常幣は、この時点で制度上の確立を見る。注意すべきは、この太政官符で治部省管轄の荷前使のみを「年終幣使」と取り上げることであり、このことから延暦一六年の時点では別貢幣が成立していなかった可能性が高い。弘仁四年宣旨が「承前之例」として、式部省や中務省ではなく外記が定める五位以上の使の存在を示しており、また弘仁四年正月七日宣旨にも「献山陵物使五位已上不参者」とあって五位以上の参加が窺えることから[59]、おそらくは延暦一六年から弘仁四年の間で五位以上が恒常的に参加する別貢幣は成立し、弘仁四年において公卿と侍従・次侍従の派遣という制度が確立したものと考える。

荷前別貢幣を支えたのは公卿全体の主体的な奉仕であったが、これを可能にしたのは、公卿全体に侍従的性格が付加され、しかも公卿と侍従が明確に区別される制度が成立したことにある。『延喜式』巻一一、中務省では、「凡次侍従員百人為レ限。正侍従八人在二此員中一。但参議已上不レ入二此員一。」と狭義の次侍従の中に正侍従は含まれるが公卿（参議以上）は含まれず、侍従と公卿が区別されている。また、わざわざ公卿に言及していることからすると、公卿は広義の次侍従の中に含まれており[60]、ここからは逆に公卿の侍従的性格を読み取ってもよい。問題はこの規定がいつまで遡れるかである。そもそも公卿は多くの場合、兼官を持っており、侍従もそうした兼官の一つで、公卿と侍従が区別される必然性は存在しなかった。事実、八世紀には公卿が侍従を兼帯する例がしばしば確認できる（図2）。しかし、大同二年（八〇七）に四人の公卿が侍従に任命されて以降は、公卿が侍従に任じられることは九世紀末まで見えなくなり、一〇世紀初頭以降も公卿の侍従兼帯は五〇年以上窺えない。

宇多・醍醐朝においては公卿の他に蔵人も侍従を兼帯する例が多い（図3）。この時期は、蔵人所が内蔵寮などの内廷官司を兼帯するようになり[61]、「蔵人式」の成立や一上を蔵人所別当とするなど[62]蔵人所は規模の面でも拡

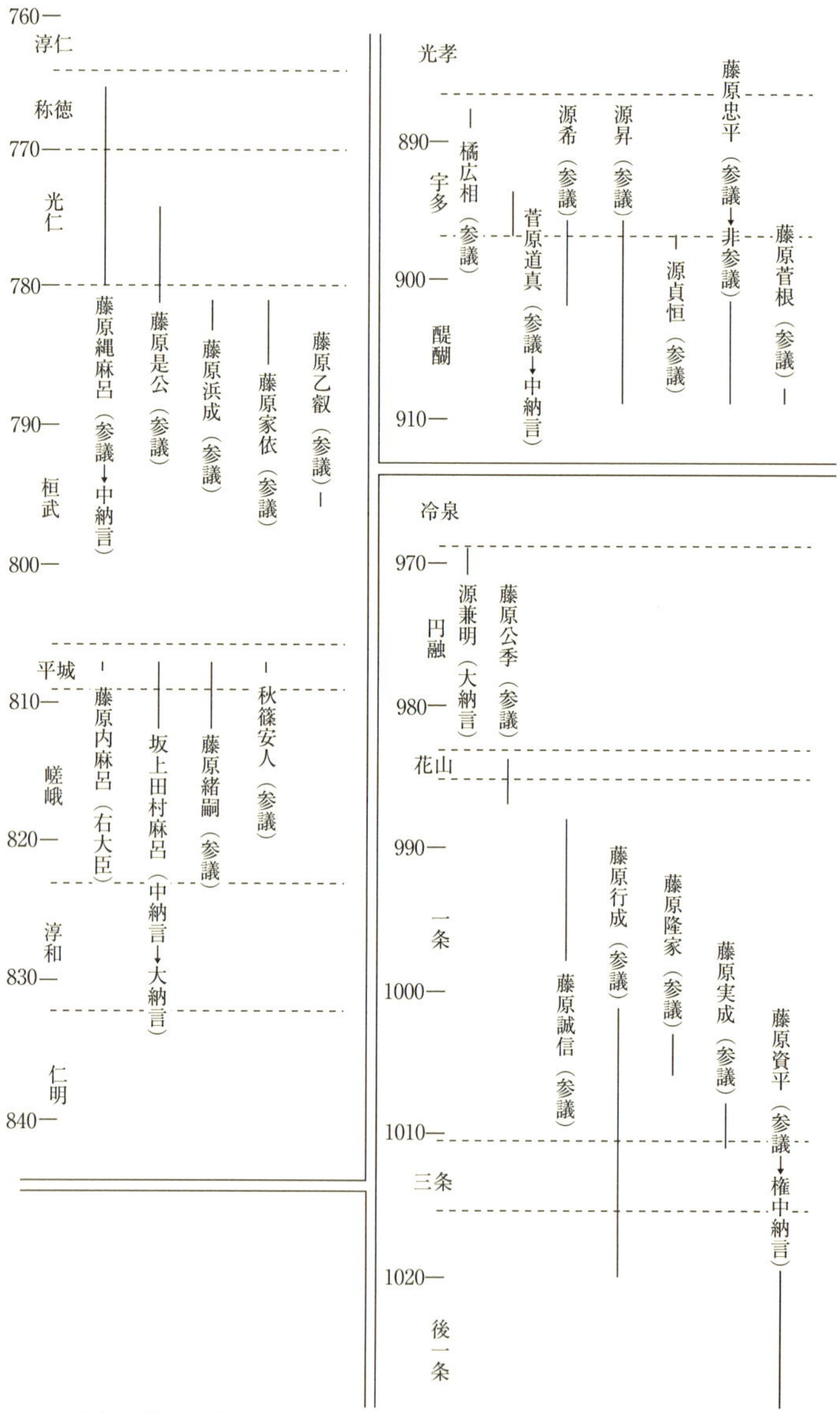

図２　公卿の侍従兼帯

※９世紀以前については、笠井純一「侍従補任稿」（『金沢大学教養部論集　人文科学篇』33（２）、1996年）を参照。

充整備された時期であった。この時期の蔵人の侍従兼帯とは、こうした蔵人所の整備と連関するものと思われ、源昇が侍従に就いたまま五位蔵人→蔵人頭→参議へと昇進したことや藤原菅根が蔵人頭から参議になっても侍従を兼帯し続けたことから、公卿の侍従兼帯もそうした蔵人の侍従兼帯の延長上で捉えられる。

一〇世紀後葉以降の公卿の侍従兼帯については、宇多・醍醐朝のような蔵人の侍従兼帯が伴わず、さらに非常に長期にわたって侍従を兼帯する例があるのも特徴的である。すでに昇殿制が確立し、次侍従制は以前に比して意味をなさなくなり(63)、侍従の意味合いは格段に低下していた。このことを考えれば、宇多・醍醐朝のような重要な意義をこの時期に見出すことはできず、『官職秘抄』下が侍従について「又可ㇾ然大中納言・参議兼ㇾ之」とするような慣例化した公卿の侍従兼帯が現れるに過ぎない。九世紀初頭以降一〇世紀中葉まで、途中宇多・醍醐朝という特殊な時期を挿むものの基本的には公卿の侍従兼帯はなくなり、公卿と侍従が区別されるものとなったのである。

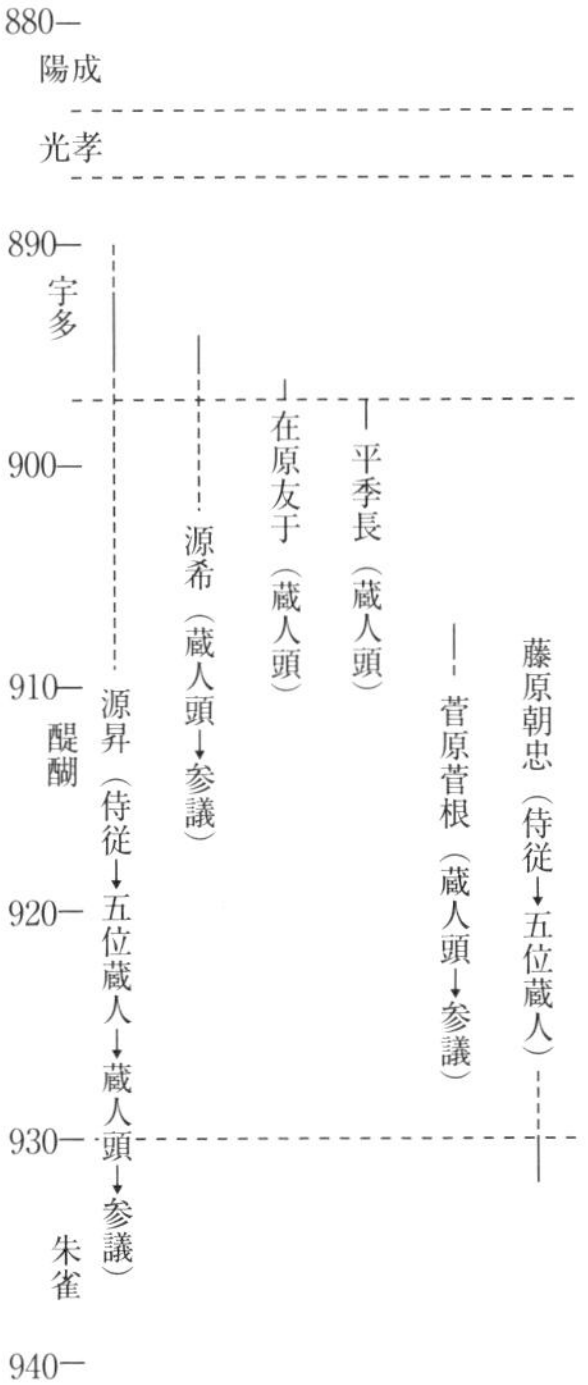

図３　蔵人の侍従兼帯
※蔵人在任中の兼帯　———
それ以外の時の兼帯　-------

大同二年五月には、参議の号が廃され観察使が設置されるが、これによって参議の職事官化が大幅に進展し(64)、おそらくそれに伴って、それまで比較的広い階層に対して使用されてきた公卿という語が参議以上に限定され、平安初期に公卿制が確立するのだろう(65)。公卿の侍従兼帯の実質的な最後にあたる大同二年八月の公卿の侍従任命は、太政官上位者を侍従に任命し、天皇と太政官との関係を緊密にしたもので[66]、公卿制が確立していく過程で議政官は侍従的性格を付加された。そして大同二年に侍従となった公卿の侍従兼帯が確認できなくなる弘仁初年以降、公卿と侍従とは明確に区別され得るものとなったのである。このことを背景として、四位・五位を侍従・次侍従とし、三位以上の公卿とは区別して点定する弘仁四年宣旨がある。荷前別貢幣は、この宣旨によって使点定の上で一応の完成をみ、主催者側に立つ公卿の派遣の意義が一層明確に意識されるようになる。そして、弘仁七年には近処への荷前使は当日中に返事を申すことが定められ[67]、闕怠の禁令が弘仁四年以降に現れ始めるなど[68]、弘仁年間に別貢幣は整備されていくのである。

以上のような天皇の出御や公卿の様相から、別貢幣の成立を一応弘仁初年に求めることが可能であるが、ならば、公卿の山陵派遣が臨時祭祀において定式化するとした弘仁元年の嵯峨天皇による桓武陵告祭は重要となろう。これは薬子の変後の山陵使派遣であり、告文には平城の名は直接は出されず平城個人への批判は意図的に避けられたが[69]、嵯峨による平城朝批判を含むことは間違いなく、嵯峨は自己の正当性を桓武陵へ遣使することで表明した。その後、嵯峨は桓武の後継者として政策を進めるのであり[70]、この山陵遣使は嵯峨にとって極めて重要なものであった。別貢幣が弘仁年間に整備されることなどを考え併せると、天皇の個人的側面が強く現れる荷前別貢幣がそうした嵯峨朝で成立した可能性は高い。以上より本章では荷前別貢幣の成立を弘仁初年に求め得ると考える[71]。

四　弘仁年間における天皇制祭祀の展開

荷前別貢幣は、公卿制の確立とともに、公卿に対して侍従的性格が付加されたことを背景として成立すると考えるが、同様な事情を背景として変化する祭祀は他にも存在し、それを指摘することで最後に荷前別貢幣の成立を歴史的に位置付けることとする。ここではまず六月と一二月の月次祭の夜に中和院神嘉殿で行われる神今食を取り上げたい（図4）。

別貢幣と神今食の儀式上における類似点は、まず第一に、親王・公卿・弁・少納言以下が打掃筥・坂枕・御畳を持って参入することである。実際に神嘉殿内に設置するのは掃部寮官人であるから、親王以下の参入は別貢幣における幣の案の設置のように親王・公卿以下の奉仕を可視的に表現する儀式と言え、また『儀式』が参議以上が欠ければ侍従で補うことを記すことから、親王・公卿が侍従的性格を持っていたと言える。第二に、神嘉殿前が幔幕によって閉じられた空間となっていることである。神事が行われる間は親王以下は西舎におり、神事が終わって神嘉殿の前まで参入した。別貢幣同様、諸官人を介さない形で神事が行われたと捉え得る。第三に、神今食は新嘗祭の神事と同じ儀式次第を持つが、『令集解』巻二、職員令神祇官条によれば、大嘗祭・鎮魂祭のみが「唯此二祭者、是殊為二人主一不レ及二群庶一」とあ

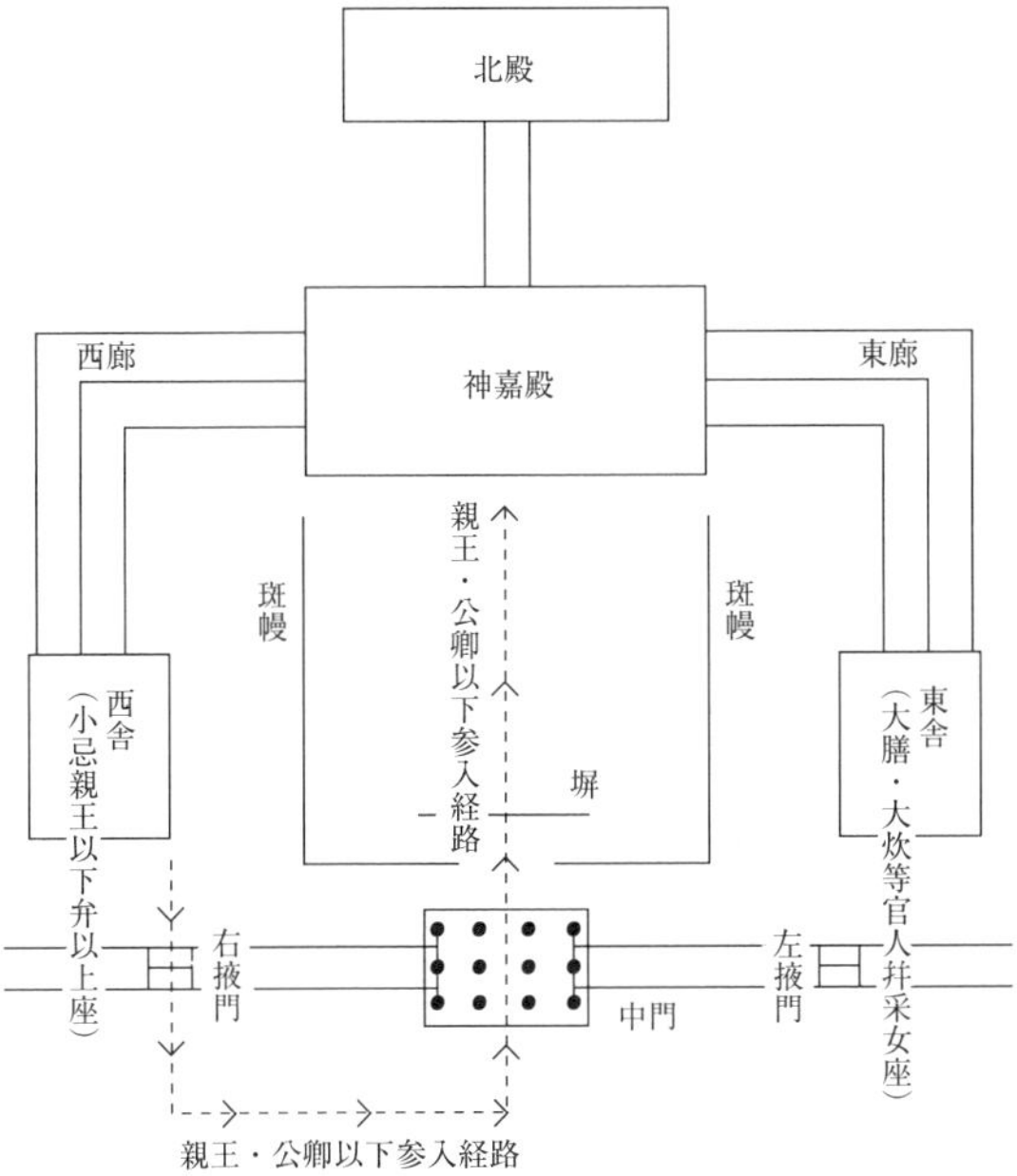

図4　神今食中和院装束

り、神今食も天皇のみが行い得る祭祀と観念されていた[72]。

このように神今食は儀式次第において別貢幣と類似した側面を持つが、こうした儀式次第は当初より整っていたものではなく、別貢幣と同様、弘仁年間に確立すると考えてよい。すなわち、弘仁一〇年（八一九）一一月二〇日宣旨によると、それまでは参議以下が一人しか参加していなかったものを、この年の新嘗祭において中納言以上一人、参議一人、弁二人が参加するものへ変更された[73]。この宣旨には見えない親王の参加も、『北山抄』巻二、神今食事所引の勘文に「同《（延喜）》十六年、親王不参。納言一人・参議二人卜食。依レ無二親王一有レ仰供奉。後日、外記勘下中弘仁以来無二此例一由上。事已失誤。以後可レ改云々」とあり、弘仁年間には成立していたようである。弘仁一〇年以前の段階では、神事に必要なものを持って参入するという儀式が参議以下一人によって行われたとは考え難く、また践祚大嘗祭ではこのような儀式が見えないことから、公卿の神事関与はこの時点で始まったと推測される。親王の参加が規定されたことについては、平安時代の親王の地位や役割とともに改めて考察すべきと考えるが、このように神今食においても荷前別貢幣と同様、弘仁年間に天皇の親祭に侍従的性格を持つ公卿が奉仕するようになるのである。

さて、こうした平安初期に新たな要素が付加される祭祀に対して、律令祭祀はいかなる特色を持っていたのだろうか。前掲の職員令集解によれば、大嘗祭・鎮魂祭以外の律令祭祀は「及二群庶一」ぶ祭祀であった。事実、神祇令では、祈年祭・月次祭は百官が神祇官に集まって行われ、大祓も朱雀門前に百官男女が集まることとなっており、さらに前述したように国忌にしても百官が集まって追善することに意義があった。つまり、律令祭祀の本質は、百官が同じ場所へ集まり、全体で国家の安泰を祈願することに大きな意味があったと言えよう。また、祈年祭においては三千以上の神社に班幣がなされるが、これも中央政府と地方との上下関係のみから説明するのは一面的で、朝廷と諸国が一体となって祭祀を行うことにこそ意義があったと見るべきだろう[74]。天皇も以上のような律令祭祀に姿を見せないものの、大祓や国忌では百官と同じ意図を持った儀礼が宮中で行われていたと推測され[75]、律令祭祀の本質は、天皇・百官・諸国の祭祀的一体性を作り出すことにあったと考える。

律令祭祀では、大嘗祭と鎮魂祭という天皇制の根幹に関わるごく一部の祭祀だけが天皇のみを対象とした祭祀であったが、平安初期以降にその数が増加する。その一例として天皇と百官が同様な儀式を行ってきた大祓において、天皇のみを対象とした御贖物の儀が成立することを挙げてみたい。大祓と異なる御贖物儀の最大の特徴とは、天皇の体を量って作製されると観念された「荒世・和世御服」を用いることや、壺の内に息を吹き込むことなど、天皇と密接に関係する所作が存在する点だが、神祇令はこれらの所作を記さず、儀式次第を見ても、御贖物儀全体の流れ中で不調和な感があり、後のある時点で付加された所作である可能性が高いと考える[76]。これらの所作がもともとの大祓の天皇儀に付加された時期については明確にし得ないが、それを推測する上で、諸祭祀の始源を記した天暦三年（九四九）の神祇官勘文に注目したい。

一、御贖事

旧記云、去弘仁五年六月、依㆓聖体不預㆒、同月七日己丑、行㆓御贖物㆒。其後毎年六月十二月従㆓一日㆒至㆓于八ヶ日《（マヽ）》㆒、御巫行事、毎日供奉。仍謂㆓御贖㆒者。

これは、六月と一二月の一日から八日に神今食に関係して行われる御贖祭の始源を示すものである[77]。御贖祭の中心は『建武年中行事』六月一日が「四のかはらけを、御ゆびして、うへにはりたる紙にあなをあけて、御いきをいるゝ也」と記すように「かはらけ」の中に息を吹き込むことであるが、これは大祓日の御贖物において壺の内に息を吹き込むのと同じ所作である。御贖物の特徴である天皇個人と関係した儀が、弘仁五年に御贖祭として成立したことを考えれば、御服や壺を用いた儀が大祓の天皇儀に付加され、百官の大祓から天皇のみを対象とした御贖物が明確に区別された時期を、この前後に求めることに大過はなかろう。御贖物の儀は、天皇と密接に関係するという点で別貢幣や神今食の性質と類似し、弘仁年間は、それまで天皇・百官・諸国が一体性を持って行うことに意義のあった律令祭祀から、天皇のみが行う祭祀儀礼が成立していく時期と理解することができる。

岡田荘司は、太政官機構の再構成、とりわけ内廷的機関の充実・拡充のもと、弘仁年間に整備される賀茂祭を始めとして、天皇個人祭祀の要素が濃厚である祭祀が成立していくと述べた(78)。岡田が論じた太政官機構の再構成とは、筆者なりに換言すれば八世紀後葉の次侍従制の成立と九世紀初頭における侍従的性格を持った公卿制の確立に密接に関係するような変化であり、その中で天皇と百官とが完全に分離され、公卿を始めとした上級階層も、天皇に対してより近侍するものとして百官から分離された。そして以上述べてきたような天皇の個人的側面に大きく左右される祭祀を運営し得る組織が成立し、別貢幣や神今食・賀茂祭以下の神祇祭祀が成立・整備されたのである。こうした変化は祭祀を含む宗教的側面のみから窺えるのではなく、政治の場においても弘仁年間に公卿が天皇の近くに入り込むことが指摘されており(79)、弘仁年間は律令天皇制そのものに大きな展開のあった時期と考えることができる。

おわりに

本章では荷前別貢幣の儀式次第の考察を行い、それを遡及させる形で改めて成立時期を特定し、別貢幣の成立を歴史的に意味付ける試みを行った。山陵祭祀は八世紀末に吉凶観念の肥大から土師氏が関与しなくなることによって伝統的な祭祀形態の基盤が弱くなり、治部省・諸陵寮が管掌する常幣が制度的に確立するとともに、嵯峨天皇自身における山陵の重視も相俟って、弘仁初年に別貢幣という別の祭祀形態が付加された。ここでは別貢幣を中心に見てきたが、他の祭祀においても変化が見られることは前述した通りであり、別貢幣において極めて明確であったのは、伝統的な祭祀形態の基盤がすでに崩壊していたことと、山陵祭祀が本来的に天皇個人と関係の深い祖先祭祀で、諸官人を介さない天皇の儀式形態を成立させ易かったことによるものと考える。別貢幣の儀式次第の成立は、弘仁年間における律令天皇制の展開の一環として捉えるべきものと考える。(80)

本章が指摘し得る弘仁年間における律令天皇制の展開とは、天皇が百官から明確に分離し、同時に百官と区別された公卿制が確立することである。それを祭祀の側面で見るならば、それまでの祭祀的一体性を目的とした律令祭祀から、天皇の個人的側面が強い天皇のみが行い得る祭祀、あるいは天皇のみを対象とした祭祀が成立することであった。その過程で神祇官や諸陵寮といった祭祀専門機関が主催する祭祀から、太政官が主体となる祭祀が成立していくのであるが、その背景には公卿が侍従的性格を持ち、天皇の意志を忠実に果たすと観念されたことがあったのだろう。ここに百官から分離された公卿が生まれ、公卿が主体性を持って天皇祭祀に奉仕する、荷前別貢幣のような祭祀形態が成立すると考える。

最後に、以上の考察を踏まえて、より大きな観点から展望を示しておきたい。服藤早苗が述べたように、荷前別貢幣は父系直系的な家の成立に基づいて成立する家的な祖先祭祀であるが、それを可能としたのは以上のような平安初期の大きな変化によるものである。天皇は、他の諸権門よりも早く九世紀前葉の段階で家的な祖先祭祀を成立させ、また、さらに蔵人や公卿等の関与のもと、前述したような神祇祭祀の他にも、灌仏・仏名会などに代表される内裏内仏事を開催するようになる。平安初期は、このように天皇を中心とした家的な祭祀・仏事が成立する時期であった。摂関・院政期には、摂関や院が各々の家政機関・家産機構を整備し、それを通じて個人的側面に左右される祭祀や仏事を家的儀礼として華やかに行うようになるが、このことを考えれば、以上のような平安初期の変化を天皇家の行事を運営する家的組織―家政機関・家産機構―の成立と結び付けて捉えてもよかろう。筆者は平安初期を天皇家の家的組織が成立し、整備されていく時期と見る。次侍従制の成立・公卿制の確立の上に平安初期の律令天皇制の展開は意味付けられ、それらを天皇とより近しい関係に位置付けることで、他のいかなる権門勢家よりも大きく強力な家政機関を有する天皇家が確立していく基盤があったと考える。

（1）　鎌田正憲「十陵四墓の廃置」（『國學院雑誌』二八―六、一九二二年）、「荷前奉幣制度の研究」（『國學院雑誌』二九―一・二、一九二三年）を先駆的な研究として、調の制度との関係から論じた伊藤循「東人荷前と東国の調」（『古代天皇制と辺境』同成社、二〇一六年、初出一九九四年）、大津透「貢納と祭祀―調庸制の思想―」（『古代の天皇制』岩波書店、一九九九年、初出一九九五年）、穢など民俗学的な陵墓観から考察を加えた田中久夫「陵墓祭祀の風習―平安時代初期を中心として―」（『祖先祭祀の研究』弘文堂、一九七八年、初出一九六九年）、「祖先崇拝」（『祖先祭祀の展開―日本民俗学の課題―』清文堂出版、一九九九年、初出一九九六年）などがある。荷前を扱う研究の多くは、対象陵墓の入れ替えや『延喜式』巻二一、諸陵寮に記載された陵墓歴名の分析を考察の中心に置くが、そうした点からは、北康宏「律令国家陵墓制度の基礎的研究―「延喜諸陵寮式」の分析からみた―」（『日本古代君主制成立史の研究』塙書房、二〇一七年、初出一九九六年）が大きな成果を挙げている。

（2）　服藤早苗「山陵祭祀より見た家の成立過程―天皇家の成立をめぐって―」（『家成立史の研究―祖先祭祀・女・子ども―』校倉書房、一九九一年、初出一九八七年）。以下、特に断らない限り、服藤の見解はこれによるものとする。

（3）　服藤早苗の見解に対しては、田中聡が「皇位継承原則の確認」とは異なる臨時祭祀の考察を喚起し、そこから「直系的皇統」と「特定天皇の治世」といった陵墓の二つの象徴機能を見出している。しかし、たとえ臨時祭祀が多様な意味を持つとしても、それは恒例祭祀たる別貢幣が果たし切れない役割を補完的に担ったとも捉えられ、恒例祭祀たる別貢幣の出現と天皇家の成立を結び付けて論じた服藤の研究は、依然評価し得るものと考える。田中聡「「陵墓」にみる「天皇」の形成と変質―古代から中世へ―」（日本史研究会・京都民科歴史部会編『「陵墓」からみた日本史』青木書店、一九九五年）。

（4）なお、北康宏は陵墓祭祀の変化を段階的に論じ、別貢幣の成立時期を弘仁初年、本質的な意味での完成を天長元年（八二四）に求めることで、別貢幣成立を八世紀中葉、家的祖先祭祀としての確立を八世紀末と見る服藤説を批判した。私見も結論的には北説に近似するものだが、論証方法や個々の史料解釈など相違する点が存在する。北康宏「律令陵墓祭祀の研究」（『日本古代君主制成立史の研究』注1前掲、初出一九九九年）。

（5）内蔵寮の幣物が重要な祭祀に対して出されることについては、内蔵寮の性格と合わせて、岡田荘司「平安前期の神社祭祀の公祭化」（『平安時代の国家と祭祀』続群書類従完成会、一九九四年、初出一九八六年）や古尾谷知浩「内蔵寮の出納体制」（『律令国家と天皇家産機構』塙書房、二〇〇六年、初出一九九一年）が詳細に論じている。

（6）吉川真司「律令国家の女官」（『律令官僚制の研究』塙書房、一九九八年、初出一九九〇年）。

（7）『西宮記』（尊経閣文庫所蔵巻子本）巻六（乙）に「御在所東西并南引斑幕。以坤角為門。但西斑幔内、殿上侍臣等祇候之。」とあり、『政事要略』所引「装束記文」に「幄東西去三許丈、各南行更東西折、各至于御前曳斑幔。南屏幔与幄相去四許丈。但西幔端寄北進、東幔端寄南進。西使公卿以下開昇案出入之路。」とある。

（8）『左経記』寛仁四年（一〇二〇）閏一二月一四日条。

（9）旧稿では、こうした儀式形態を「天皇親祭の儀式形態」と定義したが、安易な定義は行うべきではないとの考えから、こうした表現を避けることとした。

（10）吉川真司「律令国家の女官」（注6前掲）。

（11）『政事要略』所引清涼記。

（12）『権記』長保元年（九九九）一二月一七日条。

(13)『政事要略』が載せる天慶三年(九四〇)の荷前では、「御拝了由、蔵人令三近衛官人示二上達部一」とあり、一〇世紀中葉にはすでに闈司の関与はなくなり、蔵人と近衛官人がその代わりを行うようになっていたことが知られる。
(14)『九暦』天暦元年(九四七)一二月一六日条。
(15)吉川真司「律令国家の女官」(注6前掲)では、節会など内裏から官人を召す場合は闈司奏が必要ではないとする。これを参照すれば、別貢幣においても天皇が召したために闈司奏の必要がなかったとも考え得るが、別貢幣と類似な儀式次第を持つ神今食において闈司奏が見られ、大殿祭や大嘗祭でも神事供奉の官人の参入に際して闈司奏があり、別貢幣が闈司奏を持たない理由を、節会などに闈司奏がないことと同様に考えることはできない。なお、諸司の参入と闈司奏については、旧稿発表後、本書第Ⅰ部第三章でも検討した。
(16)伊勢例幣では、祝詞を述べる中臣に対して言葉がかけられることから、荷前と伊勢例幣における天皇の言葉の有無は、祝詞の有無に対応するとも考えられるが、「申し奉れ」ではなく「申して奉れ」であって、「奉る」を「申す」の単なる補助動詞としては考えにくいこと、伊勢奉幣の祝詞では王と中臣が使となり、忌部が幣帛を捧げ奉ることを述べることから、「好く申して奉れ」という天皇の言葉は、中臣が祝詞を述べ、忌部が幣物を奉るという奉幣儀全体を対象にしているものと考える。
(17)『続日本後紀』天長一〇年(八三三)三月壬辰(五日)条に見える仁明天皇即位告文は、山陵への即位告文が具体的に知られる初見であるが、ここにおいてすでに『朝野群載』と同様の文言が見え、伊勢と山陵との違いは九世紀前半まで遡り得る。
(18)少なくとも醍醐天皇までは、荷前不設置の遺詔は特殊な事例であったと考えてよい。
(19)『西宮記』(尊経閣文庫所蔵巻子本)巻六(甲・乙)、荷前事。
(20)「荷前班幣」儀の最後に記す「使公卿参二御陵一」以下がそれに該当する。
(21)旧稿では、京都大学附属図書館所蔵平松家旧蔵本をもとに当該記事を掲げたが、その後、大日本古記録において『愚昧記』が刊行されたため、これに基づいて釈読を改めた。なお、当該条に見える「行盛」という人物については、平松家旧蔵本では「行成」と記されており、旧稿では後掲の注24の「行成」と同一人物と考えた。しかし、大日本古記録本では、当該記事に関しては「行盛」、注24に引載した記事では「行成」とされ、これによる限り、この論証は全くの的外れだったこととなる。従って、この部分は全面的な改稿を要することとなるが、その一方、人名における「成」と「盛」とは、写本作成時で多く混同される字であることも疑いない。両者が別人であるとの確証もいまだ得られていないことから、しばらくの間は、旧稿の記述を維持することとした。

(22)『九暦』天慶八年（九四五）一二月二〇日条に「到御在所之間、陵戸設盥水也」とある。また、『中右記』永久五年（一一一七）一二月二四日条にも、「到山階山陵南鳥居前。陵守出来敷畳令洗手」と陵預が場の設営を行っていることが確認できる。

(23)『中右記』保安元年（一一二〇）一二月二五日条。儀式作法については「下人申云、先々使如此」とあり、同行した下人の指示に従った。

(24)『愚昧記』仁安二年（一一六七）八月一五日条には、

辰刻許、自八条告産気御坐之由云々。母黨〔堂〕被忩渡了。予同可馳向之処、依可参内遅引。午刻許欲参内裏之間、行成帰来御共参八条也。云、御産已成了。男子云々。凡無其程候云々。懐成参合路頭申此由云々。

とあり、実房の妹が摂政松殿基房の嫡子家房を出産した時の記事に行成が登場する。家房の母は基房の北政所で（『尊卑分脈』）、二年前に北政所の妹と基房との間に長男隆忠が生まれていたが、正妻の息男の誕生は基房と実房にとって重要なことであった。そうした場面において、行成は実房の母の供をし、出産が無事終了したことを実房に告げており、行成が実房家にとって大きな役割を担った人物だったことを知る。なお、「行成」と「行盛」の理解については注21参照。

(25)戸田芳実は、藤原宗忠が伊勢公卿勅使を果たした時の『中右記』の記事に触れ、伊勢公卿勅使の重要な仕事として、以前に伊勢公卿勅使の経験を持つ公卿のところへ行き、前例を尋ねることがあったことを指摘する。戸田芳実「熊野・伊勢への旅」（『中右記　躍動する院政時代の群像』そしえて、一九七九年）。

(26)藤原師輔は前年二月に参議となったが、この年は固い物忌のために荷前使を奉仕しなかったことが『九暦』承平五年

（九三五）一二月二五日条からわかる。藤原資平は前年三月に参議となったが、この年は荷前使とならなかったことが『小右記』寛仁元年（一〇一七）一二月二七日条からわかる。

(27)『江家次第』巻一二、伊勢公卿勅使。

(28)治承元年（一一七七）に三条実房が伊勢公卿勅使となった際、宸筆宣命や宝物の扱いを蔵人に尋ねていることが『愚昧記』治承元年九月一〇日条（伊勢勅使記）より確認できる。

(29)三橋正「摂関期の春日祭―特に祭使と出立儀・還饗について―」（『平安時代の信仰と宗教』続群書類従完成会、二〇〇〇年、初出一九八六年）、丸山裕美子「平安時代の国家と賀茂祭―賀茂禊祭料と祭除目を中心に―」（『日本史研究』三三九、一九九〇年）。

(30)井原今朝男「中世国家の儀礼と国役・公事」（『日本中世の国政と家政』校倉書房、一九九五年、初出一九八六年）、遠藤基郎「五節舞姫献上・春日祭使の経営と諸国所課」（『中世王権と王朝儀礼』東京大学出版会、二〇〇八年、初出一九九〇年）、「摂関家・上皇・皇族による諸国所課」（『同』初出一九九〇年）、佐藤泰弘「平安時代における国家・社会編成の転回」（『日本中世の黎明』京都大学学術出版会、二〇〇一年、初出一九九五年）。

(31)『延喜式』巻四、伊勢太神宮。

(32)別貢幣における財の負担は、山陵での祭祀参加人数から考えてそれほど大きなものではなかったが、問題は負担の大きさではなく、朝廷や諸司など国家機関から財が供出されず、祭使自らがなかば義務として恒例的に財を出すことにある。

(33)『類従三代格』巻一九、禁制事、昌泰三年（九〇〇）四月二五日太政官符。

(34)三善清行意見十二箇条の中に「伏案㆓故実㆒、弘仁・承和二代、尤好㆓内寵㆒。故遍令㆔諸家択㆓進此妓㆒。即以為、選納之便也、諸家僥㆓倖天恩㆒、不㆑顧㆓糜費㆒、尽㆑財破産、競以貢進」とあって、九世紀前半に「諸家」が財を尽くし競って舞姫を献上していた。「諸家」はその前の文章に見える「権貴之家」と同じもので、後に舞姫献上が公卿と女御に割り当てられたことを考えれば、「諸家」とは公卿層のことであろう。遠藤基郎「五節舞姫献上・春日祭使の経営と諸国所課」（注30前掲）参照。

（35）『続日本紀』天平元年（七二九）八月癸亥（五日）条。

（36）中村一郎「国忌の廃置について」（『書陵部紀要』二、一九五二年）。

（37）『続日本後紀』承和七年（八四〇）五月辛巳（六日）条。

（38）藤堂かほる「律令国家の国忌と廃務―八世紀の先帝意識と天智の位置づけ―」（『日本史研究』四三〇、一九九八年、二頁）。

（39）『日本書紀』持統元年（六八七）九月庚午（九日）条。

（40）安井良三「天武天皇の葬礼考―『日本書紀』記載の仏教関連記事―」（『日本書紀研究』一、一九六四年）。

（41）服藤が挙げた史料は『続日本紀』天平宝字四年（七六〇）一二月戊辰（一二日）条の「太皇太后、皇太后御墓者、自今以後並称山陵。其忌日者亦入国忌例、設斎如式」というものと、『続日本紀』宝亀二年（七七一）一二月丁卯（一五日）条の「先妣紀氏未追尊号。自今以後宜奉称皇太后。御墓者称山陵。其忌日者亦入国忌例、設斎如式」であり、いずれも御墓の「山陵」への格上げと同時に国忌の設置が行われている。

（42）『令集解』巻四〇、喪葬令先皇陵条の古記では「除即位天皇以外、皆悉称墓」として后や太子であっても陵とは称されないとする。荷前は「祭陵霊」（『令義解』巻四、職員令、諸陵司条）もので、陵となって始めて荷前（常幣）の対象となるのであり、この荷前が別貢幣と考える必然性はない。

（43）伊藤循は、同じ条文にある諸陵司の寮への格上げから常幣の成立をこの時期に置く。伊藤循「東人荷前と東国の調」（注1前掲）。常幣の成立時期については北康宏「律令陵墓祭祀の研究」（注4前掲）、「大化薄葬令の研究―大化の葬制から律令葬制へ―」（『日本古代君主制成立史の研究』注1前掲、初出一九九七年）での成果も勘案しながら、なお検討したいと考えるが、こうした伊藤の見解からは、この条文の服藤早苗の解釈が絶対的なものではないことを知る。

（44）『続日本紀』延暦一〇年（七九一）三月癸未（二三日）条。

（45）藤堂かほる「律令国家の国忌と廃務」（注38前掲）。

（46）林陸朗「桓武天皇の政治思想」（山中裕編『平安時代の歴史と文学』歴史編、吉川弘文館、一九八一年）。

(47) 中国の宗廟祭祀については、金子修一『古代中国と皇帝祭祀』(汲古書院、二〇〇一年)参照。
(48) 『日本文徳天皇実録』斉衡三年(八五六)一一月辛酉(二二日)条。
(49) 『日本紀略』弘仁一一年(八二〇)二月甲戌(二日)条。
(50) 『類聚国史』巻三六、山陵、弘仁七年(八一六)六月壬戌(二八日)条。
(51) 『続日本紀』延暦四年(七八五)一〇月庚午(八日)条。
(52) この記事に見える田原山陵は光仁天皇陵ではなく施基親王陵に、後佐保山陵は聖武天皇陵ではなく第一次光仁天皇陵に比定するのがよい。吉川真司「後佐保山陵」(『続日本紀研究』三三一、二〇〇一年)参照。
(53) 『日本後紀』弘仁元年(八一〇)九月丁未(一〇日)条。
(54) 弘仁元年(八一〇)以降、九世紀における臨時祭祀の公卿以外の派遣は、嘉祥三年(八五〇)一〇月五日の右京大夫藤原諸成と散位春原末継、斉衡三年(八五六)五月二五日の右大弁清原岑成、貞観一七年(八七五)七月三日の民部大輔潔世王、元慶四年(八八〇)二月五日の左兵衛佐源湛のわずか四件五例である。この間、臨時祭祀において派遣された使の名がわかるのは四八件六八例あり、公卿以外の派遣は一割にも満たない。さらに右の事例は、源湛が派遣された桓武天皇陵以外は全て大和国への派遣であり、また、嘉祥三年の例では他の六陵に対して全て公卿が派遣されていること、斉衡三年と元慶四年はその前後に関連した理由で公卿が何度か派遣されていることなどを考慮すると、公卿以外の派遣が極めて特殊であったことがわかる。
(55) 『類聚符宣抄』巻四、帝皇(荷前)、天長元年(八二四)一二月一六日宣旨。
(56) 北康宏「律令陵墓祭祀の研究」(注4前掲、一三八頁)。
(57) 『類聚三代格』巻一二、諸使幷公文事、延暦一六年(七九七)四月二三日太政官符。
(58) 荷前常幣使(陵墓預人)と陵戸とが相違するとした北康宏の見解は賛同し得るもので、班幣の儀式次第においても、諸陵寮に率いられた陵戸は大蔵省とともに幣物の準備・設置を行っており、治部省掌に率いられ、参入する使とは異なるものであった可能性が高い。なお、延暦一六年(七九七)の太政官符は大舎人派遣を明記しないが、それは式部省宛の官符だからであり、大舎人に関しても別の中務省宛の官符で規定された可能性は高い。

(59)『類聚符宣抄』巻四、帝皇(荷前)。

(60)永田和也「「次侍従」について」(『延喜式研究』一二、一九九六年)。

(61)玉井力「九・十世紀の蔵人所に関する一考察―内廷経済の中枢としての側面を中心に―」(『平安時代の貴族と天皇』岩波書店、二〇〇〇年、初出一九七五年)。

(62)渡辺直彦「蔵人所別当について」(『日本古代官位制度の基礎的研究　増訂版』吉川弘文館、一九七八年、初出一九七〇年)。

(63)古瀬奈津子「昇殿制の成立」(『日本古代王権と儀式』吉川弘文館、一九九八年、初出一九八七年)。

(64)虎尾達哉『日本古代の参議制』(吉川弘文館、一九九八年)。

(65)笹山晴生「くぎょう(公卿)」(『国史大辞典』吉川弘文館、一九八四年)。

(66)望月一樹「平城朝における侍従任命について―大同二年八月十四日任命を中心に―」(『駒澤史学』三六、一九八七年)。

(67)『類聚符宣抄』巻四、帝皇(荷前)、弘仁七年(八一六)一二月一七日宣旨。この返事とは、『江家次第』等が「畢次官帰参、就二内侍所一申二供了由一」と記すものと同じと考える。

(68)『類聚符宣抄』巻四、帝皇(荷前)、弘仁四年(八一三)正月七日宣旨。

(69)橋本義彦「〝薬子の変〟私考」(『平安貴族』平凡社、一九八六年、初出一九八四年)。

(70)例えば、嵯峨朝における蝦夷征討戦争は、桓武朝がやり残したことと意識されていたようである。『日本後紀』弘仁二年(八一一)一二月甲戌(一三日)条。

(71)旧稿発表後、別貢幣の成立を弘仁年間よりも前に遡らせる見解が二星祐哉と西本昌弘によって著された。本章への批判としては、弘仁四年(八一三)一二月一五日宣旨と延暦一六年(七九七)四月二三日太政官符の解釈がある。前者に関して二星は、三位以上の公卿と四位・五位の侍従・次侍従とを派遣することが弘仁初年に確立していたことを筆者がこの宣旨から読み取ったとし、その上で、弘仁四年までの臨時奉幣や別貢幣の際に三位以上が発遣された事例はわずかで、恒常的な制度とは言えないと批判する。また、三位以上の枠に参議は含まれないことから、公卿と侍従の区別や両者が使者となる天長元年（八二四）以降の規定を遡及させて成立時期を検討する方法は、再考の余地があると論じる。西本は、実際の荷前使五位以上が全て次侍従以上に限定されたと考えるのは疑問であり、四位参議の荷前使を中務省が点定するようになったというのも考えにくい、と指摘する。

本章で提示したのは、この宣旨によって、四位・五位の使は中務省管下の侍従・次侍従から選ぶことを基本としたという理解である。侍従的性格を持つ公卿と侍従・次侍従が派遣されることに特色があると考える本章にとっては、ここに制度的な確立を見てよいと結論付けたのであるが、このことは、弘仁四年までに三位以上が派遣された事例が少ないという事実と抵触しない。ただし、「為㆑補㆓侍従不参之闕㆒」に散位五位以上が点じられたことからも（『延喜式』巻一一、太政官）、荷前使が次侍従以上に限定されたわけではなく、あくまでこれは原則として捉えてよかろう。四位の参議に関しては、西本が述べた通り、中務省が点定したとは考え難いが、「但三位已上、外記申上可㆑点」との規定が当初より四位の参議に対しても流用された可能性もあると推測する。

後者に関しては、二星が、太政官符にいう「治部省移」や「年終幣使」は常幣と別貢幣の両方を指すとして、常幣に該当させた本章の理解を批判する。しかし、仮にそうであれば、延暦一六年より前では、別貢幣使を土師氏が担っていたこととなり、後の別貢幣との相違はあまりにも大きく、これらを同一の儀式と捉えること自体に問題が出てくるだろう。

両者の批判は、主に北康宏「律令陵墓祭祀の研究」（注4前掲）に対するものであるため、これ以上の言及は避けるが、別貢幣の成立を弘仁年間より前とする論拠はいずれも決定的とは思えず、旧稿の論旨を改める必要は今のところないものと考える。二星祐哉「桓武朝における荷前別貢幣の発展とその史的意義」（『古代文化』六二―一、二〇一〇年）、「七、八世紀における山陵奉幣と荷前別貢幣の成立」（『ヒストリア』二二九、二〇一一年）、西本昌弘「『新撰年中行事』所引の荷前別貢幣に関わる推定「弘仁式」逸文」（『関西大学文学論集』六三―四、二〇一四年）。

(72) 別貢幣と異なる面も存在し、その一つは闈司奏が存在することである。神今食での親王以下の奉仕は比較的新しく、それまでは掃部寮官人らによって御畳等が運び込まれていたと思われ、闡司奏はその時の伝統を引き継ぐのかもしれない。

(73)『西宮記』（尊経閣文庫所蔵巻子本）巻四、神今食雑例所引。

(74) 熊谷保孝「律令国家と祈年・月次・新嘗祭」（『政治経済史学』三四四、一九九五年）。祈年祭に代表される律令祭祀については、本書第Ⅰ部第三章でも検討した。

(75) 神祇令大祓条の前半部分が天皇の儀に相当し、国忌についても奈良時代における天皇斎食の存在の可能性が指摘されている。古瀬奈津子「「国忌」の行事について」（『日本古代王権と儀式』注63前掲、初出一九九一年）。

(76) 儀式書が記す御贖物は「御麻儀」と「御贖儀」の二つに大別できるが、御服や壺を用いた儀は文部の横刀奉上とともに「御贖儀」に含まれる。「御麻儀」が単一な儀からなっているのに対して「御贖儀」は雑多なものであり、神祇令では御麻と横刀奉上の二つの儀からなっていることを考えれば、御服や壺などの雑多な儀は後になって付加されたものと考えるのが自然であろう。なお、御贖物における御服の儀については、安江和宣「節折に於ける御衣と禊祓」（『皇學館大学紀要』二一、一九八三年）、儀式次第全般に関しては、野口剛「御贖物という呪具」（『古代貴族社会の結集原理』同成社、二〇一六年、初出一九九一年）、「節折の起源」（『同』初出一九九五年）等の研究があり、大祓儀については使用される祭祀具という視点から、北田裕行「古代都城における井戸祭祀」（『考古学研究』四七―一、二〇〇〇年）が注目すべき見解を提起している。

(77)『平安遺文』四九〇五号、尊経閣文庫所蔵文書。岡田荘司『大嘗の祭り』（学生社、一九九〇年、一五二頁）。

(78) 岡田荘司「平安前期の神社祭祀の公祭化」（注5前掲）。

(79) 橋本義則「「外記政」の成立」（『平安宮成立史の研究』塙書房、一九九五年、初出一九八一年）。

(80) 高取正男『神道の成立』（平凡社、一九七九年、一八八～二一三頁）。

第三章　成立期の蔵人所と殿上侍臣

はじめに

蔵人所の設置をめぐっては、いわゆる「薬子の変」への道程の中で政治史的に位置付けようとする見方を基軸として、内侍司など内廷官司との関係といった官司制度史的な検討、太上天皇制に起因する王権構造の特殊性から成立の意味を説く王権論的な分析など、種々の観点からの研究がなされてきた。(1)この中にあって、最も包括的かつ詳細に論じたのは渡辺直彦の論考であろう。渡辺は、蔵人所の設置に関わる数種の記事を丹念に分析し、そこから、蔵人所は弘仁元年（八一〇）三月一〇日に設置されたこと、設置と同時に殿上人が定められたこと、蔵人頭二人・蔵人八人・雑色八人・所衆二〇人というかなり整備された体制で発足したこと、当初の職掌は「機密文書」と「諸訴」であったことなどを指摘した。また、平城太上天皇と嵯峨天皇との間で事実上の「二所朝廷」が出現し、ここに嵯峨天皇の病が加わったことで、勅旨・勅裁の奏請や所司への宣伝のために、太上天皇側にあった尚侍（＝藤原薬子）に代わって設置されたのが蔵人であったと理解した。さらに、蔵人所の設置にあたっては、唐代の枢密院が参酌されたとも指摘する。

こうした渡辺の見解は、別になされた蔵人所別当や蔵人式・蔵人方行事についての一連の分析とともに、蔵人所に関する通説的な理解の基盤となっている。(2)しかし、右の如き把握が、現行本では確認し得ない『類聚国史』

逸文に依拠していたが故に、史料批判という側面よりの疑義が呈されていることも周知の事柄に属する。逸文の信憑性を疑った亀田隆之は、弘仁元年における蔵人所の存在そのものを疑問視し、この時点では天皇の私的機関として政治の表面に顔を出さない蔵人頭・蔵人が補されたに過ぎないとした上で、その後、急速に重要な意味を持ったことで、蔵人は弘仁二年二月以降に常置化されたと論じた。また、『類聚国史』の逸文集成を行った三橋広延も、この記事を一八世紀前半になされた「さかしらな作文」と見る。[3] もっとも渡辺は、三種の異なる文献に同文が引用されたことを、逸文として信用するに足る根拠としたのであるが、これは、諸氏の研究においてはさほど説得力のある説明とは受け取られず、[4] 信憑性の問題は未解決のまま残されていると言わざるを得ない。そのためもあってか、近年では、成立期の様相についての正面からの言及は避けられる傾向にあり、研究の軸足は、九世紀後葉から一〇世紀初めにかけての蔵人所の整備・拡充の分析に移っているようである。

本章が課題とするところは、右の如くあまり研究の進展の認められない成立期蔵人所の性格について、『類聚国史』逸文の史料批判を中心に、今一度、検討を試みることにある。その上で、渡辺が蔵人所と同時に定められたとした殿上人（＝殿上侍臣）と蔵人所との関係についても言及し、あわせて昇殿制の成立が持つ意味についても、蔵人所の設置に連関させて見ていきたい。史料的制約のあるこの問題をあえて俎上に載せるのは、何よりも平安初期における宮廷社会の変化を捉えるためには、蔵人所の設置をいかに位置付けるかという問題は、避けて通ることができないものと認識するからである。

一　『類聚国史』逸文の信憑性をめぐって

蔵人所の設置に関しては、正史である『日本後紀』が欠落していることもあって不明瞭な点が多く、「弘仁元（八一〇）三十補蔵人頭」といった『公卿補任』の尻付などを別にすれば[5]、設置時期を明示する史料は鎌倉期以降に降るものばかりである。そうした中にあって、渡辺直彦が成立期の蔵人所の性格を抽出した蔵人所設置記事とは、次の六点の史料である（掲出順は史料の成立年代順に改めた）。

A．『濫觴抄』下、昇殿

嵯峨元年庚寅弘仁元九月、始定昇殿、頭二人、蔵人八人、雑色八人、衆廿人云々、

B．『帝王編年記』巻一二、弘仁元年三月条

始定置蔵人頭、巨勢野足・藤原冬嗣、

C．『皇年代略記』嵯峨天皇、首書

弘仁元年三月十日、始置殿上侍臣、蔵人所、蔵人頭二人、蔵人八人、

D．『禁中方名目抄校注』下巻、人体篇、職事

類聚国史曰、弘仁元年三月十日、始置蔵人所、令侍殿上、掌機密文書及諸訴云々トアリ、

E．『大内裏図考証』第一二上

類聚国史曰、弘仁元年三月十日、始置蔵人所、

F．『標注職原抄校本』別記下

類聚国史に、弘仁元年三月十日、始置蔵人所、令侍殿上、掌機密文書及諸訴と見ゆ、

このうちA・B・Cは一四世紀以降の編纂物であり、同時代史料ではないという意味において必ずしも良質な史料とは言えない。それに比してD・E・Fは、いずれも近世の文献ではあるが、ここに引用された『類聚国

史』が信用し得るのであれば、当然ながら『日本後紀』の逸文と言うことができ、この上ない史料的価値を有することとなる。渡辺は、三つの異なる文献が同一の文章を引載する点を重視し、『類聚国史』の逸文と見なしてよいと論じたが、亀田隆之は、文章に不自然さが窺えること、『大内裏図考証』には『類聚国史』からの引用が一八条、『日本後紀』からの引用が二三条あるが、当該の三月一〇日条以外はいずれも日付を干支で記すこと、の二点から、簡単に『類聚国史』の逸文とするのは危険であるとして信憑性についての注意を喚起した。[6] 三橋広延も、『類聚国史』の年号表記は六国史とは異なり改元の日をもって境とするという坂本太郎の説を援用し、[7] 弘仁元年は九月一九日に改元されることから、本来ならば大同五年と記されねばならないとする。[8] さらに三橋は、『類聚国史』を正しく引用するには巻次・編目名・天皇名が必要であるものの、このいずれもがD・E・Fには見えないとも述べ、この記載は享保九年（一七二四）に刊行された『日本逸史』には採用されず、Dを著した速水房常が明和六年（一七六九）に没することから、その間の一八世紀前半に作文された可能性があると推測した。

『類聚国史』の逸文か否かを議論するためには、D・E・Fの各文献がいかにして『類聚国史』を引用するかを見ようとした亀田の如き作業は、必要不可欠なものと考える。速水房常が著した『禁中方名目抄校注』には、[9] 『類聚国史』からの引用はDとして掲出したものしか存在しないが、寛政九年（一七九七）に朝廷に献上された裏松固禅の『大内裏図考証』では、[10] Eを含め二四箇所に二三条（内藤広前校訂本に基づく故実叢書本では、三五箇所で三三条）が引用され、引用文の三箇所にわたって見える「日本紀略同レ之」という記載に着目すると、『類聚国史』からの引用を『日本紀略』よりも重視していたようである。[11] また、安積艮齋の序を付して安政五年（一八五八）に刊行された『標注職原抄校本』に関しては、[12] Fを含め一三箇所に一七条の引用が見られる。それらの多くは、表1に見る如く『日本後紀』の欠落箇所に該当し、彼らが『日本後紀』の欠落を『類聚国史』でもって補お

表１　『類聚国史』引用条文と六国史との関係

	日本書紀	続日本紀	日本後紀		続日本後紀	日本文徳天皇実録	日本三代実録	合計
			現行本あり	現行本なし				
大内裏図考証（寛政９年献上本）	0	0	3	20	0	0	0	23
大内裏図考証（故実叢書本）	0	2	4	26	0	0	1	33
標注職原抄校本	0	2	2	12	1	0	0	17

うとしたことは明白である。D・E・Fの信憑性を論ずるためには、決して少ないとは言えないこれら引用文全体の様相を把握し、これらの引用態度を踏まえた上でD・E・Fを位置付けるというのが、最も基本的な手法であると考える。

引用された文章を通覧してまず気付くことは、引用文のほとんどが現行本の『類聚国史』でも確認し得ることである。すなわち、『大内裏図考証』では二三条のうち一八条（故実叢書本では三三条のうち三一条）までもが現行本と同一であり、『標注職原抄校本』においては、現行本より確認し得ないのは一七条のうち三条に過ぎない。このように、『大内裏図考証』と『標注職原抄校本』とが参照した『類聚国史』は、現行本とは大きく異なるものではなかったのであり、このことは、彼らがE・Fをも『類聚国史』の文章と認識していたことを強く示唆すると言える。ならば、彼らが閲覧した『類聚国史』には、E・Fの文章が含まれていたと見るのがごく自然な解釈だろう。また、三橋が留意した巻次・編目名・天皇名の有無は、『大内裏図考証』（寛政九年献上本）と『標注職原抄校本』では記さないのが基本であり、故実叢書本『大内裏図考証』に見える編目名は内藤広前によって付された可能性が強い。巻次・編目名・天皇名が存在しないからといって、そのことと信憑性とは何ら関係するものではないだろう。こうした引用のあり方に関する基本的な事柄を抑えた上で注目せねばならないのは、E・F以外にも現行本では確認できない文章、あるいは看過し難い相違を見出せる条文がわずかながら存在することである。次の六条がそれに相当する。

a．『大内裏図考証』第一一中

類聚国史曰、弘仁元年三月十日、始置殿上侍臣、

b．『標注職原抄校本』上巻上

殿上とハ、類史に、弘仁元年、始置殿上侍臣、と見えたるが始にて、

c．『大内裏図考証』第二三

類聚国史曰、天長二年六月乙亥、暴雨、霹靂中務北門柳、日本紀略同之、

d．『大内裏図考証』第二七

類聚国史曰、天長二年二月己丑、右大臣外曹司町北方公地、造作大納言休息局、

e．『大内裏図考証』第二三

類聚国史曰、延暦廿一年十二月一日、賜平安城京地一町式部省、

f．『標注職原抄校本』別巻下

類聚国史に、四月丙子朔戊子、皇太弟即位於大極殿、とあり、

aは、故実叢書本『大内裏図考証』では見出せない殿上侍臣の設置記事だが、bからも『類聚国史』逸文の存在を推測でき、前掲の如くCの『皇年代略記』と同じ内容を持つ。注目されるのはD・E・Fの蔵人所設置と同日の日付を有する点である。引用の末尾に「云々」と記すDからは、蔵人所設置に続く省略された後文の存在を予想させるが、この部分に「又始置殿上侍臣」の如き文章を想定することも、あるいは可能かもしれない。c・dは、現行本『類聚国史』からは検出し得ないものの、『日本紀略』に同一の記事が存在する。『日本紀略』に見

出せることから、c・dの記載はもとは『日本後紀』の文章であったと捉えることができ、現行本では確認できない『類聚国史』の逸文と考えても支障はない。なお、cはaと同じく故実叢書本には見えない。

一方e・fは、ほぼ同文が現行本『類聚国史』に見出せる。しかし、それぞれにおいて現行本とは看過し難い相違が存在し、eに関しては、「桓武天皇延暦廿一年十二月癸未朔、平城京地一町、賜二式部省一」という『類聚国史』巻一〇二、職官一二、式部省と見比べると、日付を数字で表す点と「賜」の位置の相違が注目される。故実叢書本では現行本と同様、日付を干支で記載し、文章も現行本と同じものへと書き改められているが、a・cが故実叢書本に存在しないことをも想起すると、故実叢書本のもととなった内藤広前校訂本では、自らが手にした『類聚国史』をもって修訂し、確認し得ない条文については削除を行ったのではあるまいか。ならば、eが「一日」と記す点を誤写や改変として処理するわけにはいかず、これは裏松固禅が『大内裏図考証』編纂過程で覧じた『類聚国史』写本の姿を反映する可能性がある。fは、『類聚国史』巻九九、職官四、叙位四に「四月戊子、皇太弟受禅即位於大極殿、皇太弟謂嵯峨天皇、詔曰、云々」と見えるものと、「受禅」の文言こそないが同一の内容と見なしてよい。しかし、現行本の巻九九からだけでは「丙子朔」という文言が導き出せないことにも注意を要する。『標注職原抄校本』がfを引用するに際して、わざわざ「丙子朔」であることを調べ挙げ、それを書き入れるだけの必然性はあまり想定しにくく、また、fと同一の記事は、現行本では巻九九以外には存在しない。『標注職原抄校本』が参照した『類聚国史』には、fを含む巻九九以外の巻あるいはその断簡が存在したか、もしくは巻九九の記事に「丙子朔」との追記があったかのいずれかとしか考え難いものとなる。

これら引用のあり方から読み取れることはいかなることだろうか。看取し得る第一の点は、『大内裏図考証』『標注職原抄校本』が手にした『類聚国史』には、現行本には見えない内容が多少なりとも含まれており、c・

dから窺えたように、それらは逸文の可能性が十分にあるということである。『大内裏図考証』を著した裏松固禅が藤貞幹と昵懇の仲にあり、『標注職原抄校本』の近藤芳樹が、貞幹を師とする山田以文より『職原抄』など有職故実書の手ほどきを受けたことなどを想起すると、近世京都の有職故実家の間には、現行本では確認できない記載を含む『類聚国史』が存在した可能性は極めて高い[13]。第二に、かといって、彼らが手にした『類聚国史』が現行本とかけ離れているとは認め難いことである。そのことを重視すれば、e・fについても『類聚国史』の写本による相違と見るのが適当で、D・E・Fに関して亀田が疑問視した日付の記載方法や、三橋が問題とした改元以前の年号表記なども、同様の写本間の相違、つまりはある時点での改変ないしは追記によるものとして理解することも一応は可能である。第三に、これが本章にとって最も重要なことだが、D・E・Fがたとえ改変や追記の類だったにせよ、彼らはそれらを『類聚国史』の文章と疑ってはいないことである。なかでも近藤芳樹にあってはFを三箇所にわたって引載し、蔵人所に関する持論を展開する部分でも第一の史料として掲出する[14]。亀田が述べた文章の不自然さについては、その是非を論ずるだけの能力を筆者は持ち合わせていないが、近世の有職故実家たちがこの文章に対して違和感を感じなかったことだけは言うことができ、ましてや、三橋のように「さかしらな作文」と断ずるだけの論拠は筆者には感じられない。

つまるところ、引用のあり方から見る限り、D・E・Fが『類聚国史』逸文である可能性は捨て切れないものと考える。もっとも引用方法をいくら検討しても、この記事が現行本にない以上、『類聚国史』の文章であると断定することはできず、仮にD・E・Fを後代の追記とするならば、それが『類聚国史』の正確な引用だったとする保証はどこにもない。しかし、a・bに見える殿上侍臣は、『公卿補任』の尻付から見て弘仁年間には成立していた可能性が高く[15]、しかも『公卿補任』天長一〇年（八三三）の橘氏公の尻付には「弘仁元三ー昇殿」とあり、三月という月まで一致する。A・Cをも含めるとa・bは決して孤立した内容とは言えない。D・Fに記された蔵人所の「掌㆓機密文書及諸訴㆒」との職掌にしても、『侍中群要』巻一所引寛平蔵人式序が冒頭で触れる「凡蔵人為㆑体也、内則悉陪㆓近習㆒、外亦召㆓仰諸司㆒。職掌之尊、誠可㆓厳重㆒」との認識とは多少の相違を見出せ、後代の蔵人所の職掌をそのまま引き写す形で作文されたと見ることは躊躇される。作文の可能性があるとすれば、平城太上天皇と嵯峨天皇との対立といった政治史的理解を前提にしたものかもしれないが、ここに見える「機密文書」とは、慶雲二年（七〇五）に大納言を減じて設置された中納言に関し、「其職掌、敷奏・宣旨・待問・参議」とした勅を受ける形で、太政官奏が「其職近㆓大納言㆒。事関㆓機密㆒」と述べることからすると、「機密」を軍事的な側面のみで捉えることは適当ではない(16)。蔵人所が校書殿に置かれたことからすれば、天皇の身辺にある文書・書籍といったより広い意味で解釈することもでき、「機密文書」との職掌から蔵人所の軍事的側面を読み取り、そこから平城と嵯峨との対立を前提に、これらの職掌が作文によってもたらされたとして論を進めるならば、その推論には非常な危うさが伴うと指摘せざるを得ない(17)。

『類聚国史』逸文を主たる論拠に蔵人所の性格を論じた渡辺の理解を、現行本に見えない記載だからとして捨て去ることは容易い。しかし、近世の文献とはいえ引用する書物がある以上、それを完全に否定するには作文の作成意図や時期、方法などを明らかにする手続きを経た上でなければ、十分な説得力を持つものとはなり得ないだろう。つまるところ、『類聚国史』逸文ではないAやCに記された成立期蔵人所の組織はしばらく措くとしても、渡辺が論じた弘仁元年（＝大同五年）三月一〇日における設置や、殿上人が定められたこと、「機密文書」と「諸訴」を職掌として有していたことの三点は、成立期の蔵人所の性格として否定するだけの強い論拠はないものと考える。

二　蔵人・非蔵人・殿上侍臣

前節において『類聚国史』逸文と考えても特段大きな支障はないとしたD・Fには、「始置二蔵人所一、令レ侍二殿上一、掌二機密文書及諸訴一」とあった。この記載から渡辺直彦は、「機密文書」と「諸訴」とを蔵人所の職掌として抽出し、それぞれに関して分析を行ったのであるが、これらが「令レ侍二殿上一」めた上での職務であるという当然の事柄にも、十分に配慮せねばならない。『西宮記』（尊経閣文庫所蔵巻子本）巻一〇、侍中事は、蔵人への補任を「始聴二昇殿一者参入事」の中で説明し、「某人々々可レ為二蔵人一」と「某人々々可レ聴二昇殿一」という蔵人所別当宣を並べて記すが、このことは蔵人という存在そのものが昇殿制と不可分な関係にあったことを端的に物語る[18]。また、「機密文書」と併記された「諸訴」についても、「殿上非違・喧嘩・濫悪、随レ聞必加二糾弾一、慎勿二隠忍一焉」との『侍中群要』巻一所引寛平蔵人式序の記載を参照すると、訴訟一般ではなく「殿上」での非違検察に限定されていたと見るのが妥当だろう。「機密文書」が天皇の身辺にある文書・書籍を指す可能性については前述した。加えて、a・bの「始置二殿上侍臣一」といった『類聚国史』弘仁元年（八一〇）三月一〇日条の逸文を、D・E・Fとともに信用に足るものとするならば、蔵人所設置と昇殿制の開始との間に密接不可分な関係があったこととなり、ならば、成立期の蔵人所の様相を明らかにするためには、蔵人所と殿上侍臣との関係が鍵になるものと推測される。そうした観点から注目したいのは「非蔵人」なる存在である。非蔵人の「非」蔵人たる所以を検討することから、逆に蔵人・蔵人所の特質を見出し得るのではないかと推測する。

非蔵人の初見は、前後欠の断簡ながら延喜一六年（九一六）から延喜二二年の蔵人の補任状況を示した『蔵人補任』であろう。[19]『蔵人補任』は、「頭」「蔵人」「非」の人々を若干の尻付を付して年ごとに列挙するもので、「蔵人」については位階を明示するか否かで五位と六位とを区別する。「頭」「蔵人」に続いて記す「非」が非蔵人のことを指す。位階を記していないことからすると六位の者と見るのが自然で、年ごとにばらつきはあるが平均して二、三名が蔵人所に在籍し、[20]『蔵人補任』からは合計一一名を検出できる。

『蔵人補任』を通してまず気付くことは、蔵人頭及び蔵人が「九月廿三日補」（延喜一六年、藤原尹文）の如く「補」という語句で補任を表現するのに対し、彼ら非蔵人の場合は、「十二月十七日昇」（延喜一六年、藤原季方）のように「昇」として記される点である。また、非蔵人より六位蔵人へ転身した者を見るならば、非蔵人の箇所には「八月廿八日補二蔵人一」（延喜一七年、藤原有好）と記すのみであるのに対し、新たに着任した蔵人の箇所には「八月廿八日補。大納言正三位定国五男」と世系を明記する。『蔵人補任』では、非蔵人の初出箇所においては世系を記載せず、蔵人のそこでは世系を記すのが通例で、蔵人と非蔵人とのこうした書様の相違は、非蔵人が蔵人所の正規の構成員ではないことを示唆していよう。さらに、八名確認できる六位蔵人補任者のうち、非蔵人からの転身は二名に過ぎず、他方、非蔵人の多くは無官であるが、二、三年後には兵衛少尉などの官を得て非蔵人の地位から外れ、『蔵人補任』から姿を消すことになる。非蔵人は、蔵人とは異なるまさに「非」蔵人だったと言える。[21]

非蔵人がいかなる存在だったかは、非蔵人に付された「昇」という字句に表徴されている。三十六歌仙にも数えられる掃部助源公忠は、『蔵人補任』より延喜一六年・一七年に非蔵人であったことが窺え、延喜一八年三月一七日に蔵人に補されたことが判明する。一方、『三十六人歌仙伝』によると、「延喜十一年正月廿二日昇殿。廿三。十三年四月任二掃部助一。十五年正月十九日昇殿。十八年三月十四日補二蔵人一。卅一。（中略）延長三年正二《（衍カ）》年正

表2　『公卿補任』尻付にみる初昇殿時の位階

西　暦	叙爵以前	五　位	四　位	合　計
801～825	4	0	0	4
826～850	0	0	0	0
851～875	0	0	0	0
876～900	2	3	2	7
901～925	1	8	7	16
926～950	8	13	7	28

※単位：人

月七日叙二従五位下一。蔵人労。本官如レ元。」とされ、延喜一一年に昇殿が聴されたものの、おそらくは掃部助任官を受けて止められ、延喜一五年に再び六位の殿上人になったことを知る[22]。両者を照らし合わせると、『蔵人補任』で非蔵人とされた時期にあっては、六位の殿上人だったことを読み取れるが、このことは『蔵人補任』において非蔵人への任命を「昇」と表現することと密接に関係していよう。すなわち、「昇」とは昇殿を聴すことの意と解してまず間違いない。『小右記』天元五年（九八二）正月一〇日条には、「六位殿上、多時二人、少時一人。以レ之為二定例一。去年以二中務省丞藤原師長一挙二申侍中一。若可レ被レ聴二六位之昇殿一者、以二師長一被レ聴如何」とあって、六位の殿上人が六位の蔵人以外に一、二名おり、蔵人に任じられなかった者がその候補となった事例を見出せる。彼らこそが非蔵人と呼ばれる存在だったのであり、非蔵人を数年間勤めることで、「昇殿労（＝殿上労）」として官を獲得あるいは進めることとなる。『職原抄』下には「非蔵人無二員数一。重代諸大夫中、未レ補二蔵人一之間、先遂二昇殿一。此云二非蔵人一。又云二非職之者一。不レ奉二行公事一、不レ着二禁色一」と記されるが、この状況は一〇世紀初頭まで遡り得る可能性が高いと言える。

さて、本章にとって重要なことは、四位・五位ではなく六位の殿上人のみが、何故「非蔵人」という名で『蔵人補任』に登場し、蔵人所に管轄されたのかという点である。表2は、『公卿補任』の尻付から、公卿就任者が初めて昇殿に預かった時の位階を、昇殿の年次別にまとめたものである。平安時代中期には、四位・五位の殿上人を経て公卿へ昇進する事例が大半を占めることとなるが、そうした傾向はそれほど古くまで遡り得るものではなく、九世紀後葉以降になって顕著になることがわかる。こうしたあり方は藤原時平を初見とする。彼は仁和二年（八八六）正月に仁寿殿で元服を遂げると同時に正五位下に叙され、その一年後に従四位下に昇るとともに禁色を聴されて、その年の九月八日に昇殿、二四日には重ねて禁色が聴された(23)。同年閏一二月には、源湛が正五位下として殿上人になったことを確認でき(24)、これらを契機として、仁和三年以降、四位・五位の殿上人を経て公卿に昇進する者が急増することとなる。

一方、時平以前の殿上人はというと、弘仁元年の橘氏公、九年の藤原常嗣、一一年の安倍安仁、一二年の藤原長良というように、弘仁年間に昇殿を聴された者しか『公卿補任』には現れず(25)、しかも、いずれもが叙爵以前の、おそらくは六位の殿上人であった点は、時平以降と対照的である。『公卿補任』の尻付という性格上、昇殿の記載が省略された可能性も考慮せねばならず、四名という事例の少なさには心許ないものがあるが、彼らの昇殿の記載は近接して存在するわけではなく、常嗣の尻付がある天長八年（八三一）から長良の承和一一年（八四四）まで、かなりの開きがあることも事実である。九世紀中葉以降、公卿から文人官僚的な新興氏族が除かれ、公卿の大半が藤原氏と源氏によって占められるようになるが(26)、こうした公卿の変化が、六位殿上人の公卿への昇進を妨げた要因だったのかもしれない。そして、通常殿上人に対してなされる禁色勅許が(27)、時平の場合は昇殿を挿んで二度行われ、初度のものは昇殿と無関係であったことや、関白藤原基経の長男として仁寿殿で光孝天皇自ら加冠を行ったという時平の特殊性を考えるならば、四位・五位の昇殿が時平から、換言すれば宇多朝初年より始まった可能性は十分に想定されてよい。『職事補任』宇多院が「仁和四年十一月廿七日、始置二五位蔵人二人一、止二六位二人一」とする如く、五位蔵人が制度的に確立するのは仁和四年のことであった。昇殿制と不可分だった蔵人に関しても、九世紀後葉以前は六位であることが基本だったのであり(28)、このこともまた、仁和三年に四位・五位の殿上人が始まったとすることの傍証になり得るものである。

四位・五位の昇殿が時平に始まったと見る理解が妥当ならば、弘仁元年に蔵人所とともに設置された殿上侍臣とは、叙爵以前の六位の昇殿を想定した存在だったことになる。そして、蔵人も頭を除いて六位が基本だったとすると、弘仁元年に創始された蔵人と殿上侍臣の制度とは、ともに六位を殿上に侍候させる制度だったことになる。こうした蔵人と殿上侍臣の共通性こそが六位殿上人のみを非蔵人と称する所以であり、つまりは、殿上に侍候を聴される者のうち、蔵人所の職務を担う者が蔵人、それ以外が非蔵人とされ、ともに蔵人所によって管轄されたものと考える。

『西宮記』（尊経閣文庫所蔵巻子本）巻一〇（甲・乙）、殿上人事によると、蔵人所には「宗親・旧故・儒学・文人・能射・善碁・管弦・歌舞、可下召二見縦容一、供中奉遊宴上之類、惣令レ候二蔵人所一、常窺二臨時之喚一」という役割が存在した。蔵人所が置かれた校書殿には「恒例御物」を収納する納殿があり、天皇の日常的な御物は蔵人によって管理されていたが、[29] 右の記載から明らかな如く、蔵人が「物」だけではなく「人」をも管轄した点を見逃してはならない。そして、蔵人所に把握された者のうち「情操」を兼ね備えた者が、三〇人からなる殿上人の闕員に充てられることとなる。『蔵人補任』に見える非蔵人には、「能書之撰」として非蔵人となった小野道風（延喜二〇年）や、先に触れた三十六歌仙の源公忠のように、学問や芸術に秀でた者が含まれており、こうしたあり方は、『西宮記』が述べる蔵人所が管轄すべき人々の様相と基本的には一致する。そして、『公卿補任』において「少遊二大学一、暗二誦文選一。又好レ属レ文、兼能二隷書一。立性明幹、威儀可レ称」とされた藤原常嗣や、「性沈深有二威重一。少直二校書殿一」とされた安倍安仁などを想起すると、こうした姿は成立期の殿上侍臣まで遡る可能性が高いと言えよう。

ところで、昇殿制を詳細に分析した古瀬奈津子は、次侍従を天皇の公的伺候者、殿上人を天皇の私的伺候者というように、天皇の伺候者を公的・私的に二分して理解した。その上で、宇多朝における整備・拡充を経て殿上人が公的存在となり、公的伺候者であった次侍従は、儀式の時にのみ補任される形式的存在へ変化したと結論付ける。(30) 天皇の近侍組織の形成過程を初めて明らかにした意義は極めて高いと考えるが、成立期の殿上侍臣が蔵人と同様、六位を基本にしたという前述の理解が妥当だとすると、「四位・五位之中、以下有二年労一者上補二任之一」とされた次侍従とは、(31) 階層的に相違することにも注意が必要となる。そもそも殿上人は、『西宮記』が「合卅人可二撰用一。其備二顧問一、或要籍駆使之人耳。若無二其人一者不二必盈レ員也」とするように、「備二顧問一」えることと「要籍駆使」であることがその条件であった。「要籍駆使」とあることは、学問や芸術に秀でた人を多く含む非蔵人のあり方と相関すると推測するが、これに対し次侍従とは、行幸供奉や荷前奉仕なども看過できない職掌ではあるが、基本的には「有二年労一者」を特権的に宴に預からせる目的のもとに創始された制度で、(32) その存在意義には大きな相違が存在する。

承和の変では、廃太子となった恒貞親王の直曹に詰めていた「坊司及侍者・帯刀等」と「自余雑色諸人」とが、それぞれ直曹前に設置された右兵衛陣と左右衛門陣とに分かれて拘禁された。三日後の処罰を伝える詔では、「坊司幷品官乃佐官以上及侍人・蔵人・諸近仕者等、又所乃長以上乎波皆流罪尓当給不」と述べられ、『後日本後紀』は詔を引用した後に地の文で官人の配流先を掲出した上で、「殿上雑色及帯刀、品官六位已下相連被二配流一者惣六十余人」と述べる。(33) これらを見比べるならば、おそらくは詔に見える「侍人・蔵人・諸近仕者」が右兵衛陣に拘禁された「侍者・帯刀等」に、「所乃長以上」が左右衛門陣に禁ぜられた「自余雑色諸人」に該当し、帯刀の存在に着目すると、前者は配流となった「殿上雑色及帯刀」と関係するものだろう。また、配流先が記された官人には、少納言藤原秋常など「坊司幷品官」とされた人々とは異なる者一三名を検出し得るが、「侍人・蔵人・諸近仕者」とされた「侍者・帯刀等」の序列を思うと、彼らがそのうちの「侍人」に相当する可能性が高い。ならば、残った「蔵人」と「諸近仕者」とが「殿上雑色及帯刀」に対応することとなる。そして、「諸近仕者」の全てが「帯刀」だったとは考え難いことから、「殿上雑色」とは「蔵人」と「諸近仕者」の一部だったものと推測する。すなわち、皇太子恒貞親王の周囲でも、「侍人」「蔵人」「諸近仕者」の三種からなる「侍者」が存在したのであり、「侍人」が坊官・品官と並ぶ存在であるのに対し、「蔵人」「諸近仕者」が「自余雑色」と弁別された「殿上雑色」だったものと考える。そしてこのことは、次侍従が『日本三代実録』で「侍臣」として現れ、殿上人が「殿上侍臣」とされるあり方と酷似すると言え、天皇の近侍者もまた、九世紀段階では、侍臣（＝次侍従）―蔵人―殿上侍臣（＝非蔵人）との階層性をもって構成されていたと見るのがよい。

前述したように、古瀬は次侍従と殿上人との相違を公的か私的かという形で表現した。次侍従と殿上人とは「侍臣」という範疇では同一のものであるが、初現期の両者に階層や機能に相違が存する可能性が強く存在する。次侍従が八世紀後葉、殿上人が九世紀初頭というように、これらは異なる時期に異なる歴史的背景のもとで成立したということも軽視してはならない。ならば、次侍従と殿上人とを公的・私的として並列的に扱うことは首肯できるものではなく、むしろ、そうした理解を採ることで、饗宴を中心とした特権的な侍候とは別に、日常的な天皇身辺への奉仕者として「殿上侍臣」が定められた意義を見失いかねない。九世紀後葉において、蔵人所が整備され、同時に殿上人が四位・五位にまで拡大されていくことで次侍従の存在意義は減じることになると推測されるが、このことを、私的存在であった殿上人が公的存在となったことで次侍従が形式的となったと評価することには、再検討の余地があるのではなかろうか(34)。

おわりに

以上、迂遠な議論を行ってきたが、つまるところ蔵人所は、殿上侍臣と一体のものとして、弘仁元年（＝大同五年〈八一〇〉）三月一〇日に設置されたと考えてもよいというのが本章の結論である。そして、その職掌とするところは、天皇御物と殿上侍臣の管轄という天皇の身辺にある「物」と「人」の把握にあったと考えられ、蔵人所の設置記事において見えた「機密文書」が「物」の把握を表徴し、「諸訴」が「人」の管轄に相当すると捉えることも可能であると推測する。ここにおいて、天皇は自らの周囲に存在する「物」と「人」とを把握する機関を律令官司とは別個に獲得したのであり、このことは、律令天皇制がその変容に向けて、大きな一歩を踏み出したことを示すものと考える。

最後にこうした蔵人所の設置を歴史的に位置付けることとしたい。断案ではないものの、成立が弘仁元年という時点であることを考慮すると、平城太上天皇と嵯峨天皇の動向、すなわち、いわゆる「薬子の変」へ至る過程はやはり看過すべきではないだろう。前年四月に譲位した平城太上天皇は、宮内を転々とした後、一二月には平城宮へ遷幸する。その結果、外記や武官等が平安宮と平城宮とに分局せざるを得ない状況が生じたが、二分されたのはこうした官司だけではなく、天皇の財（＝「物」と「人」）も同様だったものと推測される。角田文衞が論じたように、八世紀後半には天皇の個人的な財を管轄する令外官、勅旨省が設けられ、勅旨省が延暦元年（七八二）に廃された後は、勅旨所として継続した。(35) この勅旨所が、九世紀初頭においてどれほど機能していたかは判然としないものの、角田の指摘にある如く、それが内蔵寮といった律令官司と不可分であったならば、平城太上天皇と嵯峨天皇とが空間的にも距離を置く中にあっては、従前のように機能し得たとは認め難い。そうした状況のもと、嵯峨天皇の個人的な財（＝「物」と「人」）を確定し、それを管理する機関として設置されたのが蔵人所だったのではあるまいか。内侍司の機能がすぐさま蔵人所へ移管されたのではないことを思うと[36]、成立期の蔵人所を尚侍藤原薬子を掌中に収める平城太上天皇に対抗して設置したというような単純な対立構造的な視角で位置付けることには賛同できないが、太上天皇と天皇とが分離していく過程の中で、天皇の個人的性格の強い財を確定し、それらを管理する組織が必要とされていったと捉え直すならば、それは「薬子の変」が起きた理由と同根の背景を有していたことになる。

成立期蔵人所の様相については、『日本後紀』の欠落による史料的制約があり、それ故推論に過ぎた面が多い。また、玉井力が精力的に分析したような蔵人所の官人構成などの先行研究も十分に消化しきれているとは言えず[37]、宮中の「所」と蔵人の関係や蔵人式・蔵人所例の問題など、近年、研究の進展が著しい蔵人所の整備・拡充の問題についても全く触れることができなかった[38]。全て今後の課題として、ひとまず擱筆することとする[39]。

(1) 角田文衞「勅旨省と勅旨所」（『律令国家の展開（著作集第三巻）』法蔵館、一九八五年、初出一九六二年）、彌永貞三「律令政治」（藤木邦彦・井上光貞編『体系日本史叢書1　政治史Ⅰ』山川出版社、一九六五年）、森田悌「蔵人所についての一考察」（『日本古代官司制度史研究序説』現代創造社、一九六七年）、亀田隆之「成立期の蔵人」（『日本古代制度史論』吉川弘文館、一九八〇年、初出一九七〇年）、渡辺直彦「蔵人所の成立をめぐって」（『日本古代官位制度の基礎的研究　増訂版』吉川弘文館、一九七二年）、玉井力「成立期蔵人所の性格について」（『平安時代の貴族と天皇』岩波書店、二〇〇〇年、初出一九七三年）、筧敏生「古代王権と律令国家機構」（『古代王権と律令国家』校倉書房、二〇〇二年、初出一九九一年）。なお、以下で触れる渡辺直彦と亀田隆之の議論は、特に断らない限りここで記したものによることとする。

（2）渡辺直彦『日本古代官位制度の基礎的研究　増訂版』（注1前掲）。
（3）三橋広延「〔一条紹介〕『類聚国史』（その二）」（『国書逸文研究』一七、一九八六年）。
（4）『類聚国史』の解説を行った吉岡眞之は、『類聚国史』の逸文の真偽について議論があるとした上で、その例として亀田隆之の研究を紹介した。また、結論としては渡辺直彦と同じく弘仁年間の昇殿制成立を認める古瀬奈津子も、「渡辺直彦氏の、弘仁元年の蔵人の設置とともに昇殿制も設けられたとする説を積極的に裏づける史料はやはりみつからなかったが」と記すように、『類聚国史』逸文の信憑性については懐疑的である。吉岡眞之「類聚国史」（『国史大系書目解題』下、吉川弘文館、二〇〇一年）、古瀬奈津子「昇殿制の成立」（『日本古代王権と儀式』吉川弘文館、一九九八年、初出一九八七年）。なお、『日本後紀』の逸文を集成した上で注釈を施した最新の黒板伸夫・森田悌編『日本後紀』（集英社、二〇〇三年）でも、この記事は逸文として採用されていない。
（5）『公卿補任』の尻付において、弘仁元年三月一〇日に補任されたことが確認できるのは、巨勢野足（蔵人頭、大同五年（八一〇）条）、藤原冬嗣（蔵人頭、弘仁二年（八一一）条）、清原夏野（蔵人、弘仁一四年条）、朝野鹿取（蔵人、天長一〇年（八三三）条）の四名である。また、百済王勝義については、『公卿補任』承和六年（八三九）の尻付で「弘仁元正ー蔵人」と記されるが、「正」は「三」の誤記かもしれない。蔵人の補任状況は、玉井力「成立期蔵人所の性格について」（注1前掲）に詳しい。
（6）『大内裏図考証』の引用文に関する分析は、当該論文を著書に再録する時にあたって付された補注の中で論じられる。なお、ここに記された条数については、本章で示す条数と相違する。
（7）坂本太郎「類聚国史について」（『六国史（著作集第三巻）』吉川弘文館、一九八八年、初出一九三七年）。
（8）三橋広延「〔一条紹介〕『類聚国史』（その二）」（注3前掲）。
（9）関根正直所蔵本を翻刻したとされる改訂増補故実叢書本による。
（10）宮内庁書陵部所蔵本（五五四—二一）による。『大内裏図考証』に関わる研究は少なくないが、裏松固禅の経歴は酒井芳子の研究に詳しく、寛政九年（一七九七）の献上本が右の宮内庁書陵部所蔵本に該当することは福田敏朗が論究する。

また、『大内裏図考証』の編修過程については詫間直樹が詳述する。酒井芳子「裏松固禅とその業績」（『平安博物館研究紀要』二、一九七一年）、福田敏朗「寛政九年献上の『大内裏図考証』について」（『古代文化』三四―三、一九八二年）、詫間直樹「裏松固禅の著作活動について―『大内裏図考証』の編修過程を中心に―」（『書陵部紀要』五五、二〇〇三年）。

(11)　なお、寛政九年（一七九七）献上本では「日本紀略曰」とあったものが、故実叢書本に至るいずれかの時期に「類聚国史曰」と改められた事例を二条確認できる。

(12)　奈良県立図書情報館所蔵本（二一〇・〇九―ヒヨウ）による。

(13)　裏松固禅と藤貞幹との関係については詫間直樹「裏松固禅の著作活動について」（注10前掲）に詳しく、近藤芳樹が山田以文から教えを受けたことは、影山純夫「近藤芳樹の学問と思想」（『国際文化研究』三四、二〇一〇年）を参照。なお、静嘉堂文庫は、山田以文の校訂にかかる『大内裏図考証』二九冊（八〇―七）を所蔵しており、また、『禁中方名目抄校注』を著した速水房常の曾孫常忠は、『地下家伝』によると山田以文の実子とされる。速水房常の交友関係については、宮崎和廣「有職故実学者速水房常新探―その学的環境と教習活動と―」（『東洋文化』九五、二〇〇五年）を参照。

(14)　『標注職原抄校本』別巻下では、Fを引載した後、細字双行で「皇年代略記に弘仁元年九月十日、始置殿上侍臣、蔵人所、蔵人頭二人、蔵人八人、雑色八人、衆二十人とあり、九月とハいかゞ、もしくハ九ハ三の誤歟」と記す。ここで引用される『皇年代略記』が群書類従本と異なることにも注意されるが、ここからも近藤芳樹の引用書に対する考証学的態度を読み取ることができる。

(15)　古瀬奈津子「昇殿制の成立」（注4前掲）。

(16)　『続日本紀』慶雲二年（七〇五）四月丙寅（一七日）条。なお渡辺直彦は、『令義解』巻七、公式令駅使至京条の「奏㆓機密事㆒。（謂軍機及密事也。）」との説明に依拠しながら、蔵人所の設置に平城太上天皇・藤原薬子・仲成らへの対抗を読み取るが、この解釈はあくまで駅使の機能に関する事柄と捉えるべきである。『日本三代実録』貞観八年（八六六）八月二四日条に見える藤原良房の辞摂政表においても「安得㆘以㆓此疲労㆒、重掌㆗機密㆖」とあり、当時使われていた「機密」との字句が軍事に限定されないことは明らかと考える。

(17)　いわずもがなのことだが、ここでは蔵人所に軍事的な性格がなかったというわけではなく、「機密文書」から軍事的要素を抽出するのは危険であると述べているに過ぎない。蔵人所が軍事的な性格を有していたことについては、兼官を通じて成立期の蔵人所の性格を見た玉井力「成立期蔵人所の性格について」（注1前掲）が存在する。

(18)　『侍中群要』巻一、補頭以下事でも、「右、被二別当左大臣宣一偁、件人宜レ為二蔵人一者」との蔵人所別当宣と「右、被二別当左大臣宣一偁、件人宜レ聴二昇殿一者」との別当宣を併記する。

(19)　続群書類従補任部所収。甘露寺家本『小野宮故実旧例』（内閣文庫所蔵、二六二―五七）に引載された『蔵人補任』も参照。『蔵人補任』の基本的な性格については、『群書解題』五（続群書類従完成会、一九六〇年）に土田直鎮による説明が存在する。

(20)　『禁秘抄』上、蔵人事には、「非蔵人四人也。間々五人也。六人有レ例。不レ可レ然事也云々」との記述が見える。

(21)　米谷豊之祐は、非蔵人を「言わば蔵人の補欠」とした上で、非蔵人であっても必ずしも正員蔵人に任ぜられるとは限らず、蔵人所雑色が設置されて以降は、所雑色から蔵人に任ぜられる者が、非蔵人に代わって漸増すると述べる。米谷豊之祐「平安中期における六位蔵人―一条朝を中心として―」（大阪大学文学部日本史研究室編『古代中世の社会と国家』清文堂出版、一九九八年）。

(22)　延喜一一年（九一一）の昇殿については、『貞信公記』延喜一一年正月二二日条に「定二殿上人・所々別当一」との記載がある。また、『西宮記』（尊経閣文庫所蔵巻子本）巻一〇（乙）、殿上人事によると、「其四位・五位・六位加二新階一叙改二朝服色一者、自二内官一遷二外官一者、自二無官一預二有官一者、自二小童一為二冠者一々、例除日〔目・甲本〕給〔欠・甲本アリ〕二後宣旨一。其去留之間、必選二要枢〔否・甲本〕一」とあり、無官から掃部助となった源公忠も、それに伴って昇殿が止められたことだろう。

(23)　『公卿補任』寛平二年（八九〇）、藤原時平。

(24)　『公卿補任』寛平五年（八九三）、源湛。

(25)　『公卿補任』天長八年（八三一）、藤原常嗣、『同』天長一〇年、橘氏公、『同』承和五年（八三八）、安倍安仁、『同』承和一一年、藤原長良。

(26) 長山泰孝「古代貴族の終焉」(『古代国家と王権』吉川弘文館、一九九二年、初出一九八一年)。
(27) 禁色勅許については、小川彰「古記録記事を通してみたる禁色勅許―平安後期殿上人層を中心として―」(『国史学』一二七、一九八五年)、「禁色勅許の装束について」(古代学協会編『後期摂関時代史の研究』吉川弘文館、一九九〇年)参照。なお、小川は殿上人に対する禁色勅許の初見を、仁和三年(八八七)正月の藤原時平とする。
(28) 六位蔵人については米谷豊之祐「平安中期における六位蔵人」(注21前掲)参照。
(29) 『西宮記』(尊経閣文庫所蔵巻子本)巻八、所々事。
(30) 古瀬奈津子「昇殿制の成立」(注4前掲)。
(31) 『江家次第』巻一一、被レ補二次侍従一事(頭書)。
(32) 吉川真司は、五位以上官人の増加を背景に、その中から一〇〇人を選んで日常的に内裏侍候を行わせるようにしたのが次侍従の制度で、神護景雲三年(七六九)に整備された大宰府の貢綿システムに基づく節禄制と不可分一体のものとして構想された可能性が高いとする。吉川真司『聖武天皇と仏都平城京』(講談社、二〇一一年)。
(33) 『続日本後紀』承和九年(八四二)七月乙卯(二三日)条、戊午(二六日)条。『恒貞親王伝』でも「俄而有二廃黜之議一。分レ使捕二禁坊司幷侍者・帯刀等百余人一」とする。
(34) 今正秀は、昇殿制は天皇に対する「人格的、身分的従属関係」に直接的に基づく奉仕形態を顕在化させたもので、古瀬が論じたように天皇との私的関係と捉えることや政治機構と認めることはできないと指摘する。今正秀「王朝国家宮廷社会の編成原理―昇殿制の歴史的意義の再検討から―」(『歴史学研究』六六五、一九九四年)。
(35) 角田文衞「勅旨省と勅旨所」(注1前掲)。
(36) 内侍の奏宣の権限は一〇世紀初頭頃に蔵人に吸収される。吉川真司「律令国家の女官」(『律令官僚制の研究』塙書房、一九九八年、初出一九九〇年)参照。
(37) 玉井力「成立期蔵人所の性格について」(注1前掲)、「九・一〇世紀の蔵人所に関する一考察―内廷経済の中枢としての側面を中心に―」(『平安時代の貴族と天皇』注1前掲、初出一九七五年)。

(38)　宮中の「所」と蔵人所の関係については、これまで所京子の見解が通説的な位置にあったが、佐藤全敏によって全面的な見直しがなされている。また、蔵人式・蔵人所例については、西本昌弘が『新撰年中行事』に引かれた逸文に基づいて、蔵人式・蔵人所例の種類やその関係性を再定義している。所京子「「所」の成立と展開」（『平安朝「所・後院・俗別当」の研究』勉誠出版、二〇〇四年、初出一九六八年）、佐藤全敏「宮中の「所」と所々別当制」（『平安時代の天皇と官僚制』東京大学出版会、二〇〇八年、初出一九九七年）、「所々別当制の展開過程」（『東京大学日本史学研究室紀要』五、二〇〇一年）、西本昌弘「「蔵人式」と「蔵人所例」の再検討―『新撰年中行事』所引の「蔵人式」新出逸文をめぐって―」（『日本古代の年中行事書と新史料』吉川弘文館、二〇一二年、初出一九九八年）。

(39)　蔵人所や昇殿制の展開に関しては、旧稿発表後、「平安前期の政治と王権」（大津透他編『岩波講座日本歴史』第四巻〈古代4〉、岩波書店、二〇一五年）の中で、概説的ではあるが筆者の考えを述べた。

第四章　石清水八幡宮寺創祀の周辺

はじめに

幼帝清和の登場から程経ない貞観二年（八六〇）に、大安寺僧行教によって石清水八幡宮寺は創祀された[1]。貞観五年に行教が記したと伝える『石清水八幡宮護国寺略記』によると、日頃から八幡大菩薩を奉拝したいと考えていた行教は、貞観元年に宇佐宮へ参拝し、四月一五日より七月一五日までの間、宝前にて昼は大乗経を転読し、夜は真言密教を誦念した。行教の修善に感応した八幡神は、それを忘れるには忍びないとして、「須三近都移坐鎮二護国家一」と行教に示し、石清水男山の峯に鎮座する。行教がこれを奏上したところ、勅使が下されて実検点定がなされ、木工権允橘良基が六宇の宝殿を建立し、八幡神が奉安された。『護国寺略記』が記す石清水社創祀の概要は、以上の如きものである。

その後の石清水八幡宮寺についても簡単に見ておくと、貞観三年に「近京名神七社」のうちの一つとして祈雨奉幣使が遣わされ、七年には楯矛と鞍の奉納があり、一八年に神主が設置されるというように、貞観年間を通じて次第に神社としての体裁が整っていく[2]。天禄元年（九七〇）より臨時祭が奉幣の対象となるなど公祭化も進み、天元二年（九七九）からは天皇の行幸が開始され、延久二年（一〇七〇）には放生会にも納言以下の勅使が派遣されるようになった[3]。一〇世紀から一一世紀にかけて十六社・二十二社が整えられる中で、伊勢神宮に次ぐ第二の

順位を与えられたことも周知の通りであり、石清水八幡宮寺は、国家の宗廟、権門寺社としての道を歩んでいくこととなる。(4)

さて、『護国寺略記』が記す石清水社の創祀は、その書の性格上、行教の信仰心と勧請した彼の功績を強調する傾向が強い。しかし、当時の政治状況などに照らすと、それのみで語り尽くせないことは贅言を要さない。この点を鋭く突いたのは小倉暎一で、(5)小倉は、行教の宇佐宮派遣は、『石清水遷座略縁起』が記す如く清和天皇即位のための「祈勅使」だったとし、(6)派遣された背景として、異例であった幼帝即位を正当化させるためには八幡神の宗教的権威が不可欠だと外祖父藤原良房が認識したこと、即位の実現後も、皇位継承の正当性をより具体的に強調する手段として、八幡神が平安京に近接する石清水の地へ勧請されたこと、従って行教の宇佐宮参向は、初めから八幡神勧請を意図したもので、公的性格を帯びていたものである、と指摘した。他にも小倉は、行教が選ばれた要因や、遷座が石清水の地であった理由、良房と八幡神との関係などについても言及しており、間接的な史料に頼らざるを得ないが故に推測に渉る面があることは否定し難いものの、石清水社創祀が孕む諸問題に関しては、小倉の研究にほぼ尽くされていると言って過言ではない。

しかし、小倉の考察を進展著しい現在の平安時代史研究に照らすと、若干の物足りなさが残ることも拭えない。小倉の主眼は、石清水社創祀の背景に、清和の即位をめぐる良房の暗躍を読み取ろうとした点にある。しかし、石清水社創祀を良房の政権掌握という側面のみから位置付けることは、その理解が誤りとまでは言えないものの、やはり一面的だと指摘せざるを得ない。すなわち、石清水への遷座という事柄は、律令官僚制が解体し、摂関政治へと転換するという大きな枠組みの中で捉える必要性を強く感じるのであり、たとえそれが外祖父良房の政権掌握や、続く藤原北家の躍進に収斂していくものだとしても、全てをそこに集約させて論じることで見過ごされてしまう事象も少なくはなかろう。九世紀中葉における宗教世界の変容や宮廷社会全体の動向についても、十分に考慮する必要があると考える。

本章では、行教を宇佐宮へ派遣し、石清水の地へ遷座させるに至った仏教界の様相と、八世紀後葉以来、八幡信仰の中心的な位置にあったと考えられる和気氏の動向に焦点をあて、石清水八幡宮寺の創祀という事柄を宮廷社会の変容過程の中に跡付けることを課題とする。換言すれば、九世紀中葉の宮廷社会の特質を、石清水八幡宮寺の創祀という素材から素描することが課題である。

一　行教の宇佐宮参向

行教の宇佐宮参向を考えるには、『遷座略縁起』が述べるような大僧都真雅が行教を推挙した点や、宇佐宮の神宮寺たる弥勒寺において、安宗・延遠を別当とする一切経書写が、行教の参拝と並行してなされた点を無視するわけにはいかない。前者に関して言えば、惟喬親王を推す文徳天皇と、清和の即位を目論む藤原良房とが対立し、それが真済と真雅という空海の高弟の争いにも波及して、清和即位の実現で真済が「失レ志隠居」したという逸話はあまりにも著名である(7)。真済は八幡神遷座と重なる貞観二年（八六〇）八月に没し、その後は真雅が僧界の頂点に君臨することとなるが、真済と行教・安宗とは同じく紀氏の出身で、行教の跡を継いだ安宗を真済の弟子とする史料があることを思うと(8)、真雅による行教推挙という事柄からも、両者の確執を看取できるやもしれない。後者に関しては、行教派遣の第一の理由を一切経書写の監督に求めた西田長男の説は、極めて蓋然性が高いと考える(9)。貞観一七年に一切経は完成し、弥勒寺に安置されるに至るが、これが「故太政大臣藤原朝臣、欲レ令下今上垂拱而馭二百霊一、無為安中万民上、奉二為八幡大菩薩一於二豊前国一写二一切経一」という目的を持つ点も、当時の政治状況と合わせて重要である。[10]

以上は、すでに先行研究に言及のある事柄だが、他方、意外にも等閑視されてきたのは、行教が四月一五日から七月一五日の間、大乗経の転読を行ったという事実である。言うまでもなく、この期間は諸寺での安居の期間に一致する。弥勒寺においても、天長六年（八二九）に講読師が設置され、翌七年には「正月幷安居等法服・布施、准二諸国例一、始レ従二当年一以二大神封物一被二宛行一」ことが認められており[11]、宇佐宮年中行事等案では、「安居結願」の開始を天平五年（七三三）、「一夏九旬奉拝」の始まりを天平九年とする。[12]弥勒寺での安居は、結願に神官が参加するなど宇佐宮と一体になってなされる点に特色があり[13]、また、『宇佐託宣集』巻一一によれば、延暦一二年（七九三）に「神我礼一夏九旬乃間、毎日弥勒寺爾入堂須。有二御尻懸石一利。勿二人登一礼者」と八幡神は託宣し、弥勒寺での安居に参加したと伝える。『護国寺略記』は「一夏之間祇二候宝前一」して転読を行ったと記すが、以上を勘案すると、行教のみが弥勒寺とは別個に行動し得たとは認め難く、「一夏之間」なる表現も、行教による大乗経の転読が安居と関係の深いことを示唆する。祇候した「宝前」を神殿前などとして限定的に解釈する必然性も存在しないだろう。

『護国寺略記』によると、行教は貞観二年正月にも宇佐宮へ参向し、正月三日から二七日までの二四日夜、一〇一口の僧を請じて大般若経・金剛般若経・理趣般若経・光明陀羅尼の奉読を行った。これは、「為二勾当一奉二読大般若経等一、可レ勤二仕御祈願一」との清和の宣旨に基づくとされるが、通常、八日から一四日になされる正月斎会を含む期間に設定されている点にも注意を要し、一〇一口もの僧を請じたことからすると、これが斎会に合わせてなされたと見るのが自然である。前掲の史料に「正月幷安居等法服・布施」とあったように、弥勒寺講師の第一の職掌は、正月斎会と安居の主催と見ることができようが、そのいずれにおいても行教の関与が窺える。当時の弥勒寺講師については、天長六年に光恵が就いたこと以外不明とせざるを得ないが、行教の弥勒寺での立場は、正月の大規模な法会開催から見て、講師と同等、またはそれ以上であったことを推測し得る。彼が大般若経等の転読に続いて宇佐宮宮司の叙爵を申請していることも、こうした立場を裏付ける。

これに関連して着目したいのは、真言僧恵運が天長一〇年に「被レ拝二鎮西府観音寺講師兼筑前国講師一、以為二九国二島之僧統一、持勾〔特カ〕下当写二大蔵経一之事上」した点である。(14)この年の一〇月に「縁二景雲之年八幡大菩薩所レ告、至二天長年中一仰二大宰府一写二得一切経一。至レ是便安二置弥勒寺一。今更復令レ写二一通一、置二之神護寺一」とあることから(15)は、恵運の講師補任は、神護寺に安置すべき一切経の書写検校のためだった可能性が高く、講師就任と一切経書写とが結び付く点も興味深い。ここに言う「景雲之年八幡大菩薩所レ告」とは、宇佐八幡神託事件で宇佐宮へ派遣された和気清麻呂に対し、八幡神が「我為下紹二隆皇緒一、扶中済国家上、写二造一切経及仏一、諷二読最勝王経一万巻一、建二一伽藍一、除二凶逆於一旦一、固二社稷於万代一。汝承二此言一、莫レ有二遺失一」と託宣したことに基づくものだが、(16)天長六年五月には「令三僧十口転二読一切経八幡大菩薩宮寺一」め、(17)同年に弥勒寺講師が設置されたことを想起すると、一切経書写は天長六年時点でひとまず完了したと推測し得る。また、講師となる以前の恵運が、「検二校写一切経於坂東一、歴二四年一強功畢」えたことからは、こうした天長の一切経書写が大宰府に限らなかった可能性も推察される。(18)神護寺は、前述の託宣によって清麻呂が建立した神願寺なる寺が「地勢沙泥」だとし、それに代わり天長元年に定額寺とされた寺だが、承和一二年（八四五）に仁明天皇の御願として宝塔が完成するなど、仁明と深い繋がりを有していた。(19)天長の一切経書写が一段落したことを受け、おそらくは天長一〇年二月の仁明天皇の即位を直接の契機として、八幡神と密接で、かつ仁明の信仰を受ける神護寺へ安置するための一切経書写が、新たに恵運へ命じられたのだろう。

観音寺講師兼筑前国講師となった恵運は、固辞が認められず任所に赴くが、承和九年には「脱二躙両箇講師一」して唐の商客を頼って渡唐してしまい[20]、如上の一切経が完成した様子を窺えない。恵運の渡唐が承和の遣唐使の直後である点も示唆的で、この遣唐使には、例の真済が請益僧として乗船していた。真済の乗り込んだ遣唐使船は難破し、遂に渡唐を果たせなかったのであるが、遣唐使の派遣を大宰府観音寺において間近に見た恵運が、渡唐に対して思いを膨らませたことは想像するに難くはない。真済が神護寺別当で、その神護寺のための一切経書写が完成に至らなかったこともおそらくは偶然ではなく、恵運の渡唐に、正規に派遣されたにもかかわらず失敗した真済への対抗的な意識を読み取ることも、強ち誤りではないと考える[21]。いずれにせよ、行教による一切経書写の検校は、恵運の渡唐によって中断を余儀なくされた書写事業の再開という意味合いを含有する。一切経書写は、「欲レ令下今上垂拱而馭二百霊一、無為安中万民上」との新たな目的のもとで弥勒寺において再開されるのであり、つまるところ、行教は寺を挙げて書写を遂行すべく、弥勒寺を統括するような立場として、「祈勅使」となって宇佐宮へと参向したものと考える。

さて、行教の参向をこのように神護寺安置分の一切経書写に照らして論じるのであれば、行教を推挙したのが、真済と争った真雅であった点は宿命的な感すらある。空海の実弟である真雅は、卒伝に「清和太上天皇降誕之初、入侍擁二護聖躬一」とあるように清和の護持僧的性格を持つ僧で、こうした僧は宗叡とともに初見とされる[22]。真雅が住した嘉祥寺は仁明天皇の陵寺であったが、その西院が貞観四年に貞観寺と改められ、同八年における仁明天皇深草陵の四至改定の際に、その四至から外れて嘉祥寺と完全に分離された[23]。一六年には道場新成を賀す斎会が大規模になされ、その後、一六口の定額僧設置、僧綱に摂領されない座主の設置と、貞観年間を通じて整備が進むことになるが[24]、着目したいのは、行教が天安三年三月五日の宣旨で宇佐宮へ発向した直後の一九日に、真雅の上表によって嘉祥寺（＝貞観寺）に三人の年分度者が与えられた点である。この三人は、それぞれ大仏頂・大随求・恙曇章のうちの一つを梵字にて諳書し、大孔雀明王経と仏頂尊勝を兼読した上で、毎年三月上旬に試定されて得度したが、その得度日は清和の降誕日たる三月二五日とされた。得度した後は、嘉祥寺西院に住み「転㆓孔雀・尊勝㆒」ずることとなるが、これは「護身則摩由之力殊高、存命則尊勝之助最深」との考えに基づくもので、ここからも嘉祥寺西院が清和の「護身」と「存命」を祈るのが第一義だったことは明白である[25]。

表1は、九世紀から一〇世紀初頭に置かれた年分度者について、その得度日が判明する事例を中心にまとめたものである。この時期の得度日は、寺と関係の深い天皇の、生前であれば降誕日、崩後であれば国忌日とするのが通例で、嘉祥寺のそれもこれに倣ったものと言える。看過できないのは、嘉祥寺の度者が真言宗分とは別枠だった点である。真言宗では、空海によって金剛峯寺の年分度者三人の設置を見たが、仁寿三年（八五三）に、真済は仁明降誕日になされてきた金剛峯寺の得度を仁明国忌日へ移行し、同時に四月三日を得度日とする神護寺宝塔所の年分度者三人を新設する[26]。文徳天皇が即位した嘉祥三年（八五〇）設置の延暦寺年分度者も四月三日を得度日としており、これが貞観一一年に文徳の国忌日に変更されたことを勘案すると、四月三日は文徳の降誕日だった可能性が高い[27]。金剛峯寺と神護寺の年分度者は、高野分・高雄分と呼称されて一対に扱われたが、寛平九年（八九七）には両者の確執に関連して東寺の度者として統合される。その後、延喜七年（九〇七）になってもとに戻され、同時に東寺には四人の度者が新設されたのであり[28]、こうした真言宗の動向と貞観寺の年分度者との間には、接点がないことに注意したい。

神護寺宝塔所の年分度者は、四月三日を得度日とする点から文徳と関係が深いものだったことを窺えるが、宝

変　更　点	備　　考
得度寺を設定（２人）	天台法花宗分の度者設置は延暦25年（806）
追加（２人→４人）	
新設（２人）	
追加（２人→４人）	
得度日を変更（４人）	
更新（２人）	嘉祥３年（850）以来、臨時に行ってきた得度を恒常化
新設（３人）	金剛峯寺で試度することが定まるのは８月20日
得度日の変更（３人）	
東寺へ（３人→０人）	
復旧（０人→３人）	
新設（３人）	
東寺へ（３人→０人）	
復旧（０人→３人）	
新設（６人）	金剛峯寺分（３人）と神護寺分（３人）を統合
新設（４人）	金剛峯寺分（３人）と神護寺分（３人）を戻した上で新設
新設（３人）	貞観14年（872）以前は嘉祥寺年分度者と号す
得度日の変更（３人）	
新設（３人）	
新設（３人）	
新設（２人）	
追加（２人→３人）	
新設（２人）	

塔自体は前述の如く仁明の御願によるもので、嘉祥元年に父帝嵯峨の国忌が公卿以下を神護寺に集めて催されたことも、仁明と神護寺との繋がりに由来する。(29) また、真済が度者を設置する以前においても、定額寺となった天長元年の太政官符に「得度一代之間、毎年聴㆓度一人㆒」とあるように、淳和天皇一代限りの度者が認められており、(30) 真済はこれを復活して恒例とし、加増したものと言える。空海より神護寺を受け継いだ真済は、僧正の地位を亡き空海に譲ろうとするなど、空海の後継者たることを強調したが、(31) そのことと、神護寺が金剛峯寺とともに真言宗分の年分度者を分け合ったこととは一体の関係にあるもので、仁明を中心に嵯峨・淳和・文徳といった代々の天皇の信仰を受けたことも、真済―神護寺が真言宗の中核たる立場を有していたことに起因する。

表1　９世紀から10世紀初頭における年分度者の設置と得度日

得度寺		年　月　日	申請者	得度日	
延暦寺分	延暦寺	弘仁13年（822）６月11日	最澄	３月17日	桓武国忌日
		仁和３年（887）３月14日	円珍		
		嘉祥３年（850）12月14日	円仁	４月３日	（文徳降誕日）
		嘉祥３年（850）12月16日			
		貞観11年（869）２月１日	円珍	８月27日	文徳国忌日
		貞観元年（859）８月28日	恵亮	３月25日	清和降誕日
真言宗分	金剛峯寺	承和２年（835）正月23日	空海	９月24日	仁明降誕日
		仁寿３年（853）４月17日	真済	３月21日	仁明国忌日
		寛平９年（897）６月26日	益信	—	—
		延喜７年（907）７月４日	宇多	？	？
	神護寺	仁寿３年（853）４月17日	真済	４月３日	（文徳降誕日）
		寛平９年（897）６月26日	益信	—	—
		延喜７年（907）７月５日	宇多	？	？
	東寺	寛平９年（897）６月26日	益信	？	？
		延喜７年（907）７月６日	宇多	？	？
御願寺分	貞観寺	天安３年（859）３月25日	真雅	３月25日	清和降誕日
		元慶７年（883）12月９日	—	12月４日	清和国忌日
	安祥寺	貞観元年（859）４月18日	—	８月27日	文徳国忌日
	元慶寺	元慶元年（877）12月９日	遍照	12月16日	陽成降誕日
	仁和寺	寛平２年（890）11月23日	幽仙	８月26日	光孝国忌日
		昌泰３年（900）11月29日	観賢	？	？
	勧修寺	延喜５年（905）９月21日	承俊	正月18日	醍醐降誕日

真雅―嘉祥寺西院（＝貞観寺）のあり方は、こうした真言宗の正統を自認する真済―神護寺と対照的ですらある。すなわち真雅は、仁明の陵寺であった嘉祥寺から西院を独立させて貞観寺と号するなど、自らの権威の拠り所を、代々の天皇との繋がりよりも清和個人に求めたのであり、真言宗分とは別枠の年分度者を設置したことも、こうした態度と符合しよう。嘉祥寺における年分度者設置の直後には、実恵の弟子たる恵運によって安祥寺に年分度者三人の新設を見るが[32]、彼が請益僧という立場であった真済とは異なり、唐の商客を頼って渡唐したことは前述した。同じ年の八月には、嘉祥寺と同様に清和の降誕日を得度日とする年分度者二人が、恵亮によって延暦寺西塔宝幢院に設けられるが[33]、これが延暦寺の本来の得度場所とは異なる点にも注意を払いたい。表1に見るように、嘉祥寺を初出として、御願寺における年分度者の設置が散見することとなるが、当初の御願寺は、このように真言宗あるいは延暦寺の本流とは距離を置くようにして成立したのであり、それを統括したのが清和に近侍する真雅だったことも間違いはない。真済があくまで空海の継承者として動いたのに対し、真雅はそうした真言宗の限定的な枠組みを超越し、仏教界を天皇個人に奉仕する形態へ止揚したと言えるのではあるまいか。

行教は、このような中、真雅の推挙によって宇佐宮へ派遣され、中断していた一切経書写を換骨奪胎し、清和天皇護持という新たな意味合いを付与して再開した。行教が選ばれた理由については判然とはしないが、大乗経の転読とともに真言密教の誦念を行った点や、空海と同じく大安寺僧だった点からすると、空海と何らかの繋がりがあったことによる可能性も捨て切れない[34]。いずれにせよ、行教が当時の僧界において主流であったとは到底言えず、真雅はこのようないわば傍流の僧侶を選んで宇佐宮へ派遣したのである。行教の宇佐宮参向は、右に述べた御願寺成立のあり方と対応させて論じるのがよく、連綿たる天皇への奉仕という本来のあり方を脱却し、個としての天皇への奉仕を重視するものへ傾斜していく仏教界の変容と、軌を一にして実現されたのであろう。当然、その結果なされた石清水八幡宮寺の創祀も、こうした文脈の中で位置付けねばならないものと考える。

二　和気氏から見る石清水への遷座

行教は、天安三年（八五九）三月五日の宣旨で宇佐宮へ発向し、四月一五日より転読を行った。これが、嘉祥寺の年分度者設置と重なることは縷述の通りだが、行教が出発する直前の三月一日に、和気巨範が即位奉告使として宇佐宮へと発遣されたことも看過してはならない(35)。貞観三年（八六一）に石清水社へ初めて祈雨奉幣使が遣わされた際、その使となったのが和気彜範だった点も偶然とはし難く(36)、石清水社創祀に和気氏が関与した可能性は高いものと考える。これを傍証するのが、『八幡愚童訓』上、遷坐御事の記載である。すなわち『愚童訓』は、和気清麻呂に対する八幡神の託宣として、「又和気清丸ニ告示給シハ、汝男山ニ神宮寺ヲ建立スベシ。我百十年ヲ過テ後、彼所ニ移リ栖ベシ。清丸命其マデ不㆑可㆑有ザレバ、兼テ可㆓造置㆒ト仰アリンカバ、一ツノ伽藍ヲ造営シテ、足立寺ト名付タリ。本尊ハ弥勒仏也。今ニアリ。サレバ遷坐アルベキ事ハ、神慮遙ニ其期アリケリ」と、石清水男山の地には、遷座以前から清麻呂建立の寺があったと記すのである。

同様の記載は『高雄山神護寺縁起』や『由原八幡縁起』下にも見え、そこでは足立寺を「和気の氏寺」と記す。『遷座略縁起』が「抑石清水、素山寺之名也」とし、遷座に伴って「以㆓東面之堂㆒改㆓南面之堂㆒」めたのが護国寺薬師堂だと述べ、『宮寺縁事抄』一末でも「貞観遷坐以往、山内有㆑堂。薬師堂。今護国寺是也。有㆑塔。宝塔三昧院是也。有㆑社。斗我尾是也」と記すなど、八幡神勧請以前の石清水の地に、寺院・草堂が展開していたことを伝える史料は他にもある。後述の如く、男山南麓から清麻呂の時期に遡る西山廃寺が見つかっていることからすると、これらが何らかの史実を反映している可能性は十分ある。しかし、清麻呂が建てた寺が、遷座の「百十年」も以前に建立された「神宮寺」とする言説は、伝説的色彩が強く、宮寺といった神仏習合の最たる形式をとる石清水社にとって、「神宮寺」が本来的に必要だったかについても疑う余地がある。「若我都にかへらは、一宇の伽藍を建立し、法味を備たてまつらむ」という清麻呂の誓約を思うと、[37] 清麻呂建立の寺が石清水社へ移行したとする文脈ならば、話の流れが明瞭となるだろうことに疑いはない。『愚童訓』の記載の背景には、石清水の山寺を淵源と伝える石清水社と、『愚童訓』が著された時期の足立寺との、微妙な力関係があるのかもしれない。

さて、石清水社を清麻呂建立の寺院に引き付けて考えるならば、避けて通れないのが神願寺なる寺院である。前掲の天長元年（八二四）の太政官符によると、[38] 清麻呂は「我為下紹二隆皇緒一、扶中済国家上、写二造一切経及仏一、諷二読最勝王経一万巻一、建二一伽藍一、除二凶逆於一旦一、固二社稷於万代一。汝承二此言一、莫レ有二遺失一」との託宣に従い、延暦年中に「私建二伽藍一」て、これを神願寺と号したとされる。延暦一二年（七九三）の能登国墾田五八町の施入からは、神願寺がこの前後に完成したと推察され、[39] また、桓武天皇が「追嘉二先功一」して定額寺としたとの表現からすると、定額寺とされたのは延暦一八年の清麻呂薨去後と見るのがよい。そして天長元年、「地勢沙泥、不レ宜二壇場一」との理由から、和気真綱・仲世の申請に基づき、定額寺としての寺格が高雄山寺（＝神護寺）へと振り替えられる。清麻呂が「神宮寺」を造営したとする『愚童訓』の説は、如上の神願寺の話を下地とし、それを足立寺建立譚へと読み替える形で成立したと見るのが穏当である。

神願寺の位置を考究した横田健一は、『愚童訓』の他に、『参語集』二、神護寺事の「元は大和国当麻寺の上に有り。神願寺也」との記載や、和気真綱が河内国錦織郡に家地を持つ史料を紹介し、その上で、鎌倉後期の仁和寺僧の手になる『参語集』の方が、八幡神勧請を念頭に置く『愚童訓』よりも信憑性が高いとし、二上山方面の妥当性を示唆した[40]。しかし、その後の西山廃寺の発掘調査では、清麻呂の時代に遡る寺院の存在が明白となり、神願寺＝男山説が浮上する[41]。近年の櫛木謙周の論考においても[42]、西山廃寺が一～三ｍの黄褐色砂層に覆われていた点は「地勢沙泥」なる表現に合致するとし、「京北班田図」が描く神願寺領について、神護寺領、石清水社領へという変遷が追えること[43]、和気全成が法明寺興行の綸旨を根拠に石清水社と争った建武二年（一三三五）の文書があり、法明寺は室町期には足立寺と同一との伝承があったことから[44]、男山説を是とする理解を補っている。

　横田の議論のうち、真綱の家地より位置を推測する手法は説得的とは言えず、『参語集』が述べる「当麻寺の上」にしても、一三世紀初頭には二上山山頂近くに真言寺院の高雄寺が存在し、この寺名に由来するとも思えるから[45]、『参語集』の信憑性が『愚童訓』より高いとは断定できない。しかし、神願寺＝男山説にも問題がないわけではない。この説の最大の論拠は、西山廃寺の砂層をもって「地勢沙泥」に相当すると見る点だが、砂層下より出土した土器からすると、砂層が一三世紀以降の堆積であることは確実である。しかもこの堆積が一度になされた可能性も否定できず、これをもって「地勢沙泥」との表現の如き砂の頻繁な流入を読み取ることは、牽強付会との誹りを免れない。そもそも「沙泥」なる字句自体も絶対ではなかろう。平安時代末から鎌倉時代の書写とされる尊経閣文庫所蔵『類聚国史』（古本）巻一七九では同じ箇所を「沙穢」と記し[46]、国史大系本では「汚穢」とした上で、「汚、原作レ渉。今従二逸史一。前本・柳本・宮本作レ沙、亦訛」と注記する。「沙」と「汚」、さらには「渉」の字形が類似することからすると、何らかの誤写のあることは疑いなく[47]、対して、「泥」と「穢」の字形がさほど近くないことを思うと、「沙泥」から「沙穢」への変遷を想定するよりも、「汚穢」から「沙穢」になり、「沙」に引きずられて「沙泥」が登場したと見る可能性があろう。神願寺は延暦一二年前後に完成したと推測し得るが、だとすると、建立からすでに三〇年を経たこの時点において、「地勢沙泥」との理由で「不レ宜二壇場一」

とされたことも不可解とせざるを得ない。

神願寺の位置をこの官符をもとに考えるのであれば、「不レ宜二壇場一」とされて寺格を神護寺に変更したという文脈を蔑ろにしてはならない。弘仁六年（八一五）、「禅居之浄域、伽藍之勝地」に位置した崇福・梵釈の二寺は、「道俗相集、還穢二仏地一、繋レ馬牽レ牛、犯汚良繁」だったため、禁断が近江国へと命じられる(48)。承和七年（八四〇）、常暁は「地勢閑燥、足レ修二大法一」との理由で、法琳寺を太元帥法修法院となすことを申請した(49)。神護寺においても、真済は「入二愛当護山高尾峰一、不レ出十二年一」とされ(50)、高雄山に築かれたこの寺が、人との交流を絶った山林修行の寺だったことが知られ、『高雄山中興記』所引治承二年（一一七八）三月日文覚申状でも「人里遠而無二囂塵一、寺跡好而有二信心一。地形勝尤崇二仏天一、奉加微誰不二助成一」とする。「壇場」に相応しい「地勢」とは、人里離れた「閑燥」な地であり、僧俗が集まり「犯汚」するのとは対照的な「浄域」なのであった。寺格を神護寺へ移したのは、神願寺が「地勢汚穢」だったからと見て間違いない。

しかし、このことと実際に神願寺が「汚穢」だったかどうかは別の問題である。承平元年（九三一）の神護寺実録帳によると、神護寺は「神願寺縁起帳一巻」「神願寺資財帳一巻」を有していた(51)。また、実録帳にある大和国秋篠荘が「京北班田図」の神願寺領に相当する可能性は高く(52)、神願寺の資財の主なものは神護寺へ引き継がれ、神願寺自体も神護寺の管轄下に入ったと推察される(53)。神護寺は清麻呂の墓所を持つなど和気氏の氏寺的性格を有しており(54)、当該官符においても、「備前国水田廿町賜二伝二世一為二功田一者。入二彼寺一充二果神願一者、更延二二世一」と功田に関する記述が見える(55)。そもそも定額寺とは、「先帝創二建国分二寺一、分号二護国滅罪之寺一、択二苾蒭々尼一、殊設二襯施具足之法一。又於二定額寺一、雖二建立有レ主本願異レ趣、而擁二護国家一、豈為二分別一。此皆救レ世利レ物、伝二于今一不朽者也」とあるように(56)、建立の際の本願が存するものの、国分二寺と同等な国家擁護の寺と位置付けられた寺であり、建立の本願があることからすると、寺格の変更は和気氏内部の事情が要因だったと見るのがよい。和気真綱・仲世の申請に基づくことも、こうした定額寺のあり方と符合する。「天台・真言両宗建立者、真綱及其兄但馬守広世両人之力也」とされた真綱が、空海の止住する神護寺を神願寺より重んじた結果、定額寺とされてきた神願寺を「汚穢」と説明し、神護寺の清浄性を際立たせたに過ぎないと考える[57]。

結局のところ、神願寺が男山にあった可能性は存するものの、断定し得るだけの根拠はなく、『愚童訓』を補強する材料は今のところ見出せない。しかし、八幡神勧請後に目を転ずれば、和気氏と石清水社が密接な関係を有したことも明白な事実である。表2は、『日本三代実録』が記す石清水社への奉幣記事を、近京諸社への奉幣と対比させながら整理したもので、遷座直後の貞観年間において石清水社使の名の判明する事例としては、和気彝範、大中臣国雄、大中臣坂田麻呂の三名五件を抽出し得る。貞観一一年の大中臣国雄の派遣は新羅船来航に伴うものだが、翌一二年、国雄は宇佐・香椎・宗像・甘南備へ遣わされており[58]、使者の選定はこれと対に考えるのがよかろう。また、貞観一二年の大中臣坂田麻呂は新銭を奉納したもので、他に賀茂社以下七社にも使が発遣されたが、梅宮社の橘茂生を除いて大中臣姓・斎部姓の者が使を占めた。いかなる理由かは判然としないが、貞観八年から一二年の間は、大中臣や斎部といった神祇官と関わりの深い官人が諸社へ派遣された傾向を読み取ることができ、石清水社についてもそうした潮流に乗ったものと言えよう。これら以外の三つの石清水社使の事例は、いずれも和気彝範を使とする。

注視したいのは、「新宮構造天波、楯桙及種々神財可二奉出一。而神財波且奉出己畢太止利。楯桙幷御鞍等乎奈毛怠利介留」との理由でなされた貞観七年の楯桙と鞍の奉納である[59]。同日には、平野社と藤原良房東京第（＝染殿）の社へも「告文同二石清水一」として奉献がなされ、それぞれ大枝音人と藤原安方が遣わされた。平野社は、『延喜式』巻一

春日	大原野	梅宮	乙訓	貴布祢	丹生川上	他社使
藤原仲統	藤原水谷	—	源至	—	—	大神（藤原四時）／石上（藤原貞敏）／当麻（当麻清雄）／住吉（源包）／丹墀（丹墀縄主）／杜本（良峯経世）／気比・気多（大中臣豊雄）／日前・国懸（紀宗守）
—	—	—	○	○	—	
—	—	—	—	—	—	近京名神7社
—	—	—	—	—	—	太政大臣東京第社（藤原安方）
—	—	—	—	○	○	水主
—	—	—	—	—	—	畿内諸社
—	—	—	○	○	○	住吉／水主／長田
—	—	—	—	—	—	
—	—	—	—	○	—	
大中臣冬名	大中臣鹿主	橘茂生	—	—	—	
—	藤原家宗	源勤	—	—	—	
—	—	—	○	○	—	
—	藤原諸葛	—	—	—	—	
—	—	—	○	○	○	
—	—	—	○	○	○	木島
—	—	—	○	—	○	伊勢／木島
—	—	—	—	—	—	
—	—	—	—	—	—	伊勢
—	—	—	○	—	—	木島／大依羅／垂水／広田／生田／長田
—	○	—	—	—	—	伊勢（弘道王）
—	○	○	—	—	—	住吉
—	—	—	○	○	—	
—	藤原門宗	—	—	—	—	
—	—	—	○	○	○	
○	○	○	—	—	—	住吉／高賀茂
—	—	—	—	○	○	
—	—	—	—	—	—	伊勢（源是忠）／多度／日吉／浅間

表２　『日本三代実録』に見える石清水社使と近京諸社への奉幣使

発　遣　日	石清水	賀茂上下	松尾	平野	稲荷
貞観元年（859）７月14日	—	藤原氏宗	正峯王	大枝音人	—
貞観元年（859）９月４日	—	○	○	—	○
貞観３年（861）５月15日	和気彝範	—	—	—	—
貞観７年（865）４月17日	和気彝範	—	—	大枝音人	—
貞観８年（866）７月14日	—	○	大中臣国雄	—	○
貞観９年（867）５月３日	—	—	—	—	大中臣有本
貞観９年（867）９月11日	—	○	○	—	○
貞観11年（869）12月29日	大中臣国雄	—	—	—	—
貞観12年（870）６月10日	—	斎部高善	—	—	—
貞観12年（870）11月17日	大中臣坂田麻呂	大中臣是直	斎部高善	大中臣有本	大中臣常道
貞観14年（872）３月23日	和気彝範	南淵年名	源勤	大江音人	藤原広基
貞観15年（873）７月９日	—	○	○	—	○
貞観15年（873）10月６日	—	源能有	在原行平	藤原仲統	—
貞観17年（875）６月３日	—	○	○	—	○
貞観17年（875）７月２日	—	○	○	—	○
貞観17年（875）８月25日	—	○	○	—	○
貞観18年（876）５月４日	—	菅原是善	藤原冬雄	—	—
元慶元年（877）４月９日	○	○	○	○	○
元慶元年（877）６月14日	○	○	○	—	○
元慶元年（877）７月19日	—	○	忠範王	○	—
元慶２年（878）３月９日	○	○	○	源舒	○
元慶３年（879）５月21日	—	○	○	—	○
元慶４年（880）２月５日	—	基棟王	棟貞王	和王	大中臣有本
元慶４年（880）５月16日	—	○	○	—	○
仁和元年（885）９月22日	○	源是忠	○	○	○
仁和２年（886）８月７日	—	○	斎部岑吉	—	○
仁和３年（887）４月６日	基棟王（→十世王）	—	—	—	—

※○は使者が派遣されたことを確認できるが、名が判明しないもの。
※石清水社以外の社については、単独の奉幣使の事例を除く。

表3　宇佐使発遣儀における和気氏の特殊性

和気氏が宇佐使となる場合	和気氏以外が宇佐使となる場合
宣命を陣で受ける	宣命を小板敷で受ける （地下人または御物忌の時は陣で受ける）
禄綿官符が発給されない	禄綿官符が発給される
逓送官符のみが発給される	逓送官符に蔵人所牒が副えられる

一、太政官に「凡平野祭者、桓武天皇之後王改レ姓為レ臣者亦同。及大江・和等氏人、並預二見参一」とあるように、大江・和両氏と深い関わりを有しており、それは桓武の外祖父母双方の奉斎神を合祭したことに由来する[60]。一方、染殿へ遣わされた藤原安方は、清和が出家した際に「随レ主入道」した典型的な近臣で[61]、当時、内蔵頭の任にあったことを思うと、使として最も適した人物と言えよう。大枝音人は、貞観元年の諸社神宝使派遣に際しても平野社使となったが、この神宝使には、当麻社への当麻清雄、丹墀社への丹墀縄主、日前・国懸社への紀宗守の如く、奉献対象社と使者との間に明確な対応関係を看取できる。貞観七年の奉献は、元年の神宝使を補完する意味を含むと思われるが、この神宝使をも勘案すれば、石清水社と和気氏との関係も一層明瞭なものとなろう。そして、こうした関係が、清麻呂以来の宇佐宮と和気氏との繋がりに淵源することも推測するに難くはない。

　宇佐使については、即位奉告を行う〈和気使〉を中心に多くの研究が存在し[62]、中野幡能が作成した歴代宇佐使表から九世紀代の宇佐使の事例を抜き出せば、四一例のうち使の名が判明するのが三二例、うち半数近くの一四例が和気氏である。また、宇佐使が和気氏の場合とそれ以外とで、発遣次第が少し異なることも儀式書などから看取し得る（表3）。路次の国々に宛てた逓送官符において、和気氏以外に蔵人所牒が副えられたのは、通常、使が殿上人だったことに起因し[63]、彼らには副使の卜部が付く他に数名の小舎人が随行した[64]。また、表3に見る禄綿官符とは、使者への給禄を大宰府へ命じるもので、「遣二和気氏一之時、不レ給二禄綿官符一云々。天慶元年給レ之云々」とあるように[65]、和気氏に付与される事例もあるものの、不給が原則だった点こそをここでは重視したい。これらはいずれも和気氏以外の使者を優遇した結果と言えようが、翻って見れば、和気氏による宇佐使の奉仕が、給禄を伴わない特殊な形態だったことも読み取れる。〈和気使〉の発遣が和気氏の氏爵と関係することも(66)、こうした和気氏の宗教的な存在意義と連関させて見る必要があるだろう。

石清水社と和気氏との関係を見ようとする本章にとって興味深いことは、「天皇我御体乎常磐堅磐爾護賜比幸賜へと」との宣命に端的なように(67)、天皇の身体護持を宇佐宮へ祈ることが第一義だった〈和気使〉において、宇佐へ向かう以前に石清水社へ奉幣を行った点である。これは、「宇佐宮・香椎廟仁大幣奉出仁依弖、近都宮御坐須廟前仁、先礼代大幣乎」奉るためになされたものだが、宇佐宮への臨時奉幣から派生したと推測し得る三年一度の恒例使においては、香椎廟への奉幣は見えるものの石清水社への宣命が伴うことはない(68)。宇佐への奉幣の際に石清水社へ立ち寄るのは、即位奉告として和気氏が派遣される〈和気使〉固有の特色であった。こうした形態を無批判に遡らせるわけにはいかないが、「抑宇佐宣命、宇佐ト不レ書也。八幡ト書。八幡ヲハ石清水爾御坐爪八幡宮ト書也」とされる宣命の書様からすれば(69)、石清水社が国家の宗廟として確立される以前、すなわち、九、一〇世紀段階にまで遡る可能性は十分にあるものと考える。これらの事柄も、宇佐宮との関係に淵源を持つ形で和気氏が石清水社と密接に結び付いていたあり様を示すものと言えるだろう。

本節の冒頭で触れた如く、行教の宇佐宮進発と近接して、和気巨範は即位奉告使として宇佐宮へ発遣された。「欲レ令下今上垂拱而馭二百霊一、無為安中万民上」という良房の意図を汲んでなされた一切経書写は、行教入滅後も宇佐宮で継続され、貞観一七年に至って弥勒寺に安置されるのであり、国家の宇佐宮への信仰が、石清水遷座によって直ちに置き換わったわけではない。他方、当該期における奉幣対象社と使者との対応関係からは、氏の存在意義を宗教的な視点で見出すことができ、宇佐宮への即位奉告が「天皇我御体」の守護を祈願する点も見過ごすわけにはいかない。これに、仏教界が清和個人との結び付きに重きを置くものへ変化したこと、それを領導した真雅が、和気氏の氏寺的性格を有した神護寺と距離を置いたことを合わせ考えるならば、和気氏にとって、そうした動向への対応が焦眉の課題となったと推測しても強ち誤りではないだろう。八幡神の平安京近郊への勧請は、小倉暎一が述べたような良房の意図以上に、和気氏にとってこそ重要だったのではあるまいか。和気氏が檀越を務めた神願寺が神護寺より再度切り離され、石清水社へ移行したと考えることも、一概には否定し得ないものと憶測する。筆者は『愚童訓』の説にそれなりの信憑性を置きたいと考えるが、その当否は措くとしても、八幡信仰の中核を担った和気氏が、石清水社の創祀に主体的に関与したことは、ほぼ間違いないものと考える。

おわりに

本章では、藤原良房の政権掌握として関連付けられる傾向の強い石清水八幡宮寺の創祀について、行教を派遣するに至った仏教界の様相や、清麻呂以来、宇佐宮との強い繋がりを有してきた和気氏の関与という事柄に配慮しながら、もう少し広い視座、つまり宮廷社会全体の動向から位置付ける必要性を論じてきた。本章が重視したいのは、九世紀中葉の宮廷社会・宗教世界が、天皇個人との繋がりを重視するようなあり方へ傾斜していった事実であり、八幡神遷座における和気氏の関与に見るように、これが氏の宗教的な存在意義と結び付いていた点である。周知の如く、八世紀後葉から九世紀初頭にかけては、氏族制の大きな転換がなされたが、和気氏もまた、そうした中で登場した新興氏族であった。石清水社が紀氏一族によって経営されたことも、これに関連して想起されるべきで、八世紀後葉以来の氏族制の再編に伴い、新たな様相を現出させた宮廷社会は、九世紀中葉において天皇個人との関係に重きを置くものとして帰着する。そして、こうした動向とこの時期に摂関政治が登場することとは、密接不可分な関係にあるものと憶測する。

　こうした考えが成り立つのであれば、次に問題となるのは、その後の宮廷社会の変容過程であろう。これに答えるだけの用意はないが、石清水八幡宮寺に関して言えば、貞観年間に明瞭に窺えた和気氏と石清水社との繋がりは、その後、ほとんど確認できなくなり、『江家次第』巻五、祈年穀奉幣は、石清水社使について四位の源氏と規定する。宇佐使においても和気氏の派遣は即位奉告に限定され、氏の宗教的な存在意義は限定的なものへ変容していった。真雅が清和との結び付きの拠点とした貞観寺にしても、寛平二年（八九〇）には「貞観寺座主久無二其人一。将下以二誰人一補宛上」の如き状況を呈するに至る[70]。

　一〇世紀中葉以降、御願寺は国家儀礼の一翼を担うこととなり[71]、それは院政期の六勝寺において花開くこととなるが、九世紀段階の御願寺は、右述の通り、後代まで続くような確たる地位を築けなかったと見るのがよい。石清水社にしても、中世的な展開を示すのは、臨時祭が成立し、それが公祭化する一〇世紀中葉以降のことと考え得る。本章では石清水八幡宮寺の創祀を通じて、天皇個人への求心が九世紀中葉に見え始めることを指摘したが、これはあくまで萌芽的な様相と見るべきで、天皇に対する後見が安定したものとして、永続化・機構化するまでには、まだいくつかの曲折を経る必要があったのだろう[72]。

（1）『石清水八幡宮護国寺略記』（以下、『護国寺略記』と略す）では、創祀の年を貞観元年（八五九）であったかのように記すが、朝廷は貞観二年と認識していたようであり、石清水社側でも貞観元年と二年の両説が存在した。『日本三代実録』貞観一八年八月一三日条、『類聚三代格』巻一、神宮司神主祢宜事、貞観一八年八月一三日太政官符、『朝野群載』巻一六、仏事上、天永四年（一一一三）四月一八日石清水八幡宮護国寺牒、『年中行事秘抄』八月、石清水放生会事、『石清水遷座略縁起』（以下、『遷座略縁起』と略す）。西田長男「石清水八幡宮の剏立」（中野幡能編『八幡信仰』雄山閣出版、一九八三年、初出一九五七年）、八馬朱代「九～十世紀における石清水八幡宮の発展過程について―二つの創立縁起の比較から―」（『史叢』六七、二〇〇二年）参照。なお、『護国寺略記』『遷座略縁起』は、『石清水八幡宮史』史料第一輯、鎮座編による。

（2）『日本三代実録』貞観三年（八六一）五月一五日条、同七年四月一七日条、同一八年八月一三日条、『類聚三代格』巻一、神宮司神主祢宜事、貞観一八年八月一三日太政官符。

（3）『朝野群載』巻一二、内記、石清水臨時祭、『日本紀略』天元二年（九七九）三月二七日条。『朝野群載』巻一二、内記、放生会。天元二年の円融天皇による石清水行幸については、専論として八馬朱代「円融天皇と石清水八幡宮―神社行幸を中心に―」（『日本歴史』六八四、二〇〇五年）がある。

（4）石清水社の中世的な展開に関する研究は枚挙に遑がないが、ここでは横井靖仁「中世権門神社の形成と王権」（『ヒストリア』一六三、一九九九年）を挙げるに留める。

（5）小倉暎一「石清水八幡宮創祀の背景―九世紀前後の政治動向を中心として―」（中野幡能編『八幡信仰』注1前掲、初出一九七六年）。以下、小倉の論考は全てこれによるものとする。

（6）『遷座略縁起』などは、行教が「祈勅使」と決定された時期を天安二年（八五八）の「玄冬」と記すが、小倉暎一は「玄冬」を「亥冬」の誤写と見て一〇月のこととする西田長男の説を援用し、清和即位を実現させるための「祈勅使」だったと見る。西田長男「石清水八幡宮の剏立」（注1前掲）。しかし、『朝野群載』巻一六、仏事上、天永四年（一一一三）四月一八日石清水八幡宮護国寺牒などでも「玄冬」と記されており、「亥冬」の誤写とするだけの根拠は十分ではない。護国寺牒の「水尾天皇有レ勅而被レ差二定行侶於宇佐宮一」という記載を眺めると、清和が一一月に即位した直後に、使者の派遣が決定されたと見るのが適当だろう。

（7）『日本三代実録』貞観二年（八六〇）二月二五日条、『江談抄』巻二、雑事、天安皇帝有下譲二位于惟喬親王一之志上事、『密宗血脈抄』。
（8）『石清水祠官系図』は、安宗について「或本云」として「真済僧正弟子也。師主東大寺真観阿闍梨」と記す。
（9）西田長男「石清水八幡宮の剏立」（注1前掲）。
（10）『日本三代実録』貞観一七年（八七五）三月二八日条。
（11）『類聚三代格』巻三、諸国講読師事、天長七年（八三〇）七月一一日太政官符。なおこれは、宇佐宮神封仕丁を割いて弥勒寺に充てること、弥勒寺の年分度者は神山もしくは弥勒寺に三年以上住む者を選び、弥勒寺講師と八幡宮司がともに試すこと、と合わせて三条からなる官符のうちの一つである。『類聚三代格』巻二、年分度者事、巻三、定額寺事。
（12）中野幡能「宇佐宮の祭礼行事」（『宇佐宮』吉川弘文館、一九八五年）。貞観一六年（八七四）には、五畿七道諸国・下野薬師寺・大宰観音寺・豊前弥勒寺に金字仁王経が頒下され、「須三安居会次相共講転、以為二歳事一」ことが定められている。『類聚三代格』巻二、経論幷法会請僧事、貞観一六年閏四月二五日太政官符。
（13）中野幡能「宇佐宮の祭礼行事」（注12前掲）。
（14）『安祥寺資財帳』。『安祥寺資財帳』の引用は、京都大学日本史研究室編『安祥寺資財帳』（思文閣出版、二〇一〇年）による。
（15）『続日本後紀』天長一〇年（八三三）一〇月戊申（二八日）条。
（16）『類聚三代格』巻二、年分度者事、天長元年（八二四）九月二七日太政官符。
（17）『日本紀略』天長六年（八二九）五月丁酉（一九日）条。
（18）『安祥寺資財帳』。
（19）『神護寺略記』、『神護寺最略記』。
（20）『安祥寺資財帳』。
（21）恵運の渡唐に関しては、それが新羅ではなく唐の商人であることに着目した田中俊明「安祥寺開祖恵運の渡海―九世紀の東アジア交流—」（上原真人編『皇太后の山寺—山科安祥寺の創建と古代山林寺院—』柳原出版、二〇〇七年）がある。

(22)『日本三代実録』元慶三年（八七九）正月三日条。堀裕「護持僧と天皇」（大山喬平教授退官記念会編『日本国家の史的特質　古代・中世』思文閣出版、一九九七年）。

(23)『日本三代実録』貞観一四年（八七二）七月一九日条、同八年一二月二三日条。嘉祥寺及び貞観寺については、西田直二郎「嘉祥寺址」（『京都史蹟の研究』吉川弘文館、一九六一年、初出一九一九年）、竹居明男「嘉祥寺・貞観寺雑考」（『文化史学』三九、一九八三年）、西山良平「〈陵寺〉の誕生—嘉祥寺再考—」（大山喬平教授退官記念会編『日本国家の史的特質　古代・中世』注22前掲）等を参照。

(24)『日本三代実録』貞観一六年（八七四）三月二三日条、九月二一日条、同一八年八月二九日条。

(25)『類聚三代格』巻二、年分度者事、天安三年（八五九）三月一九日太政官符。

(26)『類聚三代格』巻二、年分度者事、仁寿三年（八五三）四月一七日太政官符。『本朝皇胤紹運録』では、仁明天皇の降誕について「弘仁元降誕」と記すのみだが、『日本三代実録』元慶六年（八八二）五月一四日条が引く金剛峯寺別当真然の牒に、「承和二年有㆑勅賜㆓年分度者三人㆒。即以㆓九月廿四日天皇降誕之日辰㆒、便於㆓此伽藍㆒試度」と見えることから、九月二四日であることが判明する。

(27)『類聚三代格』巻二、嘉祥三年（八五〇）一二月一四日太政官符、貞観一一年（八六九）二月一日太政官符。『本朝皇胤紹運録』では、文徳天皇について「天長四（八二七）八降誕」と記すが、『紹運録』が降誕日を記す場合、年月日全てを記すか、年までで止めて月日を省略するかのいずれかであり、文徳の如く月までで止める例は他見しない。何らかの誤記である可能性が高いと考える。

なお、旧稿発表後、御願寺における年分度者の得度日に関する考察が、すでに堀裕によってなされており、文徳天皇の降誕日が四月三日である点についても言及されていたことを知った。依拠すべき研究であるにもかかわらず、参照しなかったことについて、この場を借りてお詫びしたい。堀の論考がある以上、この部分の記載は意味をなさないものとなったが、他方、導き出された結論については、若干の相違があることも事実である。論証を削除することで相違が不明瞭になるやもしれず、旧稿の記載を残すこととした。非礼を了承されたい。堀裕「平安期の御願寺と天皇―九・十世紀を中心に―」(『史林』九一―一、二〇〇八年)。

(28)『類聚三代格』巻二、年分度者事、延喜七年(九〇七)七月四日太政官符。

(29)『続日本後紀』嘉祥元年(八四八)七月壬申(一五日)条。

(30)『類聚三代格』巻二、年分度者事、天長元年(八二四)九月二七日太政官符。

(31)『日本文徳天皇実録』天安元年(八五七)一〇月丙戌(二二日)条。

(32)『類聚三代格』巻二、年分度者事、貞観元年(八五九)四月一八日太政官符、『安祥寺資財帳』。

(33)『類聚三代格』巻二、年分度者事、貞観元年(八五九)八月二八日太政官符。なお、『平家物語』巻八、名虎では、真済と「外祖忠仁公の御持僧比叡山の恵亮和尚」が争ったとされ、真雅と恵亮の立場はしばしば混同される。

(34)小倉暎一は、行教推挙の背景に弟の益信の存在を指摘したが、行教自身が空海と関係を有した可能性についても考慮すべきだろう。

(35)『日本三代実録』貞観元年(八五九)三月朔条。

(36)『日本三代実録』貞観三年(八六一)五月一五日条。

(37)『高雄山神護寺縁起』。

(38)『類聚三代格』巻二、年分度者事、天長元年(八二四)九月二七日太政官符。

(39)『類聚国史』巻一八二、仏道九、寺田地、延暦一二年一〇月辛亥(六日)条。

(40)横田健一「神護寺草創考」(『史泉』三、一九五五年)。もっとも横田は、当麻寺の上は低湿地ではないことから、「以上を要するに、たゞ神願寺は河内大和方面の低湿沙泥の地にあつたらしいとしかいえない」と結論を保留している(一五頁)。

(41)京都府教育委員会「八幡丘陵地所在遺跡発掘調査概要」(『埋蔵文化財発掘調査概要』一九六九年)、京都府・八幡町教育委員会『西山廃寺（足立寺）発掘調査概報』（一九七一年）。

(42) 櫛木謙周「和気清麻呂」（栄原永遠男編『古代の人物3　平城京の落日』清文堂出版、二〇〇五年）。神英雄「桓武朝における郊天祭祀に関する歴史地理学的考察」（日本佛教史の研究会編『千葉乗隆博士古稀記念　日本の社会と佛教』永田文昌堂、一九九〇年）も同様に、神願寺＝男山説を主張している。

(43) 山本崇「秋篠庄と京北条里」（『続日本紀研究』三二四、二〇〇〇年）。

(44) 『大日本古文書』石清水文書一、三八六～三八九頁、『男山考古録』。

(45) 『日本歴史地名大系　奈良県の地名』（平凡社、一九八一年）、『角川日本地名大辞典　奈良県』（角川書店、一九九〇年）の高雄寺の項を参照。なお、高雄寺の別院が「神願寺」と呼ばれた点も興味深い。また、『延喜式』巻九、神名上には河内国大県郡に鐸比古神社が見えており、これが和気氏の祖神を祀ったと思われ、これに加えて、現社地の背後に高雄山がある点には、一概に捨て難いような魅力がある。しかし、これをもって直ちに神願寺の位置を論究することには、慎重であるべきと考える。

(46) 前田育徳会尊経閣文庫編『尊経閣善本影印集成32　類聚国史』（八木書店、二〇〇一年）。

(47) 『類聚国史』巻一八〇、天長元年（八二四）九月壬申（二七日）条と『類聚三代格』巻二、天長元年九月二七日太政官符とを比較すると、「尖レ鋒」と「交レ鋒」、「入二御夢一」と「因二御夢一」、「諷誦」と「諷読」、「粉骨」と「粉身」、「数奏」と「敷奏」などの相違があり、いずれも字句の類似による誤写と考えてよい。

(48) 『日本後紀』弘仁六年（八一五）正月丁亥（一五日）条。

(49) 『続日本後紀』承和七年（八四〇）六月丁未（三日）条。

(50) 『日本三代実録』貞観二年（八六〇）二月二五日条。

(51) 『平安遺文』二三七号、神護寺文書。

(52) 山本崇「秋篠庄と京北条里」（注43前掲）。

(53) 『尊卑分脈』和気氏には、「神願寺　天長六年己酉、正五位下河内守和気朝臣真綱・従五位下弾正少弼和気仲世等、神

願寺奉レ付二空海僧都一。此寺元従二民部卿和気清丸依二八幡大神之教一所二建立一也」と見え、天長六年（八二九）という年次には検討の余地があるが、ここから神願寺が空海の管轄下に置かれた可能性を知る。

（54）平野邦雄『和気清麻呂』（吉川弘文館、一九六四年）。

（55）神護寺が所蔵する梵鐘には、「檀越少納言従五位上和気朝臣彝範、悼二和尚之遺志一、尋二先祖之旧蹤一、以二貞観十七年八月廿三日一、雇二冶工志我部海継一、以二銅一千五百斤一令二鋳成一焉」と見え、貞観一七年（八七五）になっても神護寺が和気氏の氏寺的性格を有したことに変化はない。『平安遺文』金石文編、一九号。

（56）『類聚三代格』巻三、国分寺事、仁寿三年（八五三）六月二五日太政官符。

（57）『続日本後紀』承和一三年（八四六）九月乙丑（二七日）条。長岡龍作は神護寺薬師如来立像について考察する中で、穢れとされた神願寺の像が神護寺に移され、本尊として迎えられた可能性は少ないと論じたが、ここに言う「汚穢」が『延喜式』が記す触穢規定のような厳格なものだったとは考え難い。長岡龍作「神護寺薬師如来像の位相—平安時代初期の山と薬師—」（『美術研究』三五九、一九九四年）。なお、神願寺と石清水社とを関連付けて論じるならば、護国寺の中心が薬師堂だったことも興味深い。

（58）『日本三代実録』貞観一二年（八七〇）二月一五日条。

（59）『日本三代実録』貞観七年（八六五）四月一七日条。

（60）岡田荘司「平安前期　神社祭祀の公祭化・上—平安初期の公祭について—」（『平安時代の国家と祭祀』続群書類従完成会、一九九四年、初出一九八六年）。

（61）『日本三代実録』元慶三年（八七九）五月二五日条。

（62）山田孝雄「宇佐和気使考」（『国体の本義』宝文館、一九三三年）、恵良宏「宇佐使についての一考察」（『史淵』九八、一九六七年）、中野幡能「宇佐宮の勅使」（『宇佐宮』注12前掲）など。和気氏が使となった宇佐宮への即位奉告について、本章では特に〈和気使〉と表記する。

（63）『範国記』長元九年（一〇三六）八月二八日条が記す〈和気使〉の記載には、「此度不レ賜二蔵人所牒一。依レ非二殿上人一之故也」とあり、『大記』永保元年（一〇八一）一〇月一八日条には、「今夕越後守高階為章被レ聴二昇殿一。可レ奉二仕宇佐使一之故也。去春侍中叙爵也」と見える。

(64) 小舎人が伴ったことは、『朝野群載』巻二〇、大宰府、長暦四年（一〇四〇）一〇月日蔵人所牒から読み取れ、対して〈和気使〉の場合は、『兵範記』仁安三年（一一六八）五月二八日条によると「左右近衛各壱人、持幣帛肆人」が随行した。なお、両者とも卜部が副使となる点は共通し、『朝野群載』巻六、神祇官、康和三年（一一〇一）三月二七日神祇官請状によると、卜部にとって宇佐使の奉仕は「国家第一之神事」と認識されていた。

(65) 『西宮記』（尊経閣文庫所蔵巻子本）巻七、進二発宇佐使一事。宇佐使への大宰府からの給禄は、九世紀前葉まで遡る。『類聚国史』巻五、弘仁一四年（八二三）一一月甲戌（二四日）条。

(66) 田島公「「氏爵」の成立―儀式・奉仕・叙位―」（『史林』七一―一、一九八八年）。

(67) 『兵範記』仁安三年（一一六八）五月二八日条。

(68) 『北山抄』巻六、備忘略記、宇佐使立事（頭書）には、「往代御即位時、奉レ遣二和気使幷神宝使等一之後、有二指事一時、被レ奉レ使者、無レ有二年限一。而近例三年一度奉レ遣云々」との記載があり、三年一度の使が、臨時奉幣使の恒例化として登場したことを知る。また、『朝野群載』巻一二、内記には三年一度の神宝使が捧げる宣命を掲載するが、これは一代一度大神宝使（賀茂社）のものとほぼ同じ内容で、恒例化するにあたって、大神宝使の次第に倣ったことが垣間見える。

(69) 『山槐記』治承四年（一一八〇）八月二七日条。

(70) 『扶桑略記』寛平二年（八九〇）八月一一日条。

(71) 本書第Ⅲ部第二章。

(72) 本書第Ⅲ部第四章。

第Ⅲ部

第一章　平安時代の儀礼運営と装束使

はじめに

本章が課題とするところは、平安中期における宮廷儀礼の変容を、儀場の装束を管掌する装束使なる組織を通じて考察することにある。平安中期以降の儀礼運営形態は、蔵人制・昇殿制の整備を基軸に発展した蔵人方行事と、上卿制または行事所制のもとで展開した官方行事との二つに大別される。摂関期におけるこうした儀礼運営については、古瀬奈津子が儀場という観点から明瞭に整理した。すなわち、古瀬は宮廷儀礼を上卿が運営する儀式と行事蔵人が運営する儀式とに分けた上で、儀礼運営における行事蔵人の主導性は、天皇の御座所へ近付くに従い、八省院・紫宸殿・清涼殿の順に強くなると指摘する。さらに、こうした儀場の相違が示す儀礼運営の差異は、場の装束を担当する機関と対応関係にあり、八省院の装束は装束使が行い、紫宸殿は装束使と行事蔵人が、清涼殿は行事蔵人がそれぞれ担当すると論じる(1)。本章が検討の対象とする装束使とは、古瀬が行事蔵人と対比的に取り上げ、官方行事の一翼を担ったと理解する組織である。

今まで本格的に検討されたことのない装束使をここに取り上げる理由は、その成立が官方行事の展開を考える指標となり得るとの予測からである。律令国家が解体へと加速する平安中期以降においてもなお、太政官は国家機構の中枢に位置していた。宮廷儀礼に関しても、官方行事は蔵人方行事によって凌駕されたわけではなく、依然として国家儀礼における中心的な地位を占めていたのであり[2]、宮外の臨時的な儀礼も含めて考えるならば、摂関・院政期にかけては、むしろ官方行事が盛行する傾向すら看取し得るであろう。しかし、その内実は従来の律令官僚制的な性格から脱却し、構造的にもイデオロギー的にも大きな変容を遂げていたことは明白な事実であり、ならばそうした太政官機構の変化を総合的に把握することが、古代から中世への移行を理解する上で大きな一歩となる。そして、古代国家における政治形態が儀礼構造と相即不離の関係にあり、また、儀礼構造が儀場の空間構成と不可分なことに鑑みれば、律令太政官機構の再編、官方行事の展開を論じるに際して、儀場の装束を掌握する装束使は最も相応しい素材の一つになり得ると考える。

ところで、装束使には二つの異なる組織形態が存在する。第一は儀礼に際して除目によって任じられる臨時的な組織であり、八世紀以来の史料に見え、基本的には宮中以外の装束を担当するもので、『延喜式』に記載があり、長官・次官といった四等官制で運営されることに特徴を持つ。これに該当するものとしては、大嘗会御禊行幸、十日以上の行幸、葬送、伊勢斎王や遣唐使に伴うものなどを確認し得る[3]。これに対して第二の装束使は恒常的に存在する組織であり、一〇世紀中葉以降の史料に散見し、基本的には宮内の装束を担当するもので、『延喜式』には記載されないことから比較的新しい組織と推測される。また、その構成員は、長官・次官などとは呼ばれず、あくまで本官の職掌に則して装束を担当したようである。両者はともに「装束使」または「装束司」と字句を混用して表記されるが、組織形態に明確な相違を有することには十分な注意を必要とする。本章では、便宜的にではあるが前者を「装束司」、後者を「装束使」として語句を区別し、両者の相違に留意したい。古瀬が行事蔵人と対比して取り上げたのは後者の装束使であり、本章もこれを検討の中心に置き、上記の如き問題意識のもと宮廷儀礼の変容を素描していく。

一　装束使の組織形態と補任状況

はじめに装束使の組織に関する基礎的な特徴を見ることにしたい。考察の対象とする装束使は、『新儀式』巻四、天皇遷御事に「当日早旦、装束使弁・少将・官史等率二所司一供二奉御装束事一」、『西宮記』[4]（尊経閣文庫所蔵巻子本）巻一、元日節会に「装束司少将・弁・史登二堂上一行事」とある如く、弁・史・近衛次将などで構成される組織であった。この中で、史料上に最も多く登場し、中心的な役割を果たしたと考え得るのが弁である。

装束使の弁は、奉勅の下弁官宣旨で補任される宣旨職で、その多くが太政官実務の中心にあった左中弁が任じられたことに大きな特徴がある。一〇世紀から一二世紀までの補任状況を古記録を中心に概観すると、その七割近くが左中弁時における補任だったことが判明する（表1）。彼らは大弁または公卿に昇進することで装束使の職を解かれるのが一般的であり、このような傾向は税制の中核に位置した率分勾当の弁と同様で、[5]『新任弁官抄』では「率分・装束司・造八省事、此三事、弁官奉二宣旨一行レ之」と、率分勾当・装束使・造八省行事の三者を、弁が宣旨によって任じられる職として特記する。『春記』長暦三年（一〇三九）閏一二月一日条においてもこの三つを特別扱いする様子が窺え、装束使は率分勾当や造八省行事とともに、弁が兼帯する職務の中で最も重視されたものの一つと言えよう。左中弁の兼帯という点から当然ではあるが、装束使の弁が蔵人頭であることも散見し、率分勾当と装束使の両者を兼帯する事例は頻繁に存在する。『後二条師通記』承徳三年（一〇九九）正月一一日条では、率分勾当の弁の補任にあたってすでに装束使の任にある人物のことが考慮され、その結果、装束使とは別の人物が補任されたのであり、ここからも両者の対応関係を推測し得る。さらに、装束使の弁はその労として国

表１　装束使弁所見時の官職

	～1000年	～1050年	～1100年	～1150年	～1200年	計
左中弁	6（0）人 100.0%	6（3）人 66.7%	5（4）人 62.5%	5（2）人 55.6%	12(11)人 70.6%	34(20)人 69.4%
権左中弁		3（2）人 33.3%	1（1）人 12.5%			4（3）人 8.2%
右中弁			2（2）人 25.0%	3（1）人 33.3%	4（4）人 23.5%	9（7）人 18.4%
権右中弁				1（1）人 11.1%		1（1）人 2.0%
それ以下					1（1）人 5.9%	1（1）人 2.0%
計	6人	9人	8人	9人	17人	49人

※（　　）の数字は補任時の官職が確定できる人数を示す。

司を兼帯し、なかには数度にわたって兼国する例もあった(6)。また、触穢・服喪などで一定期間儀礼に参加し得ないことが予め確実な場合には、「仮装束使」なるものが他の弁から一時的に任じられる(7)。こうした事柄を勘案するならば、装束使の弁が宮廷儀礼の運営にとって不可欠な重職と認識されていたと見ることが可能である。

装束使の中で、弁に次ぎ重要な役割を果たしたのが史である。史については、天慶九年（九四六）の史料に見える氷方盛以降(8)、確認し得る全ての事例は左大史の兼帯であり、一一世紀以降は左大史の中でも大夫史の補任が通例化する(9)。その後、小槻氏の大夫史世襲(10)によって装束使の史も小槻氏の世襲となり、一二世紀中葉に著された『新任弁官抄』では「近代恒例事、大夫史検二知之一。弁強不レ知レ之」という状況に至る。なお、史料上では「装束（使）史某」のように、ある個人が装束使の史であることを明記するものが弁に比して圧倒的に少ないが、それは、補任者の個性が弁に比して低かったからであると同時に、装束使の史であることと世襲化された大夫史とが不可分な関係にあったからとも推測され、装束使の史であることを示さずとも明白であったことを示唆していよう。また、弁と同様に史においても「仮装束使」の存在を確認でき、[11] 儀礼運営における重要性を看取できるのである。

装束使の構成員としては、他に史生と官掌の存在を確認し得る。史生については、上宣で補任されたことが『類聚符宣抄』の実例よりわかる。[12] 官掌に関しては、嘉保三年（一〇九六）に死去し、「官中要人也」と評された一官掌の光経が、右宮城使や造八省行事などとともに装束使を兼ね、『中右記』が兼帯した五つの職務の筆頭に装束使を挙げることは注目される。[13] 装束使の構成上の大きな特徴とは、このように左中弁・大夫史・一官掌といった弁官の中枢に位置する官人が、宣旨によって兼帯したという点にあると言える。

ところで、装束使は弁官のみからなる組織ではなく、近衛次将も装束使の構成員に含まれた。近衛次将の装束使兼帯は、弁と同様に奉勅の下弁官宣旨でなされるものであり、この限りでは次将は弁と対等な立場にあったと言える。しかし、近衛次将は弁とは異なり装束使としての実際の活動内容を明確にはし難い。『小右記』寛仁五年（一〇二一）正月一日条によると、当日の元日節会における装束使の失について、装束使の弁が不参のため「一人行㆓御装束事㆒」った大夫史但波奉親に対しては進過状が命じられる一方、装束使の次将であった蔵人頭左中将源朝任に関しては、「計㆑之引及歟」とその失が及ぶか否かが議論となる。補任状況に関しても、弁については表1の通り一二世紀以前に四九名の個人名を確認し得るのに対し、次将の人名は同じ期間でわずか四名しか判明せず、そのうち二例は補任記事のみである。[14] このように、装束使の次将が装束全般に主体的に携わったのか否かについては判然としないものがある。

にもかかわらず近衛次将が装束使に含まれた理由としては、『延喜式』巻四五、左右近衛府が「凡装㆓束紫宸殿㆒、少将・将監相共行事」と記すことが関係しよう。近衛次将が紫宸殿儀礼の出居を務めたことを考え合わせれば、紫宸殿なる殿舎はそれを警衛する近衛府の管轄下にあり、その装束は本来的に近衛府の職掌であった可能性が高い。従って、主として紫宸殿儀の装束を行った装束使に次将が含まれたのは当然とも言える。しかし、装束使の中には『延喜式』が記す将監の姿を確認できず、装束使における近衛府の位置付けは、史生・官掌といった下僚を伴う弁官に比して格段に低い。一二世紀後葉の大夫史小槻隆職は、「古来近衛次将之中、被レ置二装束司一人一。是為レ奉二行彼被官事一也」と、次将を含む理由を近衛府に関わる装束（この場合は近仗胡床の設置）を行うからと説くが[15]、儀場全体ではなく、被官の事柄のみに限定して理解されたことからは、近衛次将の装束使としての役割は、少なくともこの時期には『延喜式』記載のものとは異なるものとなり、形骸化していたと見てまず間違いなかろう。そうした形骸化の端緒は前掲の史料より一一世紀前葉には窺え、かなり早い時期のことと推測される[16]。装束使が弁官を中心として組織された機関であることは疑いなく、多くの儀礼がなされた紫宸殿の装束という観点から見るならば、近衛府の本来的な職掌に弁官が介入し、弁官が次第に近衛府の職掌を取り込んでいったというのが装束使の運営形態だったと言えよう。そして、これを通じて弁官の中枢が、宮廷儀礼の装束における中心的役割を担うに至ったというのが、装束使の実態と考える。

　このような組織で運営される装束使は、いくつかの官司を引率し、「登二堂上一」り諸司を監督して儀場の装束にあたった。装束使がいかなる官司を率いたかについては、賭射の延引に際して「可レ仰二四府一事、仰二大外記頼業〔隆〕一。可レ仰二縁事所司一事、仰二右〔左〕中弁経頼朝臣一。装束司也。謂二縁事所直〔司カ〕一、主殿・掃部・大膳・造酒・内膳等事了〔也カ〕」とあることを参照すると[17]、主殿・掃部・大膳・造酒・内膳に代表される官司だったようである。実際に儀場を装飾する主殿・掃部については装束使との繋がりを容易に想像し得るが、それのみではなく、饗饌を準備する大膳・造酒・内膳などを含むことは注目される。節会平座において装束使に命じられた内容には「可レ令レ居二饗饌一事」もあり[18]、饗饌も儀場装束の一部として装束使の職掌に内包されていたことがわかる。装束使が率いた上記以外の官司としては、残菊宴で装束使の弁の仰せによって内蔵寮が硯を台盤の上に置いたこと、白馬節会で舞台が崩壊した際に「装束使弁・史、木工頭有下可レ献二怠状一由之仰上」ったことなどの史料から、内蔵寮や木工寮も挙げることが可能であり[19]、さらには女官の所作も装束使による監臨の対象となった[20]。装束使は儀場を装束するにあたって、女官を含めた律令官司が行う雑事全般を監督し、円滑な儀礼運営に対して寄与していたものと考えられる。

装束使はこうした職掌を通じて次第にこれらの官司に対して統轄の度合を深めていったようである。最も装束使と緊密な関係にあったのが掃部寮であり、『魚魯愚抄』などには「装束使請」によって掃部寮属を任じた承保二年（一〇七五）の例を挙げる[21]。ここに見える「請」とは、例えば大学寮別当が大学寮允を、美濃守が同国の目を申請する如く、除目に際して長官が「各申二被管一・三分一」すもので、「装束使請」との事例は、この時点において掃部寮が装束使の被官的な存在だったことを示唆する。また、大膳職には「装束使御装束物具等」を納める倉があり[22]、兵庫寮の器仗に関しては「兵庫寮顚倒無レ実以後、官装束司倉宿二納彼器等一」していた[23]。装束使と官司との繋がりは、平安中期以降に弁官が多くの官司の別当を兼帯し、なかでも装束に関わる官司との結び付きが強く見られる傾向と少なからず関連しよう[24]。ただし、同一の儀礼において装束使・主殿寮・掃部寮それぞれの請奏が個別に提出された例が存在することからは[25]、その統属関係は比較的緩やかであったと見るのが妥当で、こうした様相は当該期における弁官と諸司との一般的な結合形態が如実に現れたに過ぎないと理解するのがよい。平安中期以降の宮廷儀礼の運営は、このように律令官司を管轄した装束使の影響下に置かれたのであり、宮中で行われる官方行事の主要なものは、こうした装束使なる組織を基軸として展開するのである。

以上、装束使の特徴を組織形態から概観した。装束使は弁・史など弁官の中枢が宣旨で任じられて兼帯する職であり、それは近衛府の職掌を取り込み発展したものと理解する。そして、次第に統轄下に置いていった律令官司を率いて儀場の装束を行い、宮廷儀礼の運営においてその中核に位置したことに、装束使の特色があるものと考える。

二　装束使による儀場装束と宮廷儀礼の諸類型

次に具体的に装束使がいかなる儀礼に関与したかについて整理していきたい。

装束使の儀礼関与は儀礼の内容と儀場の性格に制約を受けた。儀礼と儀場とは不可分な性質のものではあるが、例えば、御斎会内論義が御物忌等で紫宸殿儀として催行される場合には装束使が装束を担当したのに対し[26]、通常の清涼殿儀の内論義では関与せず、ここに端的に示される如く、装束使の活動の有無は、いずれかと言えば儀礼内容よりも儀場の性格が優先された感がある。他の清涼殿儀の装束についても、「可レ奉二仕御装束一之由」を命じられた行事蔵人が行うのが通例で[27]、清涼殿における装束使の活動は、里内裏で紫宸殿と清涼殿が兼ねられた時など特殊な場合を除けば、管見の限り存在しない[28]。天皇の日常生活空間たる清涼殿で行われる儀礼には、装束使は入り込めないのである。

これに対して、古瀬が八省院と清涼殿との中間と捉えた紫宸殿の儀礼については、「装束使弁・史等遅参之間、行事蔵人左衛門尉頼祐南廂令レ懸二御簾一。失也。仍弁・史等令レ改二懸母屋一云々」とあるように[29]、行事蔵人が装束を担当したのは装束使の遅参などの場合に限られ、装束に関する主体的な役割は装束使が果たしたようである。また、「行事蔵人・装束司弁相共奉二仕御装束等一」との記載などから[30]、さらに清涼殿に近い場と理解した射場についても、官司の引率に関連して触れた前掲史料が賭射延引時の記事であったこと、『永昌記』長治二年（一一〇五）正月一八日条が賭射装束について「装束使勤二仕之一。近代蔵人奉二仕之一」と記すことから、行事蔵人の関与は一二世紀初頭における「近代」のことである[31]。一方、紫宸殿儀の装束における行事蔵人の確実な職掌はというと、進物所など蔵人所配下が準備する雑具の指示、御休所のある北廂の装束、天皇が歩く筵道の設置など、天皇の身近な事柄に限定され[32]、行事蔵人の参加が見えるとしても、装束一般はあくまで装束使を中心にして行われたと見るのがよい。そもそも清涼殿儀における行事蔵人の職掌は、装束に限らず官人の招集や禄の準備など儀礼全般に及ぶのに対し、装束使は装束に携わるのみで、両者の立場は根本的に相違する。翻って考えるならば、儀場装束のみを専らに扱う恒常的な組織が成立し、不可欠な重職として機能したという点は、官方行事の特殊性として特筆すべきものである。

清涼殿以外の儀礼としては、神祇官における祈年祭や大学寮で開催される釈奠も装束使の管轄外にある。祈年祭における神祇官装束は、小槻隆職が「六位史・官掌等相共奉行。五位史殊不二尋行一之間、分明不二覚申一」と述べることから[33]、装束使の史が関与していないことを知る。釈奠に関しては『江家次第』などから外記が掌握したらしいことがわかる。神嘉殿儀の神今食や八省院儀の伊勢奉幣に装束使が関与したこと、太政官庁での釈奠では装束使が装束したこと、紫宸殿儀である釈奠内論義の装束が装束使に管掌されていたことなどを勘案すると、装束使が関与しなかった理由を神祇祭祀などの儀礼内容のみに求めることは適切ではない。大学寮で催行される釈奠において大学寮官人が座を設けたことから類推すると[34]、祈年祭や釈奠においては、儀場でもある神祇官や大学寮が装束を含めた儀礼運営全体を統轄するのが本来的な姿だったのではあるまいか。これらの儀礼運営には次第に官方の行事所が介入し、行事所と官司との共同運営の感を呈するようになるが、装束のみを担当する装束使が各官司における儀礼に入り込むだけの必然性は存在しなかったものと考える。諸司で行われる儀礼では、儀場ともなる官司がその職務として装束を含めた儀礼運営をし、そこへ官人が参加するという様相が一般的であったと推測する。

多くの儀礼において装束使が関与する紫宸殿や八省院の儀礼のうち、装束使の活動が窺えない儀礼としては仏教儀礼を挙げ得る。これは儀礼内容が装束使の活動を制約する典型であり、行事弁が装束を担当するのが通例であった。長和五年（一〇一六）の御斎会始で源経頼が「催㆓行御装束幷懈怠事等㆒」したのは彼が行事弁だったからであり、仁王会においても藤原宗忠は「依㆑為㆓行事㆒、早旦参内、見㆓南殿御装束㆒」ており、行事弁は上卿（＝検校）によって「諸堂装束具了哉」と問われる対象であった[35]。『延喜式』巻一一、太政官が御斎会や季御読経に関して「弁及史等専当行事」と記すことを考えると、『延喜式』段階で仏教儀礼における行事弁・史の役割は確立していたと言える[36]。装束使と行事弁との根本的な相違は、装束使が儀場の装束のみに関与するのに対し、行事弁の職掌は、行事蔵人と同様、装束のみに止まらず請僧を行うなど、儀礼運営全体を執り仕切る点にある。祈年穀奉幣でも幣物の準備を行う行事弁が装束をも監督しており[37]、請僧や幣物の準備など弁官が特殊な役割を期待された儀礼においては、それに専当する行事所が設置され、装束もその行事弁が担当することが多く、装束使が関与しないのが一般的であったと言える。

平安中期以降、公事の分配が進行し[38]、また、二十二社奉幣などの大規模奉幣や御願供養会、神社行幸など臨時的な宗教儀礼が盛行する中で、恒例・臨時を問わず大小様々な儀礼に行事所が設置されるようになると、行事弁と装束使の職務分担は曖昧化せざるを得ない[39]。しかし、それでもなお両者の明確な分掌が窺える儀礼も存在する。大嘗祭での節会（この場合は大極殿儀）では、「辰巳日御装束、悠紀・主基行事弁勤仕。午日幷小安殿御装束、装束司弁奉仕也」と、悠紀・主基の国司が主催する辰日と巳日の節会においては、両国の行事弁が装束をし、午日節会や御休所となる小安殿は装束使が担当することになっていた[40]。辰巳日には臨時に設けられた悠紀・主基帳に天皇が出御して節会に臨み、午日にはそれらが撤去され、恒常的に存在する高御座に座すことからは、行事弁が行う装束は臨時的な意味合いが強く、装束使が担当するのは節会のより一般的な装束であったのだろう。

他では、鳥羽天皇の即位儀に際しては、行事所が八省院の装束を以前より準備していたが、大極殿高御座など肝要な部分は装束使に委ねられ[41]、朝覲行幸などにおいても、行幸先の邸宅の装束は装束使が出向して行い、それは池水の整備にまで及ぶ[42]。祈年祭では窺えない神祇官儀での装束使の関与が、天皇が行幸した新嘗祭に見られることをも想起すると[43]、天皇の存在と装束使との密接な関係を見出すことができ、法成寺金堂供養会で供養式が装束使へ伝えられたことも、後一条天皇の行幸と関係しよう[44]。装束使の最も重要な機能とは、行事蔵人や行事弁、所司など儀礼運営の担当が明確な儀礼以外の恒例的な儀礼において、特に天皇の出御空間に関して装飾を施すことであったと考えられる。そして、装束使が関与した儀礼は、仏教儀礼などを除く限定された官方行事ではあったが、『新任弁官抄』が装束使の職掌として「御即位・大嘗会・諸節会装束・御輿装束等之類也」と記すことからは、種々の宮廷儀礼のうちでも装束使が担当した儀礼こそが、律令天皇制にとってある意味で正統的とも言い得るものだったと理解する。こうした儀礼において装束のみを管掌する組織が機能した意義は、当該期の儀礼が持つ意味を考える上でも大きいとせざるを得ない。

この他の装束使の関与についても瞥見しておきたい。公卿が座す太政官庁や外記庁の倚子・兀子は装束使の管轄下で造作され、宜陽殿初参時の装束も装束使が行った[45]。列見や定考、外記政の装束も装束使が担当することがあるが[46]、一方で、装束使に限らずそれ以外の弁・史が行う事例も散見する。これらは装束使であることに便宜性があったとしても、弁官の日常的な職務の範疇に入れるのが妥当であろう。また、白河上皇の賀茂祭使行列見物において装束使が公卿の座を設置し、中宮などの遷御に際して装束使の史生・官掌が付き従うなど、天皇に関わるもの以外の臨時的な装束においても、装束使が関与した事例がわずかではあるが存在する。(47)こうした形態は極めて特殊であり一般的であったとは考え難く、天皇の儀礼形態に准える形で一時的に装束使が関与したものと理解しておきたい。

以上、本節では行事蔵人や行事弁、諸司との関係から装束使の関与した儀礼の特徴を見てきた。儀場装束を中心に宮廷儀礼を類型化するならば、宮廷儀礼の主要な儀礼には装束のみを管掌する装束使が関与し、天皇の日常空間を儀場とする儀礼には行事蔵人が、その対極として臨時性の強い儀礼には行事弁が、ともに儀礼運営全体を執り行う中で装束をも統轄する。一方、各官司の儀礼では儀場ともなる官司が運営したようである。そして、即位・大嘗会・節会などを含む正統的とも言い得る官方行事の装束に、装束使が主体的に携わった様相を考えるならば、装束使が宮廷儀礼に果たした役割には無視し得ないものがあろう。このことと弁官の中核が担ったという組織上の特徴とが関連することは改めて言うまでもなく、翻って考えるならば、弁官の実務官司としての飛躍的な成長と当該期における宮廷儀礼の整備とは緊密な関係にあり、その結節点に装束使なる組織が位置していたと捉えることも可能と考える。

三　装束記文に見る装束使の成立

装束使は「装束記文」または「装束使〈司〉記文」と称されるものに基づき儀場を装束する。本節では、この装束記文の成立という観点から装束使の成立時期を検討してみたい。

装束記文は儀礼の装束を詳細に記したもので、「御装束事只依二装束記文一」、「行二向治部卿亭一習二装束使事一。兼又尋二求記文等一」、「就中宮中之習、以二装束司記文一為二証拠一」などとあるように、[48]装束使が儀場を装飾するにあたって参照とすべき規範であった。当初、五巻本に編纂されたが早い段階で散逸してしまい、[49]今では諸史料が引用する逸文から内容を知るばかりである。逸文の集成についてはすでに所功が詳細に行い、装束記文と明記しない『撰集秘記』所引の記載を装束記文と認定するなど、逸文の集成はほぼ尽きた感がある。[50]しかし、『撰集秘記』からの推定については疑問もある。例えば、装束記文の逸文と見た『撰集秘記』巻二七、群行事の「同日、大極殿発二伊勢斎内親王一装束」は『江家次第』巻一二、斎王群行とほぼ同文であるが、『江家次第』が装束記文を完全な形で引用する事例は存在しない。また、「同日」との表記からは引用書の直前に何らかの文章があったことを想定し得るが、斎王群行儀における当日の儀式としては小安殿での幣物の準備と葛野川での御禊程度で、[51]これに関する装束使の関与を他史料からは確認できず、『撰集秘記』群行事の装束記載は装束記文とは認め難い。所の論じる通り『撰集秘記』に装束記文を含むことは確かであり、卯杖儀など年中行事部分の推定は承認し得ると考えるが、臨時行事の部分に関しては、全てを装束記文の逸文と断定するには躊躇せざるを得ないものがある。

所の研究を参照し、現時点で装束記文と推定できる逸文を改めて整理したのが表2である。逸文からだけでも様々な儀礼の装束が引載されていたことが看取できる。装束記文の項目名は「日付+儀場+○○装束」と記されるもので、儀場が装束使の活動と関係したことを再確認できるが、「十二月、建礼門前荷前装束」に雨儀である宜陽殿儀の装束も載せられ、[52]相撲召合儀では紫宸殿儀の他に仁寿殿儀の逸文も検出できるなど、[53]装束記文は天皇の出御・不出御や晴儀・雨儀を問わず、装束使が担当するほぼ全ての儀礼に及んでいたようである。装束記文は、

表2 「装束記文」の逸文

	儀 礼 名	残存状況	典 拠	備 考
1	元日節会	○	『西宮記』、『北山抄』 5、『江家次第』 1、『江次第抄』 1	
2	卯杖	◎	『撰集秘記』 2	所功の推定
3	白馬節会	△	『中右記』永長1.1.7、『江次第抄』 2	
4	御斎会内論義	○	『親信卿記』天延2.1.14、『江家次第』 3	御物忌儀
5	射礼	○	『北山抄』 3	
6	賭弓	△	『永昌記』長治2.1.18	
7	二孟旬	○	『小右記』長和2.4.1、『左経記』万寿3.3.29、4.1、『春記』長久1.11.4、『旬部類記』、『大記』寛治1.4.23、『江家次第』 6、『江次第抄』 6	
8	競馬	△	『江家次第』19	
9	神今食	△	『江次第抄』 7	
10	相撲召合	△	『小右記』万寿3.7.27、『中右記』嘉保2.10.13、『雲図抄』	
11	釈奠内論義	◎	『親信卿記』天禄3.8.11、『政事要略』22	
12	甲斐勅旨牧駒牽	◎	『政事要略』22、『西宮記』	
13	信濃勅旨牧駒牽	◎	『西宮記』	
14	重陽節会	◎	『政事要略』24	
15	伊勢例幣	◎	『政事要略』24、『江家次第』 9	
16	射場始	△	『江家次第』 9	「記文」
17	朔旦冬至	◎	『政事要略』25、『朔旦冬至部類記』	
18	新嘗祭	△	『政事要略』26	「延装束記文」
19	豊明節会	◎	『後二条師通記』寛治4.11.20、『政事要略』27、『雲図抄』	
20	荷前	◎	『政事要略』29	
21	追儺	◎	『政事要略』29	
22	即位	○	『小右記』永観2.10.10、『山槐記』長寛3.7.27、『玉葉』治承4.4.22、『北山抄』5	
23	大嘗祭節会	○	『北山抄』 5	
24	天皇元服	△	『後二条師通記』寛治3.1.5	「記文」

25	立后	○	『江家次第』17	所功の推定あり
26	東宮元服	○	『江家次第』17	「記文」
27	任大臣	△	『江家次第』20	「記文」所功の推定あり
参考	大臣家大饗	―	『春記』永承３．１	「装束記」
	叙位議	―	『御堂関白記』寛弘８．１．５	「装束記」
	斎王群行	―	『撰集秘記』27	所功の推定のみ

残存状況　◎…ほぼ全文復原可能　○…一部のみ復原可能　△…存在のみが知られるもの

※所功が「装束記文」逸文とした『撰集秘記』引用書は卯杖のみを確実なものと認定し、他は参考として掲げた。

※参考の中で掲げた「装束記」は、『通憲入道蔵書目録』が「装束使記文」と別に記す「装束記〈八巻〉」の可能性もある。

蔵人方行事の『雲図抄』に対比し得るような官方行事の代表的な装束記載であったと言え[54]、宮廷儀礼の重要な儀式書と見ることができる。そして、装束使の職掌が、儀礼の装束という反復性を重視するものであったことを考慮するならば、装束記文の成立と装束使の成立とは密接な関係にあったと見るのが自然であり、また、その成立を検討することは当該期の儀礼を考える上でも重要な視座となる。

装束記文の成立に関しては、和田英松が「村上天皇以前のものなる事を推測するを得べし。但し装束司記文は、臨時に典禮を行はれし時、新に作製せし事あり」と論じ、武光誠が「種々な「装束記文」を取捨して（中略）『西宮記』の裏書の前のものが書かれた以後に、「装束記文」が五巻に編集されたと考えられる。『西宮記』の裏書が書かれた年代を決める手がかりはないが、「装束記文」が『政事要略』が作られる一一世紀以前にまとめられた可能性は高い」と述べ[55]、先行研究では編纂以前に個々の装束を記した記文が存在したことを想定する。詳細に論証する武光の論拠は三点に整理し得る。一点目は『西宮記』（尊経閣文庫所蔵大永本）第三、駒牽事所引の勘物[56]に内容の異なる二つの装束記文があることで、そのうちの後ろのもの（B）が『政事要略』巻二三が引く甲斐勅旨牧駒牽儀の装束記文と合致するのに対し、前のもの（A）は『政事要略』に見えず、ここから、採用されなかったAが書かれた以後に五巻本の装束記文が編集されたと推測する。しかし、Aは、「額間設二大床子御座一」という記載から信濃勅旨牧駒牽儀であることは明白で、「牽二信濃御馬一外、御二南殿一之時、於二西方一御覧」じたこととは座の様相を異にする。(57) A（＝信濃駒牽儀）はB（＝甲斐駒牽儀）と別に装束記文に記載されて然るべきもので、いずれも五巻本の逸文と捉えてさして問題はない。

第二の論拠は、『大嘗会御禊部類記』所引外記日記が「一巻、元慶八年装束司記文」と記すことで、これを種々の記文の一例と見る。しかし、本章の冒頭に注意を喚起した如く、大嘗会御禊行幸の装束司は臨時に任じられるものであり、装束記文を規範とする装束使とは明確に区別せねばならない。第三は、『政事要略』巻二六、新嘗祭事が、延喜年間の勘物に次いで「延装束記文見二神今食部一」と記すことで、ここから延喜年間に作られた装束記文の存在を指摘する。『政事要略』に神今食部が現存しないことから詳細は不明とせざるを得ないが、「延装束記文」に記載があったとされる神今食についても、通常の装束記文が存在したことが『江次第抄』七、中和院神今食から判明し、また現存の『政事要略』巻二六は全て江戸時代の新写本で誤字や脱字が少なくないこと、「延装束記文」がここにのみ現れることからは、「延」が衍字である可能性も十分考慮せねばならない(58)。

筆者は、装束記文はむしろ一斉に制作された可能性が高いと推測する。『江次第抄』二、七日節会には「上古於二豊楽殿一有二節会一故、延喜儀式・内裏式・装束司記文等、載二豊楽殿御装束一」と、装束記文が白馬節会に関して紫宸殿儀ではなく豊楽殿儀を記載していたことを知る。『江家次第』巻二、七日節会装束が「紫宸殿装束日記」なるものを引用するのも、装束記文が紫宸殿儀を載せないが故と思われるが、白馬節会における豊楽殿行幸は九世紀代まで遡らねばならず、種々の装束記文を取捨して編集したのであれば、当時一般的であった紫宸殿儀が記載されなかった理由は判然としなくなる。これが唯一の論拠であることは心許ないが、具体的な年号を記す記載が逸文中に皆無であり、種々の装束記文の存在が史料的に確認できない以上、他の儀式書と同様、一斉の制作を想定する方が自然な発想であろう。八世紀以来の史料に見える記文の一般的性格が、年々の儀式内容の集成であることは否定し得ない事実だが(59)、装束記文に関しては、宮廷儀礼の装束のあるべき姿が装束使の規範として確定し、ある時期に編纂された可能性が高いと考える(60)。

このように考えることが認められるならば、装束使の成立という観点から重要となるのは装束記文の成立時期である。これについては、労せずして逸文から時期を絞り込むことが可能である。すなわち、前述した『政事要略』巻二二所引の甲斐駒牽装束は、その項目名を「八月七日、紫宸殿御二覧甲斐国勅旨御馬一装束十三・十七・廿・廿三・廿八等国々御馬亦同レ之。」とし、このうち成立時期が最も下るものは八月一三日を式日とする秩父駒牽の承平三年（九三三）であり(61)、これが装束記文成立の上限となる。また、『江家次第』巻一九、土御門殿競馬次第所引の『天慶七年五月六日記』が装束記文を引くことから、下限は天慶七年（九四四）に求められる。つまり、装束記文の成立時期は一〇世紀中葉の三〇年代から四〇年代の期間に求めることが可能なのである。

さて、装束記文が成立した時には当然装束使も存在したと見るべきであり、これを念頭に置きつつ、続いて装束使の成立時期を実例から考えてみたい。装束使の初見は『貞信公記』承平二年（九三二）一一月四日条の平惟扶なる人物であるが、彼が弁や次将であったことは確認できず、蔵人所雑色と同時に任じられたことからも、検討してきた装束使と同じと見るには躊躇される。他では、『九暦』承平六年（九三六）一二月一六日条に「装束史」なるものが見え、これが装束使の史を指す可能性は捨て切れない。しかし、外記の指示のもと装束を担当すること、「装束史」とされた檜前忠明が左少史であった点からは(62)、この時点において装束使が成立していたとは断定できない。確実に装束使のことと言えるのは、「節会日奏二大夫達雑怠一者、未レ出之前奏レ之。〔又カ〕人内弁上者、早参入催二行雑事一。若可二遅参一者、装束弁許仰下遣可二催行一之由上。故左大臣所レ示也。天慶三年十二月廿三日教」という『小野宮故実旧例』の記載で、『江家次第』巻一、元日宴会の頭書にも「内弁遅参者、且可レ弁二備諸事一由、示二遣於装束司弁許一」とこの規定が見える。節会以外の儀礼でも、伊勢奉幣や即位儀で天慶九年（九四六）には装束使の活動が窺え(63)、以後、様々な儀礼で見えるようになる。こうした史料上での装束使の出現時期が、想定した装束記文の成立時期と近似することは全く無関係であるはずはなく、これらを勘案すると『小野宮故実旧例』が記す天慶三年（九四〇）前後に装束使が成立した可能性は高い。装束記文もそれから程経ずに成立したと見ることができよう。宮廷儀礼の装束の確定と装束使・装束記文の成立とは不可分であり、ともに一〇世紀中葉のことであったと考える。

以上、装束使の規範たる装束記文を基軸にして装束使の成立時期を推測した。装束記文が逸文であることなど史料的な制約は否めず、装束使の成立がさらに遡る可能性はなお存在する。しかし、『延喜式』に記載されないことからも九世紀段階まで遡るとは想定し難く、その成立は一〇世紀中葉に求めるのが適当と考える。前述したように装束使の弁と率分勾当の弁は地位として対応関係にあったと思われるが、その正蔵率分制が前述の装束使の成立時期と近い天暦六年（九五二）に成立したということも有力な傍証となり得るだろう。

四　太政官機構の再編と装束使

『延喜式』巻一一、太政官は、「凡元日天皇受二皇太子及群臣朝賀一、弁官預仰二諸司一弁二備庶事装束一、弁・史等行事。余節准レ此。」と記す。装束使の如く自ら儀場へ赴き、直接装束を監督したか否かは判然としないが、『延喜式』段階においても弁官が朝賀・節会の庶事装束の弁備に携わっていたことを知る。また、『延喜式』巻四五、左右近衛府が近衛府による紫宸殿装束を規定していたことはすでに触れた。装束使はこれらの規定を法的な拠り所とし、それを発展させる形で恒常的な機関として成立した組織であったことはまず間違いなかろう。ならば次に問題となるのは、『延喜式』段階での弁官・近衛府の儀礼関与形態と装束使の職掌との相違であり、これが装束使の成立意義を考える上で最も重要な視角となる。

『延喜式』が記す朝賀・節会とは、天皇が大極殿・豊楽殿・武徳殿へ行幸し、六位以下を含む律令官人全体やその延長上に想定される公民と向き合う儀礼であった。これらの儀礼形態は、天皇の出御形態や官人の参加形態などに示される如く、紫宸殿儀の節会とは大きく異なるものであり、律令官僚制に基づく国家儀礼としては、七世紀末以来、天皇が高御座に座すこうした殿舎の儀礼が重要な位置にあったことに疑いはない。『延喜式』のような弁官による庶事装束の弁備がいつまで遡るかは明確ではないが、これらの儀場が太政官機構の中枢に位置したこと、弁官の職掌の中心に諸司の引率があることを考えると、(64)律令太政官制の成立期まで遡ると見ても問題はない。一方、内裏内の儀礼は前代の儀礼形態を引き継ぐ形で律令制当初より存在した。両者の儀礼形態は天皇と官人との結び付きを異なる形で表象するものであり、律令天皇制にとって相互補完的関係にあったと考える。(65)

しかし、八世紀後半から九世紀にかけては、次侍従制や公卿制、蔵人制の成立をもとにして紫宸殿や清涼殿での儀礼が整備され、宮廷儀礼は内裏内へ大きく傾斜し、一〇世紀中葉にはついに、天皇が大極殿・豊楽殿・武徳殿での年中行事へ行幸し、恒例的に律令官人全体と向き合う機会はほとんど存在しなくなる。こうした宮廷儀礼の変容を背景に、弁官の役割が変更を余儀なくされたことは想定し易く、儀礼という観点から整理するならば、従来の天皇と律令官人全体との結合を媒介する職掌から、天皇の侍従的性格を獲得した貴族層などと天皇との結節点である内裏内の儀礼を主体的に運営するものへと、その機能は縮小再編されざるを得なかったと予想される。平安中期以降の宮廷儀礼は、天皇の身近な世界で完結するものへと変容したのであり、大極殿・紫宸殿などにおける弁官、清涼殿での蔵人、両者を有機的に結び付ける役割を果たした近衛官人(66)の三者が中心となって、安定的に運営されるに至ったことは明確な事実であろう。ここにおいて宮廷儀礼は新たな局面を迎え、官方行事の意味合いも大きく変化したのであり、装束使の成立要因はこうした文脈の中で位置付けねばなるまい。

以下、装束使の職掌に則して右述の展望を跡付けていきたい。装束使は不出御儀や雨儀など通常の装束と異なる場合には、上卿の仰せを待って装束の変更を行うのが「正法」であったが(67)、通常の装束では上卿の指示を待たずに儀場の装束を行う。開催日以前に儀場の変更がある場合は、上卿から指示されるわけではなく、職事弁官を通じて勅として伝えられる(68)。ここからは装束使と上卿との間に距離を見出すことが可能で、節会平座の宜陽殿装束において装束使が「就二記文一奉二仕御装束一、其上依二内弁仰一改直」すという「官之故実」があったことも(69)、逆説的ではあるが彼らの活動が本来的には上卿の管轄下にはないことを示唆していよう(70)。他方、「上卿奉レ勅、召二装束弁若史一、若大弁在レ座、示レ彼令レ仰云々。仰下可レ令レ敷二侍従座一之由上」の如く上卿→大弁→装束使という命令系統が存在し(71)、また装束使の弁が不参の場合は他の弁に対して上卿の命が下る例も散見する(72)。装束使の弁はあくまで弁官としての立場で活動したと言え、臨時的な儀礼における行事上卿と行事弁の如き個別的で密接な繋がりを、上卿と装束使との関係に当てはめることは適当ではない。

装束使の成立意義を考える上で、彼らの活動が多く「奉二仕御装束一」と記されるものであった意味は大きいとせざるを得ない。すなわち、『中右記』永久六年（一一一八）正月一六日条によれば、左大弁藤原長忠は除目儀の議所装束について行事上卿へ「被レ申二上御装束了由一」たが、これに対して自ら装束使の経験がある権中納言藤原宗忠は、日記で「不レ可レ有二御字一歟」と不審さを露わにする。宗忠は「装束」と「御装束」との使い分けを明確に意識していたのであり、ここから類推すれば、装束使の携わる職掌が、天皇に関わる「御装束」への「奉仕」という側面の強いことを看取し得る。また一三世紀中葉に下るが、都鄙供御人の設置を申請した造酒司解の中で、「傍例」として装束使が「宛二召市之苧売買之輩上分一」していた事実を引載する点も注目に値する[73]。これが内膳司の日次供御備進などと並記されることからは、装束使が供御人制に何らかの形で関わる立場にあったことを意味していよう。前述の如く装束使が主として天皇の出御空間を装飾したこと、弁・近衛次将が奉勅宣旨で補任された職であること、上卿との間に一定の距離を見出し得ることをも考え合わせると、上卿を必ずしも媒介とせずに天皇と直接的かつ緊密に結び付き活動した状況を想定することができる。平安中期以降において宮廷儀礼の主要なものは、このような天皇との結び付きを深めた装束使によって装飾されたのである。

こうした特質は用途調達の面でも窺える。装束使は請奏によって用物を申請するのが一般的で、なかでも率分を充当することが多い[74]。これは、正蔵率分制が神事・仏事・節会など「宛二無レ止公用一」てることを目的に成立したことと合致するが、率分の使用に奏聞が不可欠であったこと、請奏が上卿を通じたものではないことを考慮すれば、ここでも上卿を介さない装束使と天皇との直接的な関係を見ることが可能である[75]。『範国記』長元九年（一〇三六）六月二四日条によれば、後朱雀天皇の即位儀に際して装束使が、関白藤原頼通に対して砂金一〇両・銀五両を申請し、頼通は「随レ候」い砂金一九両を供出したとされる。頼通が財を供出した理由を即位儀という儀礼の性格と切り離して考えることはできないが、一方で装束使がなかば強制的に財を要求し得る立場にあったこともまた看過できない。その背景に上記の如き装束使と天皇との強い結び付きがあったことは想定し易く[76]、これらを勘案するならば、装束使なる制度は、天皇を中心に縮小再編された宮廷儀礼を安定的に運営すること（特に儀場の装飾）を目的として、平安中期において弁官を中心として組織された機関であったと捉えることができよう。こうした天皇の近侍的性格は、『延喜式』が記す庶事装束の弁備とは性質を大きく異にしていたと言わざるを得ない。

さて本章では、随所で装束使制と正蔵率分制との関係について触れてきた。弁が担うといった対応関係などは改めて述べないが、宮廷儀礼に関して整理するならば、「宛二無レ止公用一」てることを目的とした正蔵率分制と、それを利用しつつ壮麗な儀礼を演出した装束使制とは、制度的に表裏の関係にあったと見ることも可能である。さらに、率分が弁（多くは左中弁）を中心に主計頭・大蔵輔・大監物が勾当となり、太政官独自の財源となったことと、装束使が弁（多くは左中弁）が中心となり、統轄下に置いた律令官司を率いて官方行事の装束を行ったこととは、組織運営の面で極めて類似すると言える。弁官は、装束使制と正蔵率分制を通じて前代とは異なる形で太政官機構を管轄下に置いたのであり、装束使の関与した儀礼の性格と率分の徴収・利用法とを考えれば、国家の儀礼と財政の中核は、この時点で弁官に掌握されたものと解することができる。両者は儀礼的・表象的な性格の色濃い平安期の宮廷社会を円滑に機能させるべく、その実務担当組織として生み出された、いわば双生児と見ることが可能である。そして、装束使と天皇との繋がりを想起すれば、平安中期以降の官方行事は、天皇近侍の職掌を獲得した弁官を中心にして運営されたと言うことができ、天皇の家的儀礼の意味合いを濃くしたものと捉えることが可能であろう。

ところで、『伝宣草』下は弁官が奉じる宣旨に関し、「凡神事・仏事・節会・行幸以下諸公事装束・饗・禄事、官所レ奉也」と記す。こうした職務こそが弁官が摂関・院政期に重要な位置を占めるに至った最大の要因であることは疑いない。その中心にあったのが、装束と饗を担当する装束使制と、饗・禄の財源となった正蔵率分制であった。官方行事の展開は、儀礼と財政を掌握した弁官による太政官機構の再編と不可分であり、弁官が天皇近侍の性格を得たことをその背景に認めたい。そして、宮廷儀礼の変容の大きな画期は、装束使制と正蔵率分制が成立する一〇世紀中葉であった可能性が高いものと考える。

おわりに

本章では、平安中期における宮廷儀礼の変容を、儀場の装束を行う装束使なる組織を素材として検討してきた。装束使は、近衛次将を含むものの弁官の中枢にある官人が関与した機関であり、律令官司を統轄下に置き、官方行事の中でも即位・節会などを含むある意味で正統的な儀礼の装束を担当する恒常的な組織として、一〇世紀中葉に成立したものと考える。その背景には、宮廷儀礼の内裏内への傾斜を通じて、それまで太政官の側から律令官人全体と天皇との結合に重要な役割を果たした弁官が、天皇の近侍官的な地位を獲得して、天皇の家的儀礼を主体的に運営するに至った状況を想定でき、弁官は装束使制と正蔵率分制をもとに、儀礼と財政の中核を掌握したものと想定する。すなわち、平安中期以降の国家構造は天皇を中心に縮小再編されたことに大きな特色を持ち、多くの官方行事も天皇の家的な儀礼という意味を持つものへ変容していったのであり、装束使はそれと連動する形で成立した機関であったと理解したい。

さて、研究史を顧みるならば、古代から中世への国家構造の変容を論じるに際しては、律令的税制の破綻やそれに伴う用途調達方法の変化など、社会経済史的側面からの考察が主流であったことは疑いない。こうした研究が今後とも進展されねばならないことはいうまでもないが、一方で、摂関・院政期における財政の再建が宮廷儀礼の運営を主たる目的にしていたことは明確な事実であり、こうした事柄を考慮すれば、儀礼そのものの変容という視座は不可欠となろう。装束使という組織に対象を絞ったため、官方行事において従来注目されてきた上卿制や行事所制、別当制については間接的にしか触れ得ず、また、蔵人方行事の国家的意味合い、諸権門の儀礼関与形態などに関しては、全く論じることができなかった。こうした観点からの検討は今後の課題であり、本章で見た装束使の特質もそれを踏まえて位置付け直さねばならないと考えるが、公事分配の成立が一〇世紀後葉であったこと、蔵人方行事の盛行も分配ができる一条朝以降であることを考えれば、装束使の成立がそれに若干先立つことの意味は、その後の変容を考える上で示唆を与えるものとなろう。展望に過ぎないが、その後の臨時的儀礼を含めた華やかな宮廷儀礼の展開、弁官の実務官僚としての成長、それらと連関する諸権門の家政機関の成熟は、装束使から窺えた官方行事の変容を前提になされたものと理解することも、強ち誤りではないと考える。

(1) 古瀬奈津子「行事蔵人について―摂関期を中心に―」(『日本古代王権と儀式』吉川弘文館、一九九八年、初出一九八九年)。以下、古瀬の議論はこれによることとする。

(2) 官僚制的原理よりも天皇との私的関係が優勢となり、官方は蔵人方と併称されるに至るという古瀬の見方に対しては、太政官と蔵人所それぞれの固有的機能を重視する今正秀の批判が有効である。今正秀「王朝国家中央機構の構造と特質―太政官と蔵人所―」(『ヒストリア』一四五、一九九四年)。

(3) これらに関しては、瀧川政次郎「装束と装束司」(『綜合法学』三三、一九六一年)や中嶋宏子「大嘗祭の御禊行幸―装束司・次第司の任命―」(『國學院雑誌』九一―七、一九九〇年)が、個々の事例に則して考察している。

(4) 『新儀式』『西宮記』では少将のみに触れるが、実例では中将の補任例が存在し、以下では近衛次将としてまとめて論じていく。

（5）率分勾当の補任状況については、川本龍市「正蔵率分制と率分所」（『弘前大学国史研究』七五、一九八三年）参照。
（6）『江家次第』巻四、除目、『魚魯愚抄別録』巻七。
（7）『中右記』嘉保三年（一〇九六）正月七日条など。
（8）『吏部王記』天慶九年（九四六）四月二八日条。
（9）『玉葉』承安二年（一一七二）二月一六日条には、「近代ハ装束司史ハ付二大夫史一了。其外無レ之云々」との小槻隆職の理解を載せる。
（10）曽我良成「官務家成立の歴史的背景」（『王朝国家政務の研究』吉川弘文館、二〇一二年、初出一九八三年）参照。
（11）『小右記』万寿元年（一〇二四）一二月二八日条。
（12）『類聚符宣抄』巻七、定所々別当・勾当・預。
（13）『中右記』嘉保三年（一〇九六）九月二七日条。
（14）補任記事以外の二例のうち、一つは前掲の『小右記』の記載であり、実際の活動が知られるのは、わずかに康保三年（九六六）の右少将藤原助信のみである。『西宮記』（尊経閣文庫所蔵大永本）第二、五月六日幸武徳殿所引勘物。
（15）『玉葉』承安二年（一一七二）二月一六日条。
（16）『小記目録』天元二年（九七九）正月一日条では「節会事南殿御装束、近衛司奉仕事」とあり、詳細は不明ながらも一〇世紀後葉にはまだ近衛府の活動を確認し得る。なお、『延喜式』が少将と記すことと『新儀式』『西宮記』の規定とが対応することから、あるいは少将から次将への拡大が形骸化と関連するのかもしれない。
（17）『小右記』万寿三年（一〇二六）正月一七日条（逸文）。
（18）『小右記』寛弘八年（一〇一一）九月九日条。『永昌記』長治三年（一一〇六）四月一日条では、「更召レ予被レ仰二可レ居レ饌之由一装束使弁必奉レ之。」と記す。
（19）『九暦』天暦七年（九五三）一〇月五日条、『水左記』承保三年（一〇七六）正月七日条。
（20）『左経記』万寿三年（一〇二六）三月二九日条、『台記別記』久安六年（一一五〇）正月四日条。なお、『朔旦冬至部

類記』所引朝隆卿記、久安元年（一一四五）一一月一日条では、主殿・衛門・主殿女官の所作に続き、「以上為㆓蔵人方沙汰㆒。但載㆓記文㆒。装束使何不㆑知乎」と記し、時代が下ると「蔵人方沙汰」との区別が曖昧化するようである。

(21)『魚魯愚抄』文書標目、『魚魯愚抄別録』巻七、『大間成文抄』巻六。この中には掃部寮允と記す史料もあるが、允と属とのいずれが正しいかを判断することは難しい。

(22)『中右記』承徳二年（一〇九八）三月二八日条。

(23)『兵範記』仁安元年（一一六六）一〇月一五日条。

(24)弁官が兼帯する別当については、中原俊章「弁官局の変革—官方の経済的役割—」（『中世王権と支配構造』吉川弘文館、二〇〇五年、初出一九九〇年）参照。

(25)『中右記』承徳二年（一〇九八）三月二八日条。

(26)『小右記』天元五年（九八二）正月一三日条。

(27)『春記』長暦二年（一〇三八）一二月二三日条、同四年六月二二日条。

(28)「御殿・南兼㆑之」た小六条殿内裏では、元日の小朝拝後に「御殿御装束蔵人方取㆑之」り、装束使が節会のために「改㆓御装束㆒」めた。『殿暦』永久三年（一一一五）正月一日条。

(29)『小右記』長和二年（一〇一三）正月一日条。

(30)『江家次第』巻三、賭射。

(31)曽我良成は、同時代の史料である『中右記』の「近代」は一一世紀中葉以降を指すと指摘する。曽我良成「『中右記』における〝近代〟の意味について」（『古代文化』三三—五、一九八一年）。

(32)『春記』長暦四年（一〇四〇）一一月四日条、『長秋記』天永四年（一一一三）正月一日条、『西宮記』（尊経閣文庫所蔵巻子本）巻一、元日節会。

(33)『玉葉』治承四年（一一八〇）二月三日条。

(34)『吉記』寿永二年（一一八三）二月二日条では、「予欲㆑着之処、参議座儲一人料云々。本寮懈怠也。円座可㆑遣㆓召寮㆒

之由、両大外記下二知之一」とある。大学寮の焼亡に起因して太政官庁で行われたという状況からは、「本寮」を大学寮のこととと見てよい。

(35)『左経記』長和五年（一〇一六）正月八日条、『中右記』承徳二年（一〇九八）八月二九日条、嘉承二年（一一〇七）二月二八日条。

(36)大隅清陽「延喜式から見た太政官の構成と行事」（『律令官制と礼秩序の研究』吉川弘文館、二〇一一年、初出一九九〇年）は、弁官の本来的機能たるアドモヒの一様相として理解する。また岡野浩二『平安時代の国家と寺院』（塙書房、二〇〇九年、第一編第三章第一節ほか）は、法会執行に関わらせて行事官の機能を論じる。

(37)『中右記』寛治八年（一〇九四）七月二〇日条。

(38)今江廣道「公事の分配について」（『国史学』一二三、一九八四年）、佐藤泰弘「平安時代における国家・社会編成の転回」（『日本中世の黎明』京都大学学術出版会、二〇〇一年、初出一九九五年）。

(39)荷前別貢幣では、装束使が装束を行ったにもかかわらず行事弁が存在する。

(40)『中右記』天仁元年（一一〇八）一一月二四日条、『兵範記』仁安三年（一一六八）一一月二五日条。

(41)『殿暦』嘉承二年（一一〇七）一一月二五日〜一二月一日条。

(42)『中右記』嘉保三年（一〇九六）正月九日〜一一日条、天承二年（一一三二）正月二日条、『本朝世紀』久安五年（一一四九）一二月二二日条。なお、『山槐記』久寿三年（一一五六）正月七日条は「一夜御宿之時、装束司不レ参、本所設云々」と記し、宿泊の有無が装束使の関与の有無を決定付ける指標となったことを知る。

(43)『中右記』承徳二年（一〇九八）一一月二三日条。

(44)『小右記』治安二年（一〇二二）七月一三日条。

(45)『参議要抄』下、『中右記』嘉承二年（一一〇七）二月五日条、『小右記』長徳二年（九九六）七月二九日条。

(46)『新任弁官抄』、『西宮記』（尊経閣文庫所蔵巻子本）巻一二、外記平座政。

(47)『中右記』長治元年（一一〇四）四月一八日条、『本朝世紀』永祚二年（九九〇）一〇月四日条、一二日条。

(48)『小右記』長和二年（一〇一三）四月一日条、『中右記』嘉保三年（一〇九六）正月七日条、『玉葉』治承四年（一一八〇）二月三日条。

(49)『通憲入道蔵書目録』は「装束使記文五巻、朽損。」と記す。

(50) 所功「『装束記文』の逸文抄」（『宮廷儀式書成立史の再検討』国書刊行会、二〇〇一年、初出一九九六年）。なお、所は『小右記』長和二年（一〇一三）四月一日条から賀茂祭御禊に関する装束記文の存在を推定するが、ここに記す「装束記文」とは同日に行われた旬政に関するものであろう。

(51) 斎王群行儀については、榎村寛之「斎王発遣儀礼の本質について」（『律令天皇制祭祀の研究』塙書房、一九九六年）に詳しい。

(52)『政事要略』巻二九、年中行事十二月下。

(53) 紫宸殿儀の存在は『中右記』嘉保二年（一〇九五）一〇月一三日条から、仁寿殿儀は『小右記』万寿三年（一〇二六）七月二七日条から判明する。

(54)『雲図抄』相撲節では、「蔵人方非㆓沙汰㆒。装束使進止也。依㆑為㆓南殿儀㆒也」と記した後に「庭前儀見㆓記文㆒」と記載し、南北朝期に成立した『夕拝備急至要抄』は、種々の儀礼装束を「御装束見㆓雲図抄㆒。」と「御装束装束司奉㆓仕之㆒。」とに大別する。

(55) 和田英松『本朝書籍目録考証』（明治書院、一九三六年、一七八頁）、武光誠「記文と律令政治」（『日本古代国家と律令制』吉川弘文館、一九八四年、初出一九八一年、二五〇〜二五一頁）。

(56) 武光は裏書と記すが、現存写本ではこの箇所の勘物は裏書ではない。

(57)『西宮記』（尊経閣文庫所蔵巻子本）巻五、上野駒牽。

(58)『政事要略』の写本については、押部佳周「政事要略の写本に関する基礎的考察」（『広島大学学校教育学部紀要』五、一九八二年）参照。ただし、衍字であることを積極的に示すだけの写本は現時点では見出せない。

(59) 西本昌弘「儀式記文と外記日記―『弘仁格式』序の再検討―」（『日本古代儀礼成立史の研究』塙書房、一九九七年、初出一九八七年）。

(60) 装束のあるべき姿とは当時の一般的な様相である必然性はなく、白馬節会が紫宸殿で開催されていたとしても、豊楽殿儀を正規として記載したと想定してもよかろう。
(61) 『政事要略』巻二三、牽二秩父御馬一所引承平三年（九三三）四月二日太政官符。
(62) 史の補任状況については、井上幸治「太政官弁官局の実務職員（史）の変遷とその背景」（『古代中世の文書管理と官人』八木書店、二〇一六年、初出二〇〇〇年）参照。
(63) 『即位部類記』（『大日本史料』一―八、六一五頁）、『吏部王記』天慶九年四月二八日条。
(64) 大隅清陽「延喜式から見た太政官の構成と行事」（注36前掲）及び「弁官の変質と律令太政官制」（『律令官制と礼秩序の研究』注36前掲、初出一九九一年）。
(65) 本書第Ⅰ部第一章。
(66) 紫宸殿装束における近衛府の意味合いが減少する一方で、近衛官人は勅使や出居など、運営面よりも実際的な所作が目立つようになる。儀礼における近衛府の重要性については、笹山晴生「平安前期の左右近衛府に関する考察」（『日本古代衛府制度の研究』東京大学出版会、一九八五年、初出一九六二年）に詳しい。
(67) 『小右記』寛弘八年（一〇一一）九月九日条、『台記別記』久安三年（一一四七）一〇月二日条。なお、『左経記』万寿五年（一〇二八）正月一日条では「兼有二宣旨一之故」に平座の宣陽殿装束を上宣を待たずに行った。
(68) 『小右記』天元五年（九八二）正月一三日条、万寿四年（一〇二七）一二月二八日条。
(69) 『玉葉』承安二年（一一七二）二月一六日条。
(70) 年中行事の中で、事前に上卿から装束使へ装束の命令がなされた儀礼としては相撲召合儀を挙げ得るが、召仰の内容は「其々日可レ聞二食相撲召合一。依二其年例一候」（『江家次第』巻八、相撲召仰）と式日と先例を伝えるものであり、臨時性・娯楽性といった相撲召合の儀礼的性格と不可分であろう。
(71) 『北山抄』巻一、旬事。
(72) 『三節会次第』など。

（73）『平戸記』仁治元年（一二四〇）閏一〇月一七日条。大山喬平「供御人・神人・寄人―自立しなかった商人たち―」（『ゆるやかなカースト社会・中世日本』校倉書房、二〇〇三年、初出一九八八年）参照。
（74）『江家次第』巻一七、東宮御元服など。
（75）『江家次第』巻四、定受領功課事。大津透「平安時代収取制度の研究」（『律令国家支配構造の研究』岩波書店、一九九三年、初出一九九〇年）参照。
（76）他には南殿御障子や御帳の用途を成功で調達した事例がある。『大間成文抄』巻五、諸国権守介。

第二章　御願供養会の准御斎会化

はじめに

本章が課題とするところは、平安中期における律令天皇制の再編を宗教儀礼的側面から描き出すことにある。その一つの手段として、一般に准御斎会と呼ばれる仏教儀礼を取り上げ考察することとする。

准御斎会は、律令国家・律令天皇制にとって重要な仏教儀礼たる御斎会に准え、御斎会と同格なものとされた法会のことである。准御斎会は史料的には摂関・院政期に多く現れるが、その歴史的経緯からは二つに大別でき、そのうちの一つ、一代一度仁王会や先帝等の追善仏事、あるいは国家的性格の極めて強い寺院（東大寺・崇福寺）の落慶供養会など、本来的に国家にとって重要な仏教儀礼が御斎会に准えられることは、准御斎会の儀礼形態を考慮するならば、八・九世紀においても同様であった可能性が高い(1)。こうした法会についても、その折々の仏教政策などに鑑みて精査すべきと考えるが、平安中期の変化を課題とする本章にとって重要なのは、それ以前に淵源を持つこのような准御斎会ではなく、一〇世紀後葉以降に登場する、御願寺供養会などの個人の御願に基づく供養会が宣旨を受け御斎会に准えられることで、これは「被レ供二養御願寺一之時、多被レ准二御斎会一」とある如く(2)、摂関・院政期の准御斎会の典型的形態となる。御斎会が宗教的にも政治的にも重要な天皇に関わる斎会であるならば(3)、個人的側面の強い御願供養会が御斎会と同格なものとなることにこそ、国家儀礼が変化する上で大きな意義を見出すことができ、こうした御願供養会の准御斎会化を考察することで、平安中期における国家儀礼の変質、ひいては律令天皇制の再編をも描き得ると考える。

本章が取り上げる准御斎会に関しては、これまでにもいくつかの研究が言及しており[4]、本章の視角は決して新しいものではない。殊に遠藤基郎の研究は、それまで権門寺院や家政機関の国家儀礼関与を示す一例証として間接的に触れられるに過ぎなかった准御斎会を積極的に取り上げ、その基礎的構造を明らかにしており、それを通じて中世国家史研究に一つの重要な指針を与えたことは間違いない[5]。しかし、そうした先行研究が存在するにもかかわらず、本章がなお准御斎会という儀礼を考察の対象とするのは、遠藤の研究と私見との間に根本に関わる見解の相違があると考えるからである。その一つは、准御斎会の展開の背景に法勝寺修正会の活況による御斎会の価値低下を見た点にある。御斎会は治承の公家新制がなお年中法会の代表として掲げる如く[6]、一概に御斎会と修正会を対等に扱うことはできず、根拠となった公卿の参加が御斎会から修正会へ移る点についても、その要因は御斎会自体の変質を抜きに考えることができない。もう一つは、准御斎会を天皇の儀礼を模倣し得る権力の登場という観点から捉えたことである。御願供養会の准御斎会化は、遠藤も言うように天元六年（九八三）の円融寺供養会からとすることが一応可能であるが、そこからも准御斎会化は天皇の側から始まると言え、その後の拡大はむしろそれを可能にした天皇自身の変化から捉え直す必要がある。これらの見解の相違は、一見些末な問題にも見えるが、御願供養会の准御斎会化を御斎会や天皇自身の変化の中に求め得るのであれば、それが示すであろう国家儀礼の変化についても、同様な視角からの検討が必要となり、ここに本章があえて准御斎会を考察の対象とする意図が存在する。

本章は、このような関心のもと、遠藤を始めとした諸研究に多くを学びながら、特に御願供養会の准御斎会化という問題に焦点をあて再検討を試みる。その方法として、准御斎会の儀礼的特質を改めて考察し、御願供養会が准御斎会となり始める時期及びその契機を述べ、それを歴史的に意味付けることとする。こうした検討を通じて、平安中期の律令天皇制の再編を国家儀礼の変化に引き付けて論じてみたいと考える。

一　准御斎会の儀礼的特質

まずはじめに、准御斎会の儀礼的特質を検討する。もっともこの点に関しては遠藤も考察の中心に置き、そこから「諸司官人以下儀礼演出の可視的模倣」という特質を見出している。これに対して山岸常人は、准御斎会が貴族層の作法を規定することから、象徴性とは異なる実質的意味の抽出を促し、准御斎会を仏事の中で世俗の論理が適用されるものと解すが(7)、こうした指摘は遠藤の考察が紙幅の都合から必ずしも詳細ではないことに起因し、遠藤の見解は依然評価すべきと考える。そこで、遠藤の見解を補足する形で御斎会との異同を中心に改めて検討を加え、先行研究があまり触れ得ていない視角から、准御斎会が有する問題の所在を明確なものとしたい。

久安三年（一一四七）七月二九日、鳥羽院蔵人を通じて鳥羽新造御堂供養式の制作を依頼された内大臣藤原頼長は、八月二日、「御堂供養式猶必可レ制。依二勝光明院・宝荘厳院之例一」との鳥羽院の勅を受け制作を承諾し、六日に勝光明院式を写した供養式を院へ持参する。続く八日、五位蔵人平範家が頼長へ准御斎会宣旨を下し、頼長は外記惟宗長基を召してこれを仰せ、大外記中原師安へ宣旨が伝わる。師安が奉じた宣旨は次のようである(8)。

内大臣宣。奉レ勅、今月十一日鳥羽御堂供養可レ准二御斎会一之由、宜レ召二仰縁事所司一者。

このように准御斎会となる供養会は、供養式が願主の命で制作され、天皇から蔵人を通じて准御斎会宣旨が上卿・外記へ下される。宣旨は「可レ准二御斎会一之由、宜レ召二仰縁事所司一」というもので、他にも「大納言朝光卿於二仗座一召二仰大外記致時一云、明〔日脱カ〕法皇御灌頂、准二御斎宮〔会〕一催二誡諸大夫幷所司一」、「臨二彼期一准二御斎会一之由被二仰下一時、可レ催二諸司一由被二仰下一旨、大外記師遠所レ申也」とある如く、[9]外記が法会参加の諸司を催すことと密接に関係した。外記が催す諸司を明らかにする史料は断片的にしか存在しないが、法会開始前に上卿が外記を召し、「式部・弾正・諸司・堂童子等参否」を問うことや、「上官幷式部・弾正・治部・玄蕃等皆悉参会」すること、[10]長元四年（一〇三一）の大極殿仁王会（准御斎会）で、源経頼が「又出居弁・少納言着。二省・弾正不レ着。是兼無レ仰云々。又有二楽前大夫一、無二衆僧前幷雅〔楽カ〕□官人等一。同外記不二催具一歟。将兼無レ仰歟」と記すことから、[11]上官・式部・弾正と衆僧前を務める治部・玄蕃、雅楽寮や堂童子等が中心であったと推定する。准御斎会が右の如き宣旨に基づくものである以上、准御斎会の儀礼的特質は山岸の指摘にあるような貴族の作法よりも、催された諸司の参加形態の中に見出すべきと考える（表1）。

　催された諸司の中で最初に注目したいのは上官（少納言・弁・外記・史）である。上官の参加は、「今日有二祇園御塔供養一。（中略）不レ被レ准二御斎会一。但上官参入」とあることから准御斎会の特徴と言え、[12]彼らは式部・弾正とともに出居の座に着く。法会を含む多くの宮中儀礼に出居は存在するが、上官が出居となるのは大極殿儀礼で、清涼殿・紫宸殿等の内裏内儀礼では近衛次将や侍従が出居を務め、両者が混用されることはない。仏教儀礼においても南殿仁王会では次将が出居となり、大極殿儀では上官が出居を務め、東宮御読経では帯刀が出居となり、出居は場所に応じて変化する。[13]言うまでもなく、大極殿儀礼の出居が上官であるのは、大極殿が太政官機構の中心たる朝堂院の正殿だからで、それに対して内裏では天皇近侍の近衛官人が出居となる。准御斎会の出居が御斎会と同じ上官であるのは、大極殿儀たる御斎会に准え諸司を参加させたことに起因し、このことは供養会を単に

表1　一〇～一二世紀の准御斎会

No.	開催年月日	供養会名	天皇	主催者（地位）	主催者名	行幸	上官出居	式部・弾正	治部・玄蕃	出典
1	延喜九年（九〇九）三月二四日	大極殿仁王会	醍醐	天皇	醍醐					西宮記（臨時仁王会）
2	延長五年（九二七）一〇月二六日	崇福寺弥勒新像供養会	醍醐	天皇	醍醐					日本紀略、扶桑略記
3	延長八年（九三〇）一一月二五日	醍醐寺先帝（醍醐）七々日供養会	朱雀	皇后	穏子					吏部王記
4	応和四年（九六四）六月一七日	法性寺中宮（安子）七七日供養会	村上	天皇	村上					西宮記（皇后崩事）
5	康保二年（九六五）四月二七日	西寺中宮（安子）周忌法会	村上	天皇	村上					日本紀略
6	天元六年（九八三）三月二二日	円融寺供養会	円融	天皇	円融	※1		×		日本紀略、百練抄
7	永観元年（九八三）一〇月二五日	円融寺般若会	円融	天皇	円融					日本紀略、百練抄
8	永延三年（九八九）三月九日	東寺法皇（円融）御灌頂	一条	法皇	円融					三僧記類聚
9	正暦五年（九九四）二月二〇日	積善寺供養会	一条	関白	道隆					百練抄
10	長保元年（九九九）八月二一日	慈徳寺供養会	一条	女院	東三条院					小右記、権記、百練抄
11	寛弘二年（一〇〇五）一〇月一九日	浄妙寺供養会	一条	左大臣	道長			○		御堂関白記、小右記、権記、日本紀略

No.	開催年月日	供養会名	天皇	主催者（地位）	主催者名	行幸	上官出居	式部・弾正	治部・玄蕃	出典
12	寛仁四年（一〇二〇）三月二二日	無量寿院供養会	後一条	前太政大臣	道長		○	○	○	無量寿院供養記、左経記、御堂関白記
13	治安二年（一〇二二）七月一四日	法成寺金堂供養会	後一条	前太政大臣	道長	○	○	○	○	法成寺金堂供養記、左経記、小右記
14	治安二年（一〇二二）一〇月一三日	仁和寺観音院供養会	後一条	太皇太后	彰子			×		小右記、定家記
15	治安四年（一〇二四）六月二六日	法成寺浄瑠璃院供養会	後一条	前太政大臣	道長		○	×		小右記、定家記、日本紀略
16	長元三年（一〇三〇）八月二一日	東北院供養会	後一条	女院	上東門院	※2				小右記、日本紀略、百練抄
17	長元三年（一〇三〇）一〇月二九日	法成寺五重塔供養会	後一条	関白左大臣	頼通					日本紀略、扶桑略記、百練抄
18	長元四年（一〇三一）一〇月二〇日	興福寺東金堂并塔供養会	後一条	関白左大臣	頼通					左経記、日本紀略、小記目録
19	長元四年（一〇三一）一一月三〇日	大極殿仁王会	後一条	天皇	後一条	○	○	×	×	左経記
20	長元七年（一〇三四）一〇月一七日	円教寺供養会	後一条	天皇	後一条		○	○		左経記、日本紀略
21	永承三年（一〇四八）三月二日	興福寺供養会	後冷泉	天皇	後冷泉		○	○	○	造興福寺記、春記、扶桑略記
22	永承五年（一〇五〇）三月一五日	法成寺講堂供養会	後冷泉	関白左大臣	頼通					春記、百練抄、水左記

No.	開催年月日	供養会名	天皇	主催者（地位）	主催者名	行幸	上官出居	式部・弾正	治部・玄蕃	出典
23	天喜元年（一〇五三）三月四日	平等院阿弥陀堂供養会	後冷泉	関白左大臣	頼通			×		定家記、扶桑略記、百練抄
24	天喜三年（一〇五五）一〇月二五日	円乗寺供養会	後冷泉	天皇	後冷泉					百練抄
25	天喜五年（一〇五七）三月一四日	法成寺八角堂供養会	後冷泉	女院	上東門院					百練抄
26	治暦元年（一〇六五）一〇月一八日	法成寺金堂薬師堂観音堂供養会	後冷泉	関白	頼通	○				水左記、百練抄
27	治暦三年（一〇六七）二月二五日	興福寺金堂供養会	後冷泉	天皇	後冷泉					百練抄
28	治暦四年（一〇六八）三月二八日	法成寺百二十五体丈六絵像供養会	後冷泉	関白	頼通					扶桑略記、十三代要略
29	承保三年（一〇七六）六月一三日	金剛寿院供養会	白河	天皇	白河					水左記、興福寺略年代記、一代要記
30	承暦元年（一〇七七）一二月一八日	法勝寺供養会	白河	天皇	白河	○	○	○	○	法勝寺供養記、水左記、扶桑略記
31	寛治六年（一〇九二）正月一九日	興福寺北円堂并食堂供養会	堀河	関白	師実		○	○	○	大記、中右記、後二条師通記
32	永長二年（一〇九七）一〇月一七日	法成寺新堂供養会	堀河	前太政大臣	師実					中右記
33	康和四年（一一〇二）七月二一日	尊勝寺供養会	堀河	天皇	堀河	○	○	○	○	尊勝寺供養記、中右記

No.	開催年月日	供養会名	天皇	主催者（地位）	主催者名	行幸	上官出居	式部・弾正	治部・玄蕃	出典
34	康和五年（一一〇三）七月一三日	法勝寺金堂一切経供養会	堀河	法皇	白河					本朝世紀、殿暦
35	康和五年（一一〇三）七月二五日	興福寺供養会	堀河	天皇	堀河		○	○		興福寺供養次第、中右記、本朝世紀
36	長治元年（一一〇四）二月二九日	尊勝寺一切経供養会	堀河	天皇	堀河		○			中右記、殿暦
37	天永二年（一一一一）五月一七日	法勝寺千僧御読経	鳥羽	法皇	白河			×	×	長秋記
38	天永三年（一一一二）一一月二五日	法勝寺法皇（白河）六十賀	鳥羽	摂政右大臣	忠実			○		江家次第、中右記
39	永久二年（一一一四）一一月二九日	蓮華蔵院供養会	鳥羽	法皇	白河	○	○	○	○	中右記、大記、永久二年白川御堂供養記
40	永久四年（一一一六）三月六日	春日社新塔供養会	鳥羽	関白	忠実					百練抄、興福寺略年代記
41	大治三年（一一二八）三月一三日	円勝寺供養会	崇徳	女院	待賢門院	○				知信記、百練抄
42	大治三年（一一二八）一〇月二二日	石清水一切経供養会	崇徳	法皇	白河					十三代要略、百練抄
43	天承二年（一一三二）二月二八日	法成寺塔供養会	崇徳	関白	忠通		○	○	○	中右記、知信記
44	天承二年（一一三二）三月一三日	得長寿院供養会	崇徳	上皇	鳥羽		○	○		中右記、十三代要略、一代要記

No.	開催年月日	供養会名	天皇	主催者（地位）	主催者名	行幸	上官出居	式部弾正	治部・玄蕃	出典
45	長承元年（一一三二）一〇月七日	宝荘厳院供養会	崇徳	上皇	鳥羽	○	○	○		中右記、十三代要略
46	長承三年（一一三四）二月一七日	法勝寺金泥一切経供養会	崇徳	上皇	鳥羽	○	○	○		長秋記、中右記、百練抄
47	長承三年（一一三四）八月二七日	園城寺金堂供養会	崇徳	大僧正	行尊					長秋記、園城寺伝記、帝王編年記
48	保延元年（一一三五）五月一八日	仁和寺供養会	崇徳	上皇	鳥羽			○	○	長秋記、中右記、御室相承記
49	保延六年（一一四〇）一〇月二九日	春日社五重塔供養会	崇徳	上皇	鳥羽					百練抄
50	康治二年（一一四三）八月六日	金剛勝院供養会	近衛	皇后	得子					本朝世紀、台記、百練抄
51	康治二年（一一四三）一二月一八日	高陽院興福寺御堂供養会	近衛	女院	高陽院					台記、本朝世紀
52	康治二年（一一四三）一二月二〇日	皇太后宮興福寺塔供養会	近衛	皇太后	聖子					台記、本朝世紀
53	久安三年（一一四七）八月一一日	鳥羽新造御堂供養会	近衛	法皇	鳥羽	○	○	○	○	本朝世紀、台記
54	久安五年（一一四九）三月二〇日	延勝寺供養会	近衛	天皇	近衛	○	○	○	○	本朝世紀
55	仁平四年（一一五四）八月九日	金剛心院供養会	近衛	法皇	鳥羽					台記、百練抄

№.	開催年月日	供養会名	天皇	主催者（地位）	主催者名	行幸	上官出居	式部・弾正	治部・玄蕃	出典
56	仁平四年（一一五四）一〇月二一日	福勝院三重塔供養会	近衛	女院	高陽院		○	○	○	兵範記、台記、百練抄
57	保元四年（一一五九）二月二二日	白河千体阿弥陀堂供養会	二条	上皇	後白河			○		山槐記
58	長寛二年（一一六四）一〇月二三日	東大寺万僧御読経	二条		興福寺衆徒			○	○	醍醐雑事記、一代要記、百練抄
59	長寛二年（一一六四）一二月一七日	蓮華王院供養会	二条	上皇	後白河	○				醍醐雑事記、一代要記、百練抄
60	承安三年（一一七三）一〇月二一日	最勝光院供養会	高倉	女院	建春門院	○			○	玉葉、一代要記、帝王編年記
61	文治元年（一一八五）八月二八日	東大寺大仏開眼供養会	後鳥羽	法皇	後白河		○	○	○	東大寺続要録、山槐記、玉葉
62	建久五年（一一九四）九月二二日	興福寺供養会	後鳥羽	関白	兼実		○	○	○	玉葉、興福寺供養次第、百練抄
63	建久六年（一一九五）三月一二日	東大寺供養会	後鳥羽	天皇	後鳥羽	○	○	○	○	玉葉、東大寺続要録

※1　行幸は予定されていたが御物忌のため中止となる。第三節参照。

※2　『東寺王代記』で「無二行幸一」とするも『興福寺略年代記』では「有二行幸一」とする。

宮中法会に准えたのではなく、宮中法会の中でも国家的性格の強い大極殿での法会に准えようとしたことを示していよう。

次に注目したいのが式部と弾正である。彼らの参加は、「式部・弾正出居。是一日可レ准二御斎会一之由、左大臣奉レ勅被二仰下一之故也」、「次式部・弾正着。被レ准二御斎会一也。」とあるように准御斎会の特徴で、[14]式部と弾正は宮中法会の中でも御斎会など限られた法会の他は見られない。御斎会における式部と弾正は外記・史とともに庭中に列立し、六位以下官人が龍尾道東西階を昇る際、式部省掌が「立二階下一称二容止一」しており「掌レ糺二濫行一」っている。[15]准御斎会に参加した式部・弾正もこれに准えた所作をするが、天喜元年（一〇五三）の平等院阿弥陀堂供養会では、「依レ無二所便一式部・弾正不レ参例」として他の准御斎会の二例が勘申され、[16]そのうち仁和寺観音院供養会は円融寺供養会の例によったものである。[17]また、実際にも「次式部丞・録・弾正忠・疏、各引二率僚下一着二出居座一。互以教正」とあるように、[18]准御斎会における式部・弾正の威儀の監視・教正は官人全体を対象とせず、内部のみで完結しており、御斎会に比して実質的意味が低いと言わざるを得ない。

衆僧や導師・呪願の参入時に、雅楽・治部・玄蕃が引率するのも准御斎会の特徴である。御斎会以外の宮中法会では威儀師・従儀師が僧侶を引率し、治部・玄蕃が率いることはなく、御斎会は官人による引率を通じて僧侶参入を華やかにする。治部・玄蕃が引率するのは仏寺・僧籍を監督する律令制的職掌に由来し、宮中法会における威儀師・従儀師の役割から推察すると、御斎会における彼らの役割は僧侶参入時の威儀整序に関係したと考える。准御斎会における衆僧前や導師・呪願前は、治部・玄蕃の意の「省寮」と記され「省寮」の標に従って引率しており、御斎会の僧侶参入形態に准えたことは明らかである。[19]しかし、「省寮」としながらも実際には治部・玄蕃の官人が全く含まれない例が多いことにも注意すべきであり、[20]僧侶監督・威儀整序といった積極的な機能を担ったというよりは、官人が引率する華やかな僧侶参入形態を模倣するという側面が強いものと考える。

准御斎会に見られる図書寮の参加は多くの宮中法会に見え、堂童子の引率や法会開始の鐘を打つなど重要な役割を担う。図書寮が宮中法会に参加するのは仏像・経典など仏具を管理したことによるもので、通常の寺内法会では寺の管理下にある仏具を用いるため参加しない。図書寮は准御斎会となって始めて寺内法会に参加することとなるが、仏具管理と結び付く本来的な参加形態とは意味合いを異にする。また、堂童子も外記が催した役であるが、既述の例とは異なり、諸寺・宮中に関わらず多くの法会で参加を確認できる。この場合の堂童子は、法会に遣わされ散華の時に花筥を賦る官人の役で、「今日法皇令レ供二養天王寺念仏堂一給。（中略）依レ無二散花一不レ儲二堂童子一」と散華の有無と堂童子の参否は関係する。[21] 散華は平安時代に多くの法会で採用された四箇法要に含まれ、[22] 准御斎会も四箇法要がなされたため堂童子が参加したが、彼らが宣旨以前に催された例があることからも、[23] 堂童子の参加を宣旨と直接結び付けることは正確ではない。

以上をまとめると、准御斎会とは寺内法会では通常参加しない官司や御斎会に特徴的な諸司を宣旨によって参加させ、国家儀礼的意味合いの強い御斎会の儀礼形態を模倣した仏教儀礼と定義でき、参加した官司が御斎会で本来担ったような律令制的機能を果たさず、儀礼形態の模倣という側面が強いということも縷述の通りである。こうしたことは儀式中で諸司の動きを指示した行事上卿・行事弁など官行事にも言えると考える。確かに一〇世紀以降の国家儀礼において彼らが果たした役割や、[24] 長寛二年（一一六四）の東大寺万僧御読経のように「被レ准二御斎会一遣二上卿已下一」と准御斎会が行事派遣と結び付くことを考えると、[25] 准御斎会における官行事の存在を無視し得ないが、それを過大に評価することは適当ではない。例えば、彼らは意のままに諸司を動かし得たわけではなく、あくまで供養式に依拠して行動したが、その供養式の制作は、本節冒頭の事例が鳥羽院の御願寺供養会であったため、鳥羽院より依頼されたのに対し、久安五年（一一四九）の近衛天皇御願延勝寺供養式は天皇より蔵人頭を通じて制作依頼がなされる。[26] 制作には多く準拠となる式が示され、依頼された人物はそれに従って制作するが、制作といっても多くは準拠式を写すだけであり、その供養会がいかなる儀礼形態であるかの決定主体は、供養式の制作を依頼し準拠式を提示する願主側にあった。

　供養会の実質的準備を願主側が主体的に行うことにも注意したい。堂装束・布施・御願呪願文等の準備担当者や供養日時を決定する雑事定は、天皇の御願供養会では陣、摂関の御願寺ならその御在所で、院の御願寺の場合は院において開催され、願主は雑事定に参加した家司・院司を中心に準備を行うのが一般的である。すでに遠藤が指摘するが、供養会の行事上卿は雑事定の時点から重要な役割を担い、永久二年（一一一四）の白河院御願蓮華蔵院供養会では、行事を務めた参議藤原為房（白河院別当）が雑事定の執筆を行った。行事弁の藤原実行も雑事定で請僧行事とされ、後に公卿別当となることから院に近しい立場として携わる。もう一人の行事弁源雅兼は、為房・実行と異なり雑事定に参加せず、専ら官方として史・官掌等を率いて装束を行い、ここに官方行事の機能を窺い得るが、雅兼の関与は「同廿九日御堂供養、官方一向可二沙汰一也者」との院宣を為房から受けてのことであった。[27] 供養会願主は、自らの家政機関に組み込んだ公卿や弁官を通じて供養会を運営するのであり、准御斎会の官行事の実態は、こうした公卿・弁官に担われたものなのである。

　以上のことを考慮すれば、准御斎会は通常の御願供養会と同様、願主が主体となり家政機関が運営した家的儀礼の延長上にあると見るのがよい。[28] 准御斎会の儀礼的特質とは、律令制本来の役割ではなく律令制的要素の可視的模倣を期待された諸司が家的儀礼に参加したことにあり、彼らが実質的機能を果たさないのは、准御斎会が本来的には家的儀礼であることに由来する。准御斎会の模倣性についてはすでに遠藤が述べており、遠藤は律令官司の形骸化という一般的事実からこれを説明するが、家的儀礼であることを重視するならば、諸司の形骸化が国家儀礼形態の模倣を可能にした一方で、家的儀礼への参加を通じて諸司の形骸化が促進されたことも疑いなく、むしろ模倣と諸司の再編とが相即関係にあることに注意すべきである。ならば、家的儀礼がいつ、いかにして諸司を参加させ、国家儀礼形態を採るに至ったかを明確にすることは重要であり、先行研究があまり触れていないこの点にこそ、国家儀礼の再編を考える上で重要な側面があると考える。

二　准御斎会における天皇の位置

准御斎会の特徴は、個人的側面が強い家的儀礼に律令官司を参加させ、御斎会の儀礼形態を模倣したことにあるが、彼らの参加は天皇より発せられる宣旨に基づくものである。右のような問題意識を持つのであれば、まず宣旨を出す側である天皇の准御斎会における位置付けを明確にすることから始めなければならない。

天皇が准御斎会で果たす最も重要な役割は、准御斎会宣旨を出すことにある。宣旨が発せられるまでの具体的経緯は明瞭ではないが、東三条院の御願、慈徳寺供養会の准御斎会宣旨が「依二左大臣被一レ奏」って下されたこと[29]、園城寺が延暦寺悪僧のために焼亡せられた時、御斎会に准えた供養会が「依二平等院僧正行尊奏聞一及二此儀一」んだことなどから[30]、天皇への奏聞を通じて下されるのが本来的な姿と推測する。また、慈徳寺供養会では宣旨が出された後も山城国による慈徳寺の掃除を一条天皇へ申請するなど[31]、東三条院は供養会を荘厳にすべく天皇の権力を仰いでおり、文治元年（一一八五）の東大寺大仏開眼供養会御願文に「或准二斎会一以助二威儀一」とあることを考え合わせると[32]、准御斎会宣旨は天皇との繋がりを軸に天皇から願主に対してなされた、法会の威儀を助けるための恩恵と評価できよう。

慈徳寺供養会について、中納言藤原実資が「法会儀式存レ例。但准二御斎会一行レ之」とその異例さを記すことにも注意したい。実資は、僧房装束を依頼された際、「未レ聞三上達部従二如レ此之役一。太奇怪事也」、「事雖二奇怪一近代之事不レ足レ言。仍愁可二奉仕一由報答了」と不満ながらも承知し、東三条院から行啓用の車を出すように依頼された時、「上達部役太以重畳」と述べ、車を送るも自らは故障を申して扈従せず、東三条院の御願寺供養会が御斎会に准えられたことや公卿の用途調達に不満を抱いていた[33]。このような実資の態度は、准御斎会の決定が公卿全体の合意に基づくものではないことを示す。たとえ供養会運営に公卿が協力したとしても、准御斎会か否かは律令官司の動員権限を有する天皇に決定権があり、供養会願主は天皇と密接な関係を持つことで律令官司を参加させ、自らの御願供養会において国家儀礼形態を採用し得たのである。

このような准御斎会における天皇の意味合いは当然御斎会と相違する。准御斎会における天皇の位置を明確にするには、御斎会と准御斎会の天皇の参加形態の相違に注目することが効果的と考える。御斎会にはしばしば天皇の行幸があったが、天皇の大極殿内の座は「以二御畳一敷二候高座艮一、以二御屏風四帖一立二廻東西北三面一。開二御座前八尺一立二香花机一脚一」、「大極殿北廂東第四間設二平鋪御座一、三面施二屏風一唯開二南面一」とあるように[34]、高御座の東北、北廂東第四間に設置された平鋪畳で、東西北の三方を屏風で囲み南面すなわち正面のみを開いており、大極殿内に座す僧侶や公卿等から姿が窺える開かれた座であった[35]。これに対して准御斎会では、「東廂南四ヶ間為二主上御所一。四面懸二廻御簾一。第四間張二錦承塵一、敷二繧繝端畳二枚幷龍鬢地敷二枚一、其上供二唐錦縁茵一為二御座一」とか、「御堂東廂北端三ヶ間及北廂為二主上御在所一。懸二亘御簾一。其中供二大床子御座幷平敷御座一如レ常」とあるように[36]、天皇の座は周囲に御簾を懸け廻らした中に設置され、御簾によって儀礼空間と隔てられており、儀礼に臨む天皇の姿を直接的には見ることはできない。また、御斎会では東宮の参加はあるものの、天皇が南面するのに対し東宮は公卿と同様北面し、天皇と同等な座は天皇以外には存在しないが、准御斎会では院・三后・東宮等の座も天皇と対等な位置に御簾を懸け廻らして設置される。

准御斎会に見える御簾の存在は、内裏内仏事における天皇の座と一致する。清涼殿で行われた灌仏では、母屋の御簾を降ろしてその中に座を設置し、儀礼開始時に天皇は「出二御簾中御座一」した。[37] 同じく清涼殿儀の季御読経では、「次巻二上庇御簾五ヶ間一、垂二母屋簾一。（中略）第五間簾中供二御半帖一為二御座一」と御簾を垂らした母屋の中に座があり、[38] 最勝講や御仏名では「主上入二御夜御殿一」と「下二御簾一」ろした夜御殿の中に天皇は座す。[39] 御斎会内論義でも清涼殿東廂の御簾を降ろし、東廂の内、御簾の下に三尺御几帳を設置して、屏風を背に几帳を前にして天皇の座は敷かれる。[40] 紫宸殿仏事における天皇の座も同様で、寛弘四年（一〇〇七）の仁王会南殿装束（一条院内裏）は、母屋と北廂を分かつ賢聖障子を撤去せず、御帳台の後ろ、北廂中央に天皇の座が置かれ、北廂の北面と東西の戸に御簾が懸けられた。[41] このように内裏内仏事での天皇の座は、御簾や障子で儀礼空間と隔てられるのが一般的である。

一方、御斎会以外の大極殿仏事における天皇の座については、行幸そのものの事例が少なく具体的な様相を知ることは困難であるが、その中にあって最も詳細な『行親記』長暦元年（一〇三七）一〇月二二日条が、大極殿仁王会の天皇の座について「以二高御座丑寅角一為二御所一」と記しており、御斎会と同位置であることを知る。内裏内仏事の座が御帳台の後ろ（＝殿中央）や殿の隅に設置されたことを考えれば、高御座の背後ではなく東北角に設けることが大極殿儀固有の座の配置と推測でき、座の様相も御斎会と同じく開かれた座であった可能性が高い。ならば天皇の座の相違は儀場の差異に由来し、天皇は大極殿で行われる国家的性格の強い法会と、内裏内でなされる個人的側面が濃い法会とでは、参加形態を異にしていたことになる。もっともこうした相違は、内裏内殿舎が御簾を常備するのに対し、大極殿には御簾がないという殿舎構造の相違としても捉え得るが、儀礼空間と隔てられることで天皇は法会と直接関係のない行動を御簾の中でとり得るのであり[42]、殿舎構造の問題のみに還元することは適当ではない。九世紀中葉以降、内裏内の恒例仏事が多く成立すると、御斎会のような開かれた座は極めて特殊なものとなったに違いない。

『三宝絵』下の御斎会の説明では、「国王此経ヲ講ズレバ、王ツネニ楽ビヲウケ民又クルシビナシ。風雨時ニシタガヒ国家ノワザハイヲハラフ。王コノ経ヲキカムトオボサム時ハ、宮ノウチニコトニスグレタラム殿ノ、王ノオモクセム所ヲカザリテ、師子ノ座ヲオケ。幡ヲカケ、カウヲタケ。王ハスコシミジカヽラム座ニヰテ、心ヲ至シテ経ヲキヽ給へ」と最勝王経の趣意文を掲げ、これに続けて「コレニヨリテ、オホヤケ大極殿ヲカザリ、七日夜ヲカギリテ、ヒルハ最勝王経ヲ講ジ、夜ハ吉祥悔過ヲオコナハシメタマフ。吉祥天女ハ毘沙門ノ妻ナリ。五穀倉ニミチ、諸ノネガヒ心ニカナヘムトイフ誓アレバナリ」と記す。『三宝絵』の成立は永観二年（九八四）とされ、少なくとも一〇世紀後葉には、御斎会の天皇の座は「五穀倉ニミチ、諸ノネガヒ心ニカナヘムトイフ誓」から、「王ハスコシミジカヽラム座ニヰテ、心ヲ至シテ経ヲキヽ給へ」という状態を表現したものと理解されていた。

御斎会が祈年祭に類似した意味を持つことは多く指摘され[43]、一一世紀末においても「就中件会被レ祈二年穀一也」と五穀豊穣の祈願を本来的な目的とした[44]。そもそも天皇は、国内を平安に治め瑞穂を神に奉ることを重要な宗教的責務とし、調庸の貢納と律令国家祭祀とは密接に関係した[45]。御斎会の成立時期や行幸の頻度に関しても考察すべきであるが[46]、内裏から大極殿へ行幸し、正面のみを開いた座で熱心に講説を聞く天皇の姿は、このような律令天皇制の宗教的責務と結び付く。

一方、准御斎会に行幸した天皇の座は、御斎会と同様な座ではなく御簾で囲まれた内裏内仏事と一致し、天皇の法会における意味合いは御斎会に比して低い。それを端的に示すのが贈り物の存在である。法会終了後、主催者たる願主は行幸した天皇に贈り物を捧げる。法成寺金堂供養会では、藤原道長・頼通が後一条天皇の御簾の所へ行き、「主上・三后・東宮御贈物」を捧げたが、それは道長が上達部の禄や殿上人の被物とともに「いみじく御心に入れ、こまかなるさまに掟てさせ」たものであった[47]。贈り物は、朝覲行幸で上皇・母后から天皇になされる如く、儀場の主人（朝覲行幸では上皇・母后）からそこを訪れた客（天皇）に対して贈られる。准御斎会では、天皇の御願供養会では御幸した上皇に対して贈り物があり、上皇・女院の御願ならば行幸した天皇や御幸した院へ贈り物がある[48]。贈り物の存在は、准御斎会の儀場が願主の個人的性格の強い空間であることを示し、願主以外の天皇・院は、三后・東宮等と同様、法会に参加した客に過ぎない。座の様相もこのことと関係するのであり、天皇が行幸するからといって供養会の本質的意味が変わることはなく、まして供養会が准御斎会であることから天皇・摂関・院の御願寺が国家的なものと即断するわけにはいかない。山岸常人は法勝寺における白河院の追善法会を重視し、法勝寺の評価の見直しを行うが、そこからも御願寺が各自の御願を果たすことを第一義とし、その場と願主個人との密接な関係が窺え、准御斎会となった供養会も個人の御願に基づく側面が強い。

以上、天皇の位置付けという観点から准御斎会を検討するならば、准御斎会の特徴は、個人的側面に基づく御願供養会に、天皇の恩恵で律令官司を参加させた仏教儀礼という点にあり、しばしば行幸した天皇も、願主の個人的な空間における儀礼に参加した一人の客に過ぎないことがわかる。また、准御斎会における天皇からは、御斎会において果たした律令天皇制の宗教的責務を見出すことが不可能であり、権門はこうした天皇と繋がりを持つことで、律令官司が参加する国家儀礼形態を家的儀礼に採用し得たのである。

三　御願供養会の准御斎会化と雲林院造営

准御斎会が家的儀礼の延長上にあり、天皇の恩恵に基づくならば、准御斎会が天皇自身の御願供養会より始まったのは、ある意味、当然のこととも言える。次に御願供養会の准御斎会化が始まった時期とその状況について検討してみたい。

個人的側面の強い御願供養会が御斎会に准えられた初見は、天元六年（九八三）の円融寺供養会である。円融寺は国宛を主、成功を従として経費を調達し造営された円融天皇の御願寺で[49]、円融は出家後ここを御在所とした。「於㆓御願処㆒無㆑妨㆓臨幸㆒」とあることや[50]、譲位直後の御在所となる堀河院の造営が天元五年頃より本格化したと想定し得ること[51]、御堂を中心とした伽藍構成などから考えて、譲位・出家後の御在所となることを予定して造営されたようである[52]。円融の死後、旧臣が円融寺で法華八講を開催したが[53]、旧臣も死去した一一世紀末にはすでに荒廃したことからも[54]、円融個人と深く関わる寺として造営されたことを知る。このような性格を持つ円融寺の落慶供養会が御斎会に准えて催行されたのは、円融自身の強い希望によることは疑いなく、『日本紀略』同年三月二二日条が、

> 新造御願円融寺供養。准㆓御斎会㆒。行事大納言源重信、権左中弁同致方等也。（中略）今日可㆑有㆓行幸㆒之由、被㆓仰下㆒。依㆓御物忌㆒停止。儀式同㆓雲林院御塔㆒。

と、官行事の存在や実現されなかったが行幸予定があったこと、儀式次第が雲林院御塔と同じだったと記すことは、御願供養会の准御斎会化を考える上で注目される。

儀式次第が同じとされた雲林院御塔とは村上天皇の御願多宝塔のことであり、応和三年（九六三）の塔供養会は[55]、円融寺供養会に限らずその後の准御斎会の基準となった。例えば治安二年（一〇二二）の仁和寺観音院供養会で別当延尋が権律師へ叙されたのは、「雲林院塔供養日、故殿召㆓別当春暹㆒所㆑被㆑仰也」との前例によるものであり[56]、長元三年（一〇三〇）の東北院供養会でも「此御寺中阿弥陀堂・薬師堂・仁和寺母后建立御堂・慈徳寺・円融寺・雲林院等皆有㆑賞。及㆓今時㆒無㆑賞何」と勧賞の例として挙げられる[57]。雲林院塔供養会における春暹の僧綱叙任は、「但延長三年勧修寺法会日、寺別当済高任㆓律師㆒例也」と済高を前例としていたが、これ以後は春暹の例のみが勘申される[58]。他にも、円教寺供養会における布施が塔供養会と同様になされたこと[59]、一二世紀末に成立した『舞楽要録』が大法会及び法会調子楽の冒頭に雲林院塔供養を挙げることなどを指摘でき、雲林院塔供養会は諸寺法会の一つの画期であったと言える。さらに、『舞楽要録』は「以㆓〇〇記㆒書㆑之」とその典拠を示すが、雲林院の事例は「見㆑式」と供養式を典拠とし、雲林院塔供養式が後々まで伝わったことを知る。前述した如く、院政期の供養式は多く準拠式を有し、それを写して制作されたが、これを参照するならば、円融寺供養会儀式が雲林院御塔と同じだったのは、円融寺供養式が雲林院塔供養式を参考に制作されたからであった可能性が強い。准御斎会として催行された円融寺供養会の供養式には律令官司の動きを記していたであろうから、雲林院塔供養式にも律令官司の参加が明記されていた可能性が高く、以上の画期性をも考え合わせると、御願供養会の准御斎会化が一〇世紀中葉の雲林院塔供養会まで遡ると考えるのが自然である。

それでは、雲林院塔供養会以前にそれは遡るのだろうか。雲林院の特殊な造営形態はこれを否定する一つの根拠となろう。『新儀式』巻五、造御願寺事では「一代新有㆑被㆑修㆓造御願寺㆒」との項目に村上朝以前の一〇の御願寺を挙げるが、その中には「或上卿奉㆑仰、僧俗司相共勤㆓仕其事㆒」という形態と、「或只有㆓俗官㆒無㆓僧司㆒」

という形態の二つがあり、それらはともに「随二其申請一充二其料物一」と国家の料物をもとに造営された。その一方で、『新儀式』はこれとは別に「或不レ経二諸司一、後院奉レ仰勤二仕造作之事一雲林院御堂・宝塔等是也。」と記しており、雲林院御堂と多宝塔は[60]、造寺司等を設置せず、後院が料物を受けずに造作したことを知る。後院が御願寺造営に携わった事例としては、承平元年（九三一）の醍醐寺五重塔造営に際して朱雀天皇の母后藤原穏子が「可下仰二後院一、慥令上勘二申内給及諸庄地子等一」と指示する例があるが、醍醐天皇の一周忌から程経ない時期であること、その五年後、塔の心柱を藤原仲平や諸親王が牽くことなどから、醍醐の追善供養を目的とした五重塔造営の中で、後院が造営経費の一端を負ったに過ぎず[61]、後院が全面的に造営にあたった雲林院の場合とは相違する。後の御願寺の例を見ても後院が造営した事例は見出せず、雲林院塔造営が天徳四年（九六〇）九月の内裏焼亡と重なる時期であったことを考えれば[62]、このような造営形態は内裏焼亡という特殊な事情と関係するのであろう。周知のように内裏再建には大規模な国宛がなされたが、そのため国家財政を用いての雲林院造営は憚られ、後院の機能を利用して造営するという、前後に例のないことが行われたのではあるまいか。

問題は、内裏再建と並行し、後院を財源としてまで急造されねばならない理由である。これを考える上で『栄花物語』巻一、月の宴が天徳四年の藤原師輔薨去に続き、

世の中何ごとにつけても変りゆくを、あはれなることに帝も思しめして、なほいかで疾うおりて心やすきふるまひにてもありにしがなとのみ思しめしながら、さきざきも位ながらうせたまふ帝は、後々の御有様いとところせきものにこそあれと、同じくは、いとめでたうこよなきことぞかしとまで思しめしつつぞ、過ごさせたまひける。

と、村上天皇が「後々の御有様」の華やかなることを願い、譲位しなかったと記すことは興味深い。『栄花物語』

は村上の葬送に上達部・殿上人が残らず付き従ったことについて、「譲位の帝の御事はただ人のやうにこそありけれ。これはいといとめづらかなる見物にぞ世人申し思ひける」と記し、在位中の死と内裏からの華やかな葬送とを結び付ける。[63] また「後々の御有様」に含まれる七七日と一周忌の法要は、一般に崩じた天皇と関係の深い場所でなされるが、[64] 村上の場合は崩じた清涼殿で七七日、右のような特殊な形態で造営された雲林院で一周忌が開催された。雲林院御塔の造営は、師輔の薨去など世の中の変容の中、「後々の御有様」に思いを寄せた村上によってなされたのである。

『新儀式』は朱雀天皇の御願寺として法性寺を挙げ、これは承平年中の御願堂建立と関係するものだろうが、御願寺となるのは一〇年以上を経た天暦二年（九四八）であり、上皇朱雀はここに至って初めて御幸する。[65] また、朱雀は醍醐寺五重塔を天暦五年に漸く完成させ、供養会を荘厳にすべく良家の子女に舞楽を練習させたが供養会以前に崩じてしまう。供養会は叡旨に従い七七日に合わせ開催されたが、「但音声之設已以闕然」と朱雀の意図が完全に実現されたわけではなかった。[66] 醍醐の御願醍醐寺も、「欲レ畢二功於先帝御周忌御斎会以前一」などとある如く醍醐生前には完全には整備されておらず、[67] 村上以前において天皇個人と関係の深い御願寺が生前に完成・供養される例は少ない。[68] 雲林院塔供養会御願文は「内典云、若人作レ楽、供二養三宝一、所レ得功徳、無量無辺、不可思議。是故別命二伶倫一整二理音楽一、兼令三舞人尽二其妙曲一」と舞楽を催し、華やかに供養会を行うことの功徳を記しており、[69] 生前の逆修を重視する『灌頂経』の説の流行を考えれば、[70]「後々の御有様」に思いを寄せ在位し続けた村上にとって、生前に御願塔を完成させ、思い通りに供養会を開くことは、功徳のため重要であった。『栄花物語』という文学作品を手掛かりとした推論であることに若干の不安は残るが、醍醐寺五重塔供養会が朱雀の生前に遂行されず、朱雀の意図が実現されなかったことを知る村上が、生前に完成・供養すべく窮迫した国家財政に頼らず後院の財力を投入し、逸早い完成を目指したと考えてよかろう。

村上の意図通り生前に御願塔は完成し、村上自身も臨幸して華やかに供養会が開催された。天皇の寺院行幸は、朝覲行幸や礼仏目的のものは八世紀以来の史料に散見するものの、供養会に臨席することを目的とした行幸は、天平勝宝四年（七五二）に孝謙天皇が聖武上皇・光明皇太后とともに大仏開眼供養会へ行幸して以来、実に二世紀ぶりのことであり[71]、円融寺供養会における行幸予定やその後の御願供養会への行幸は、村上の行幸を画期としている。このように塔供養会は前述した事例も含め種々の画期性を持っており、加えて村上の意図を反映した特殊な造営形態、律令官司の参加決定権が天皇にあったことなどを勘案すると、御願供養会に律令官司を参加させたのは、在位中の天皇（＝村上）が開催し得た雲林院塔供養会が最初であり、御願供養会が准御斎会化する端緒を、一〇世紀中葉に求め得ると考える[72]。

遠藤は、摂関・院政期における准御斎会の拡大と天皇の儀礼を模倣し得る権力の登場とを関連付けて論じたが、むしろ注目すべきは准御斎会が上記のような形で開始されることであり、天皇が個人的性格の強い自らの御願供養会に律令官司を参加させた前例がないならば、たとえ権門が力を持とうとも国家儀礼たる御斎会を模倣し得なかったのではあるまいか。九世紀初頭以降、天皇個人と関係する内裏内儀礼が盛行していったが、その中で新たに成立する儀礼の多くは、公卿・蔵人など天皇の家的組織によって運営された家的儀礼と見ることができ、大極殿などで開催される国家儀礼とは明確に区別されていた。一〇世紀中葉において、天皇は律令官司を恣意的に家的儀礼へ参加させ御斎会を模倣したことで、御斎会が持つ儀礼形態はその国家儀礼的な意味合いを減少させたのであり、国家儀礼は天皇の側から変化するのである。

四　御斎会・准御斎会と律令天皇制

御願供養会の准御斎会化は、村上天皇の個人的信仰心と密接に関係するものであった。しかし、御斎会が律令国家にとって重要な仏教儀礼であり、かつ准御斎会の開始が国家儀礼の変化と関係するならば、准御斎会の始まりを個人的信仰心のみに求めることは適当ではない。准御斎会は一〇世紀中葉という時代背景の中で開始されるのであり、そのことを踏まえてこそ歴史的に位置付け得るものとなる。個人的側面の強い御願供養会が御斎会と同格なものとなるには御斎会自体の変質が不可欠であり、こうした観点から見るならば、この時期に御斎会行幸がなくなることに注目せざるを得ない（表2）。

天皇の御斎会行幸は八世紀以来しばしば行われたが、長保六年（一〇〇四）の一条天皇の行幸を最後に史料から姿を消す[73]。それ以前の行幸は天暦二年（九四八）まで遡らねばならず、また、長保六年の事例は最終日の行幸で、それまでが初日の行幸であるのと相違する。『延喜式』巻三八、掃部寮は「初終日有二行幸一者」と初日と最終日の行幸の存在を示すが、『延喜式』巻一一、太政官では「初日若有二行幸一」と初日の行幸しか想定せず、また『延喜式』巻三八は、一一世紀中葉の書写とされる九条家本以外に古写本が現存せず[74]、その九条家本には「終」の字がない。文章構成上も、行幸儀の最後に記す諸司の座について「無二行幸一者設二於壇上一」と割書を入れ、その直後に「終日設レ座同レ之」と本文で記しており、〈初日行幸儀～初日で行幸がない儀～最終日儀〉という組立を採ったと見るのが自然である[75]。『西宮記』『北山抄』が初日の行幸儀を記すも最終日の行幸については触れず、行幸がなくなって一世紀以上経た一二世紀初頭には「付二近代例一以二結願一為二宗日一」と認識されており[76]、

表２　御斎会における天皇の大極殿行幸

年　月　日	天皇	出　典
神護景雲３年（769）正月８日	称徳	扶桑略記
承和元年（834）正月８日	仁明	続日本後紀
承和３年（836）正月８日	仁明	続日本後紀
承和４年（837）正月８日	仁明	続日本後紀
承和９年（842）正月８日	仁明	続日本後紀
元慶７年（883）正月８日	陽成	日本三代実録
元慶９年（885）正月８日	光孝	日本三代実録
仁和２年（886）正月８日	光孝	日本三代実録
寛平10年（898）正月８日	醍醐	日本紀略
延喜９年（909）正月８日	醍醐	維摩講師研学竪義次第（延喜８年）
延長２年（924）正月８日	醍醐	日本紀略、貞信公記、吏部王記
延長６年（928）正月８日	醍醐	北山抄（御斎会始事）
延長８年（930）正月８日	醍醐	吏部王記
天慶９年（946）正月８日	朱雀	日本紀略、貞信公記、九暦
天暦２年（948）正月８日	村上	日本紀略、貞信公記、吏部王記
長保６年（1004）正月14日	一条	日本紀略

これらから掃部寮式の「終」の字は衍字の可能性が高い[77]。最終日の行幸規定は儀式次第が確立した当初よりなく、長保六年の行幸は極めて特殊と考えるべきである。講師真興が「御斎会行幸賞」として権少僧都へ昇進したことに注目すべきと考える。

真興は、藤原道長が氏の上達部等を率い初めて参詣した、前年の興福寺維摩会講師で、維摩会最終日に天台僧しか就いたことのない法橋に叙された興福寺僧である[78]。維摩会以前は、『維摩講師研学竪義次第』に「件真興年来閑二居於勧学寺一。長者左丞相殿下為レ果二宿願一、以二六月十六日一被レ下二講師宣旨一」とあり、また故東三条院のための法華八講の際に、道長が「真興・覚運断二公請一三十余年。此度出来。是衆人感所耳」と記しており[79]、公請を受けず閑居・修行していたらしい。その真興が道長の宿願のため維摩会講師となり、御斎会最中も道長邸を訪れ、道長が「感悦不レ少」と記すなど、[80] この数年間に道長との繋がりを深めていた。真興は律師を経ず権少僧都となるが、法橋となって三ヶ月程しか経ておらず、薬師寺最勝会講師を務める以前のことで異例の昇進と言える。これらを勘案すると、道長が自らと関係の深い真興の昇進のため、一条天皇の行幸を実現させ「行幸賞」として昇進させたと推測し得る。[81] 行幸が最終日だったのは初日の道長の不参と関係するのであろう。このように長保六年の行幸は特殊な事例と判断でき、御斎会行幸は天暦二年の村上以降、実質的になくなっていたとするのが適当である。ならば、行幸が消滅した一五年後に同じ村上によって御願供養会の准御斎会化が始まることとなり、両者に密接な関係があった可能性が高い。

それでは、なぜ一〇世紀中葉に行幸はなくなるのか。御斎会が仏教儀礼であり、かつ年中行事であることを考慮するとその双方からの考察が必要である。まず仏教史的側面であるが、御斎会と同じく金光明最勝王経を用いる最勝講が一一世紀初頭に成立することに注目したい。最勝講は、寺内法会の整備に伴い諸寺で研鑽を積んだ学僧が学識を世に問う場として成立し、四大寺の已講・僧綱を講師として清涼殿で行われた。御斎会が三会の一つで講師を務めることが僧綱昇進の条件となるのに対し、最勝講は三講の一つとしてすでに持つ僧綱位を上昇させる条件ともなる。[82] 御斎会との大きな相違としては、天皇の座が簾中にあることの他に、発願・結願時に玉体安穏・天下泰平など「御願趣」を蔵人が講師へ告げる所作が存在し、[83] 御斎会が五穀豊穣という目的を本来的に持つのに対し、最勝講は形式上、天皇のその時々に応じた御願に基づくものとなっている。

僧綱初任者の叙任理由を『僧綱補任』から見ると、九世紀中葉以降、已講労として僧綱となるものが多かったが、一〇世紀後葉には内供労・御導師労・護持僧労といった天皇近侍の労で僧綱となる事例が増加する（表3）。また、康保五年（九六八）に僧綱となった敦固親王息寛忠や、天延二年（九七四）に僧綱となった藤原師輔息尋禅

表3　『僧綱補任』に見る僧綱新任者の理由

西　暦	已講労	内供・御導師・護持僧労	譲	その他－供養会賞等－	理由不明	合計	親王・公卿の息男
861～880	15	1	0	1	8（1）	25	遍照
881～900	14	0	0	2	15（1）	31	
901～920	14	3	0	2	11	30	如無
921～940	17	2	0	1	11	31	
941～960	11	2	0	3	10	26	
961～980	14	7	0	3（1）	13（2）	37	寛忠、尋禅、寛朝
981～1000	11	5	1	7（2）	24（5）	48	雅慶、済信、清胤、隆円、深覚、明救、静昭
1001～1020	7	8	8（1）	5	9（1）	37	明肇、尋光、如源、尋円、永円

※（　）内の数字は内供奉・御導師・護持僧の経験者数を示す。
上川通夫「中世寺院社会の構造と国家」（注4前掲）参照。

を始め、貴種の僧綱が現れ、さらに凡僧の興福寺別当が天暦三年に別当に任じられた空晴以後なくなり、天台座主が天慶三年（九四〇）に任じられた「義海以後、皆為㆓僧綱㆒補㆓座主㆒」となるなど、[84]天台座主・興福寺別当という僧界の頂点の僧侶が僧綱に組み込まれるのもこの時期である。僧綱制は一〇世紀中葉から後葉にかけて変化したと評価し得る。[85]一〇世紀後葉以降の阿闍梨職増大は天皇の御願を名目になされたが、[86]上記の変化もおそらくはこれと対応し、僧綱制は天皇や権門との繋がりを軸に再編されたのである。

僧綱制の再編は仏教儀礼にも影響を及ぼしたと思われ、最勝講はこの中で天皇の御願に基づくものとして成立する。天皇との繋がりを中心に再編された僧綱が、天皇の御願を果たすため清涼殿で講説・論義を行うようになると、大極殿へ行幸し、僧綱昇進以前の僧侶の講説を聞くことの意味は自ずから低下せざるを得ない。最勝講は後に仙洞最勝講・法勝寺御八講と並び国家法会の頂点へと発展するが、このことは主要な仏教儀礼が天皇や院の御願祈願を名目としたものへ再編されたことを意味する。その時々の御願に必ずしも対応しない

表4　宮中年中行事への行幸

西　暦	朝賀 大極殿儀	御斎会 大極殿儀	白馬節会 豊楽殿儀	射礼 豊楽殿儀	駒牽・端午節会・競馬 武徳殿儀	伊勢例幣 小安殿儀
821〜840	17	3	10	8（1）	11	4
841〜860	5	1	6	5（1）	5	2
861〜880	1	0	1	2（5）	5	0
881〜900	3	4	0	1（3）	8	3
901〜920	3	1	0	5	5	7
921〜940	1	3	0	0	1	4
941〜960	1	2	0	2（1）	2	4
961〜980	0	0	0	0	1	7
981〜1000	1	0	0	0	1	4
1001〜1020	0	1	0	0	0	3

※（　）内の数字は建礼門前儀への出御を示す。

御斎会への行幸がなくなった一方で、御願を軸とする法会が華やかになされたのは、こうした僧綱制・仏教儀礼の再編が一つの要因であったことは間違いなかろう。

次に年中行事的側面であるが、御斎会に限らず天皇の年中行事行幸は、この時期に一部を除き消滅する（表4）。元日朝賀における大極殿行幸は正暦四年（九九三）の一条天皇の行幸を最後とするが、それ以前のものは天慶一〇年の村上天皇まで遡らねばならず、御斎会と同様一〇世紀中葉以降なされなくなっていた。一条が四〇年以上も行われなかった朝賀を敢行した理由については御斎会以上に判然としないが、摂政藤原兼家の薨去、円融法皇の崩御、詮子の女院号宣下など、この時期が天皇・摂関の実質的な代替り期であったことと関係するのであろうか。また他の年中行事では、豊楽殿儀の射礼は天徳三年（九五九）の行幸が最後であるし、武徳殿儀の駒牽・騎射も、「件殿、天延炎上之後、土木始成」った寛和二年（九八六）の臨時小五月会を除くと、[87]康保三年（九六六）が最後となる。行幸がなくなる理由については、個々の儀礼の事情や天皇個人の資質・関心、財政状況などを考慮すべきであり、一概に論じることは慎重でなければならず、また、年中行事中、唯一行幸が続く伊勢例幣については、臨時奉幣のために頻繁に八省院へ行幸した事実とも関係しようが、九世紀以降徐々に減少しながらも存続した大極殿・豊楽殿・武徳殿への年中行事行幸が、一〇世紀中葉の村上朝を最後にほぼ同時に姿を消す事実は注意されてよい。そもそも恒常的に行幸した宮中の殿舎はこの三殿のみであり、いずれも天皇の座は高御座と称され、即位・朝賀・節会などにおいて天皇は、行幸した殿舎の高御座に座して百官と向き合った。こうした天皇のあり方は専制君主制を理想とする律令天皇制において天皇の国家的機能の表現であり、これこそ「高御座の業」を担う天皇にとって最も重要な責務であったと考えるが、そうした儀礼への行幸が同時期に消滅することは律令天皇制の大きな変化として捉えるべきである。

元日朝賀が消滅すると専ら小朝拝のみが行われるようになる。大極殿儀の朝賀が百官を対象とした儀礼であるのに対し、小朝拝は清涼殿で行われた近臣を対象とする儀礼で、古瀬奈津子は朝賀から小朝拝への変化を天皇との私的関係に基づく政治機構が官僚機構に優越したことに結び付けて論じる[88]。御斎会行幸が消滅し天皇の御願に基づく最勝講が成立することは同様な現象であろう。元日朝賀が天皇と百官との君臣関係を再確認する上で律令天皇制にとって重要な儀礼であったように、御斎会行幸は天皇の座に示される如く律令天皇制の宗教的責務と関係したが、その両者が一〇世紀中葉に姿を消し、天皇との個人的な繋がりを重視した儀礼や天皇の御願を機軸に持つ儀礼が盛行する。もはや、個人的側面の強い家的儀礼の延長上に位置する准御斎会が、御斎会行幸が実質的に消滅して程経ずに、天皇の側から登場するのは必然的といえよう。

法勝寺修正会が成立すると公卿が多く参加するようになるが、法勝寺修正会は牛王宝印が仁和寺御室から院へ手渡されるなど御幸した院個人と密接な関係を有しており[89]、仮に御斎会行幸が続いたならば、修正会へ公卿の参加が移らなかったかも知れず、修正会の活況は御斎会行幸の消滅に根源的な理由を求めるべきであろう。御斎会行幸の消滅は、天皇が宗教的責務の一端を果たさなくなったことを意味するが、そうした律令天皇制を脱却した天皇―国家機構によって個人の御願に基づく准御斎会は開始され、准御斎会で供養された御願寺の修正会が国家儀礼的存在となり、御斎会よりも活況となる。御斎会が中心となって担ってきた律令国家の宗教機能は、個人の御願を果たすことが第一義的な御願寺や、王法仏法相依を掲げる権門寺院に分割して担われるようになるのである。准御斎会はこのような平安中期における律令天皇制・国家儀礼の変化を背景に登場し、展開するのである。

おわりに

准御斎会は、御斎会に特徴的な律令官司を天皇の恩恵によって「助二威儀一」けるために参加させ、御斎会に准えて荘厳に行われた仏教儀礼であるが、基本的には個人的側面に大きく左右される家的儀礼の延長上に存在した。そのため参加した諸司は実質的機能を果たさず、また天皇においても、座の様相から考えて御斎会における宗教的責務を准御斎会では担うことはない。御願供養会の准御斎会化は、村上天皇の個人的信仰心に基づき、天皇の側から始まるが、その背景には御斎会自体の変質があり、それは僧綱制の変化や年中行事の変化に伴って一〇世紀中葉に行幸がなくなることに端を発する。ここにおいて、律令天皇制はその宗教的責務の一端を喪失し、律令国家・律令天皇制にとって最も重要な仏教儀礼であった御斎会は、個人の御願供養会が模倣し得るものへと変化するのである。

御願供養会の准御斎会化に窺える平安中期の変化は宗教儀礼に限定されるものではなく、官僚機構に基づく国家儀礼が天皇との個人的な繋がりが優先されるものへ再編する過程で起きた変化であり、律令天皇制の再編の一環として捉えることができる。その中で、一部の限られた権力が天皇との関係を通じて律令官司を参加させ、国家儀礼形態を模倣して華やかに家的儀礼を開催するようになるのである。ここにおいて諸司が本来果たした国家的機能は大幅に減少するが、律令官司が儀礼を通じて権門の中に入り込むことは、権門と下級官人の繋がりを一層強固なものとし、権門の家政機構の充実に少なからぬ役割を担ったであろう。また、天皇や権門の御願を軸に僧綱制や仏教儀礼が再編されたことで寺院社会は新たな局面を迎え、さらに御願寺の機能も前代とは異なるものへ変化せざるを得ない(90)。一九九〇年代以降の平安時代史研究の進展は、一〇世紀後葉に国政機構が大きく転回したことを明らかにしたが、本章が見た変化もおそらくはこれと一致する現象であろう。そして、准御斎会が摂関・院政期に拡大していくことを考えれば、国家儀礼を再編し、准御斎会を御願供養会にまで採用した律令天皇制は、平安中期において中世天皇制の形成に向け大きな一歩を踏み出したと考えることができる。

（1）准御斎会の初見とされる太元帥法もこの範疇で考えることができる。また本来御斎会と呼ばれた国家的追善仏事は主催者が天皇以外でもそれに准えて催行される事例が現れるが、これも前代の延長として考え得るであろう。『東大寺要録』供養章第三は天平勝宝四年（七五二）の大仏開眼供養会に関して「其儀式並同二元日一」と記すが、これは御斎会の前身ともいうべき、天然痘に関わる天平九年（七三七）の最勝王経講説が「朝庭之儀、一同二元日一」（『続日本紀』同年一〇月丙寅（二六日）条）とされたことと同様で、実質的には御斎会に准えたものと推測する。

（2）『水左記』承保三年（一〇七六）六月一二日条。

（3）吉田一彦「御斎会の研究」（『日本古代社会と仏教』吉川弘文館、一九九五年、初出一九九三年）。

（4）井原今朝男「公家領の収取と領主経済」（『日本中世の国政と家政』校倉書房、一九九五年、初出一九九一年）、上川

通夫「中世寺院社会の構造と国家」（『日本中世仏教形成史論』校倉書房、二〇〇七年、初出一九九一年）、山岸常人「法勝寺の評価をめぐって―僧団のない寺院―」（『中世寺院の僧団・法会・文書』東京大学出版会、二〇〇四年、初出一九九八年）、神居文彰「御斎会に准じた儀礼」（『宗教研究』三二三、二〇〇〇年）など。

（5）遠藤基郎「御斎会・「准御斎会」の儀礼論」（『中世王権と王朝儀礼』東京大学出版会、二〇〇八年、初出一九九六年）。以下、遠藤の見解はこれによるものとする。なお遠藤は、初出論文を著書に再録する際に、本章の旧稿を踏まえる形で一部加筆しているが、本章が加筆したものをもとに議論を進めるとすると、当初、存在した論点の相違が見えにくくなるため、ここではあえて初出論文に依拠することとした。

（6）水戸部正男は、公家新制の長保令と治承令を分析する中で、一一世紀における国忌から御斎会への重点移動を指摘したが、長保令が諸寺斎会の中心として国忌を挙げるのに対し、治承令では年中法会の代表として御斎会を掲げているのであり、両者は単純に比較し得るものではない。水戸部正男『公家新制の研究』（創文社、一九六一年、一〇四頁）。

（7）山岸常人「法勝寺の評価をめぐって」（注4前掲）。以下、山岸の見解はこれによるものとする。

（8）『台記』久安三年（一一四七）七月二九日条～八月八日条、『本朝世紀』同年八月八日条（No.53）。なお、（No.○）は表1のNo.に対応する。

（9）『三僧記類聚』六（『大日本史料』二―一、三九一頁）（No.8）、『中右記』康和五年（一一〇三）六月一九日条（No.35）。

（10）『中右記』康和四年（一一〇二）七月二一日条（No.33）、『無量寿院供養記』（No.12）。

（11）『左経記』長元四年（一〇三一）一一月三〇日条（No.19）。

（12）『中右記』承徳二年（一〇九八）一〇月二〇日条。

（13）『江家次第』巻八、秋季仁王会、『小右記』万寿二年（一〇二五）一一月二九日条、『西宮記』（尊経閣文庫所蔵巻子本）巻八、院宮事。

（14）『中右記』天永三年（一一一二）一一月二五日条（No.38）、『山槐記』保元四年（一一五九）二月二二日条（No.57）。

（15）『儀式』巻五、正月八日講最勝王経儀、『江次第抄』三、御斎会始。

(16)『定家記』天喜元年（一〇五三）二月一四日条（No.23）。
(17)『小右記』治安二年（一〇二二）一〇月一三日条（No.14）。
(18)『大記』永久二年（一一一四）一一月二九日条（No.39）。
(19)衆僧前や導師・呪願前を治部・玄蕃と区別して記す例も多いが、御斎会と同様な儀式形態を持つ国忌において、『延喜式』巻一九、式部下に「左右衆僧前各五位二人、六位以下二人（治部・玄蕃在二此員内一。）」と記すことからも、両者は一体として機能した。
(20)『法成寺金堂供養記』（No.13）、『大記』永久二年（一一一四）一一月二九日条（No.39）。
(21)『本朝世紀』久安五年（一一四九）一一月一二日条。
(22)佐藤道子「法会と儀式」（『仏教文学講座』八、勉誠社、一九九五年）。
(23)『中右記』康和五年（一一〇三）六月一九日条。准御斎会宣旨は七月一九日に出された（No.35）。
(24)井原今朝男は、修正会等の検討から中世の国家儀礼における官行事たる国政機関と家政機関の共同執行を指摘する。井原今朝男「中世国家の儀礼と国役・公事」（『日本中世の国政と家政』注4前掲、初出一九八六年）。
(25)『百練抄』長寛二年（一一六四）一〇月二三日条（No.58）。『玉葉』治承三年（一一七九）九月一八日条の記す興福寺唐本一切経供養会では、准御斎会として行事上卿と行事弁の下向が予定されていたが、前日俄に停止され寺家に付されることとなった。
(26)『台記』久安四年（一一四八）一一月二六日条（No.54）。
(27)『永久二年白川御堂供養記』（No.39）。
(28)『玉葉』嘉応二年（一一七〇）一一月二六日条によると、皇嘉門院聖子の持仏堂供養会の際、急遽奉行を務めた藤原忠親が「則被レ補二院司一了」とされており、通常の御願供養会では家司・院司が行事を執行する原則があった。
(29)『権記』長保元年（九九九）七月二四日条（No.10）。慈徳寺供養会に関しては、古瀬奈津子「摂関政治成立の歴史的意義―摂関政治と母后―」（『日本史研究』四六三、二〇〇一年）が比較的詳しく考察している。

(30)『長秋記』長承三年(一一三四)八月二七日条、『帝王編年記』同日条(№47)。
(31)『権記』長保元年(九九九)八月八日条。
(32)『東大寺続要録』供養篇本(№61)。
(33)『小右記』長保元年(九九九)八月八日~一二日条。
(34)『西宮記』(尊経閣文庫所蔵巻子本)巻一、御斎会、『吏部王記』延長八年(九三〇)正月八日条。
(35)大極殿内の装束は『兵範記』保元三年(一一五八)正月八日条及び永万二年(一一六六)正月八日条(『江次第抄』御斎会始所引人車記)に詳しい。
(36)『大記』永久二年(一一一四)一一月二九日条(№39)、『本朝世紀』久安三年(一一四七)八月一一日条(№53)。
(37)『兵範記』仁安三年(一一六八)四月八日条。『雲図抄』裏書、灌仏次第にも「主上出〻御簾中〻」とある。
(38)『兵範記』仁安二年(一一六七)七月二四日条。なお、『兵範記』仁安三年(一一六八)四月八日条の灌仏でも同様な位置に座があるが、『讃岐典侍日記』下の灌仏において「おとなにおはしますには、引直衣にて念誦してこそ御帳の前におはしまししか」とあることから幼帝特有の座とも考えられ、成人天皇ならば御帳と母屋御簾の間に座したと推測する。
(39)『兵範記』仁安二年(一一六七)五月二三日条、『建武年中行事』御仏名、『雲図抄』最勝講事、十二月十九日御仏名事。
(40)『江家次第』巻三、御斎会内論義、『雲図抄』正月十四日御斎会内論義事。
(41)『権記』寛弘四年(一〇〇七)七月一四日条、『御堂関白記』同日条。南殿仁王会の座は後冷泉朝以降北廂西北角へ移動するが(『師記』永保元年(一〇八一)六月一八日条)、障子と御簾に囲まれた中に座を設けたことに変わりない。
(42)『讃岐典侍日記』下では、幼帝鳥羽が女房に抱かれて御簾の外の灌仏を覗き見る姿が描かれ、『西宮記』(尊経閣文庫所蔵巻子本)巻六(甲・乙)、御仏名所引の勘物には、村上天皇が夜御殿の簾中から琴を錫杖に合わせ弾く例がある。
(43)五来重「御斎会の稲積」(『同朋』一九八〇—一、一九八〇年)、吉田一彦「御斎会の研究」(注3前掲)。
(44)『師記』承暦五年(一〇八一)正月一四日条。

(45) 大津透「貢納と祭祀―調庸制の思想―」(『古代の天皇制』岩波書店、一九九九年、初出一九九五年)。
(46)『続日本紀』『日本後紀』は、以後の国史と違い御斎会の記事を基本的に載せず、不明な点が多いが、九世紀初頭に内論義が成立しても行幸は存続しており、内論義成立以前には頻繁に行幸があった可能性もある。また、御斎会の成立時期も通説では神護景雲年間とするが、神護景雲年間に規定されたのはあくまで諸国吉祥天悔過であり、それと大極殿御斎会の成立が結び付くかは、なお検討の余地があると考える。
(47)『小右記』治安二年(一〇二二)七月一四日条、『栄花物語』巻一七、おむがく(№13)。
(48)『中右記』康和四年(一一〇二)七月二一日条(№33)、『台記』仁平四年(一一五四)八月九日条(№55)、『兵範記』仁平四年(一一五四)一〇月二一日条(№56)。
(49) 上島享「造宮経費の調達」(『日本中世社会の形成と王権』名古屋大学出版会、二〇一〇年、初出一九九二年)。
(50)『小右記』天元五年(九八二)一月一〇日条。
(51) もと藤原兼通の邸宅であった堀河院は、貞元元年(九七六)の内裏焼亡時に円融天皇の御所となったが、内裏還御後は兼通に返された。しかし兼通と息女媓子の死後、堀河院は再び円融のものとなり、天元五年には左大将藤原朝光と蔵人頭源正清・藤原実資が堀河院別当に任じられ(『小右記』同年六月五日条)、この時期から本格的な造営が始まったのであろう。目崎徳衛「円融上皇と宇多源氏」(『貴族社会と古典文化』吉川弘文館、一九九五年、初出一九七二年)参照。
(52) 所京子「円融寺の成立過程」(『平安朝「所・後院・俗別当」の研究』勉誠出版、二〇〇四年、初出一九六七年)。
(53)『小右記』長和三年(一〇一四)二月一二日条、万寿二年(一〇二五)二月一二日条。
(54)『中右記』永長元年(一〇九六)三月一三日条。
(55)『扶桑略記』応和三年(九六三)三月一九日条、『西宮記』(尊経閣文庫所蔵大永本)第九、僧綱召事所引勘物。
(56)『小右記』治安二年(一〇二二)一〇月一三日条(№14)。
(57)『小右記』長元三年(一〇三〇)八月二一日条(№16)。なお、挙げられた例は全て准御斎会で、雲林院の例が最も古いという点も注意すべきである。

(58) 済高の事例は故藤原胤子のために開催された法会でのことであり、御願寺供養会と性格を異にしていたため前例とならなかったのだろう。
(59) 『左経記』長元七年(一〇三四)一〇月一七日条(No.20)。
(60) 御堂の詳細は不明であるが、『長秋記』大治五年(一一三〇)五月一四日条に「在二雲林院一天暦御願御堂」とあることから塔と同じく村上天皇の御願であることを知る。なお、杉山信三はこの記事を用いて、雲林院が寺らしくなる時期を天暦頃とするが、「天暦御願」は天暦期の御願ではなく「村上御願」と同義であり、御堂造立を天暦期に絞る必然性はない。杉山信三『院家建築の研究』(吉川弘文館、一九八一年、四七六頁)。
(61) 『吏部王記』承平元年(九三一)一二月八日条、同六年三月一三日条。
(62) 『扶桑略記』天徳四年(九六〇)二月二四日条に「新立二雲林院御願塔心柱一」とある。
(63) 『本朝世紀』康保四年(九六七)六月四日条参照。なお堀裕は、村上が天皇として崩じた最後の人物で、その後の天皇は在位中に崩じても「如在之儀」を用いてあたかも上皇のように葬送が行われることを指摘する。堀裕「天皇の死の歴史的位置―「如在之儀」を中心に―」(『史林』八一―一、一九九八年)、「死へのまなざし―死体・出家・ただ人―」(『日本史研究』四三九、一九九九年)。
(64) 古瀬奈津子「「国忌」の行事について」(『日本古代の王権と儀式』吉川弘文館、一九九八年、初出一九九一年)。
(65) 『九暦』天暦二年(九四八)四月二三日条、『日本紀略』同日条。なお、旧稿では寛弘二年(一〇〇五)まで完成に至らなかったと述べたが、これは天徳二年(九五八)の火災による再建の遅延を示す可能性が高く、若干の訂正を行った。
(66) 『吏部王記』天暦六年(九五二)一〇月二日条、『本朝文粋』巻一四、朱雀院卌九日御願文。
(67) 『吏部王記』承平元年(九三一)四月二〇日条。
(68) 光孝天皇の御願仁和寺も生前には完成しなかった。福山敏男「仁和寺の創立」(『寺院建築の研究』下、中央公論美術出版、一九八三年、初出一九七九年、一一三頁以下)参照。
(69) 『本朝文粋』巻一三、村上天皇供養雲林院御塔御願文。

(70) 山本信吉「法華八講と道長の三十講」（『摂関政治史論考』吉川弘文館、二〇〇三年、初出一九七〇年）。

(71) 延暦一三年（七九四）の桓武天皇の延暦寺根本中堂初度供養会行幸を記す史料が『堂供養記』や『初例抄』下に存在する。両者は人名表記等から同一史料を基にしたと推測できるが、『堂供養記』所収の天元二年（九八〇）第二度供養会は、参加官人の地位など史実に適さない面が多い。第二度供養会における円融天皇行幸の記載も寺側史料のみが記すもので信憑性はなく（『建内記』嘉吉元年（一四四一）六月二一日条）、『堂供養記』の史実性は希薄である。これに延暦一三年時点で最澄が内供奉叙任以前であったことを考え合わせると、桓武の行幸を史実として考えることはできず、逆に行幸が捏造されたことこそ興味深い。

(72) なお、貞観一六年（八七四）の貞観寺供養会は「親王公卿百官畢集」して荘厳になされたが（『日本三代実録』同年三月二三日条）、官人の参加そのものが准御斎会を意味するのではなく、また仮に准御斎会であったとしても、摂関・院政期の准御斎会との繋がりを考える上では雲林院塔供養会に画期を置くのがよい。

(73) 『年中行事抄』は「或有㆓行幸㆒。近代只公卿已下参行」とする。

(74) 九条家本『延喜式』の書誌については、鹿内浩胤「九条家本『延喜式』の書写年代」（『日本古代典籍史料の研究』思文閣出版、二〇一一年、初出二〇〇一年）、「九条家本『延喜式』小史」（『同』初出二〇〇一年）参照。

(75) 「終日設㆑座同㆑之」という記載から最終日の行幸の存在を読み取ることは文章的には可能であるが、初日と最終日以外は諸司官人の参加がないことを考えるならば、最終日の装束を二～六日目の装束ではなく初日と同様にすることを意図した表現と見るのが穏当で、行幸を念頭にした規定と見る必然性はない。

(76) 『長秋記』天永四年（一一一三）正月八日条。

(77) 他に「寛平御遺誡」（『年中行事抄』正月八日大極殿御斎会始事所引）が「正月八日可㆑参㆓八省㆒」と記すことも参考になる。

(78) 『維摩講師研学竪義次第』長保五年（一〇〇三）、『初例抄』上、南京法橋始。

(79) 『御堂関白記』長保六年（一〇〇四）五月一九日条。

(80)『御堂関白記』長保六年(一〇〇四)正月一一日条。

(81)大村拓生は、摂関期の行幸が摂関(藤氏長者)の代替りと関係し、長保五年(一〇〇三)以降、道長は次々と行幸を実現させたとする。「行幸・御幸の展開」(『中世京都首都論』吉川弘文館、二〇〇六年、初出一九九四年)。なお、真興は御生気の色に染めた法服・袈裟を着して講師を務めており(『小記目録』)、この度の御斎会の異例さを示す。

(82)上島享「中世国家と仏教」(『日本中世社会の形成と王権』注49前掲、初出一九九六年)、海老名尚「平安・鎌倉期の論義会―宗教政策とのかかわりを中心に―」(『学習院史学』三七、一九九九年)。

(83)『江家次第』巻七、最勝講、『兵範記』仁安二年(一一六七)五月二二日条。

(84)『興福寺別当次第』、『天台座主記』。

(85)師資相承原理に基づく僧綱職の譲与も一〇世紀末より始まる。堀裕「「門徒」にみる平安期社会集団と国家」(『日本史研究』三九八、一九九五年)。なお、平雅行は僧尼令的秩序の解体と僧綱制の変化を結び付ける。平雅行「中世移行期の国家と仏教」(『日本中世の社会と仏教』塙書房、一九九二年、初出一九八七年)。

(86)岡野浩二『平安時代の国家と寺院』(塙書房、二〇〇九年、第二編第二章第一節)。

(87)『百練抄』寛和二年(九八六)五月二六日条。

(88)古瀬奈津子「平安時代の「儀式」と天皇」(『日本古代王権と儀式』注64前掲、一九九八年、初出一九八六年)。

(89)横内裕人「仁和寺御室考―中世前期における院権力と真言密教―」(『日本中世の仏教と東アジア』塙書房、二〇〇八年、初出一九九六年)。

(90)御願寺領荘園の発展の他、御願寺修正会において中世身分制と切り離せない呪術的芸能が発展することも注目される。丹生谷哲一「修正会と検非違使」(『検非違使―中世のけがれと権力―』平凡社、一九八六年、初出一九八六年)。

第三章　大将着陣儀と大粮納畢移

はじめに

京都教育大学教育資料館が所蔵する二条家文書の中には、近江国からの大粮米の納畢を報告する主計寮宛の左近衛府移が存在する[1]（図1）。この左近衛府移には、安政六年（一八五九）四月八日という日付が見えるが、この日は同年三月二七日に左近衛大将、翌二八日に内大臣となった二条斉敬が着陣儀を行った日に相当し[2]、これに伴い作成されたものと考えて誤りはない。注目すべきは、これが一九世紀中葉のものであるにもかかわらず、平安時代以来の伝統的な書式に則って記された点である。すなわち、この文書より七世紀以上を遡る『知信記』長承四年（一一三五）二月一七日条には、藤原頼長の右大将着陣儀で用いられた次の如き文書を看取し得る。

右近衛府移　主計寮
納畢米参佰斛状
右、播磨国当年大粮米、相二加精代雑賃〔貨料〕所一納畢如レ件。以移。
長承四年二月十七日　府生惟宗
権中将藤原朝臣

左近衛府と右近衛府、近江国と播磨国といった相違はあるものの、両者が同じ書式で記されたことは明白で、

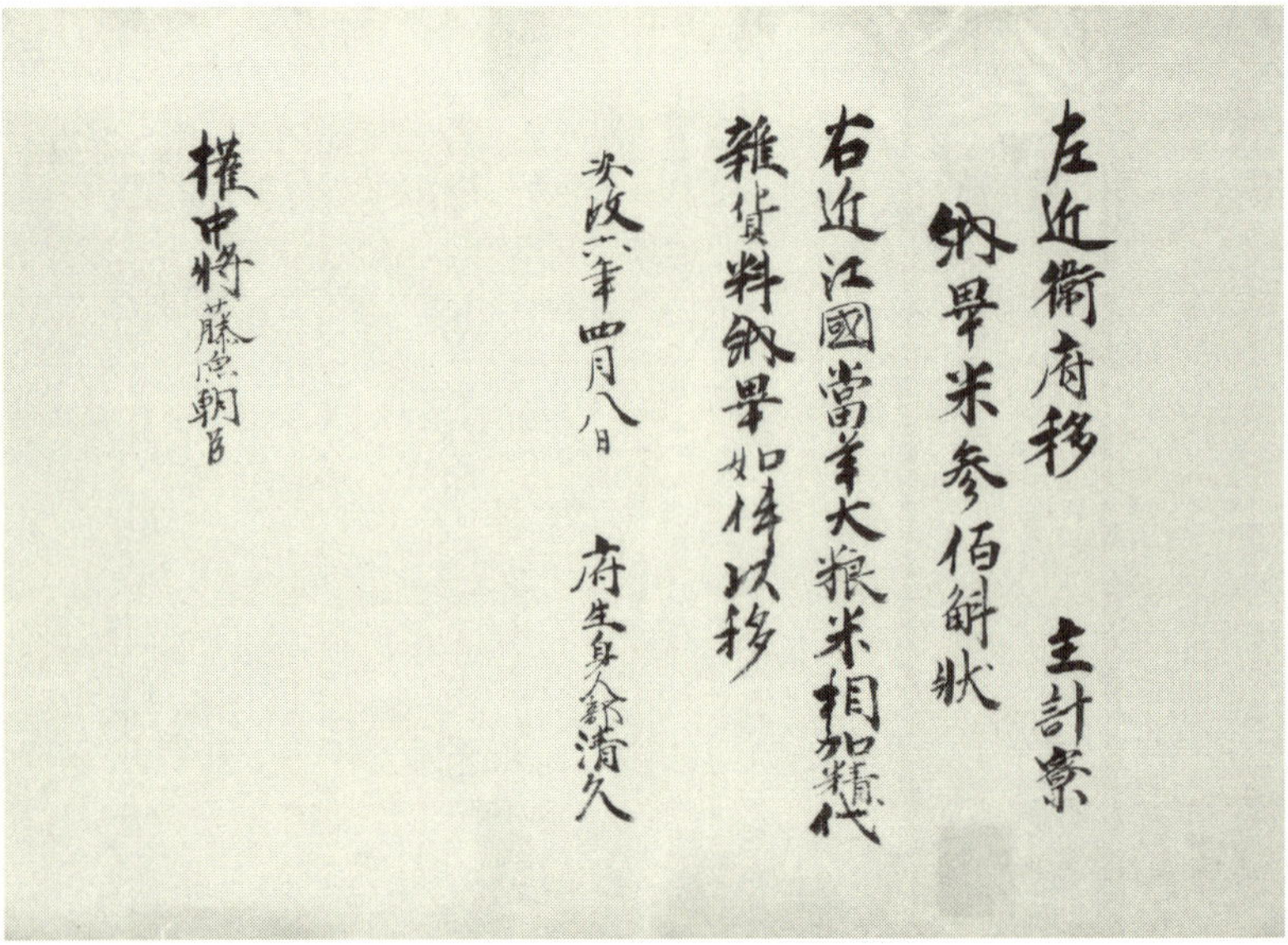
左近衛府移　　　　主計寮
納畢米参佰斛状
右近江國當年大粮米相加糒代
雜貨料納畢如件以移
安政六年四月八日　府生身人部清久
權中將藤原朝臣

図１　左近衛府移　　※京都教育大学教育資料館所蔵二条家文書

斉敬に関わる左近衛府移が新たに検出されたことにより、日記での引載という形でしか知られてこなかった文面が現出したこととなる。[3] 大粮米の納畢を報告する主計寮宛の近衛府移は、大将着陣儀における文書として長い年月受け継がれたきたのであり、[4] また、『知信記』の当該条からは、この文書が「号二納畢移一」されたこと、奥の署判が年預中将のものであること、日奏と称される文書とともに吉書として用いられたことも判明する。

近衛府の吉書である大粮納畢移については、これまでにもいくつかの論考の中で言及されてきた。庸米の未進や用途拡大に伴い、年料租舂米が諸司大粮に充当されていったことを明らかにした佐藤信は、論考の末尾でこの『知信記』を掲出し、「諸官司による大粮の直接収納を示す点」を読み取るとともに、「「納畢移」が吉書として用いられたこと」を「大粮米の収納が困難になっている状況に対応」させる形で理解した。[5] また、吉書及び吉書儀礼を総体的に論じた遠藤基郎は、天皇、摂関・内覧、諸家などの吉書とともにこの納畢移を取り上げ、「天皇のみならず、諸家・諸府・諸司までもが、朝廷の「国土統治権」の理念を、吉書を通して表象していた」との理解を導き出す[6]。佐藤が実態とは乖離した側面を吉書に見ようとしたのに対し、遠藤は吉書を披覧することに統治権の理念の表象といった積極的な意味を見出そうとしたと言え、両者の言及のあり方は対照的とも言える。こうした両様の見方は、吉書及び吉書儀礼に関する理解の二つの方向性を指し示すものであり、例えば、「諸国の郡衙の実態が存在し、これを中央の意のままに立用し得た時代の記憶が、不動倉開検申請解の吉書化を導いた」とする渡辺晃宏の理解は前者に該当し[7]、他方、財政実務から切り離された天皇が「吉書奏の形で、受納・出給を象徴的・儀式的に把握するようにな」ったとする古尾谷知浩の見解は、後者の範疇に含めることが可能であろう[8]。

本章では、二条家文書の中に新たに見出し得た左近衛府移を出発点として、吉書及び吉書儀礼に関する理解を多少なりとも深めることを課題とする。その際に重視したいのは、前述した吉書に関わる両様の捉え方を連接させるような視角である。すなわち、大粮納畢移を大粮米制度の変遷の中に位置付けることで実態と吉書との関係を探り、大将着陣儀において使用されたことを考察することで、それが有する儀礼的な意義を追究してみたいと考える。そうした双方からの検討を通じて、平安時代以降の宮廷社会で頻繁に行われた吉書儀礼や、そこで用いられた吉書が持つ歴史的な意味について検討を試みることとする。

一　大将着陣儀の様相

大粮納畢移が大将着陣儀の吉書として用いられた点を重視するならば、その歴史的な意味を把握するにあたっては、大将着陣儀の儀式次第を理解し、儀式の特徴やその成立時期を明らかにすることが何よりも重要となる。前述した如く、『知信記』長承四年（一一三五）二月一七日条には、藤原頼長の右大将着陣儀で用いられた大粮納畢移が引載されるが、まずはこの時の着陣儀の様相を整理し、その特徴を理解することから始めていこう。

二月二日に任大将宣旨を受けた権大納言の頼長は、八日に本府官人を対象とした宴を東三条殿で催し、所々への慶賀を一三日に行った上で、この日の着陣儀に臨んだ。頼長の着陣儀は、新任の右近衛大将として行う儀式と、兼官を得た公卿（＝権大納言）として行う儀式との二つから構成されたようで、いずれも吉書の披覧を主としたものであった。後者の公卿着陣儀に関して言えば、大夫史小槻政重から大和・出羽の「鉤匙文」の上申を、頭弁藤原宗成から「臨時公用請奏」の下申を受けている。大粮納畢移は本陣儀とも称される前者において登場する。この儀は、ⅰ．大将である頼長が本陣の座に着いた後、中少将が着座し、ⅱ．将監から少将を通じて進められた日奏一通を大将が披覧して、そこに名二字を加えて少将を通じて将監へ返却、ⅲ．将監から少将を通じて進められた納畢移一通を大将が披覧し、「封」と書した紙とともに少将を通じて将監へ返却、ⅳ．近衛によって北庭に机が舁き立てられ、印盤・印櫃等が運び込まれて、将監が納畢移へ請印、ⅴ．印が印櫃に納められて封が付せられ、将監が移文を持ち、近衛が机を舁きて退出、ⅵ．中少将が起座した後、大将が仗座へ移動して公卿着陣儀が始まる、といった流れで行われたようである。要するに、日奏の披覧と加判（ⅱ）、納畢移の披覧（ⅲ）と請印（ⅳ）の二つが本陣儀の中核にあったわけだが、これらは頼長の着陣儀に固有のものではなく、一一世紀後葉以降の古記録からは、大将着陣儀に共通した要素であることが容易に判明する。

大将着陣儀の儀礼構造を考える上でまず検討せねばならないのは、納畢移とともに吉書として用いられた日奏なる文書である。これについても『知信記』がその書式を掲載する。

右近衛府

合中将已下府生已上

正四位下行権中将兼皇后宮権亮藤原朝臣忠基、従四位下行権少将兼伊豫介藤原朝臣忠頼、正六位上行将監橘朝臣景通、正六位上行将曹清原真人遠兼、正六位上行府生惟宗朝臣忠清、正六位上行府生道守宿祢重元、正六位上行府生身人部宿祢真近、以前今月十六日宿直如レ件。

長承四年二月十七日

正二位権大納言兼大将皇后宮大夫藤原朝臣

ここからも明白なように、日奏とは、着陣前夜（この場合は二月一六日）の「中将已下府生已上」の宿直状況を大将が確認した文書のことである。iiの如く、奥に大将の署判が記されることとなるが、納言の場合は名の二字を、大臣の場合は朝臣の字を署すこととなっていた[9]。「日奏」という名からすれば、天皇への報告を前提にしたものと思われ、おそらくは、「凡毎月一日・十六日、具録二当番近衛歴名一、次官已上奏進。若無者判官亦奏。其宿衛者、日別録二見宿数一、次官以上一人署名申送、闈司惣取奏レ之。余府准レ此」という『延喜式』巻四五、左右近衛府の規定の後半部、「其宿衛者」以下の内容を、府生以上に援用する形で作られた文書であろう[10]。『延喜式』に「日別録二見宿数一」とあることからすれば、毎日作成されるのが本来の姿だったようであり、「次官以上一人署名申送」とあることからは、加判が大将に限定されたものではないことも読み取れる。このことに呼応するように、次将の着陣儀でも日奏への加判は看取され、そこでは、加判者よりも地位の低い者の宿直が対象とされたようである。時代は下るが、慶応三年（一八六七）に権左少将橋本実梁が署した日奏では、「将監已下府生已上」の宿直が表されている[11]。

表1　大将着陣儀と文書の披覧

人　名	任　官	着　陣　日	披覧文書		出　典
源師房	右大将	康平８年（1065）正月７日	解由	大粮納了移	水左記
源雅実	右大将	寛治７年（1093）12月15日	官人解由	―	中右記
藤原忠実	左大将	寛治８年（1094）４月10日	日奏	（吉書）	中右記
藤原忠通	左大将	元永２年（1119）２月17日	日奏	播磨国大粮納畢移	法性寺殿記、中右記
藤原頼長	右大将	長承４年（1135）２月17日	日奏	納畢移（播磨国）	知信記
藤原実能	左大将	仁平４年（1154）８月25日	月〔日カ〕奏	大粮	台記
藤原基房	左大将	永暦元年（1160）12月26日	日奏	移文	山槐記
藤原良通	右大将	治承３年（1179）12月21日	日奏	大粮移	玉葉
近衛家実	左大将	建久９年（1198）正月29日	日奏	大粮納畢移	猪隈関白記
九条道家	左大将	承元元年（1207）11月16日	日奏	大粮納了移	明月記

※『大将着陣部類記』（宮内庁書陵部所蔵、九-211）参照。

こうした大将着陣儀での日奏披覧は、寛治八年（一〇九四）になされた藤原忠実の着陣儀にまで遡る[12]（表1）。それ以前に関しては、康平八年（一〇六五）の源師房及び寛治七年の源雅実の着陣儀では日奏が見えず、代わりに「官人解由」なる文書の存在を見出せる[13]。ここに見る官人解由についても、日奏と同じく確たることは言えないが、将監・将曹・府生といった「官人」と称される人々の解由と思われ[14]、在任中の功や労を証し、彼らの叙位や転任に備えた文書と推測することは許されよう。師房・雅実の着陣儀からは、日奏と同様に大将の加判が存在したこと、請印がなされたことを確認し得る。注意すべきは、『北山抄』巻八、大将儀、初任事が「初着陣者、着〔署カ〕二月奏若官人解由」と記す点である。すなわち、大将着陣儀における官人解由の披覧は一一世紀前葉に遡るもので、また、ここに言う「月奏」が「日奏」の誤記ならば、官人解由と日奏とは代替可能な文書と捉えることも可能となる。大将着陣儀における官人解由の披覧と日奏の披覧とは、近衛府官人の把握、ひいては人事権の掌握といった共通する性格を有していたと思われ、一一世紀末において、日奏に固定されたと見るのが穏当だろう。大治五年（一一三〇）になされた頼長の右中将着陣儀では、大将着陣儀と同様、日奏と「大粮米文」の披覧がなされたが、このうちの日奏に関して藤原宗忠は「見参云々」と注しており、[15]日奏こそが近衛府の「見参」と解されたことを知る。所属人員の掌握を意図した文書が吉書に用いられた例としては、他に藤原氏氏長者の吉書として「勧学院学生入院名簿」が用いられたことがあり、[16]両者には通底する意識を読み取ることができよう。

日奏・官人解由の披覧が人員の掌握を意味するならば、大粮納畢移のそれは、内容から推して料物管理・財政掌握を意図した吉書と評価し得るだろう。大将着陣儀における納畢移は、元永二年（一一一九）の藤原忠通の着陣儀を初期の例とするが、これは曾祖父師実の先例に倣って「播磨国大粮納畢移」を用いたもので、納畢移は康平五年六月の師実の着陣儀にまで遡ると見てよい。[17]忠通が師実の先例に倣ったのは、直接的には道長・頼通・教通の儀式について「已無㆓日記㆒」く、依拠すべき先例として最も古いのが師実が記した「大殿御記」だったことによるようだが、[18]頼長においても右大将任官に際して「今日儀、康平五年初大殿任㆓大将㆒例也」とされた如く、[19]師実の任大将に関わる諸儀礼は、その後も規範となったことがわかる。建久九年（一一九八）に着陣儀を行った近衛家実は、日記『猪隈関白記』に自身の着陣儀を詳しく記したが、その記載の方法は、割書も含めて忠通の『法性寺殿記』に極めて近く、[20]忠通の儀式次第を下地としてなされたことを予想させる。そして、忠通の着陣儀が師実の「大殿御記」に基づくものであれば、大将着陣儀は一一世紀中葉の次第を基本としていた可能性が高い。

その後、一二世紀前葉に人員掌握の吉書が日奏へ固定化することで、日奏と納畢移の披覧からなる大将着陣儀は確立する。

着目したいのは、師実と忠通の間の忠実が行った寛治八年の着陣儀で、日奏への加判とは別に、「吉書」の御覧と「件文」への請印を確認し得ることである。[21]「吉書」が納畢移であった可能性は否定できず、その意味では、忠通や頼長などと同じ様相としても捉え得る。しかし、子細に見ると、忠通や頼長においては納畢移の披覧（iii）があった後に、印盤・印櫃の舁き入れと請印（iv）があるのに対し、忠実の時には、日奏への加判（ii）の直後に「舁二立印鎰唐櫃案一」られ（iv前半）、次いで「覧二吉書一」じて（iii）、請印がなされており（iv後半）、納畢移の披覧と印の舁き入れとの間の逆転を看取できる。官人解由を用いた源師房の例では、解由の加署・請印の後に「大粮納了移」の披覧があり、そこへの請印は不明なものの、「覧了令レ書レ封給下給、印納了」って撤去された。源雅実の着陣儀でも、官人解由への加判の後に請印があり、「居二宰相座後方一請印了。又進二少将一、々々覧レ之」と請印された解由を再度、覧じたらしい。建永二年（一二〇七）になされた藤原定家の中将着陣儀では、納畢移の披覧を確認できないものの、日奏の披見後に、「予書レ封入二加箱一。日奏文在二左方一。官人進寄取レ之、請印了」と述べられており、日奏に請印がなされたらしいことを看取し得る。[22]これらを勘案すると、本来、日奏や官人解由へも請印があったと見るのが適当で、次第に日奏への請印は省略されて納畢移への請印のみになっていったという変遷を推測できる。納畢移の披覧の前に印櫃の舁き入れがある忠実の儀式は、その過渡的状況を示しているのではあるまいか。

ところで一二世紀前葉に確立した大将着陣儀は、人の掌握を象徴した日奏と物の掌握を象徴した納畢移という二つの吉書披覧を構成要素としていたが、この二つの吉書が対等な関係にあったわけではあるまい。日奏には大将の加判があるのに対し、納畢移に存在しないことは、その違いを示唆するものと言え、このことは、日奏が本府筥（＝皮筥）を用いて進覧されるのに対し、納畢移は覧筥を用いて進められたこととも連動していよう。[23] 加えて、『北山抄』が着陣儀の文書として「月奏若官人解由」と記すのみで納畢移については触れないことや、官人解由への請印を行った師房の着陣儀が「被レ行二本陣請印一」と記されたこと、[24] 請印が日奏・官人解由から納畢移へ移ったと推測し得ることなどを勘案すると、本来的に近衛府の着陣儀で重要だったのは、日奏もしくは官人解由の披覧と請印、すなわち人の掌握を象徴する儀式だったと見ることも強ち誤りではなかろう。大将着陣儀における大粮納畢移の披覧、すなわち料物の収納を意図した文書の吉書への使用が、日奏や官人解由の披覧より後出する可能性も考慮してよいと考える。[25]

二　近衛府と衛門府の着陣儀吉書

近衛府と同様、大粮米に関わる文書が着陣儀で用いられた官司としては衛門府を見出し得る。ここでは、断片的に知られる衛門佐の着陣儀を検討することで近衛府の大将着陣儀を相対化し、合わせて大粮納畢移を大粮米制度の変遷の中に位置付けることとしよう。取り上げたいのは『大記』永保三年（一〇八三）三月一九日条（逸文）の記載である。[26]

府生覧二食口文幷美作国大粮米卅石返□（抄カ）一。入二覧筥一。今日吉書□繎（マヽ）越之由、兼問二案主則方一。申云、依二近例一□（大カ）粮返抄者。予仰云、天徳・天喜例、皆食口為二吉書一。申了書加。粮文両度雖レ不レ見、正暦元亮（允）取次食口文幷粮催臨□（納訖カ）者所書。（中略）案主申云、永保三年十二月□口幷美作国粮納臨予捺（訖印カ）牟。

予目□□甚多。一枚乃時ハ、枚文一枚ニ予捺（印カ）牟。及二一枚、一（改行ハ原本ノマヽ）

文ニ御印捺牟。如レ此可レ申也。是以検二旧記一□□末代事為レ随レ宜、不レ仰二左右〔改行ハ原本ノマヽ〕一。
案主申云、印捺津。予目、案主称唯、巻レ文納二覧筥一、取レ予〔印〕納二辛櫃一付レ封。件封、正暦四年元〔允〕亮記。長徳四年曾祖御記、
覧レ文之時、副二封紙一入レ筥、即着〔署〕二封紙一者。件封、当日上臈可レ暑〔署〕レ之。而天喜二年先人御着陣日、雖レ被
レ仰二此由一、被〔彼カ〕時志重基申行、而年預厨〔尉〕忠〔マヽ〕可レ暑〔署〕二封紙一者、被レ免レ之畢。今日陣官等、近例厨着〔尉署カ〕由、文〔又カ〕所レ申也。
仍就二天喜例一、次厨〔尉〕経仲令レ暑〔署〕レ之。

これは同年二月一日に左衛門権佐に任じられた藤原為房の着陣儀に関わる記録である。(27) 欠損や誤写と思われる箇所が多いため文意は明瞭ではなく、釈読の更なる検討が必要であるが、永保三年一二月の食口文と美作国から進納された大粮米三〇石に関わる返抄とが用いられたことや、為房がこれらを覧じた後、為房の命を受けた案主が請印を行ったこと、左衛門尉藤原経仲が印の辛櫃に付す封紙を記したことは読み取ってもよかろう。看過できないのは、使用された食口文が、着陣儀のなされた永保三年三月のものではなく、一二月の食口文だった点である。奈良時代の正倉院文書などを参照すると、ここで言う食口文とは、大粮米支給ないしその申請のために作成された基礎台帳と推すことができようが、半年以上先の一二月の食口文をあえて覧じる必然性は存在せず、だとすると「永保三年十二月食口」とは、永保三年一年分(＝一二ヶ月分)の必要数を計上した文書と考えるのが適当である。『延喜式』巻一一、太政官が記す大粮米支給のあり方では、毎月諸司から太政官に対して必要数の上申があり、太政官符が民部省に下されて、民部省から諸司へ大粮米が出給されることとなっていたが、この時点では必要数の計上が一年分一括して行われるようになっていたものと推測される。

注目したい第二は、大粮米の返抄が披覧されたらしい点である。平安時代以降の宮廷社会で広く行われた吉書儀礼では、料物の納入に関わる文書を吉書として使用するものが多く、その場合、料物納入の解文が吉書となり、

その披覧に続いて返抄の作成がなされるのが通例であった。例えば、久寿三年（一一五六）になされた藤原公親の蔵人頭初任吉書儀では、美濃守藤原家教が作成した広絹進上の解文が吉書として用いられ、それを天皇へ進覧した後、公親は端に自らの位置と「可レ成二返抄一」との文言を書き加えて出納に下給した。出納はこれに従って「当年御服内、美濃国所レ進検納如レ件」と記す紙屋紙を成し上げたが、「可レ成二返抄一」との命によるものである点から考えて、この成し上げられた紙屋紙こそが広絹解文への返抄と見てよかろう[28]。中宮職の庁始・請印始においても、吉書である御封の解文に「下レ庁可レ成二返抄一」との外題が添えられ、作成された返抄に対して請印が行われたことを知る[29]。吉書たる解文の披覧とそれに対する返抄の作成は一連の流れで行われたのであり[30]、こうした一般的な吉書儀礼に比べると、為房が覧じたのが解文ではなく返抄であった点は注意されてよい。

民部省廩院に収納された庸米を財源とする大粮米は、九世紀後半には諸司へ直納されるようになり、財源も庸米から年料租舂米へと変化していった[31]。その後、官司ごとの翌年の大粮米の負担国を定める大粮申文が年中行事として確立し、大粮米は諸国に太政官符が出されて支給されることとなる[32]。諸司諸衛の割り当て国は、その後、固定化していったようだが、一〇世紀中葉になると、諸国からの下行が滞りがちになり[33]、六衛府では、「粮米使」を諸国に派遣して、直接、大粮米を調達することが一般化する[34]。衛門府に関して言えば、長保元年（九九九）四月一日の衛門府月奏文より、近江・美作・安芸へ「大粮使」の派遣があったことを知る[35]。

為房の着陣儀の文書が解文ではなく返抄だったのは、こうした大粮米納入の変遷を前提としたものだった可能性が高い。すなわち、太政官が定めた負担国に「大粮使」が派遣され、大粮米を直接、調達するというあり方は、解文を伴った諸国からの進納と相容れるものではなかったのではあるまいか。だとすると、ここで作成された返抄も、諸国に対して出されたとは限らないことも予想される。『延喜式』巻二五、主計下には「凡諸国進二納斎宮寮㆒調庸雑物、待㆓彼寮移返抄㆒勘㆓会抄帳㆒」と主計寮宛の「移返抄」の存在が記されるが、これを勘案すると、衛門府の返抄も主計寮宛だった可能性が推察される。諸司が直接、調達した料物は、その返抄が主計寮へ移として送られ、勘会の材料となるのであるが、こうしたあり方を思うと、「当年大粮米」の納畢を主計寮へ伝える近衛府の大粮納畢移と、為房の着陣儀で用いられた返抄とは、基本的には同一の文書である可能性が高いことになろう。大粮納畢移とは、「粮米使」などを派遣して、割り当てられた国から直接、大粮を得た近衛府が、主計寮宛に提出した返抄であったと考える。[36] 近衛府の着陣儀では、返抄としての納畢移しか作成されないが、衛門府の着陣儀では、大粮米の支給に関わる予算計上と、諸国からの納入に対する返抄作成といった一連の政務が、儀式の中に表されているのである。

為房の着陣儀で参照された先例についても配慮をしたい。この記載からは、儀式の遂行にあたって、天徳年中になされた儀式、正暦四年（九九三）に惟宗允亮が書した記録、曾祖父藤原宣孝の長徳四年（九九八）の日記、天喜二年（一〇五四）の先人藤原隆方の着陣儀、の四つが参照されたことを看取し得る。允亮は正暦四年に左衛門権佐、隆方は天喜二年に右衛門権佐に任じられたことを確認でき、宣孝も長徳四年に右衛門権佐だったことがわかる。[37]「先人御着陣日」と記された隆方以外においても、ここで参照された先例は、いずれも衛門佐の着陣儀だったと見るのが自然である。判然としない天徳年中の儀式に関しては、允亮の祖父公方が天徳二年（九五八）一〇月に左遷されるまで左衛門権佐の任にあったことからすると、[38] 允亮が伝えた公方に関わる記録を指すのかもしれない。見逃せないのは、「天徳・天喜例、皆食口為㆓吉書㆒」、及び「粮文両度雖㆑不㆑見」との言である。天徳・天喜においては粮米返抄がなく、正暦四年には食口文と粮米返抄の両者があったようであり、衛門佐の着陣儀では、粮米返抄よりも食口文の披覧が重要な位置にあった。

さて、永保三年になされた藤原為房の左衛門佐着陣儀の様相を押さえた上で、話を大将着陣儀における大粮納畢移に戻そう。衛門佐着陣儀と大将着陣儀とでは、使用される文書について相違が存在した。すなわち、前者では食口文と大粮米返抄の披覧を通じて、大粮米の予算計上から納入までの流れを指し示していたのに対し、後者では食口文の披覧は見えず、その代わりに官人解由や日奏といった人の掌握を示した文書が用いられる。この相違は、近衛府における人員把握の重要性に起因すると思われ、『寛平御遺誡』からは「宿衛之勤殊倍二他府一」との理由や「将レ励二宿衛之人一」との目的から、「毎レ有二儀式之叙位一」に近衛将監の叙位を行うよう宇多天皇から醍醐天皇へ伝えられたことを知る。他の衛府とは異なるこうした特性が、日奏もしくは官人解由の披覧と請印の重視に繋がったのではあるまいか。宿衛の奨励と将監の叙位は、それぞれ日奏の披覧と官人解由のそれとに対応させて捉えることも可能と考える。前述の如く、大将着陣儀の儀式次第からは、大粮納畢移の披覧が、日奏や官人解由の披覧よりも後出する可能性を指摘し得るのだが、その推定が正しければ、すでに日奏や官人解由の披覧が存在したが故に、大粮米に関わる文書を吉書として位置付ける際に、食口文の披覧を省略せざるを得なかったのかもしれない。

また、主計寮宛の返抄たる大粮納畢移が、大粮米制度の変質と不可分であろうと右に推測したが、現在、確認できる納畢移が近江と播磨の二ヶ国からの大粮米に限定される点にも注意したい。「粮米使」の派遣は各国に及んだと思われるが、調達の難易には差があったようで、『小右記』万寿二年（一〇二五）三月一九日条では、「労二遺熟国粮使一」した者は「不レ可レ謂二勤公一者歟」とされたのに対し、「以二難国粮使一可二抽遣一者也」という認識のあったことが窺える。[39] 周知のように、近江と播磨の二国は、奈良・平安前期より一貫して公卿たちが関心を持ち評価していた国の代表で、その国司を参議・非参議が兼帯したり、公卿がその国司を前歴とする事例が多く存在した。[40] 藤原行成が記した『叙除拾要』には、「近衛将監一者正月兼二外国掾一。是非二毎年事一。多左任二近江一、右任二播磨一。俗箇取之。」との記載が見え、一一世紀前葉には左近衛将監が近江掾、右近衛将監が播磨掾に任じられる慣習が存在し、[41] 近衛府と近江・播磨とは密接な関係を有していたのである。現在、確認し得る近衛府の吉書がこの二ヶ国の文書であることを偶然であるとはし難い。

納畢移で報告されたのが熟国で、かつ近衛府と関係の深い近江国や播磨国からの大粮米だったことは、実際に収納がなされたかは別として、納畢の可能性が高いと認識された国の文書が吉書として選ばれたことを示唆する。弁官の初任吉書が「加賀若美作等国年料解文」であったことや、[42] 前述した為房の着陣儀の吉書が美作国の大粮米返抄だったことも同様に捉え得る。蔵人の初任吉書儀では、美濃国広絹進上解文とともに近江国火切餅進上解文が用いられたが、[43] 保延七年（一一四一）に近江権守を兼ねた藤原顕輔の私家集には、「火きりとて、近江より貢御にまいらするもちゐは、国司のれうはことにおひたゝしく、おほきにて、人々のそうするを、前左衛門佐基俊君のもとへふるとて」との詞書を持つ歌が見え、[44] 一二世紀中葉の時点でも、近江国司からの火切餅の貢進はかなりの料に上ったことを推定し得る。吉書に関しては、その文面と実態との乖離を強調する傾向が存在するが、少なくともある時期までは、吉書であることと収納の困難さとを安易に結び付けるわけにはいかず、ましてや実態との乖離が吉書の必要条件でもないだろう。

三　吉書と実態との乖離

大将着陣儀において吉書として用いられた大粮納畢移は、人員の掌握を象徴する日奏に大将の加判が存在するのに対し、大将が披覧するのみでそこに署することはなく、奥に記された署判は年預中将のものであった点にも注意を払いたい。近衛府における年預は、延長二年（九二四）に左大将藤原忠平が「定二府年預一」めたことを初見とするもので[45]、一一世紀前葉には「行二政所事一」う年預的な中将が見えるなど、近衛府の日常的な政務は、特定の中将と年預将監・将曹・番長とが運営するようになったとされる[46]。公式令移式では、「長官無、則次官・判官署」と注するものの、諸司の長による加署が原則だった。中将が加判する納畢移は、こうした本来の書式に合致しないのであり、一一世紀中葉の次第を基本とし、一二世紀前葉に確立する大将着陣儀は、年預制成立以後の政務運営を前提としていたと見るのがよい。玉井力は、藤原忠実の吉書内覧が長徳元年（九九五）の道長の例に倣った点や、代始吉書で使用される平野祭幣料請奏が寛和元年（九八五）に始まった平野臨時祭のためのものである点から、南所申文や陣申文を経ない奏事の成立を一〇世紀後葉と理解した[47]。吉書及び吉書儀礼がその淵源としたのは、一〇世紀以降の再編された政務だったのであり、換言すれば、政務の再編と吉書及び吉書儀礼の出現とは不可分の関係にあったのだろう。

　年預中将が加判する大粮納畢移が、次将の着陣儀において使用された点も見逃せない。年預制の成立以降、年預以外の次将や将監・将曹らは日常的な府務に関与しなくなり、通常の文書発給は、年預中将を筆頭とする政所でなされたと推察し得るが、着陣儀においてだけは、大将ないし年預以外の次将も納畢移を披覧し、請印の指示を行ったこととなる。保元三年（一一五八）五月に右少将から左中将に転じた藤原忠親は、「我為二大将一始着陣之時、按察大納言重通当日早旦所二着陣一也。任二彼例一可レ着也。又前太政大臣宗、件時為二頭中将一同所レ着也。汝必可レ着者」との藤原忠通の命を受け、永暦元年（一一六〇）一二月、藤原基房の左大将着陣儀の当日に、漸く自身の着陣儀を実施した[48]。建仁二年（一二〇二）閏一〇月に左中将となった藤原定家の着陣儀は、九条道家の左大将着陣儀がなされた建永二年（一二〇七）のことで、「左大将殿御着陣日、次将可二参着一歟。未二着陣一由依二見苦一所レ遂也」と、その催行は大将着陣儀への参加を目的としたものである(49)。忠親に与えた忠通の言からすると、次将の着陣儀は、忠通の大将着陣儀がなされた元永二年（一一一九）頃より大将着陣儀に伴うものとなっていたようだが、ここからは、自身の着陣儀を経ないと大将着陣儀に参加し得ないとの認識を読み取ることができ、府の正式な構成員となるためには着陣儀を行うこと、つまりは吉書を覧ずることが不可欠とされたのである。

こうしたことは他の吉書儀礼でも同様と見てよい。康和四年（一一〇二）の結政始において、藤原宗忠に対し源基綱が「吉書者、年始政始幷新任之人参時、必可レ有也。余ハ強不レ可レ尋」と述べた如く(50)、吉書儀礼は年始と初参に行うのを基本とした。蔵人の新任吉書では、美濃国広絹進上解または近江国火切餅進上解が用いられ、天皇への進覧、返抄の作成がなされたが、同時に内蔵寮請奏の奏上も存在し、天皇からの下給の後、「宣旨宣ノタヘ」との仰せとともに陣で上卿に下した。これを受けた上卿は弁を召して結申させ、「申ノマヽニ」と令することとなる(51)。弁官の新任吉書では、年料米解文を使用するのが通例だが、天皇への奏上の後、陣で「令検納ヨ」との仰せとともに上卿へ下され、それを受けた上卿が弁官に対して検納を指示する(52)。天皇ないし摂関の吉書儀では、弁官からは年料米解文、蔵人からは内蔵寮請奏の奏上があり、その後は弁官・蔵人の新任吉書と同様の所作がある。公卿の着陣儀では、蔵人から内蔵寮請奏が下申されるとともに、不動倉開検申請解（鈎匙文）と馬料申請解が史から上申され、前者は奏上に回すように指示、後者は「依レ請」と裁可され、このうちの不動倉開検申請解は、官奏吉書での奏上文書ともなる。右に例示したものも含め、宮廷社会では種々の吉書儀礼が存在したが(53)、いずれの吉書儀礼も、新たに組織の構成員となる者、あるいはそれを更新しようとする者が、政務処理の過程に自らを位置付けるという点では共通性を有している。

このことを吉書として選ばれた文書の特徴から捉え直してみたい。それを考える上で示唆的なのは、次の『新任弁官抄』上卿下宣旨書状体の注記である。

如レ此諸司請奏、仰レ依レ請、若仰云々、下二給上卿一。即以二此文一称二宣旨一。他文皆倣レ之。

内蔵寮請奏、一度爾依レ請之由被レ仰。自余諸司申請、必先仰令レ勘レ例、官続文先例之後、被レ仰下任二続文一依レ請之由上也。仍以二内蔵寮請奏一為二吉書一也。職事下二上卿一、上卿下レ弁、弁下二大夫史一。或六位史随レ事。史成二宣旨一頒下也。宣旨及二一枚已上一者、注二枚数一、云レ枚者通也。

つまり、諸司の請奏の中でも内蔵寮の請奏が蔵人方吉書として用いられたのは、先例を勘申する必要がなかったことに起因するもので、裁可に難のない文書が吉書に選ばれたと言ってよい。内蔵寮請奏が勘申を要さなかった理由は別途検討せねばならないが、『山槐記』治承二年（一一七八）正月五日条にも、急を要する吉書奏について、「只如レ例、以二内蔵寮請奏一之〔々脱カ〕。更不レ可レ有二煩事一也」との認識が示されており、内蔵寮請奏が「煩事」なき文書とされたことを窺える。こうした特徴は他の吉書にも相当する。不動倉の内容物を検ずるために鉤匙の下給を申請する不動倉開検申請解は、その申請が推奨されこそすれ敬遠されるような性格のものではなく、年料米解文や広絹進上解など諸国からの料物貢進も、その検納を指示することに議論の余地はなかった。新たに構成員となった者が、その政務処理の過程に自らを位置付ける際に、難のない文書をまず処理するというのが、吉書儀礼の基本であったと考える。大粮納畢移をはじめとする料物収納の吉書が熟国を対象としていたのは、このことに通じるものと言え、実態との乖離を吉書の本質であるかのような言及は、『新任弁官抄』の認識と相容れるものではなかろう。他方、はじめにで示した如く、遠藤基郎は宮廷の吉書儀礼に「朝廷の「国土統治権」の理念」の表象を読み取ったが、料物収納に関わる文書が吉書として用いられた理由を、政務処理に自らを位置付けるため

表2　『続左丞抄』巻3、始覧吉書代々例に見える官方・蔵人方の吉書

天　皇	年　月　日	官方吉書		蔵人方吉書	
後一条院	治安元年（1021）正月22日	近江国年料解文	権左中弁経頼	平乃祭幣料請奏	頭中将朝経朝臣
堀河院	寛治6年（1092）正月17日	近江国司申年料米解文	権左中弁基綱	内蔵寮申平野祭幣請奏	頭左中弁季仲朝臣
鳥羽院	永久元年（1113）12月27日	美作年料解文	左中弁顕隆	内蔵寮臨時公用米請奏	
近衛院	久安6年（1150）12月25日	美作年料解文	左中弁師能	内蔵寮臨時公用米	頭右大弁朝隆朝臣
高倉院	承安4年（1174）正月10日	加賀年料解文	右中弁重方	内蔵寮申平野祭幣料文	頭左中弁長方朝臣
後鳥羽院	建久4年（1193）正月26日	近江年料解文	左中弁親経	平野祭幣料文	頭中宮亮宗頼朝臣
土御門院	承元2年（1208）正月10日	近江年料解文	左中弁清長	平野祭幣料文	頭右大弁光親朝臣
順徳院	承元4年（1210）12月5日	近江年料解文	権右中弁宗行	内蔵寮臨時公用［　］	頭中将頼平朝臣
後深草院	建長8年（1256）正月13日	近江年料解文		平乃祭幣料請奏	頭左大弁経俊朝臣
後宇多院	弘安3年（1280）正月17日	近江国年料解文	左中弁定藤	平野祭幣料請文	蔵人右衛門佐俊定

に難のない文書が選ばれたというように解するのであれば、吉書の象徴性を過度に評価することにも、慎重にならざるを得ない。

ならば、次に問題とすべきは、吉書と実態との乖離の時期である。料物に関わる吉書が多い点から考えると、財政的な側面からの検討が不可欠だろうが、儀礼文書という側面に重きを置いて捉えるならば、一二世紀前葉になにがしかの変化を窺うことは可能である。『続左丞抄』巻三によれば、代始吉書の通例は、官方吉書が近江国年料米解文、蔵人方吉書が平野祭幣料にかかる内蔵寮請奏であった。しかし、永久元年（一一一三）になされた鳥羽院の時と久安六年（一一五〇）の近衛院の時の吉書には、美作の年料米解文と内蔵寮臨時公用米請奏が用いられた

ことを知る（表2）。代始吉書以外における蔵人方吉書を瞥見すると、一一世紀末までは幣料請奏と臨時公用米請奏の使用が拮抗し、これは『侍中群要』巻二、奏吉書事に「氏〔或カ〕諸祭請奏、或内蔵寮臨時公用文」と記されることと合致するが、一二世紀前葉以降は幣料請奏の使用はごくわずかとなり、臨時公用米請奏が圧倒的に優勢となる状況を看取し得る。(54) 寛治六年（一〇九二）正月に用いられた蔵人方吉書が「来四月平野祭幣料請奏」や「来二月春日祭幣料請奏」「来月大原野祭幣料請奏」だったように、幣料請奏はその年の祭祀を念頭に置いたものであったが、(55) それに比して臨時公用米請奏の融通性が高いことは想定し易く、これが臨時公用米請奏の多用に繋がったのだろう。臨時公用米請奏が多く用いられるようになると、「件米、蔵人頭吉書之時載二十石一。不レ論二五位・六位一、申二蔵人一之時五石也」との慣行も登場したようである。(56) 官方吉書においても、一二世紀前葉に加賀・美作の年料米解文に収斂していく様子を窺うことが可能で(57)（表3）、鳥羽院の代始吉書が美作国の年料米と臨時公用米を採用したのは、こうした大勢に応じたものと見るのがよい。吉書儀礼で用いられる吉書は、一二世紀前葉にかけて固定化される傾向にある。

表3　年料米解文（吉書）の進上国

西　暦	近江	美濃	加賀	美作	伊予	合計
1091～1100	1	1	2	7	3	14
1101～1110	1	1	4	2	4	12
1111～1120			2	2	1	5
1121～1130			3	2		5
合　計	2	2	11	13	8	36

※『中右記』『永昌記』『殿暦』より作成。

前述したように、大将着陣儀においては、人の掌握を意図した披覧文書が、一一世紀末に日奏に固定化し、日奏の披覧・加判と大粮納畢移の披覧・請印という二つを構成要素とする儀礼形態が確立するのは一二世紀前葉のことであった。また、同時期には、次将の着陣儀が大将着陣儀に付随するものに変化していたことも読み取れる。おそらくは、こうした近衛府の吉書儀礼の様相と官方吉書・蔵人方吉書の変化とは連動するものと思われ、一二世紀前葉に吉書及び吉書儀礼は展開を見たと考えて間違いない。平安時代以降の宮廷社会において広く行われた吉書儀礼は、一〇世紀以降の再編された政務形態を前提としたものであったが、それが儀礼として確立し固定化するのは一二世紀前葉だったものと考える。このことは、宮廷社会が先例の継承を強く意図したものへ変質したことを意味するが、儀礼が固定化することで、絶えず変化する実態との乖離が生じざるを得ないことも確かであろう。ここに吉書と実態との乖離が始まると見ても問題はないものと考える。

おわりに

本章では、京都教育大学教育資料館所蔵の二条家文書の中に、大将着陣儀の吉書である大粮納畢移が検出されたことを契機として、大将着陣儀の儀礼構造や大粮納畢移と大粮米制度との関連について検討し、そこから宮廷社会で広くなされた吉書及び吉書儀礼の歴史的な意味を問うことを課題とした。推測に渉る面が多く、吉書及び吉書儀礼の全体像を示すには甚だ不十分な議論であることは否めないが、本章で述べてきた点を整理すれば以下のようになろう。

①大将着陣儀は、人の掌握を象徴した日奏の披覧・加判と、物の掌握を象徴した大粮納畢移の披覧・請印の二つの吉書儀礼から構成されており、一一世紀中葉の次第を淵源としつつ、一二世紀前葉に確立する。

②大粮納畢移は、主計寮に宛てた返抄に相当し、解文ではなく返抄が吉書として使用されたのは、太政官が定めた負担国に「大粮使」を派遣し、大粮米を直接、調達するという状況と対応する。

③大粮納畢移には年預中将の加判があり、一〇世紀以降に成立した年預制を前提としていたが、吉書儀礼が指

し示すものは再編された政務の姿であり、吉書儀礼とは、そうした政務処理の過程に新たに組織に加わった者、あるいはそれを更新しようとする者を位置付けるためになされた儀礼である。

④大粮納畢移が熟国とされ、近衛府とも関係の深い近江・播磨からの大粮米納入を報告したように、吉書が当初から実態と乖離していたとは言えず、一二世紀前葉に吉書儀礼が確立し、吉書が固定化したことが、実態との乖離を生じさせた要因と思われる。

さて、こうした吉書及び吉書儀礼が、一九世紀中葉に至るまで連綿として継承されていったことは改めて注目されてよい。天皇を頂点とする宮廷社会は、平安中期に再編された政務構造を基礎として、その後、何世紀もの間、命脈を保ち続けたのであり、平安中期の変化は歴史的に大きな意味を有すると理解するのがよかろう。また、継承という側面から見るならば、先例の重視と儀礼の固定化とが後の時代に与えた影響は計り知れないものがあり、吉書及び吉書儀礼がその中核に位置したことも間違いあるまい。吉書及び吉書儀礼については、史料が多いにもかかわらず、あるいは史料が多く、時代幅も広いが故に、その特質や変遷を把握することが難しい。不十分ながらも、現時点の考えを披陳してみた次第であり、曲がりなりにもここで示した理解を、今後、種々の観点から再検証することが、宮廷社会の特徴を把握していくことに繋がるものと憶測する。

(1)　二条家文書一五―一。京都教育大学所蔵の二条家文書全体の内容については、拙稿「概要」(『京都教育大学所蔵二条家文書目録』二〇一六年)において概観した。なお、当該の文書は、他の二条家文書とは別に保管されていたことから、目録では「参考」として掲載するにとどめたが、記載内容から考えて二条家に関わる文書と見て問違いはなく、本章では二条家文書の一つとして扱うことにした。

（2）「日記」安政六年（一八五九）四月八日条（慶應義塾大学文学部古文書室所蔵、ＫＵ〇一ＮＪ〇三〇七）、「御側日記」同日条（慶應義塾大学文学部古文書室所蔵、ＫＵ〇一ＮＪ〇二七二）など。

（3）ただし、押印が見えないや加判がないことからすれば、実際に使用されたものではなく、写しと見るのが自然だろう。

（4）「大将御著陣並兼宣旨御次第」（国立公文書館所蔵、一四六—四三六）からは、室町殿の大将着陣儀においても「移文」が用いられたことが判明する。また、『押小路文書』八二所収「左右大将本陣著陣ノ節日奏幷移文」（国立公文書館所蔵、古一一一—二八四）には、弘化五年（一八四八）正月一六日付の右近衛府移と慶応三年（一八六七）一一月三〇日付の左近衛府移が引載される。

（5）佐藤信「民部省廩院について」（『日本古代の宮都と木簡』吉川弘文館、一九九七年、初出一九八四年、二七六頁）。

（6）遠藤基郎「中世公家の吉書」（羽下徳彦編『中世の社会と史料』吉川弘文館、二〇〇五年、一五四頁）。

（7）渡辺晃宏「平安時代の不動穀」（『史学雑誌』九八—一二、一九八九年、三六頁）。こうした見方は、実効を伴わない形式的な文書として吉書を規定した、田中稔の古文書学上の理解を先蹤とする。諸家の庁始における吉書を取り上げ、封戸制の解体とともに封戸返抄への請印がなくなり、返抄が吉書化したと結論付けた栗山圭子の見解も、その延長上に置くことが可能であろう。田中稔「儀礼のために作られた文書」（『中世史料論考』吉川弘文館、一九九三年、初出一九九〇年）、栗山圭子「庁始と吉書」（『中世王家の成立と院政』吉川弘文館、二〇一二年）。

（8）古尾谷知浩「律令中央財政機構の出納体制」（『律令国家と天皇家産機構』塙書房、二〇〇六年、初出一九九五年、二五三～二五四頁）。吉書に関わる研究としては、他に中世村落の吉書を論じた中野豈任『祝儀・吉書・呪符　中世村落の祈りと呪術』（吉川弘文館、一九八八年）がある。

（9）『中右記』元永二年（一一一九）二月一七日条には、「大将披二見之一、染レ筆加レ判給。朝臣字也。納言大将ハ加二名字一云々。」とあり、『玉葉』治承三年（一一七九）一二月二一日条では、「染レ筆書レ署。名二字也。大臣ハ書二朝臣一也。」と記される。

（10）なお、『小野宮年中行事』正月、同日諸衛進当番歴名事には、「弘仁近衛式云、毎月一日・十六日、具録二当番近衛歴名一、次官以上奏進。若無判官又奏。余府准レ此」とあり、宿衛の奏上が弘仁式では確認できない。

（11）『押小路文書』八二所収「左右大将本陣著陣ノ節日奏幷移文」（注4前掲）。
（12）『法性寺殿記』元永二年（一一一九）二月一七日条、『中右記』同日条。
（13）『水左記』康平八年（一〇六五）正月七日条、『中右記』寛治七年（一〇九三）一二月一五日条。
（14）「官人」の内容については、佐々木恵介「『小右記』にみる摂関期近衛府の政務運営」（笹山晴生先生還暦記念会編『日本律令制論集　下』吉川弘文館、一九九三年）参照。
（15）『中右記』大治五年（一一三〇）一〇月一三日条。
（16）『中右記』寛治八年（一〇九四）三月一一日条、『兵範記』保元元年（一一五六）九月一七日条。
（17）『中右記』元永二年（一一一九）二月一七日条。
（18）『中右記』元永二年（一一一九）二月一五日条。
（19）『中右記』長承四年（一一三五）二月七日条。
（20）例えば、『法性寺殿記』元永二年（一一一九）二月一七日条では「次将監入二大粮納了移於筥一覧筥也。可レ書レ封之細紙加二入之一。置二少将座前一。少将指レ笏取レ之、如レ初進就二予前一、置二硯筥左方一、抜レ笏還二着本座一。予置レ笏見レ文。件文無二懸紙一。」とあるのに対し、『猪隈関白記』建久九年（一一九八）正月二九日条では「次将監入二大粮納畢移於筥一覧筥也。可レ書レ封之細紙加二入之一也。置二実宣前一。実宣指レ笏取レ之、如レ初進来、置二硯筥左方一、抜レ笏還二着本座一。予置レ笏見レ文。件文無二懸紙一云々。而有二懸紙一。」と記され、両者は極めて類似する。
（21）『中右記』寛治八年（一〇九四）四月一〇日条。
（22）『明月記』建永二年（一二〇七）正月一七日条。
（23）『法性寺殿記』元永二年（一一一九）二月一七日条。
（24）『水左記』康平八年（一〇六五）正月七日条。
（25）藤原基実の任関白に伴う古書では、弁官・蔵人・政所の古書とともに「月奏二通」が大外記中原師業から進められており、人の掌握に関わる古書の存在を垣間見ることができる。『兵範記』保元三年（一一五八）八月一一日条。
（26）『本陣着陣勘例』着陣事（国立公文書館所蔵、一四六―三六一）。

(27)『公卿補任』天永二年（一一一一）。なお、引用した永保三年（一〇八三）三月一九日条は、管見の限り、これまで確認されていなかった『大記』の逸文であり、近世の写本である『本陣着陣勘例』がどこから引用したかも含めて検討の余地がある。

(28)『山槐記』久寿三年（一一五六）四月一九日条。広絹解文については早川庄八「古代美濃の手工業」（『日本古代の財政制度』名著刊行会、二〇〇〇年、初出一九七一年）に詳しく、早川は「解文の文面に記されている「当年御服内」ということも、かつて現実に「広絹」がそのような用途に用いられたことを示している」と指摘する（二六三頁）。

(29)『中右記』大治五年（一一三〇）三月一日・四日条。なお、栗山圭子は請印の消滅から文書の吉書化を読み取ったが、納畢移には幕末に至るまで請印がなされており、栗山の見解を吉書全般に一般化することは難しい。栗山圭子「庁始と吉書」（注7前掲）。

(30)『左経記』寛仁四年（一〇二〇）四月七日条には、内蔵頭となった源経頼が、その初参儀において「先開レ簡日給、次着〔署カ〕二返抄一、大和国春米卅斛返抄。請印」したことが記される。

(31) 佐藤信「民部省廩院について」（注5前掲）。

(32) 大津透「財政の再建と宮廷社会」（『岩波講座日本歴史』第五巻（古代5）、岩波書店、二〇一五年）、神戸航介「摂関期の財政制度と文書―京庫出給と外国出給―」（大津透編『摂関期の国家と社会』山川出版社、二〇一六年）。

(33) 天延三年（九七五）には、「六衛府官人以下舎人以上、着二東帯一愁下申諸国不レ下二行大粮米一之由上。忽無二裁許一之間、立二平張於陽明門一、着二弓箭一、訴二申之一」という事件が起きている。『日本紀略』天延三年六月一六日条。

(34) 笹山晴生「平安前期の左右近衛府に関する考察」（『日本古代衛府制度の研究』東京大学出版会、一九八五年）。

(35) 長保元年（九九九）四月一日衛門府月奏文（『平安遺文』三八〇号、三条家本北山抄裏文書）。森田悌「平安中期左右衛門府の考察」（『平安時代政治史研究』吉川弘文館、一九七八年、初出一九七五年）参照。

(36) 神戸航介は、大粮納畢移が税帳勘会の場に提出されたことを推定する。神戸航介「摂関期の財政制度と文書」（注32前掲）。

(37)『魚魯愚抄』巻七、兼国勘文、『弁官補任』治暦元年（一〇六五）、『権記』長徳四年（九九八）八月二七日条。
(38)『日本紀略』天徳二年（九五八）一〇月一〇日条。
(39)神戸航介「熟国・亡国概念と摂関期の地方支配」（『日本研究』五二、二〇一六年）参照。
(40)土田直鎮「公卿補任を通じて見た諸国の格付け」（『奈良平安時代史研究』吉川弘文館、一九九二年、初出一九七五年）。
(41)西本昌弘編『新撰年中行事』（八木書店、二〇一〇年）。『魚魯愚別録』巻一、近衛将監外国事にも、「行抄」として同様の文章を引く。
(42)『新任弁官抄』。
(43)『侍中群要』巻二、奏㆓吉書㆒事には、「餅解文若美濃国絹解文等類」とある。「餅解文」とは「近江国火切解文」とも称され（『中右記』嘉保三年（一〇九六）正月二〇日条）、戴餅や餅鏡などで使用される近江国火切（燧）餅の進上に関わる解文と考えてよい。火切餅と戴餅・餅鏡との関係については、中村義雄『王朝の風俗と文学』（塙書房、一九六二年）、山中裕「歯固・餅鏡・戴餅」（『風俗』三―二、一九六三年）などを参照。
(44)『左京大夫顕輔卿集』。
(45)『貞信公記』延長二年（九二四）一〇月一一日条。
(46)鳥谷智文「王朝国家期における近衛府府務運営の一考察―『小右記』を中心として―」（『史学研究』一九九、一九九三年）、佐々木恵介「『小右記』にみる摂関期近衛府の政務運営」（注14前掲）。
(47)玉井力「十・十一世紀の日本」（『平安時代の貴族と天皇』岩波書店、二〇〇〇年、初出一九九五年）。
(48)『山槐記』永暦元年（一一六〇）一二月二六日条。
(49)『明月記』建永二年（一二〇七）正月一七日条。
(50)『中右記』康和四年（一一〇二）一〇月四日条。
(51)『吉記』仁安元年（一一六六）九月五日条、『長秋記』大治五年（一一三〇）一一月一一日条など。

(52)『兵範記』仁安二年（一一六七）九月三〇日条。

(53)諸司の吉書としては、安元二年（一一七六）の神祇伯初任吉書（仲資王任官時のもの）として、神税稲の進済を命じる大和国衙宛の神祇官牒が見え、これは後文の記載内容より、長寛三年（一一六五）の顕広王就任時まで遡る可能性が高い。『神祇官年中行事』臨時、長官以二初任一次第神事。大蔵卿の初任吉書としては、一三世紀中葉の事例であるが、「加賀納物」が用いられたことを確認し得る。『葉黄記』寛元四年（一二四六）四月一四日条。

(54)『左経記』長和五年（一〇一六）二月五日条には「補二侍中一之後、今日始奏文。平野祭幣料文。」と見え、吉書とは記されないものの、幣料請奏が新任蔵人の奏文として確認できる。なお、代始吉書以外での吉書としての幣料請奏は、管見の限り、『中右記』天永二年（一一一一）二月一日条にある「大原野祭幣料」を最後とする。

(55)『中右記』寛治六年（一〇九二）正月一七日条、二二日条、二九日条。

(56)『兵範記』仁安三年（一一六八）八月二一日条。『山槐記』応保元年（一一六一）一二月二八日条にも、「蔵人頭奏之時十石、五位蔵人者五石也」との認識が見える。

(57)一二世紀中葉以降の古記録では、年料米解文の進上国を明記する事例が減少し、進上国の変化を明瞭に知ることは困難となるが、『兵範記』が記す官方吉書では、六例中三例が加賀、美作が二例、讃岐が一例で、加賀・美作が優勢であることに変わりはない。

第四章　平安時代における天皇制の展開と後院

はじめに

日本の古代国家を理解するにあたっては、天皇と国家機構との関係をいかに捉えるかという視座が不可欠で、これは日本古代史に関わる多くの研究が取り組んできた究極的な課題と言える。それに対する分析方法としては、例えば中央・地方の政治システムの解明や国家的イデオロギーの検討など多種多様な方法を考え得るのであるが、天皇の所有財産や所領に関する管理・運用の方法、それらが継承されていく過程などを明らかにすることも、重要な検討課題となるだろう。本章は、天皇家の家産の一端を担うものであり、かつ天皇個人との直接的な繋がりが認められる後院に着目し、その変遷を追う中から、摂関期から院政期へ至る宮廷社会の展開過程を素描しようとするものである。

後院に関する研究は、譲位した後に天皇が居住するための離宮と捉えた八代國治の論考を起点とするが、天皇の在位中の所有であることを重視し、八代に対して根本的な見直しを迫った考察が橋本義彦によって著され、これが現在の基盤的な位置を占めている(1)。橋本は、後院の機能を、内裏の本宮に対する仮御所、譲位後の御所、天皇の私的な所領・財産の管理機関、といった三点に整理した。また、後院の制は離宮の営造が進んだ仁明朝初年に開始されたと論じ、円融朝から一条朝にかけて、仮御所や譲位後の御所としての性格が失われていき、それと同じ時期に皇室の「わたり物」とする慣行が登場したと結論付けた。そこに、後院が天皇の私的財産から皇室財産へと変化した事実を見出したのである。天皇に引き付けた形で後院の性格を規定し、その変容を跡付けた橋本の理解によって、後院は平安時代の宮廷社会の中で、明確な位置を与えられたものと考える。

後院についてのその後の研究は、八代や橋本の見解を再検証する形で進められ(2)、春名宏昭・栗山圭子・岡村幸子らによって重要な指摘がなされている(3)。本章は、こうした先行研究に多くを学ぶものであるが、その上で改めて検討の俎上に載せたいのは、橋本が注目した「わたり物」なる慣行についてである。それは、天皇の私的財産から皇室財産へという視座が、天皇と国家機構との関係変化に結び付くと思われる一方で、「わたり物」が有する本質的な事柄に関して、なお明らかにされるべき問題が存在すると認識するからである。当面の検討課題としては、「わたり物」の内容やそれが成立した時期、さらには、かかる慣行の成立が果たした歴史的な意義などを挙げることができる。こうした未解決な様相にこそ、平安時代における宮廷社会の展開、ひいては律令天皇制から中世的な天皇制への変容を理解する上で欠かせない、重要な問題が潜んでいると推測する。

以下、これまであまり注目されてこなかった事柄の紹介という意味も兼ね、自らが気付き得た些細とも言える事実を提示し、諸賢の叱正を仰ぎたいと考える。

一　後院領鹿忍荘

長元九年（一〇三六）四月一七日、内裏清涼殿において後一条天皇が崩じた。五日後の二二日、上東門院へ遺体は移され、それに先立って「令レ運二御物等於一条院一」め、「累代御物等被レ渡二新帝御方又〔及カ〕後院一」たのである(4)。

火葬と浄土寺への納骨を終えてから一ヶ月余を経た六月一九日になって、遺領の処分が議定され、「以二朱雀院・冷泉院及庄園等一、書下注可レ被レ度二当代後院一之由上」した。[5] さらに、そこから半年以上を経た一二月二二日、後朱雀天皇への後院渡文の奏上と後院司の補任とが行われることとなる。ここで奏上された後院渡文とは、『範国記』の同日条によれば次の如きものであった。

後一条院

奉レ度二御領所等一事

朱雀院

冷泉院

石原院

五条院

福地御牧

会賀御庄

神崎御庄

鹿忍御庄

右、奉レ度如レ件。

年　号

別当民部卿源朝臣(道方)

内蔵頭兼美作守大江朝臣(定経)

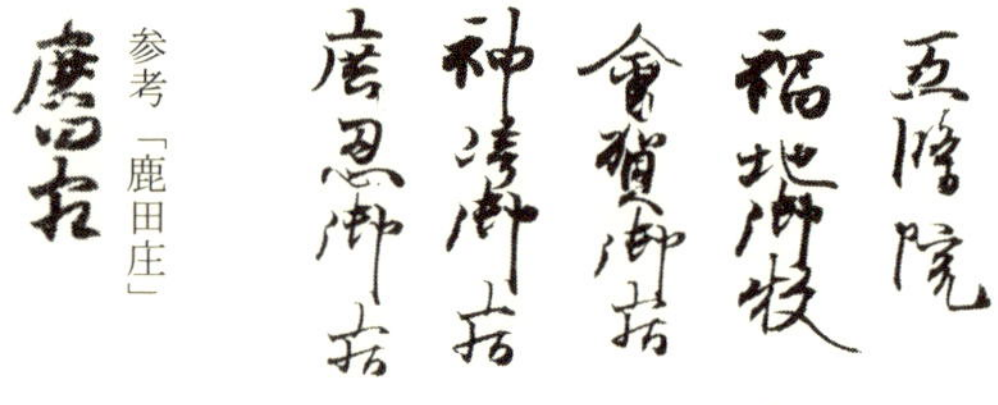

図1　『範国記』長元９年12月22日条（平松家本）
参考：『兵範記』保元３年８月11日条（陽明文庫本）

渡文の具体的内容が判明する史料はこれが唯一で、それ故、八代國治の論考以来、この記述はしばしば取り上げられてきた。渡文の登場に後院領の「わたり物」への展開を見る橋本義彦も、渡文の実例としてこれを提示する。「わたり物」なる観念については追々検討していくこととし、右の史料を引用する先行研究では、釈読の混乱を認め得る箇所が存在するため、読みを確定する作業から始めていきたい。その箇所とは、所領の末尾に記す「鹿忍御庄」である。八代はここを「広見御庄」と読み、橋本は「庶忍御庄」とし、後院・後院領の分析から中世王家の成立を論じた栗山圭子は「鹿忍御庄」と翻刻した。しかし、平信範によって長承二年（一一三三）に写された平松家本を見るならば、[6]「広見」や「庶忍」とは認め難く、栗山が正しく読んだように、「鹿忍御庄」と釈読するのがよいと考える（図1）。そして、「鹿忍」との読みが妥当であれば、これまで不明確だった所在地についても、俄に比定地が浮上することとなる。[7]現在の岡山県瀬戸内市牛窓町鹿忍、すなわち、瀬戸内海に面した旧備前国邑久郡の南端に位置した可能性が高いものと考える。

「鹿忍御庄」と読むことで注目すべき史料を見出せる。それは、鹿忍荘下司の子息藤井惟政と豊原荘雑掌との間でなされた所領の和与に関する元亨四年（一三二四）の文書で、[8]双方よりの和与状が幕府へ提出されたことが端書から判明し、また、現存文書が惟政の名字の地、藤井に所在する安仁神社に納められた惟政側の和与状案であることも明らかである。両者の間で相論となったのは、邑久郡南部の山間にある大山・千手・藤井・鵤浦の四つの地であった（図2）。[9]和与に至るまでの経緯については省略するが、和与の結果、四地点のうちで南半にあ

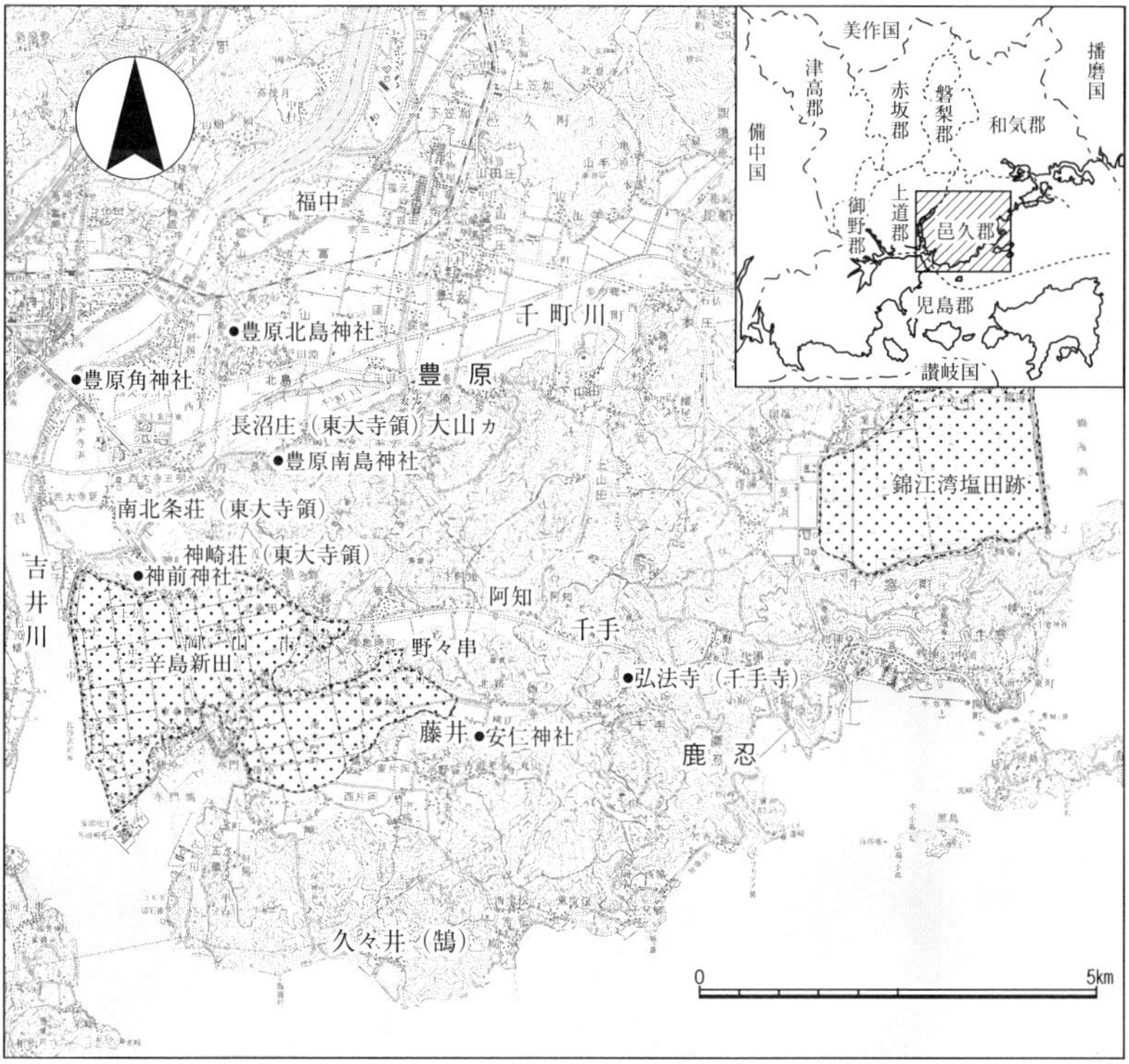

図２　鹿忍荘と豊原荘の位置関係　国土地理院発行１：50000地形図（西大寺・和気）をもとに作成
右上：備前国略図（斜線部は地形図の範囲）

たる藤井と鵠浦とを「一円不輸避ニ給惟政一」い、北部の大山と千手とを「本所進止」とし、海上の得分などについては、「各致ニ半分之沙汰一」すことが決定された。邑久郡南部の山間から海岸部分を惟政が支配し、その北方一帯を豊原荘雑掌の進止としたものと判断され、鹿忍荘と豊原荘とが隣接する荘園だったことは明白である。また、豊原荘雑掌の支配に帰すことを、惟政が「可レ為ニ本所進止一」と記すことからすれば、鹿忍荘が豊原荘に包摂されていた可能性をも看取することができる。

　この和与状から一〇〇年以上を遡るが、建久三年（一一九二）になされた後白河院の所領処分にも着目したい。ここでは、白河御堂を始めとする多くの所領とともに、「後院領、神崎・豊原・会賀・福地等」が「皆可レ為二公家御沙汰一」として、後鳥羽天皇へと伝領された[10]。注意すべきは、ここに登場する神崎以下の四つの後院領と、後院渡文に記された荘牧とが極めて類似していることで、一見して明らかな如く、両者の間で合致していないのは、「豊原」と「鹿忍御庄」のみだという点である。このことに鹿忍荘と豊原荘とが隣接するという事実を合わせ考えれば、もはや「鹿忍」と釈読することにわずかな躊躇も必要はなかろう。すなわち、後院渡文に見える「鹿忍御庄」とは、後白河が後鳥羽へ伝領した後院領のうちの「豊原」と、同一の荘園を指していると見て間違いはないと考える。

ここに見える豊原荘は、加納を包摂する典型的な王家領荘園として、近年の荘園制研究の飛躍的な進展に欠くことのできない荘園である[11]。それ故、中世の豊原荘については先行研究に譲りたいが、右の推論が正しければ、渡文というなかば公的な文書が鹿忍と記したこととなり、この点には配慮が必要となろう。すなわちこの事実は、鹿忍荘が本来の呼称で、狭小な沿岸地域である鹿忍から開発が始まり、肥沃で広大な豊原の地へ拡大したことを示唆している。周知のように、「大伯海」や「邑久浦」といった名は古くから確認でき[12]、また邑久郡の郡領は海宿祢氏が譜第として務めていた[13]。海岸部から開発が始まったことの前提に、こうした海上との密接な関係を持つ邑久郡の、地域的な歴史性を読み取ることも不可能ではない。荘域が北の千町平野へ展開した時期を明確にはし難いが、おそらくは当地の陸化に伴うものと思われ、『御堂関白記』長保六年（一〇〇四）三月四日条や『小右記』長元二年八月三日条には「豊原御庄」と見え、『西宮記』（尊経閣文庫所蔵巻子本）巻八でも、「当代後院」の「知所」として「朱雀院、神埼・豊原御庄、高砂御厨等」を挙げる[14]。渡文が記された一一世紀前葉には、平野部への拡張を前提とした豊原荘なる呼称が一般的に用いられるようになっていたが、渡文には古くからの名称が残ったのであろう。荘域の拡張を基盤として、院政期には中世的な領域型荘園へ展開していったものとも推測される。

　鹿忍荘の成立時期に関しても明確なことは言えない。しかし、次の二つの史料からおおよその時期を推量することは可能である。一つには、『日本紀略』天長三年（八二六）二月癸丑（一六日）条が「備前国停二田原池一、築二神埼池一」と記すことである。田原池の比定地が判然としないことに不安は残るものの、神埼池に関しては、「豊原庄加納半不輸地」に置かれた東大寺領神崎荘[15]の近くと見て問題はない。幸島新田が開かれる以前のこの地域は、藤井の辺りまで海水が入り込む湾地形を形成していたが、その北側山麓で児島に対峙する一帯を神崎と称したのであり、当地における池の設定は、こうした湾岸の開発を目指したものと推測し得る。もう一つは、惟政が和与状の案文を納めた安仁神社についてである。備前国内には二一（＝二六座）の延喜式内社が存在したが、その中にあって安仁神社は唯一の名神大社であった。その安仁神社が名神社に定められたのは承和八年（八四一）のことであり[16]、そのことと皇室領の開発とを結び付けることも無理なことではない。

　九世紀前葉から中葉にかけて、空閑地や荒廃田を中心に多くの勅旨田が設定された。後院の初見史料が後院勅旨田の設置であることや、勅旨田を管理する主体が内蔵寮から後院へ移ることに端的なように[17]、後院の制の開始そのものが、そうした活発な勅旨田設定の動きと不可分な関係にあったと推測される。そして、渡文が記す肥前国神埼郡の神崎荘も、承和三年に置かれた勅旨田六九〇町に由来する可能性が高い。中世の神崎荘は、肥前国最大の規模を誇る大規模な領域型荘園で、豊原荘と並ぶ王家領荘園の代表的なものとして知られるが、有明海に面して海上との関係を有する点なども、海に面した鹿忍荘との性格の近似を物語ると言えよう[18]。他方、渡文に窺える福地牧や会賀荘は、「会賀・福地両牧」などとして一括して扱われるような隣接する荘園で、河内国志紀郡から丹比郡へかけて広がる荘園だったが、[19]同じく承和三年には、丹比郡の荒廃田一三町が皇太后正子内親王の後院に充てられており、[20]福地・会賀の荘牧がこれと関連する可能性を捨て切れない。

こうした事柄を考慮するならば、具体的な立荘経緯などは不明瞭であるものの、鹿忍荘の本格的な開発を、九世紀前葉に求めることは十分に可能と考える。つまり鹿忍荘は、渡文に現れる神崎荘や福地牧・会賀荘などと同様、九世紀前葉から中葉における勅旨田設定の動きと相俟って開発が進んだものと推測される。そして、多くの勅旨田と同じく狭小な地から始まった開発は、ある時期に「わたり物」として数えられる対象となり、次第に北へと荘域を拡大して、院政期には中世的な領域型荘園が形成されたものと考える。

二　五条院をめぐって

後一条院の後院渡文には、荘牧の前に四つの院が載せられていた。朱雀・冷泉の両院に関しては先行研究が多く、付け加えるべき点はほとんどないものの、石原院と五条院については十分に論じられてきたとは言い難い。とは言え、前者に関する史料は皆無に等しく、平安京南郊の紀伊郡石原郷に比定し得る程度である。当地は九世紀に遡る貴顕の別業地で、賀陽親王の石原家や菅家累代の別業である吉祥院などが存在した。[21]適当な候補地を京内に見出せないことから、石原院もこの平安京南郊に位置したものと推測する。

一方、五条院に関してはいくつかの史料が存在する。なかでも『玉葉』治承四年（一一八〇）正月二四日・二五日条が記す、蔵人藤原行隆と右大臣九条兼実との間の皇居造営をめぐる議論は重要である。それによると、行隆より「五条堀川後院町可レ有二造営一。而堀川材木商人依レ為二陣中一可レ不レ通。此条可二計奏一」との高倉天皇の命を受けた兼実は、「先天子之政、以レ無二人愁一為レ先」や「後院町被レ造二皇居一、先例未レ聞」と述べ、皇居造営について再考を促す。造営を推す行隆は、「後院者不レ付二太上皇一事也。只天子之被レ置二御物一之所也。何有二禁忌一哉如何」と反駁を試みるが、兼実は、「所レ申非二指禁忌事一。凡古来彼町無下被レ造二皇居一之例上」と言い、さらには、「偏争非二上皇之被官一哉。太上天皇御座之時、強無二此沙汰一。只付二院庁一有二進止一歟。太皇不二御坐一之時、自二公家一被レ補二別当一有二其沙汰一。然者何強択二後院之地一、可レ為二天子之居一哉」として、行隆を喝破するに至る。翌日になっても兼実の憤慨は収まらなかったらしく、「専付二太上天皇一事也。行隆之案太嗚呼。可レ嘲云々〔々カ〕」という小槻隆職の言葉を日記に記すのである。

右の議論の背景に、平清盛が後白河院を鳥羽殿へ幽閉し、関白松殿基房以下多くの公卿を罷免した、前年一一月のいわゆる治承三年クーデターがあることに疑いはない。直後の一二月には、上皇存在時に不設置が先例となっていた後院庁が開設されており、このことを前提とした議論と言える[22]。しかし、後白河院政に代わる高倉院政の開始は二月のことで、この時期にはいまだ流動的な要素は残されており、右のやり取りにはこうした微妙な政治状況が関わっていたと見るのがよい。つまり、後白河院政の停止で後院が高倉天皇に帰したと認め、後院の地での皇居造営を正当と見る高倉・清盛側と、後院は上皇に属するもので、院庁が管理するとの原則は生きており、院政が停止されたからといっても後院の地での皇居設営を不当とする兼実との、院政停止が及ぼす影響についての認識の相違に起因するのだろう[23]。

さて、本章にとって重要なのは、問題となった地が「五条堀川町後院」だった点である。『二中歴』巻一〇、名家歴では、「後院五条北、猪隈東西、四町。」との記載が見え、九条家本延喜式付載左京図においても、大宮東・堀河西・五条北・五条坊門南に四町規模の後院地を描く（図3）。問題の地はこれらと同一と見てよい。しかもこの後院は、

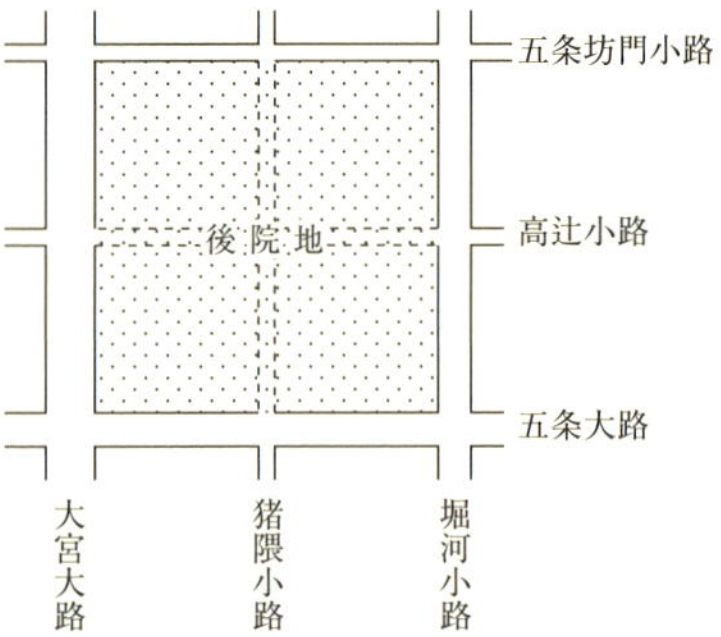

図3　九条家本延喜式付載左京図にみる後院地

『拾芥抄』中、宮城部で諸司厨町の項に掲出されており、『玉葉』が「後院町」とするのもこれと符合する。雑人が住み、饗饌を調備し、蔵が建つような、厨町的な機能を果たした「町」と推測し得るのである(24)。ならば、「只天子之被レ置二御物一之所也」とする行隆の認識は、後院一般ではなくこの地の性格を意識した理解と見るのが自然で、兼実が「後院町被レ造二皇居一、先例未レ聞」と述べるのも、行隆の見解と何ら抵触しないこととなろう。つまり、この地は御物を管理したり財を運用するような場所で、皇居となった経歴のない後院だったことを知る。このように捉えることで、一二世紀後葉における後院の財が、主として「五条堀川後院町」で管理されていた事実を明瞭に認識し得ることとなる。

『中右記』永久二年（一一一四）八月二八日条及び二九日条によれば、「五条猪阿清孝宅」に強盗が押し入ったが、そこは「四条後院中」であった。「猪阿」は「猪隈」を指し、位置より類推すると四条とするのは不自然で、「五条後院」の誤記だろう。『中右記』では他にも「五条後院」なる記載を見出せ(25)、前述の後院町は五条後院という名で一二世紀前葉まで遡る。また、この強盗事件に関しては、白河院が「件宅在二後院中一之由不二知食一」と述べており、この後院が造営後間もないものとは認め難く、後一条院の渡文に見る五条院まで遡らせることも可能であろう。これに加えて、後院渡文が朱雀・冷泉といった京内の院を記した後に京外の離宮と思われる石原院を挿み、京内の五条院へ戻るという不自然な順をとることも看過できず、このことは、五条院が朱雀院や冷泉院とは異質だったことを予想させる。ここに「只天子之被レ置二御物一之所也」との行隆の言を合わせ考えれば、橋本義彦が指摘した天皇の私的財産の管理機関といった後院の機能に関しては、少なくとも一一世紀前葉以来、この五条院が主要な部分を担っていた可能性は高いと言えよう。(26)

　ところで、五条院との関連で考察すべきことは他にも存在する。それは、文徳天皇の母藤原順子が嘉祥三年（八五〇）三月の仁明天皇崩御、四月の文徳即位で皇太夫人に任じられ、内裏より遷ったとされる「東五条院」との関係、及び醍醐天皇の継母藤原温子が、寛平九年（八九七）七月の醍醐践祚に伴い皇太夫人とされ、内裏より移御した「東五条堀川院」との異同についてである。(27)立地に照らすと、後者の東五条堀川院を五条院に対応させることは容易だが、問題は順子が移徙した東五条院をいかに捉えるかにある。

　これに関して栗原弘は、「古老云、太皇大后邑上母后。於㆓東五条殿㆒四条大路南・洞院東大路東。有㆓御産事㆒先々坊歟。」なる『政事要略』巻七〇、糾弾雑事の記載を紹介し、ここから、藤原忠平が所有し、朱雀・村上の母后で忠平同母妹の穏子が同居した東五条第の位置を、四条大路南・東洞院大路東であったとする。その上で、温子の移御した東五条堀川院がこの位置に重ならないことから、皇室領で後院の五条院とは別に藤原氏領の東五条第が存在したと理解した。ここに、『拾芥抄』中、諸名所部が、「五条院二町五条北、大宮東。金岡畳㆓水石㆒云々。」と「東五条五条后宮。」とを区別して記すことを合わせ、『拾芥抄』の「五条院」を温子が移御した皇室領に、「東五条」を藤原氏領に相当させる。「五条后」と呼ばれた順子の東五条院は、藤原氏領の東五条第だったと断じたのである。(28)

　栗原の見解は極めて説得的だが、依拠する史料の信憑性にはなお検討の余地があろう。『拾芥抄』は五条院に窺える如く所在地を記すのが通例だが、東五条第の位置は明記されておらず、『拾芥抄』が書かれた時点では、その位置が把握できなかったものと判断し得る。また、『政事要略』の記事には惟宗允亮が施したと思われる三つの割書があるが、太皇太后や御産を特定する上で不可欠な他の二つに比して、東五条殿に注釈を付す必然性はそれほど高くはない。と言うのも、例えば太政大臣第などの記載に付された注釈であれば別だが、所在地を名称に含む東五条殿に改めて位置を記す必要はそれほど感じられないからで、位置が周知のものではなかったか、允亮と引用した古老の言との間に理解の相違があったかの、いずれかでしかあり得ないだろう。「先々坊歟」との割書からも記載全体の信憑性には留意すべき点が存しており、多彩な文献を引用する『政事要略』にあって、不確かとも言える古老の言を引く例が珍しい点にも充分な配慮が必要である。(29)『政事要略』のみに依拠した東五条第の所在地の推定は、史料批判という観点から見て盤石な推論とは認め難いものと考える。

むしろ重視したいのは、同時代の日記などに登場する忠平やその子孫と関係の深い「後院」である。天慶元年（九三八）、忠平は「往二後院一」って競馬を催し、天慶九年、忠平の息師輔は、忠平の了承を得て「後院東対」にて荷前出立儀を行う。(30)天暦三年（九四九）に忠平が薨ずると、実頼への拝礼が「左大臣殿後院」で執り行われ、天暦八年四月に賀茂祭使となった実頼の子頼忠は「後院」より出立した。(31)天徳四年（九六〇）になっても実頼の正月大饗は「後院」でなされており、それは「次第如レ例」であったという。(32)貞元二年（九七七）に頼忠が歌会を催した「後院」もこれに相当する可能性が高く、(33)寛弘九年（一〇一二）、藤原実資が「見二六条以南水石風流之地一」たついでに「後院」を訪れ、「懐旧之心殊切」と記したことも、これらと結び付けられるかもしれない。(34)

天皇位の移動にとらわれない右の後院の初見は天慶元年だが、その前年、承平七年（九三七）の八月駒牽で馬を給された忠平は、『九暦』同年八月二四日条によれば「御院造作所」におり、ここは忠平の「里第」と認識されていた。他方、忠平の住んだ東五条第はというと、承平六年を最後に同時代史料より姿を消す。(35)「御院」と「後院」とが通用する例は散見し、後院の点定時に修営が伴うことも多かったであろう。これらを勘案すると、先の後院の初出と「御院造作所」の記載とが時期的に近似することを偶然と見なすことはできない。延長元年

（九二三）に立后して以来、穏子は醍醐・朱雀朝を通じて内裏に居住したが、承平七年正月の朱雀元服、二月の熙子女王の女御宣下は、そうした母后の内裏居住に少なからず影響を及ぼしたと推測される[36]。つまり、忠平の東五条第は、穏子の内裏退出を目的に後院へと点定され、それに伴って改作がなされたのではなかろうか。穏子の遷御は実現しなかったのであるが、後院と呼び得る邸宅が多数存在したとは到底考え難く、また、当該の後院を朱雀院や冷泉院とは認めにくい点も注意すべきであろう。後院渡文に見える五条院が、東五条第の後裔にあたると想定することは十分に可能と考える。

　話をもとに戻そう。寛平九年に東五条堀川院へ渡った温子は、一年も経ずに宇多上皇のいる朱雀院へ遷り住む[37]。退位後の宇多は、しばらくは皇太后班子女王の暮らす東院で過ごしたが、温子より二ヶ月程前に朱雀院へ遷っていた[38]。譲位前後で頻繁になされた宇多による朱雀院行幸を思うと[39]、宇多の東院への移御は一時的なものと思われ、ひいては温子の東五条堀川院への遷御も形式的な色彩が濃い。問題は順子の遷った東五条院だが、順子と温子とでは先帝の崩御と譲位、登極したのが実子か継子かという点で異なるものの、皇太夫人に昇ると同時に内裏より退出した状況は全く一致する。そして、『新儀式』巻五、皇后移徙事が、移徙に伴う啓陣について「嘉祥三年皇大夫人移二御東五条院一例」を引く如く、順子の東五条院遷御は一〇世紀中葉まで先例として残っていた。すなわち、温子の東五条堀川院への遷御は順子の例に則った形式的なものだった可能性が高く、ならば、順子の東五条院と温子の東五条堀川院とを同一と見るのが自然となろう。

　如上の理解が妥当であれば、後院渡文に記された五条院は藤原氏出身の母后が内裏より退出するような邸宅で、その後、藤原忠平の支配に帰すものの、一〇世紀中葉には後院と認識されたこととなる。また、そこでは、遅くとも一一世紀前葉までには厨町的な機能を担うに至ったと推測でき、そうした機能をさらに遡らせて理解することもできよう。さらに、こうした五条院が少なくとも九世紀中葉の順子の東五条院まで遡源し得るものと考えれば、鹿忍荘や神崎荘の形成時期が九世紀前葉だったこととの関連が想起され、成立時期は朱雀院・冷泉院と同様、平安前期に求めることが可能である。「わたり物」なる観念の中身とは、九世紀代まで遡る可能性が高い所領なのである。換言すれば、由緒ある古い所領を取捨選択して定義し直したものが、「わたり物」の内実だったと考える。

三　後院における「わたり物」の成立

『範国記』が記す後一条院の後院渡文には、朱雀院以下の八つの所領が記されており、それらがいずれも九世紀段階まで遡るような所領だったことを指摘した。しかし、後一条天皇が前天皇である三条から受け継いだ渡文が、これと同一の内容だったとは限らない。『大鏡』三条院によると、退位し眼病を患った三条より「三条院の御券」を持参した禎子内親王を見て藤原道長は、「かしこくおはしける宮かな。幼き御心に、古反古と思してうち捨てさせたまはで、持てわたらせたまへるよ」と「興じ申」したが、冷泉院を奉った時には、「昔より帝王の御領にてのみさぶらふ所の、いまさらに私の領になりはべらむは、便なきことなり。おほやけものにてさぶらふべきなり」と述べ、それを「返し申させたま」わったとされる。それに続けて『大鏡』は、「されば代々のわたりものにて、朱雀院の同じことにはべるべきにこそ」と結ぶのであるが、この記載による限り、三条が冷泉院の券文を退位後も所持していたことは明白である。この伝領について、『御堂関白記』長和五年（一〇一六）四月七日条が、「左大弁為二院御使一被レ奉レ渡二朱雀一」と朱雀院のみに触れるのも意味のないことではなく、冷泉院の券文が三条へ返却されたことをも考慮すると、「帝王の御領」や「おほやけもの」、「代々のわたりもの」とする認識と、上皇がそれらを所有し続けることとの間には、大きな矛盾はなかったと見るのが自然であろう(40)。

天慶八年（九四五）九月から翌年三月になされた醍醐天皇の遺領処分にも注目したい(41)。これは、天慶九年四月の朱雀天皇から村上天皇への譲位、前節で触れた七月の朱雀と藤原穏子の朱雀院移徙を見越したものだろうが、ここで作成された「朱雀院庄牧勘文」には「宇治院・萱原庄、被レ留二後院一」と記されていた(42)。朱雀院が後院に点じられたことから、「留二後院一」との表現になったと思われ、醍醐の崩後一〇年以上を経た朱雀の譲位直前に、譲位後の御所となるべくして朱雀院は後院へと点定されたのだろう。着目すべきは、宇治院と萱原荘とが後院領に留められた事実である。宇治院へは退位後の朱雀がしばしば御幸しており(43)、自らの継承を念頭に後院領へ留めたと言える。後院が管理する財や所領は退位後も所有し続けることが可能なのであり、『醍醐雑事記』巻一四が示す長保六年（一〇〇四）の「冷泉院会賀御庄牒」も、冷泉院による後院領会賀荘の管領として同様に位置付けられる。他方、留めたのが宇治院と萱原荘のみだった点も看過してはならない。これ以外の朱雀院領に関しては、朱雀院が後院となる時、またはそれ以前に処分されたと推察され、その主要なものが醍醐寺領だったことも推定されてよい。後院の所有権が譲位後も継続し得るのに対し、そこに付随していた院や荘牧は、邸宅が後院となるに際して自動的に後院領に組み込まれるわけではなく、点定時に更新されねばならなかった。いかなる所領を後院領と認定し、何を譲位後に保有し続けるかという事柄は、時々の事情と当事者の裁量に委ねられる面が強く、こうした認識と「わたり物」なる観念とは、両立し得るものであったと考える。

つまるところ「わたり物」なる観念とは、少なくとも摂関期においては、過不足のない一括的な伝領を意味してはおらず、天皇への返却が最終的に期待されているような、曖昧で不安定な要素を含む概念だったのである。

譲位後の邸宅をも渡領に含む後院は、邸宅としての利用が多かった時期において、一括的な継承にはそぐわなかったのだろう。八代國治が指摘した如く、地位の継承と不可分な摂関家の殿下渡領とは区別することが必要で、一括的な継承の確立は、後述するように白河院の登場を待たねばならないのである。しかしこのことは、それ以前に「わたり物」なる観念が存在しなかったことを意味するわけではない。『範国記』に見るように、一一世紀前葉には渡文による伝領が存在しており、たとえ渡文に記された所領が九世紀代に遡り、また、渡文の内容がその時々で若干の相違があったとしても、そこに記されるべき所領が数種に固定化された事実は重要である。ある時期に取捨選択がなされ、天皇位を象徴するような所領が成立したことを示すからである。

延喜五年（九〇五）六月二日、後院が停廃された[44]。停廃が可能だった点は、「わたり物」なる観念がこの時期までは遡らないことを示唆するが、それに先立つこと二〇日余の五月一二日の仁王会では、後院は内蔵寮・図書寮とともに装束を担当しており[45]、この時点では十全に機能していたと言える。この短期間に起きた特筆すべき事柄としては、五月一五日の皇太夫人藤原温子の出家を措いて他にはなく、当時唯一の后であった彼女の出家と関係付けるのが自然である。と言うのも、承平元年（九三一）の醍醐寺塔の造営で皇太后穏子の命に沿う形で後院に「内給及諸庄地子等」を勘申させたことや[46]、正暦元年（九九〇）の藤原実資による「後院中対」の購入に際し、皇后藤原遵子が交渉にあたった点など[47]、后と後院との関連はしばしば窺えるからで、后の動向が後院のあり方に影響したと予想し得る。前述の如く、温子の東五条堀川院は渡文の五条院に相当すると思われるが、五条院が後院の財を管理・運用した点も、温子の出家と後院の停廃との関係を示すと言えよう。

宮廷儀礼における後院の饗饌弁備にも注目したい。饗饌弁備においては後院単独で奉仕することはなく、内蔵寮や穀倉院などと共同して行うのが通例であった。天皇遷御時の饗饌では、第一日目を内蔵寮が、二日目を穀倉院、三日目になって後院が担当すると規定され(48)、長元八年（一〇三五）の上東門院への朝覲行幸では、公卿の饗を内蔵寮が、殿上人・所衆へは穀倉院、侍従と上官の饌は厨家が担うこととなり、同時になされた東宮行啓での東宮殿上人や帯刀・侍者の饗饌についてのみ、「依レ非二公事一」って内々に後院に命ぜられる(49)。饗饌弁備で用いられる後院の財は、儀礼の中で予備的な役割を果たすに過ぎず、諷誦における布施の調進などをも想起すれば、院庁や中宮職などに対応する天皇の家政機関は、摂関期でも内蔵寮であったと捉えるのがよい。寛弘二年（一〇〇五）の斎院禊祭で、諸国に召した絹が出来しなかったが故に、「令レ借二下後院納絹一、後日以二率分絹一可二返納一」とされたこともこうした予備的な性格に合致し(50)、橋本義彦が指摘した仮御所や譲位後の御所といった側面も、後院が管理する財がかかる機能を果たすことの延長上に位置付け得ると考える。

　このように、予備的な性格が後院の財政的な特質と考えるが、このことは後院の語義についても一定の見通しを与えることとなる。すなわち後院とは、譲位後に遷るための後《のち》の院なのではなく、天皇の個人的性格の強い財を管理し、その生活や儀礼を支えるための後《うし》ろに控える院と考えるのがよかろう。天皇の家政機関の中核で、かつ律令官司たる内蔵寮などよりも、天皇個人と密接な形で奉仕するという意味での後ろである。後院に邸宅と財の管理機関との二義があったことはこれまでにも指摘されてきたことだが、「院」なる字句が見えるからといって、離宮とのみ捉える必然性は存在せず(51)、所京子や目崎徳衛が強調したように、後院は本来的には財や所領の管理・運用機関と見るのがよかろう。邸宅としての用例は、後院が管轄する院という意の派生的なものかもしれない(52)。また、ここでいう後ろの院とは、史料上に散見する後見《うしろみ》なる語に通じるものと言えようが、天皇に対する後見の主体が母后であって父院ではなかった点も(53)、後院との関連から見て興味深い。后の退出する五条院が財の主要な管理機関となり、温子の出家など母后が存在しなくなって後院が廃されたことも、こうした様相と通底するものがあると予測されるからである。

このように考えるならば、「わたり物」の成立は伝領される所領の固定化というだけでなく、天皇に対する後見の永続化・機構化をも指し示すこととなろう。ならば、かかる観念を朱雀院など譲位後の御所となり得る邸宅から捉えるのは一面的に過ぎず、厨町的機能を果たした五条院の動向をこそ重視すべきではあるまいか。五条院は、おそらくは延喜五年の後院停廃後に忠平の支配に帰したのだろうが、承平七年、朱雀天皇の元服などを背景に後院へと点定されたと推測される。その後も、忠平等は自らに縁の深い場として頻繁に使用するも、そこに居住することはなく、后の移徙も見えなくなる。右に推定した後院の語義に鑑みれば、后と密接な五条院による財の管理・運用は九世紀代でも同様だったかもしれず、また、忠平の所有となった時点でも、そうした機能が維持されたとしても問題はあるまい[54]。しかし、一〇世紀中葉には五条院は后の居住から離れることで邸宅的な色彩を薄め、天皇位の移動によらず後院であり続けるような機関としての道を歩み始めることとなるのである。后の動向に左右されるが如き流動的な後院は、一〇世紀中葉に永続的な位置を確保するのであり、ここにかかる観念が成立する契機を見出すのがよいと考える。天暦九年（九五五）に崩じた穏子のための法華八講は、天徳四年（九六〇）以降、「後院若一院行事」として法性寺で催されることとなるが、ここからは財の供出以上の恒常的で整備された後院司の存在を窺うことができる[55]。また、天慶三年一一月の冷泉院別納所（西町）の焼亡を背景に、翌年、陽成上皇より累代宝物が献じられたことも、「わたり物」なる観念の成立と一体的に捉えるべきであろう[56]。朱雀院が天慶八年に後院に点定されたのだろうことも、前述した通りである。

堀裕は、一〇世紀中葉までは天皇の死の儀礼がなされるものの、一一世紀前葉には死ぬことのない政治的な天皇が登場すると論じた[57]。また、承平・天慶の乱と呼称される東西の動乱が、宮廷社会が自らを再確認する契機となったことも推測するに難くはない。「わたり物」が成立し、天皇の個人的な性格の強い財や所領が天皇位に伴うものへ定義し直されたことも、このような天皇位の個人からの分離という文脈で理解するのがよいと考える。

四　後院の展開と天皇制の変容

ここまで『範国記』に記された後院渡文を中心に、渡領の内容や成立時期についての検討を加えてきた。しかしこの史料が持つ重要性は、渡文の内容が判明するからだけではない。渡文の奏上に続けて、次の如き後院司の補任が見える点にも注意を払う必要がある。

　次仰二院司一。
　藤大納言（頼宗）　権大納言（源師房）　民部卿（源道方）　章信朝臣（藤原）　定経朝臣（大江）
　　已上別当
　散位我孫孝道　大夫史義賢（惟宗）　已上預
　民部録佐伯正政　掃部属鷹取重則　已上蔵人
　　件院司等、両大納言・章信朝臣之外、皆如レ旧。

ここからは、後朱雀天皇の後院司が、別当五人、預二人、蔵人二人の計九名で始まったことを知る。後院別当を推挙した東三条院に対し、一条天皇が「雖レ無二定数一、可レ難レ過二七八人一」と述べた事例の存在を思うと、その後の増員分をも加味して、ほぼ適切な人数だったと言えよう。[58] 注目したいのは、末尾に「皆如レ旧」と記す点である。後院司はその天皇と密接な関係を有するという性格上、代替わり時の更新が原則だったと思われるが、に

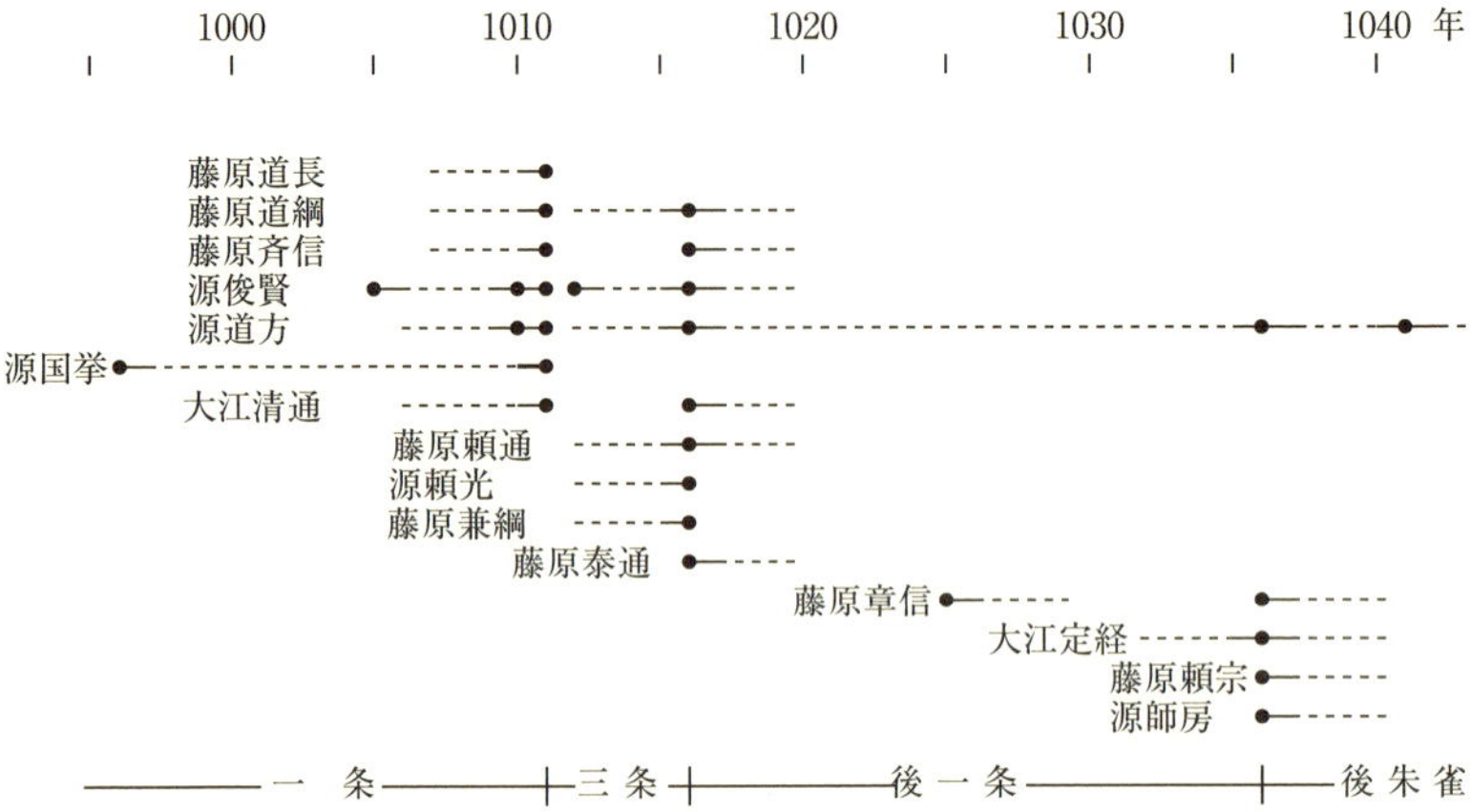

図4　一条朝～後朱雀朝の後院別当
※　●就任　●在任　●停任　----在任が推定される期間

もかかわらず、実際にはその三分の二を前代からの後院司が務めたこととなる。こうした事実上の留任は今回に限ったことではなく、後院別当においては一一世紀以降の史料で散見する現象である（図4）。別当以外の預や蔵人に関しては、史料的な制約から明確にはし難いものの、職掌を考慮すれば、こうした傾向が別当以上に強かっただろうことも推測されてよい。また、この記載が渡文の奏上に続く点も看過すべきではない。ここからは、後院庁の開設が渡領の授受と一体だったと推量され、「わたり物」の管理が後院司の重要な職掌の一つだったことも看取し得るのである。「わたり物」の成立は、天皇位に付随する財の管理という永続的な機能を後院に付与したが、これこそが後院司の継続性を生じさせた直接的な要因だったと考える。

　他方、後院の財が個人的性格を強く反映し、その所領を退位後も継承し得たという本来的な姿も忘れてはならないだろう。一条天皇の譲位時には六名の院別当が補されたが、そのうち五人までもが後院別当より選ばれ、三条天皇の時も、「後院別当外、以二右衛門督抃資平一、可レ為二院別当一之由」が定められる(59)。在位時の後院司は、譲位時に院司へ移行するのが通常で、彼らが院司の中核を担うのである。そして、ここに後院司の継続性が付加されると、上皇の院司と当代の後院司とを兼帯する事例が多見することになる。前述したように、院庁などに対応する天皇の家政機関は、摂関期においても内蔵寮であったと考えるが、一方で、後院司の継続性から派生する形で、天皇の後院庁と院の院庁との等質化が進んだであろうことも予想するに難くはない。後述の如く一一世紀後葉には院庁による後院の包摂といった状況が現出することとなるが、それを喚起するような条件は、一〇世紀中葉の「わたり物」成立以降、徐々に整えられていったと推測することも可能である。

「わたり物」の成立は、右の如き後院司の変容を招いたが、後院領自体にも影響したことが推定される。天徳四年（九六〇）以来、内裏は頻繁に焼失したが、遷御先として最初に候補に挙がるのは後院領の邸宅で、これは予備的な天皇の所有財であることからして、ごく自然な事柄だったと見てよかろう。渡領ではないものの、天元四年（九八一）の四条後院、翌年の堀河院、長保元年（九九九）の一条院への移御をその例として挙げることができ、一〇世紀段階では、内裏よりの遷御が後院であるべきとの認識が明らかに存在していたと言える。[60] しかし、度重なる内裏焼亡は、仮御所を後院に限定することを事実上不可能とさせ、後院への点定を経ない邸宅への遷御が一般化するに至る。[61] 渡領に含まれた邸宅も例外ではない。冷泉院への遷御は、天徳四年の初度の内裏焼亡による移御の次は、永承六年（一〇五一）まで一世紀近くを待たねばならず、しかも遷御から四年後の天喜三年（一〇五五）には、解体されて一条院へと渡され、邸宅としての命脈を絶つこととなる。[62]

退位後の御所としても、後院はその機能を減少させていった。『小右記』長徳二年（九九六）六月九日条が「右大臣以下諸卿参二会冷泉院一院号也。」と記す如く、東三条南院に住む冷泉上皇は院号として冷泉院を用いるのみで、天禄元年（九七〇）の火災で冷泉院を退去した後はそこへ戻ることはない。円融上皇においても、院庁始で朱雀院印を使おうとしたように、(63)朱雀院を院庁と定め、朱雀院太上天皇とも称されたが、退位後の御所としたのは堀河院で、朱雀院で暮らすことはなかった。その一方、石清水臨時祭の還立では院政期になっても朱雀院を用いており、(64)これらを勘案すれば、使用そのものではなく居住空間としての機能のみが減じたと捉えるのがよかろう。橋本義彦は、後院の営造が進む中で勝手に処分し得ない「わたり物」が登場したと述べたが、むしろ「わたり物」の成立によって居住の忌避意識を増大し、このことが「わたり物」以外の邸宅の後院点定を生じさせ、さらには点定すら行わない邸宅への遷御が恒常化したと見るのが穏当ではあるまいか。「わたり物」の成立は、後院の象徴性の拡張と不可分に結び付くのであり、その結果、仮御所や譲位後の御所としての後院の機能が消失していったものと考える。

以上の如き後院庁と院庁との等質化、後院の象徴性の拡大の延長上に、白河院による後院の一括管理という現象が登場する。これは、嘉承二年（一一〇七）に崩じた堀河天皇の葬送で、「凡帝皇晏駕之時、尋二後院之功幷人夫一所二召仕一也。而年来法王為二御領一。仍成レ恐不二宛用一。故全無二其用途一」となったことに端的に示されるが、(65)大治四年（一一二九）の白河院自身の葬送で、「御院（後）人夫屈時、以二秘従一令レ昇二御輿一」と後院の人夫の存在が前提だったことと対照的なものと言える。(66)問題とされた人夫とは、近都の荘牧である会賀・福地がその主体を担ったのであろうが、堀河の崩御を遡ること四年前の宗仁親王と白河院の高陽院への移御で、その装束のため各五〇人の夫が会賀と福地から動員されており、彼らの動員権限を院が掌握していた事実を看取することができよう。(67)『愚管抄』巻六の「白川・鳥羽・此院（後白河）ト三代ハ、ヲリ居ノ御門ノ御世ニテアリケレバ、メヅラシク後院ノ庁務ナクシテ」との記載からは、院庁による後院管理が白河院政期を初源とすることも判明し、院権力の伸長のもと、後院は天皇の直接的な関与を離れて院による管理へ移行することとなるのである。前述の如き所領・財の一時的な分有を可能とするような曖昧な「わたり物」なる観念は、このように天皇の手を離れ、院によって管理されるようになることで、過不足のない一括的な伝領が可能なものへと変質するものと思われ、いわばこの時点において完成を遂げたと見ることも可能であろう。

白河院による後院の管領は、前に触れた五条院での強盗事件など多くの傍証を提示し得るのであるが、それが含有する意味については、大治二年に起きた鯨珠の進上が最も象徴的な事例と言える。すなわち、後院領神崎荘において、打ち上げられた鯨の腹中より水精の如き珠（＝鯨珠）が見つかり、白河院へ進上されるという事柄がそれで、献上された鯨珠は、その後、如意宝珠と位置付けられ、新たな密教修法である如意宝珠法の考案・実施の引き金となる(68)。中原師遠の『鯨珠記』によれば(69)、白河院はこれ以前にも「範俊所伝レ之弘法大師如意宝珠」「法勝寺執行正経之房人所持珠」「顕季卿所レ重歌禅師珠」の三種の宝珠を所持していたが、ここに見える藤原顕季や範俊が院の著名な近臣で、また、法勝寺が第一義的には白河の御願寺であることからすれば、神崎荘からの宝珠献上は、院と後院領との密接な関係に由来したと推察することが可能である。そして、後院領荘園からの鯨珠の進上が密教修法の創始に繋がることを思うと、後院領の管轄が白河院の宗教的権威の表象に、一定の役割を果たしたと捉えることも十分にできるものと考える。

こうした後院管領の前提に位置付け得るのが鳥羽殿の造営であろう。譲位を控えた白河天皇は平安京南郊に鳥羽殿を建設するが、それは『扶桑略記』応徳三年（一〇八六）一〇月二〇日条が記す如く、新たに営造された「後院」であった。一二月の譲位、翌年二月の御幸を思うと、退位後の所有を目的とした建造とするのが適当で、ここに前代から継続する性格を見ることは容易い。しかし、「卜二百余町一」すという壮大な規模や京外における建設、後院の新設が絶えて久しい点など、以前の後院の範疇では把握し難い面が存在する点にも配慮を要する。

美川圭によれば、白河院は、京御所で朝廷政務に関わる議定を行う一方、王家の家政に関わる議題に関しては鳥羽殿で議定を開催した[70]。美川のこうした見解を裏返して考えれば、多くの近臣に家地を賜って「宛如二都遷一」き景観を呈した鳥羽殿は、膨大な院司の組織化とそれに基づく天皇家家政の掌握という白河院のあり方を、空間的に体現したものと認めることができよう。こうした空間の企図がいつまで遡るかは院政の開始を理解する上で重要な視座となろうが、その実現のためにも、鳥羽殿は、天皇を後見する後院である必要が存したと見て間違いはない。天皇位の象徴たる後院の一括的な管理と後院である鳥羽殿の営造とは、一連の流れの中での現象と捉えるのがよいと考える。

一〇世紀中葉の「わたり物」成立は、院庁と後院庁の等質化、後院の象徴性の拡大へと繋がり、後院として鳥羽殿を造った白河院によって後院の一括的な管理に結実する。そして、後院が本来的に天皇の後見と関連することを想起するのであれば、後院の管領という事態は、天皇に対する後見が院権力の中に包摂されたことを象徴するといっても過言ではない。もっとも堀河の葬送に見るように、後院管領は院による天皇への後見と同義ではない。しかし、後院を手中に収めることで天皇家家政の掌握を表象し、それをもとに政治の実権を保持する形態こそが、院政の基盤に存したと解することは十分に可能であると考える。

おわりに

本章では、天皇家の家産の一端を担い、天皇個人との直接的な繋がりを有する後院について、「わたり物」なる観念を中心に検討してきた。それは、天皇と国家機構との関係という観点から天皇の所有財産たる後院を取り上げるのであれば、なによりも「わたり物」なる観念の成立は無視し得ない現象になると考えたからであり、そのためにも『範国記』が記す後院渡文や後院司の補任に関わる記載は、欠くことのできない貴重な史料であると認識する。本章が述べきたった点をまとめると、おおむね以下の四点となる。

①渡文に記された八つの渡領は、九世紀代まで遡るような由緒のある所領である。

②なかでも五条院は、藤原氏出身の母后が内裏退出時に用いるような邸宅で、後院の財を管理・運用するような、厨町的な性格を有した点でも看過できないものがある。

③「わたり物」の成立は、後院の財と不可分な五条院が后の居住から離れて邸宅的な色彩を薄め、機関としての性格を明確化した一〇世紀中葉に求めるのが妥当である。

④「わたり物」という観念は、白河院による後院の一括的な管理という形で結実するが、これは天皇に対する後見が院権力の中に包摂されたことを意味する。

ところで、五～九世紀における王家所領を分析した鷺森浩幸は、王家所領の所有形態を、大王位・天皇位の継承とともに所有主体が移ることとなる供御所領と、血縁をもとに継承された個別王家所領とに二分して理解し、後者の所有主体として九世紀に創出された後院が、実質的な所領管理の中心となって、その機能を肥大化させたと論じた[71]。本章と鷺森の指摘とを単純に結び付けるわけにはいかないが、中世への展望という視座から見るならば、言うところの肥大化の内実とは、財政的な重要性の上昇ということ以上に、「わたり物」の成立の如き、象徴性の拡張として捉えるのが有効と考える。栗山圭子が明快に論じた如く、保元の乱で後院領とされた没官領は、その後、女院領や御願寺領へと再編成され、後白河院の所領処分では渡領のみが後院領として窺えることとなる。また、周知の通り藤原頼通は五〇年余りの「君ノ御ウシロミ」を強調して荘園整理を免れるのであるが、ここに端的なように、「君ノ御ウシロミ」があらゆる場面で主張される宮廷社会が現出する。太政官機構もまた天皇を中心としたものへ縮小再編されたのであり、こうした再編された宮廷社会の中核に、天皇の後見を象徴化した後院が存在したと言える。天皇を中心とする重層的な後見が、後院を掌握した院を頂点として体系化されていくところに、律令天皇制から中世的な天皇制への変容、中世的な宮廷社会の現出などを読み取れるものと推測する。

(1) 八代國治「後院の考」(『国史叢説』吉川弘文館、一九二五年、初出一九〇〇年)、橋本義彦「後院について」(『平安貴族社会の研究』吉川弘文館、一九七六年、初出一九六六年)。

(2) 後院を専論的に扱ったものとしては、中村直勝「後院と後院領」(『歴史と地理』一〇―三、一九二二年)、目崎徳衛「政治史上の嵯峨天皇」(『貴族社会と古典文化』吉川弘文館、一九九五年、初出一九六九年)、所京子「平安前期の冷然院と朱雀院―「御院」から「後院」へ―」(『平安朝「所・後院・俗別当」の研究』勉誠出版、二〇〇四年、初出一九七〇年)、林屋辰三郎「後院の創設―嵯峨上皇と檀林寺をめぐって―」(日本史研究会史料研究部会編『中世日本の歴史像』創元社、一九七八年)、瀧浪貞子「薬子の変と上皇別宮の出現―後院の系譜(その一)―」(『日本古代宮廷社会の研究』思文閣出版、一九九一年、初出一九八〇年)、「奈良時代の上皇と「後院」―後院の系譜(その二)―」(『同』初出一九八二年)などがある。間接的に触れているものを含めると、後院を扱った研究は枚挙に遑がない。

(3) 春名宏昭「「院」について」(『日本歴史』五三八、一九九三年)、栗山圭子「後院からみた中世王家の成立」(鈴木正幸編『中世王家の成立と院政』吉川弘文館、二〇一二年、初出一九九八年)、岡村幸子「平安前・中期における後院―天皇の私有・累代財産に関する一考察―」(『史学雑誌』一一二―一、二〇〇三年)。他に、美術史的な関心から後院を取り上げた皿井舞「醍醐寺薬師三尊像と平安前期の造寺組織(上)(中)(下)」(『美術研究』三九二・三九三・三九八、二〇〇七・二〇〇八・二〇〇九年)も興味深い。なお、以上の注1から注3で示した論考に関しては、煩雑となることを避け、以下の行論では一々を注の形では明示しない。

(4)『左経記（類聚雑例）』長元九年（一〇三六）四月二二日条。
(5)『左経記（類聚雑例）』長元九年（一〇三六）六月一九日条。
(6) 京都大学附属図書館所蔵（平松三―ノ―二）。現存する長元九年（一〇三六）の『範国記』については、全て平松家本を祖本とする。なお、図1に参考として掲げた陽明文庫本『兵範記』は平信範自筆本で、平松家本『範国記』が信範の書写本であるのと同筆である。
(7) 八代國治は所在地について明言していないが、『国史大辞典』（吉川弘文館、一九八五年）の「後院領」（奥野高広執筆）では、美濃国可児郡の項に「広見庄」を記す。また橋本義彦は、著書の巻末に記す所領索引において、「国名不詳」の欄に「庶忍御庄」を掲載する。栗山圭子においても位置について触れるところはない。
(8) 元亨四年（一三二四）四月一九日備前鹿忍荘下司・豊原荘雑掌和与状案（『鎌倉遺文』二八七二八号、安仁神社文書）。
(9) 現地比定は『日本歴史地名大系　岡山県の地名』（平凡社、一九八八年）や『角川日本地名大辞典　岡山県』（角川書店、一九八九年）などを参考にして行った。なお、前者においては、大山を瀬戸内市邑久町福中に比定するが、これでは藤井以下の他の三地点から北に大きく外れてしまう。邑久町豊原の南に位置する大雄山のことを指すのかもしれず、図2では一案としてそのように比定して表現した。
(10)『玉葉』建久三年（一一九二）二月一八日条。
(11) 高橋一樹「王家領荘園の立荘」（『中世荘園制と鎌倉幕府』塙書房、二〇〇四年、初出二〇〇〇年）、橋本道範「王家領備前国豊原庄の基礎的研究」（『日本中世の環境と村落』思文閣出版、二〇一五年、初出二〇〇六年）。
(12)『日本書紀』斉明七年（六六一）正月甲辰（七日）条、『続日本紀』天平一五年（七四三）五月丙寅（二八日）条。
(13) 長和四年（一〇一五）四月二一日備前国司解案（『平安遺文』補一六四号、前田家本年中行事秘抄裏書）。
(14) 尊経閣文庫所蔵大永本の『西宮記』では、「知二朱雀院、神崎・豊原御庄、高砂御厨等一之」と頭書で記しており、これが頭書であることからも、『西宮記』の原撰本に存在した記載であったかは疑問が残る。しかしながら、この記述に冷泉院がないことを考慮すれば、冷泉院が後院から外れていた時期、すなわち冷泉上皇の存在時期（＝円融・花山・一条朝）の追記として捉えられるかもしれない。
(15) 建久六年（一一九五）五月七日官宣旨案（『鎌倉遺文』七八九号、堂本四郎氏所蔵文書）、建久八年六月一五日重源譲状案（『鎌倉遺文』九二〇号、大日本史料）。
(16) 『続日本後紀』承和八年（八四一）二月己酉（八日）条。
(17) 『続日本後紀』承和二年（八三五）三月癸丑（八日）条。天皇個人の所領としての色彩が濃い勅旨田は、内蔵寮が管轄する通常の勅旨田と、後院が管領する後院勅旨田とにおおむね二分され、次第に後者の後院勅旨田に軸足を移していくこととなる。勅旨田の管理体制などについては、吉川真司「院宮王臣家」（吉川真司編『日本の時代史5　平安京』吉川弘文館、二〇〇二年）、古尾谷知浩「平安初期における天皇家産機構の土地集積」（『律令国家と天皇家産機構』塙書房、二〇〇六年、初出二〇〇三年）に詳しい。
(18) 『続日本後紀』承和三年（八三六）一〇月癸亥（二七日）条。瀬野精一郎「解説」（『肥前国神崎荘史料』吉川弘文館、一九七五年）、「肥前国」（網野善彦他編『講座　日本荘園史』一〇、吉川弘文館、二〇〇五年）など参照。
(19) 丹生谷哲一「河内国」（網野善彦他編『講座　日本荘園史』七、吉川弘文館、一九九五年）など参照。
(20) 『続日本後紀』承和三年（八三六）二月壬午（一三日）条。
(21) 『日本三代実録』元慶七年（八八三）二月二一日条。長和二年（一〇一三）には、藤原道長が大井川遊覧の中で「石原」を訪れている。『御堂関白記』長和二年一〇月三日条。なお、この地に所在したと思しい石原荘に関しては、丹生谷哲一「山城国紀伊郡石原荘の形成をめぐって―一円性所領成立の一要因―」（『日本中世の身分と社会』塙書房、一九九三年、初出一九七五年）に詳しい。
(22) 『百練抄』治承三年（一一七九）一二月一四日条。
(23) 田中文英は、兼実の意見から後院庁設置に対する貴族間の反発を読み取る。田中文英「高倉親政・院政と平氏政権」（『平氏政権の研究』思文閣出版、一九九四年）。
(24) 厨町に関しては、村井康彦「官衙町の形成と変質」（『古代国家解体過程の研究』岩波書店、一九六五年）参照。

（25）清孝宅での強盗から三ヶ月余を経た一二月七日、藤原宗忠は「一日五条強盗嫌疑者、在二五条後院中一。取二御気色一可二搦取一由」を命じ、翌八日に「在二後院中一強盗嫌疑人」が将来された。『中右記』永久二年（一一一四）一二月七日・八日条。なお、史料大成本『中右記』は、底本である内閣文庫一〇九冊本（二一八―三八）の体裁に従って「五条」と「後院」の間で改行を行う。平松家本（京都大学附属図書館所蔵、平松三―チ―六）でも、「後院」で始まる行が前行までの一字下げを踏襲しておらず、こうした類の写本が内閣文庫本の祖本にあった可能性が高い。しかし、平松家本の「後院」の行は丁の初行であり、改丁時に一字下げを忘れたに過ぎない。ならば、内閣文庫本の改行が「五条後院」と読むことの障害とはなり得ないだろう。

（26）目崎徳衛は、確実な根拠を発見できないとしながらも、五条の後院地に御倉町的な機能を推測していた。この推測は『玉葉』などの記述と照らし合わせるならば、正しいものであったと考える。目崎徳衛「円融上皇と宇多源氏」（『貴族社会と古典文化』注2前掲、初出一九七二年）。

（27）『日本文徳天皇実録』嘉祥三年（八五〇）四月己巳（二一日）条、『日本紀略』寛平九年（八九七）七月二六日条。

（28）栗原弘「五条院と東五条第について―藤原順子・明子の居住形態を中心に―」（『文化史学』四三、一九八七年）。

（29）「先々坊歟」との注記は、その表現から延喜三年（九〇三）の保明親王出産時と解するのがよかろうが、ならば、従四位上右大弁に過ぎない藤原忠平が、左大臣藤原時平を措いてこの記事に続く厭魅事件を処したとは想定しにくい。また、『政事要略』が古老の言を引く例としては、現行本では藤原基経の行為を賞賛した巻八四、糾弾雑事が他にあるのみで、これは摂関家を讃えるべく恣意的に引用された可能性がある。穏子が保明を産んだのは、時平の東一条第（近衛大路南・東洞院大路東）だったと推測され、これと東五条第の位置とを混乱したとは考えられないだろうか。穏子の出産場所については、岡村幸子「職御曹司について」（『日本歴史』五八二、一九九六年）参照。

（30）『貞信公記』天慶元年（九三八）四月一二日条、『九暦』天慶九年一二月二六日条。

（31）『九暦』天暦七年（九五三）正月二日条、同八年四月一八日条。

（32）『九暦』天徳四年（九六〇）正月一一日条。

(33)『大日本史料』一―一六、二三二頁以下の諸史料を参照。

(34)『小右記』長和元年（一〇一二）四月五日条。正暦元年（九九〇）に小野宮造営のため藤原実資が購入した「後院中対」もこの後院に相当する可能性がある。『小右記』正暦元年一一月二日・八日・九日条。この記事に関して岡村幸子は、実資が購入に際して藤原遵子に金額を提示し、解体までは中対に留まるよう申し出たことから、この後院を遵子の所有に帰していた四条後院と解す。後述するように、后である遵子が後院の処分に何らかの権限を有した点は認めたいが、「令啓可給留中対之由」との記載を「中対ニ留マリ給フベキノ由」と読むのは語順から考えて首肯し難い。申し出から七日後には解体されてしまうことも不可解である。「給」を動詞として「留メタル中対ヲ給フベキノ由」の如く読み、中対以外の主要な殿舎は往古の姿を留めていなかったと捉えて、長和元年の「懐旧之心」に結び付けることはできまいか。なお、岡村は四条後院と遵子の四条宮とを同一視するが、『拾芥抄』が別に記すことから、区別して論じるのが一般的である。

(35)『九暦』承平六年（九三六）正月五日条が「先年於㆓五条家㆒行㆓大饗㆒」と記すのが最後で、厳密な意味での最後の史料は、『貞信公記』承平二年九月二三日条である。

(36)『日本紀略』承平七年（九三七）正月四日条、二月一九日条。

(37)『日本紀略』昌泰元年（八九八）四月二五日条。

(38)『日本紀略』昌泰元年（八九八）二月一三日条。

(39)宇多天皇は譲位二ヶ月前の五月一七日に朱雀院行幸を行い、譲位後で東院滞在時の九月一〇日にも朱雀院に御幸して詩宴を催している。『日本紀略』寛平九年（八九七）五月一七日、九月一〇日条。

(40)後一条院の後院渡文に冷泉院が見えるのは、寛仁元年（一〇一七）に三条上皇が崩じて、冷泉院が後一条天皇へと返されたことによるのだろう。

(41)『貞信公記』天慶八年（九四五）九月一六日条、同九年三月六日条。

(42)『吏部王記』天慶八年（九四五）一〇月二八日条。なお、朱雀院に付せられた「宇多帝也」との注記は後代のものと思われ、醍醐天皇を指すと見るのがよい。また、「宇治院」の部分を史料纂集本『吏部王記』（『花鳥余情』巻三〇、手習所引逸文）は「宇多院」と記すが、龍門文庫本（一条兼良筆）の『花鳥余情』では「宇治院」とあり、これが『源氏物語』の「故朱雀院の御りやうにて宇治院といひし所」に対する注釈である点からも「宇治院」が正しいことは明白である。萱原荘に関しては所在地など詳かではなく、豊原荘の誤記である可能性を捨て切れない。
(43)『日本紀略』天慶九年（九四六）一二月三日条、天暦元年（九四七）一一月三日条など。
(44)『類聚三代格』巻一〇、供御事、延喜五年（九〇五）六月五日太政官符。『日本紀略』同年五月二八日条には「廃二後院鷹一」とあり、「鷹」を「庁（＝廳）」の誤写と見れば、後院の停廃は実質的には五月末だったこととなる。
(45)『西宮記』（尊経閣文庫所蔵大永本）第四、臨時仁王会所引延喜五年（九〇五）五月一二日勘物。
(46)『吏部王記』承平元年（九三一）一二月八日条。
(47)注34参照。
(48)『新儀式』巻四、天皇遷御事。
(49)『左経記』長元七年（一〇三四）一二月二一日条。
(50)『小右記』寛弘二年（一〇〇五）四月一四日条。村上天皇による雲林院御堂と多宝塔の造営に後院の財が用いられたことも、同様な予備的な性格によるものと捉えることができよう。本書第Ⅲ部第二章。
(51)『続日本後紀』承和元年二月甲申（三日）条に現れる有智子内親王への賜田は、嘉祥元年（八四八）八月壬寅（一六日）条では「有智子内親王家」への賜与と記される。このことを援用すれば、天皇個人に関わる家政機関を抽象的に「院」と称しても問題はなく、後院が具体的な邸宅を指すと考える必要は存在しないだろう。
(52)岡村幸子は、当初の後院司が正式な官司や官職ではなく、朱雀院司にも冷泉院司にもなり得る代名詞的なものであったと指摘する。その論拠は後院司に関わる『新儀式』や『西宮記』の記載にあるが、これらは邸宅に関わる後院司と見ることもでき、ここに現れない財の管理を担当する後院司が存在した可能性も否定し切れない。
(53)吉川真司「摂関政治の転成」（『律令官僚制の研究』塙書房、一九九八年、初出一九九五年）。
(54)「冷泉院御蔵物」が盗まれた際に「後院物」が含まれていたことは、後院の財が分置し得ることを示しており、ならば、忠平の所有邸宅が後院の財を管理していたと捉えても問題はないと考える。『小右記』長和四年（一〇一五）五月二六日条。

(55)『西宮記』（尊経閣文庫所蔵巻子本）巻一、正月四日国忌。『西宮記』は「自二天暦年一於二法性寺一有二御八講一」と記すが、『扶桑略記』天徳四年（九六〇）正月四日条などより、天徳四年始行と考えておく。なお、『年中行事秘抄』は「後院司等行事、近例歟」と記す。

(56)『吏部王記』天慶三年（九四〇）一一月二七日条、『日本紀略』同日条、『本朝世紀』同四年一二月五日条。宝物献上の二ヶ月程前には、備前国の賊徒藤原文元が邑久郡桑浜より上陸して播磨国へ逃亡した。桑浜を訓みから神崎《こうざき》に比定する見解も存在し（『岡山県史』三、一九九〇年、五五七頁参照）、この事件が鹿忍荘が「わたり物」となった契機かもしれない。『本朝世紀』天慶四年九月二二日条。

(57)堀裕「天皇の死の歴史的位置―「如在之儀」を中心に―」（『史林』八一―一、一九九八年）。

(58)『権記』長徳四年（九九八）二月一一日条。

(59)『権記』寛弘八年（一〇一一）六月一三日条、『小右記』長和五年（一〇一六）正月二八日条。

(60)『日本紀略』天元四年（九八一）七月七日条、天元五年一二月二六日条。『本朝世紀』長保元年（九九九）六月一六日条は、一条天皇が一条院へ移御したことについて「御二一条女院一」と記すが、『栄花物語』巻四、みはてぬゆめによれば、一条院は東三条院が「いみじう造らせたまひて、帝の後院に思しめ」したとされる。

(61)太田静六『寝殿造の研究』（吉川弘文館、一九八七年）、橋本義彦「里内裏沿革考」（『平安貴族』平凡社、一九八六年、初出一九八一年）など参照。

(62)『百練抄』永承六年（一〇五一）七月三日条、天喜三年（一〇五五）六月七日条。

(63)『小右記』永観二年（九八四）九月八日条（逸文）。

(64)『江家次第』巻六、石清水臨時祭。

(65)『中右記』嘉承二年（一一〇七）七月二四日条。

(66)『長秋記』大治四年（一一二九）七月一五日条。
(67)『大記』康和五年（一一〇三）八月一二日条。
(68)鯨珠の献上から如意宝珠法成立に至る過程については、上川通夫「院政と真言密教」（『日本中世仏教形成史論』校倉書房、二〇〇七年、初出一九九八年）、「如意宝珠法の成立」（『日本中世仏教史料論』吉川弘文館、二〇〇八年、初出二〇〇四年）に詳しい。上川は、神崎荘が対外交流の前線に位置したことをも踏まえる形で、如意宝珠の出現と如意宝珠法の創始とに擬似的汎東アジア性を読み取る。
(69)平田俊春『私撰国史の批判的研究』（国書刊行会、一九八二年）。
(70)美川圭「鳥羽殿の成立」（上横手雅敬編『中世公武権力の構造と展開』吉川弘文館、二〇〇一年）、『白河法皇—中世をひらいた帝王』（日本放送出版協会、二〇〇三年）など。
(71)鷺森浩幸「古代における王家と大土地所有」（『日本古代の王家・寺院と所領』塙書房、二〇〇一年、初出一九九八年）。

付　章　勧修寺家本御遺言条々に関する覚書

はじめに

京都大学総合博物館に所蔵される「御遺言条々」と題された一軸は、所領の伝領を中心に、勧修寺家の財の継承に関わる各種の文書を書き写したもので、勧修寺家旧蔵資料の一つである。この勧修寺家本御遺言条々には、表に四八通、紙背に表文書の裏書も含めて一三通、合計六一通の文書が収められており、引載された文書の年代は、正治二年（一二〇〇）に藤原経房が著した処分状（1）から、応安五年（一三七二）に勧修寺経顕が摂津国小林上荘などの譲渡を指示した譲状（紙背12）まで、経房・資経・経俊・俊定・定資・経顕の六代約一七〇年間に及んでいる（表1・図1）。奥書から窺える如く、現在の装幀は享保八年（一七二三）の勧修寺高顕の手になるものだが、作成年次は一四世紀後半に求めることが可能であり、中世公家社会の家の継承に関して、その具体的な様相を知ることのできる、この上ない貴重な史料と言える。

この勧修寺家本御遺言条々を初めて紹介したのは、一九四一年に発表された中村直勝の論考であった[1]。中村は、これを「家領の処分を見るにはまことに稀覯のもの」と捉え、載録される文書を全文翻刻するとともに、一通一通に対して詳細な解説を行った。また、その基本的な性格についても考究し、成立時期については、収められた文書の年代から「大体吉野朝末の書写にかかるもの」と述べ、表の文書は、「経顕が家の所領を伝領したる後、

表1　御遺言条々所収文書一覧（年代順）

1	藤原経房処分状	正治2年（1200）2月28日
11	沙弥尋蓮譲状	貞応元年（1222）8月日
12	沙弥尋蓮譲状	貞応元年（1222）8月日
14	藤原定経書状	寛喜元年（1229）12月12日
3	藤原資経文書譲状	天福元年（1233）5月28日
13	平業光・光蓮連署譲状	嘉禎3年（1237）2月8日
紙背3	平業光・光蓮連署譲状加判証書	年月日未詳
42	鷹司院庁下文	寛元元年（1243）閏7月日
紙背4	行澄譲状	寛元3年（1245）9月28日
2	藤原資経処分状	建長2年（1250）6月2日
紙背1	藤原資経処分状裏書	年月日未詳
24	宣陽門院庁下文	建長2年（1250）10月日
43	宣陽門院庁下文	建長2年（1250）10月日
5	吉田経俊譲状	文永12年（1275）3月1日
25	後深草院院宣	建治2年（1276）10月17日
4	吉田経俊処分状	建治2年（1276）10月17日
6	平業光女譲状	弘安元年（1278）6月14日
7	平業光女消息	弘安元年（1278）6月14日カ
45	亀山院院宣カ	年未詳6月15日
26	後深草院院宣	弘安元年（1278）7月20日
46	後深草院院宣	弘安6年（1283）9月13日
紙背13	正応二年八月十一日評定抜書	正応2年（1289）8月11日
27	後深草院院宣	正応2年（1289）8月12日
紙背2	吉田経俊処分状加判証書	正応3年（1290）8月20日
10	平業光女譲状	正応3年（1290）8月20日
18	平業光女消息	年月日未詳
21	平業光女譲状	永仁5年（1297）8月20日
22	平業光女消息	年月日未詳
40	後宇多院宸筆院宣カ	正安3年（1301）12月26日
39	後宇多院院宣	徳治3年（1308）閏8月9日
8	御堀消息	延慶3年（1310）12月20日
19	吉田経世譲状	延慶4年（1311）3月日
20	坊城定資書状	年未詳（延慶4年（1311）カ）4月
28	伏見院院宣	延慶4年（1311）4月26日
36	伏見院院宣	応長元年（1311）7月24日
23	藤原基定母消息	正和2年（1313）4月5日
16	藤原基定母消息	正和2年（1313）9月6日
37	後伏見院院宣	正和4年（1315）9月6日
30	後伏見院宸翰	元応2年（1320）4月23日
33	後伏見院院宣	元応2年（1320）4月26日
48	関東下知状カ	年月日未詳

47	吉田定房書状	元応２年（1320）６月14日
15	吉田国房書状	元応２年（1320）８月16日
34	後伏見院院宣	元応２年（1320）９月27日
32	後伏見院宸翰	元亨２年（1322）５月18日
31	今出川兼季書状	年未詳（元亨２年（1322）カ）５月20日
17	公性書状	元亨２年（1322）９月28日
41	甘露寺隆長書状	年未詳（元亨２年（1322）カ）10月１日
9	坊城定資処分状	嘉暦３年（1328）11月８日
35	後伏見院院宣	元徳２年（1330）７月27日
29	花園院院宣	元徳２年（1330）７月29日
38	花園院院宣	元徳２年（1330）７月29日
44	花園院院宣	元徳２年（1330）７月29日
紙背５	藤原基定母譲状	元徳３年（1331）４月３日
紙背７	勧修寺経顕処分状	観応２年（1351）正月14日
紙背８	勧修寺経顕置文	観応２年（1351）正月14日
紙背９	勧修寺経顕置文	観応２年（1351）正月14日
紙背６	勧修寺経顕譲状	延文５年（1360）７月29日
紙背11	延文五年七月廿六日夢想記	延文５年（1360）７月29日カ
紙背10	勧修寺経顕置文	延文５年（1360）７月29日
紙背12	勧修寺経顕譲状	応安５年（1372）12月28日

※左端の文書番号は配列順に従って付した（図２参照）。

（中略）其の家領を安堵維持するために、一通り累代の文書を整理し、此の一巻に纏めて書写せしめたもの」、紙背に存在する経顕の文書七通は、経顕の「震慄たる手跡」を模写したものと理解した。また、配列・構成については、「史料の配列に必ずしも一定の方針があるとは思われない」と述べ、全体を見渡した結論として、経房の曾孫吉田経俊が「平業兼の女[2]」を妻として俊定を儲けたことが、勧修寺家に繫がる子孫繁栄のきっかけとなったこと、宣陽門院や鷹司院、そして持明院統との濃い関係が家領の形成に大きな役割を果たしたこと、経顕が勧修寺の家号を称して高藤以来の正嫡たる栄誉を占めたのも、一に家領の大部分の獲得に起因すること、などを指摘した。家領の集積・継承が、家の発展と不可分の関係にあることを、如実に浮き上がらせてみせたのである。

　中村によって紹介されて以降、この御遺言条々なる一軸は、学界の著名な史料の一つとなった。進展

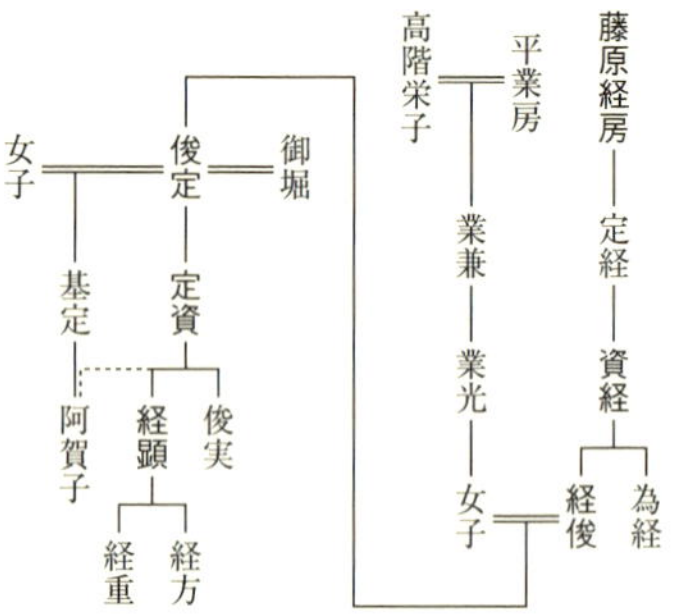

図1　勧修寺家関係系図

著しい家の継承に関する研究や公家領荘園に関する研究においても、多くがこの史料について触れ(3)、また、勧修寺家と関わりのある所領が数多く掲載されていることから、自治体史や地名辞典における翻刻・紹介も枚挙に遑がない(4)。しかし、そのような周知の史料であるにもかかわらず、この文書自体に関するまとまった研究は、七〇年以上も前に著された中村の論考以外に見出せず、中村の翻刻や解説も、現在の研究状況に照らし鑑みるならば、疑問を感じざるを得ない点が少なからず存在する。本章では、この勧修寺家本御遺言条々に関して、その形状・構成と成立時期の二点に絞って若干の私見を述べ、御遺言条々を利用するにあたっての前提を整備したいと考える(5)。

一　御遺言条々の形状と構成

勧修寺家本御遺言条々は、現在、三六枚の本紙に、表紙・奥付用の一紙を貼り継いだ形で軸装されており、そこに「御遺言条々」との外題が付された形で存在する。現在の装幀は、「家門之珍書也。仍令㆓修補㆒訖。代々御遺言也。虫損而吉田亜相殿以上無㆑之。歎而有㆑余矣。　享保八年六月　参議右大弁藤高顕（花押）」と記された修補奥書から、享保八年（一七二三）の勧修寺高顕の手になることが知られるが、紙の継ぎ目などにも字が存在する如く、それ以前においても軸装だったことが明白である。表紙見返しに貼られた「遺言条々」なる貼紙は、高顕が装幀する以前の外題と見るのがよかろう(6)。本紙に用いられる紙は、縦約二八・五㎝×横約四五・〇㎝の紙を基本とし、それらを貼り継いだ上で、用紙上端より約三・五㎝の位置に天界を、用紙下端より約三・六㎝の位置に地界を引き、その間に約三・〇㎝（＝一寸）の間隔で縦罫を引いて、一紙あたり一五行の空白行を作っている。その行に文書を書写していくわけだが、字は天界・地界を大きく越えて記されており、また、縦罫の上であってもかまわずに字が書かれている。このことは、天界・地界・縦罫が本書の筆写のために特別に施されたものではないことを示唆する。

本紙は、四五・〇㎝程度の紙を用いることを基本とするが、それよりも横幅が明らかに短い紙がいくつか存在する（図2）。それは、第一紙・第一四紙・第一五紙・第三五紙の計四紙で、第一紙は横約二七・〇㎝、第一四紙・第一五紙はそれぞれ横約二・五㎝と横約四一・九㎝、第三五紙は横約一・〇㎝という幅である。このうち第一紙に関しては、紙の前半部分が損失したもので、通常の本紙と同様、約四五・〇㎝の紙を使用していたと仮定すると、およそ五分の二程度が欠損していることとなる（図3）。冒頭の文書が藤原経房処分状であることに鑑みると、成立時における御遺言条々が現状の第一紙より始まっていたのか、それとも現状の第一紙よりも前にも記述が存在したのかは、勧修寺家の家領形成を考える上で極めて重要な視座となるはずだが、この点は、今となっては不明とせざるを得ない。また、第一四紙・第一五紙は、合計すると約四四・四㎝となり、通常の紙と〇・六㎝程度しか違わない。もともと同一の紙であったものを、何らかの理由で切断したと見るのがよかろう。一方、第三五紙は横約一・〇㎝と非常に幅の狭いもので、そこには、前後の第三四紙・第三六紙にまたがる某院宣（45）の日付・奉者を記している。おそらくは、日付・奉者の一行を飛ばして書写したために、短い紙を継ぎ足して追記したものと推測される。それ以外はほぼ同一の大きさの紙を使用しており、紙を貼り継いだ後に罫を施し、この罫に拘泥することなく、文書の書写を行ったものと考えてよい。

さて、御遺言条々に引載された文書の配列・構成に関して中村直勝は、「史料の配列に必ずしも一定の方針が

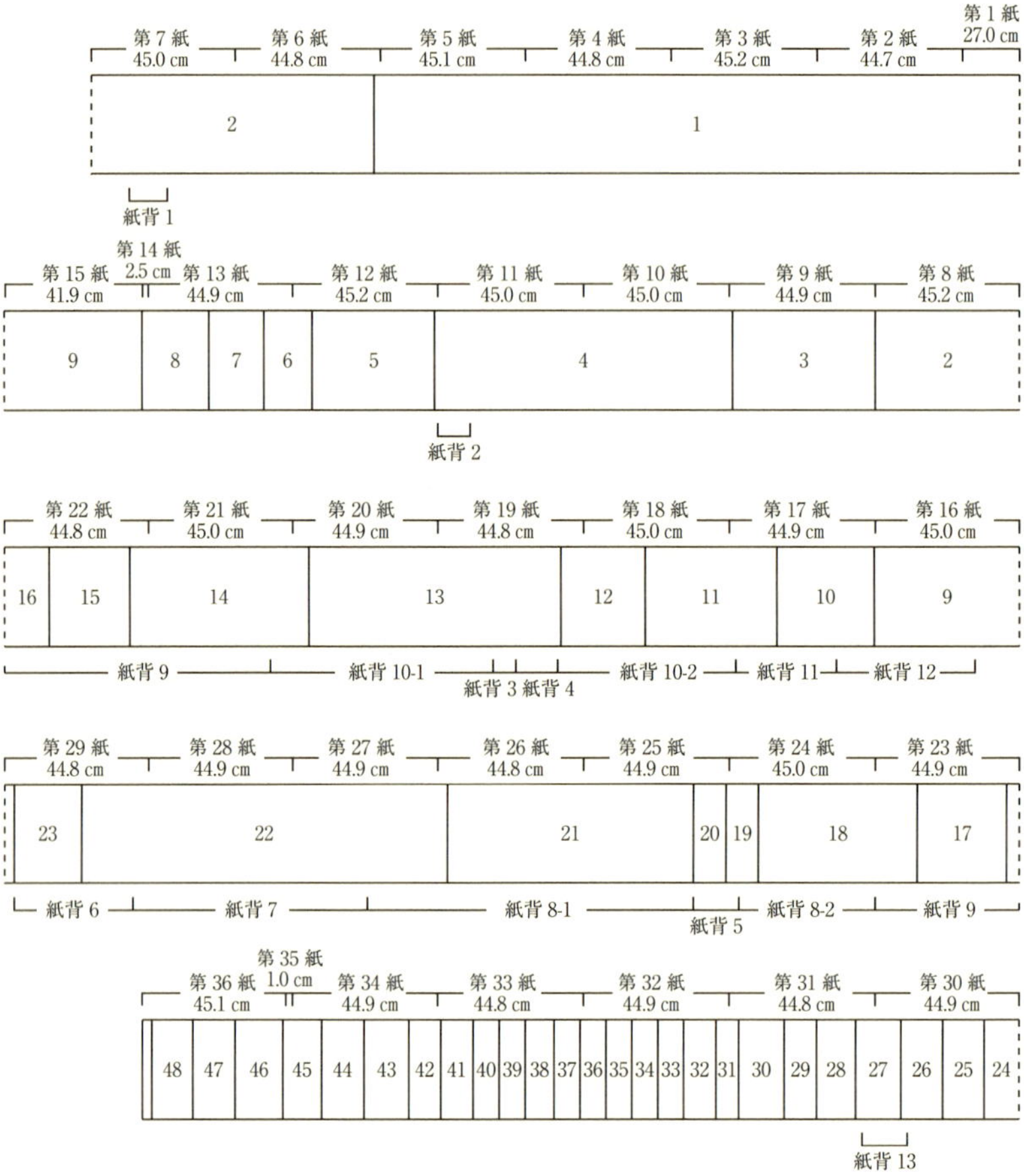

図2　所収文書の配列（数字は文書番号）

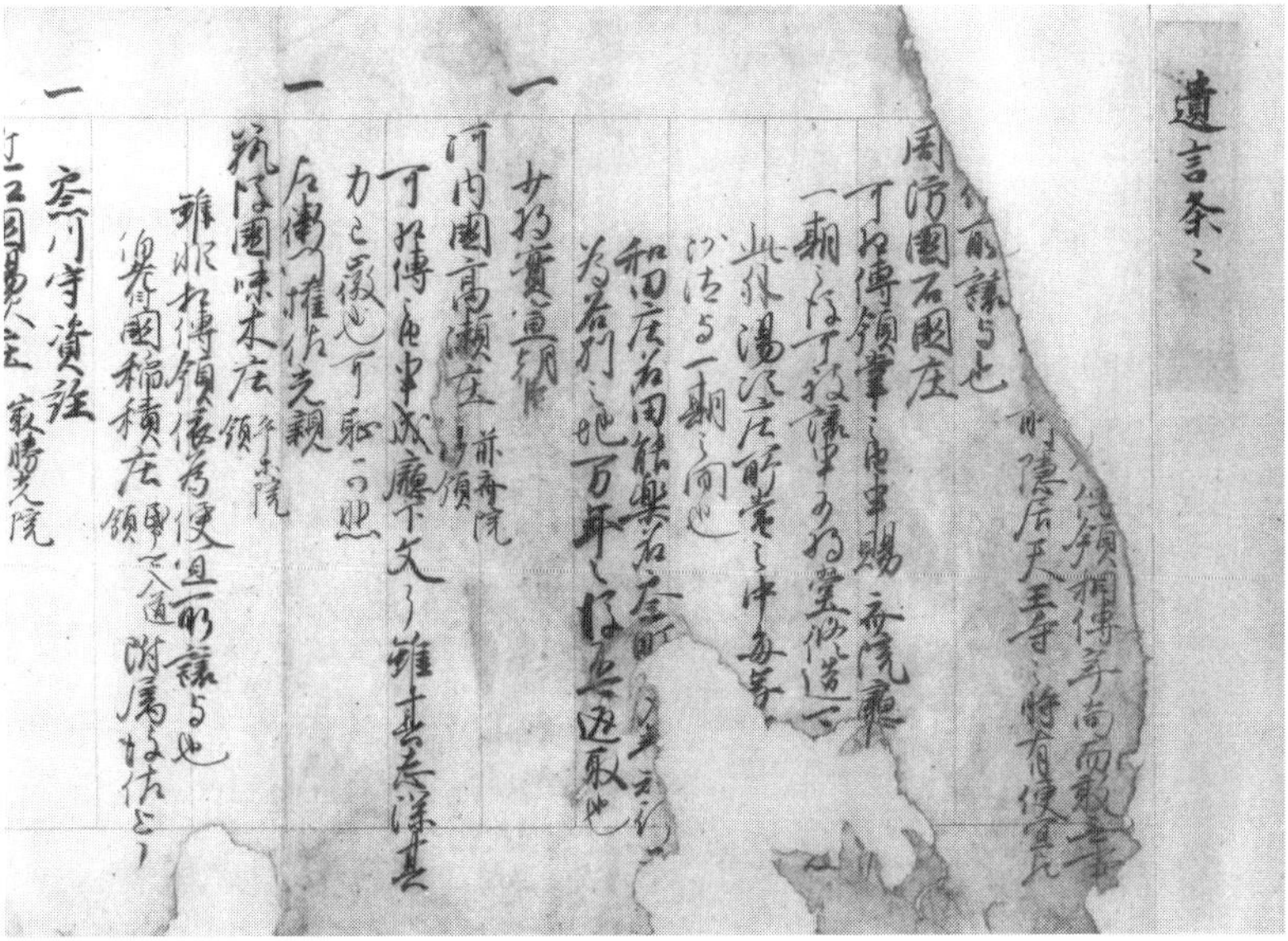

図３　藤原経房処分状（１）

あるとは思われない」と論じた。しかし、改めて全体を眺めてみると、ある種の方針を見出すことが可能であり、むしろ明確な基準をもって文書の書写を行ったのではないかとも考えたくなる。配列を検討する上で注目したいのは、紙背6から紙背12という七通の紙背文書である。これらは、23の末尾に相当する部分から連続して記すことに特徴があり、同一の筆跡であろうこともほぼ間違いない。また、連続して記す途中に紙背3から紙背5の三通を挿み込んでおり、この三通を記した後に書かれたことが確実である。筆跡を見ると、紙背1から紙背5が表文書と同じ比較的細い字体なのに対して、紙背6から紙背12は比較的大ぶりの書体で、明らかに表文書とは異筆と考えられる（図4）。もう一つの紙背文書、紙背13は、大ぶりの書体ではあるが、表文書と同じ筆跡で、前者に分類し得るものだろう。これらを勘案すると、紙背文書は、表文書と同筆と思われる紙背1から紙背5及び紙背13（以下、紙背文書A類とする）と、それらとは異筆の紙背6から紙背12

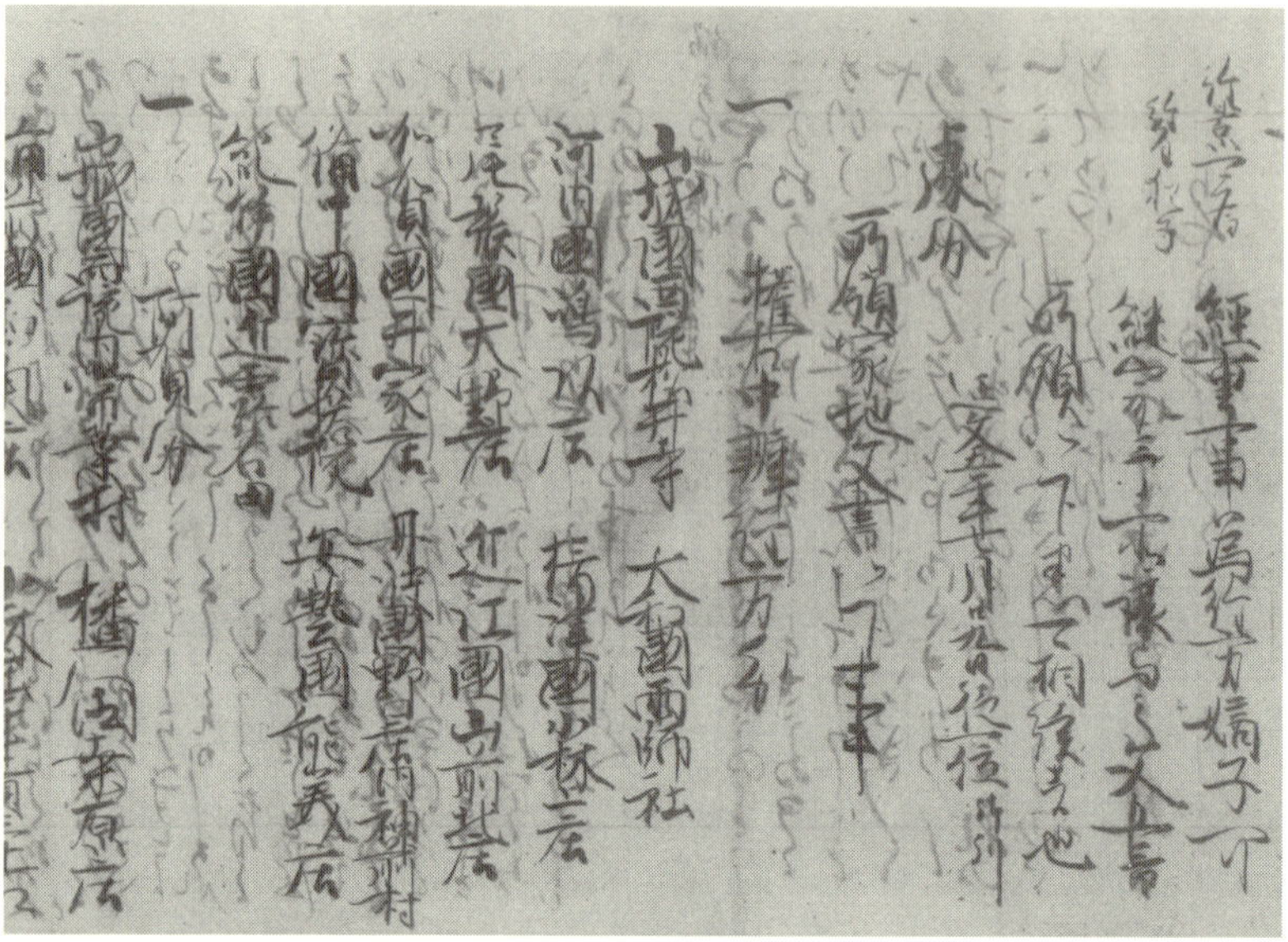

図４　勧修寺経顕譲状（紙背６）・勧修寺経顕処分状（紙背７）

（以下、紙背文書Ｂ類とする）に大別することが可能である。

紙背13は、加賀国井家荘の預所職をめぐる相論に関して、その評定の内容を抜き書きしたものだが、その結果下された後深草院院宣（27）の裏面に記される。また、紙背1から紙背3は、表文書の補記や加判したことを示すなど、表文書の本来の裏書であったと思われ、紙背4も関連する表文書の裏に載せられている。つまり、紙背文書は表文書を意識しながら、適切な位置に筆写しようとしたと言えるのであり、ならば、表文書と筆跡を異にする紙背文書Ｂ類においても、その連続した文書の最初となる紙背6が、表文書の藤原基定母消息（23）の末尾から記し始めたことには、なにがしかの意味があることが予想される。

紙背13の他に紙背文書が存在しない24から以降の表文書を眺めると、院庁下文や院宣といった所領安堵に関わるいわゆる公験の文書が配されていることに気付く。そして、それらが所領ごとにまとめられていることも看取することが可能である。すなわち、24から29までの文書は加賀国井家荘に関わる知行安堵の公験で、建長二年（一二五〇）の宣陽門院庁下文（24）から元徳二年（一三三〇）の花園院院宣（29）までを年代順に記している。続く30から35は伏見御領に関する文書で、宸翰・書状と院宣とを区別し、それぞれを年代順に並べ、以下、36から38の三通が備中国宝塔院、39・40・41がそれぞれ摂津国位倍荘・摂津国小林本荘・観心院の知行安堵文書、42から44まで大和国雨師社に関わる三通の文書、45に嵯峨屋地の管領に関わる院宣を記していく。そして、虫損のため詳細が明確ではなくなっていた46の院宣を、こうした公験の末尾に置くのである。最後の二通は、勧修寺家領とは直接関係のない近江国湯次上荘の下地中分に関する文書で、末尾の関東下知状（48）が事書のみで事実書を省略していることからも、この御遺言条々を著した人物にとっては、他の文書に比して重要性が高くない文書として、末尾に置いたのだろう。

一方、23以前に記された文書はというと、処分状や譲状といった勧修寺家の家内部でやりとりされた文書であったと一括することができる。紙背6から紙背12が、23の末尾にあたる位置から連続して書写されていることは前述の通りであるが、これらは全て勧修寺経顕が記した処分状・譲状・置文といった家内の文書に相当するので(7)、表の公験文書と家内文書との区別を理解した上で、あえて家内文書の末尾の位置から書き始めたのだろう。そして、こうした家内文書も、二種に大別することが可能である。すなわち、前半の藤原経房の処分状（1）から坊城定資の処分状（9）までの連続する九通は、勧修寺家の当主あるいはその代理となる人物から、次代の家嫡などに宛てられた家継承に関わる基本的な文書、後半の10から23までは、それ以外の財の継承に関わる雑多な副次的な文書となる。

家内文書の配列について少し詳しく見ていこう。まず前半の家継承に関わる文書群であるが、冒頭の藤原経房の処分状（1）に続けて、経房の嫡孫であった藤原資経の処分状（2）を置く。資経の処分状の後に、処分状以前に出された資経の譲状（3）を配しているが、これは文書に限定した譲状で、処分状を補完するような内容の文書として、処分状の後ろに配したと言えよう。4から7までの四通は、吉田経俊から嫡男坊城俊定への継承を表す一群である。まず、薨去直前に経俊が作成した処分状（4）を置き、その次にそれより一年半ほど前に記した俊定宛の譲状（5）、次に経俊処分状に記されながらも「但女房領存生之間、一向可レ為二彼御進止一」とされた経俊室（＝平業光女）の所領について、業光女から俊定への譲渡を記す譲状（6）とその副状にあたる消息（7）を写している。その次には、本来であれば坊城俊定の処分状が載せられるべきだが、処分状を記さないまま俊定が薨じたために、俊定の室であった御堀なる人物が、俊定の所領を一向に管領するように家嫡定資に対して指示した消息（8）を、処分状の代わりとして記している。そして、最後に定資の処分状（9）を掲載するのであり、家内文書の前半は、経房→資経→経俊→俊定→定資→経顕という家の継承を記した基幹となるべき文書であった。御遺言条々の冒頭より記されていることからも、これらの文書こそが御遺言条々の中心となる文書群と言うことができ、「遺言条々」という書名も、歴代の「遺言」を主体としていたことに由来する。

　家内文書の後半にあたる10から23までの文書は、財の継承に関わる雑多な文書を並べたもので、家の継承に関わる前半の文書群に比して、明確な配列意図は読み取りにくい。しかし、関連する文書を並べて配置するという方針は看取することが可能である。すなわち、11から13までは坊城俊定が母平業光女より受け継いだ所領に関して、勧修寺家に譲渡されるまでに作られた譲状を並べ、19・20は坊城定資が吉田経世から備中国宝塔院を譲られた際の譲状とその請文の案文、21・22は加賀国井家荘の年貢に関して記す平業光女の譲状とそれに付随する消息である。若干留意しておきたいのは、この部分に記されるのは坊城定資の時までに勧修寺家に帰した財に関わる

- ○表文書
  - 家内文書
    - ・家の継承に関わる基本的な文書（1～9）
    - ・財の譲与に関わる雑多な文書（10～23）
  - 公験文書
    - ・加賀国井家荘の知行安堵文書
    - ・伏見御領の知行安堵文書
    - ・備中国宝塔院の知行安堵文書……（24～46）
  - その他
    - ・近江国湯次上荘の訴訟関連文書（47・48）
- ○紙背文書
  - A　類
    - ・表文書にもともと存在した裏書（紙背1～紙背3）
    - ・表文書の作成後に追加した文書（紙背4・紙背5）
    - ・表文書の補足的な文書（紙背13）
  - B　類
    - ・勧修寺経顕が発給した文書（紙背6～紙背12）

図5　御遺言条々の構成

文書で、勧修寺経顕が宛所となったものはここには存在しない。この部分の紙背には、経顕が藤原基定母から備前国和気荘・河内国島頭荘などを譲渡された紙背5が存在するが、経顕に宛てられた文書が紙背にくることは、後述するように御遺言条々の成立時期やその意図を考える上で重要な材料となる。

以上、かなり煩雑となってしまったが、中村が「史料の配列に必ずしも一定の方針があるとは思われない」と理解した点に関して、むしろ明確な基準をもって配列・構成が行われたのではないかとの私見を述べた。これを図で表現すると図5の如きものとなる。家継承に関する文書を冒頭に持ってくるこうした配列方針は、御遺言条々の作成意図と不可分なものであろうことも容易に推測されるところである。

二　御遺言条々の成立時期

紙背文書B類に分類される紙背6から紙背12の連続する文書は、勧修寺経顕が出した処分状・譲状・置文の類の一群である。この経顕の文書七通に関して中村直勝は、「観応以来、中風病であったと見え」る経顕の記した文書で、「文字極めて難渋である上に震慄たる手跡甚だしく難読」であり、「それを模写したものが現在のものである」と論じた。御遺言条々の成立時期を検討するにあたって、まずはこの紙背文書B類から見ていこう。

これら連続する七通は、観応二年（一三五一）正月の年紀を持つ紙背7から紙背9、延文五年（一三六〇）七月に記された紙背6・紙背10・紙背11、応安五年（一三七二）一二月の紙背12というように、経顕が記したものであっても二〇年以上の年代幅が存在する。このうち中風を罹患していたことがわかる文書は、「このいたハり《（労）》、みやく《（脈）》もかハりて候うへ《（上）》、中風と申候程に、にわか《（俄）》にいかなる事もや候ハんすらんとおもひ《（思）》候程に、かきおき《（書置）》候なり」と端に記す観応二年の紙背9のみで、それ以来、応安五年まで、二〇年にわたって中風に悩んでいたと見る必然性は存在しない。死を覚悟するような逼迫した状況で作成されたのが観応二年の処分状（紙背7）であろうが、経顕はその後も家長としてあり続け、延文三年には正二位から従一位に昇叙され、応安三年に「久仕二朝廷一弓、齢毛高久労毛厚奈利」として内大臣に任じられた[8]。こうしたことも考慮すると、経顕の中風の病は、快方に向かったと見るのが自然であろう。経顕の「震慄たる手跡」を「模写した」という理解は複雑で、そのようにする理由はあまり考えにくく、むしろ、経顕とは違う人物が記したが故に筆跡を異にしたと単純に考えるのがよい。そうであれば、これらの文書の多くが対象とした、経顕の嫡子、経方を書写者として想定するのが、最も穏当な解釈である[9]。紙背文書B類において、経顕の判を「御判」と表現していることも、父に敬意を払ってのことと見ることが可能である。

経方が書写したと思しい紙背文書B類は、経方の弟、経重を経方の猶子にするよう定める延文五年七月の紙背6を除き、年代順に記すことを基本とする。家の継承において最も正式な文書である経顕の処分状（紙背7）を差し措き、処分状より一〇年余りも時期の下る紙背6を冒頭に据えることからは、この一群が、経方から経重への継承の妥当性を示すようなものであったと推測される（図4参照）。経方は、この紙背6を得てから二年半後の貞治元年（一三六二）一二月二四日に、従三位権中納言、二八歳という若さで出家し、その後は、経顕が「相構如二予存生一、慇懃加二扶持一、成レ人之時、割二分便宜地一、不レ可レ有二如在之儀一矣」と、経重への扶持を経方に指示する如く（紙背10）、経方は経重の後見的な立場となったのだろう。経顕は、最後の譲状（紙背12）を記した直後の応安六年正月五日に七六歳で薨じるのであるが、経重が参議となるのはそこから八年後の永徳元年（一三八一）のことで、これらのことを勘案すると、経顕の文書・所領は一旦は経方の手に帰したと見るのがよい。その時に、御遺言条々と題された一軸も経方へ渡ったと思われるが、経方の継承後、当然発給されたと思しい所領安堵の公験文書が記されてはいない。自らの手元にあった経顕の文書を経方が紙背に書き写したのは、経顕の薨去後に御遺言条々を受け取ってから、あまり程経ない時期のことだったのではあるまいか。

紙背文書B類の成立が以上の如きものと考えるならば、それ以外の表文書と紙背文書A類が記された時期は、いつごろと捉え得るだろうか。これについて中村は、「経顕が家の所領を伝領したる後、（中略）其の家領を安堵維持するために、一通り累代の文書を整理し、此の一巻に纏めて書写せしめたものらしい」と述べた。おおむね首肯し得る見解と考えるが、収められた文書の種類と年代に即した形で、もう少し整理して概観しよう。

御遺言条々に所収された文書を、その作成年代順に並べ直してみると、表文書のうち最も時期の下るものは、元徳二年（一三三〇）七月二九日に発給された花園院院宣三通（29・38・44）であることが判明する[10]（表1参照）。それぞれ加賀国井家荘、備中国宝塔院・両法華堂、大和国雨師社の相伝知行を経顕に認めたもので、御遺言条々の後半、すなわち公験文書の部分に所収され、これらがそれぞれの所領に関する記載を締め括ることとなる。また、それより二日前にあたる七月二七日付の後伏見院院宣（35）も収載されており、これは伏見御領の知行を経顕に認めたものであった。これら七月二七日・二九日の院宣は、いずれも七月一一日に父坊城定資が薨じたことにより所領を継承した経顕に対して発給された知行安堵の文書で、経顕が家を継承したごく初期のものと言える。経顕には二歳年長の兄、俊実が存在した。経顕が俊実を越えて家を継承することは、「抑経顕事、先人御素意之上、当時被㆓召仕㆒次第、又愚父所㆓見及㆒、可㆑継㆑家之器也。仍如㆑此所㆓定置㆒也」と述べる定資の嘉暦三年（一三二八）の処分状（9）でも定められていたが、定資の薨去後、それが公的に認められたのが、これらの院宣であったと見てよい。

紙背文書A類の六通に目を移すと、紙背1は表に記された藤原資経処分状の補記にあたり、紙背2・紙背3はそれぞれ表文書に対して加判したことの加判証書で、いずれももともとの文書に存在した裏書をそのまま写し取ったものと見てよい。紙背4は高野宝幢院の寺務を譲渡する行澄の譲状で、紙背3と同様、平業光・光蓮連署譲状（13）の紙背に掲載される。独立した内容の譲状であることから、裏書として記されていたとはあまり考え難く、14以降を書き進めていく途中、あるいは巻尾まで書写が済んでから見出され、この位置に追加で挿入された可能性が強い。13の連署譲状においては、平業光が治部卿局へ譲渡する所領の中に高野宝幢院が見えており、紙背4は最も適切な位置と考えられた場所に写されたのだろう。紙背13の評定抜書が、その結果として出された院宣の裏に写された点は前述した。これらに対して紙背5は、元徳三年四月三日の日付を持つ藤原基定母の譲状で、延慶四年（一三一一）の年紀を持つ備中国宝塔院に関する吉田経世の譲状（19）と、それを受けて出された坊城定資の請文（20）の紙背に写された譲状である。双方は内容的にも時期的にも相違しており、紙背5とその表文書とは明確な関連性を見出すことができない。また、この紙背5は表文書のうちで最も時代が下るとした花園院院宣より、八ヶ月ほど新しい文書であり、経顕宛の文書としては唯一の家内文書であることも留意される。こ

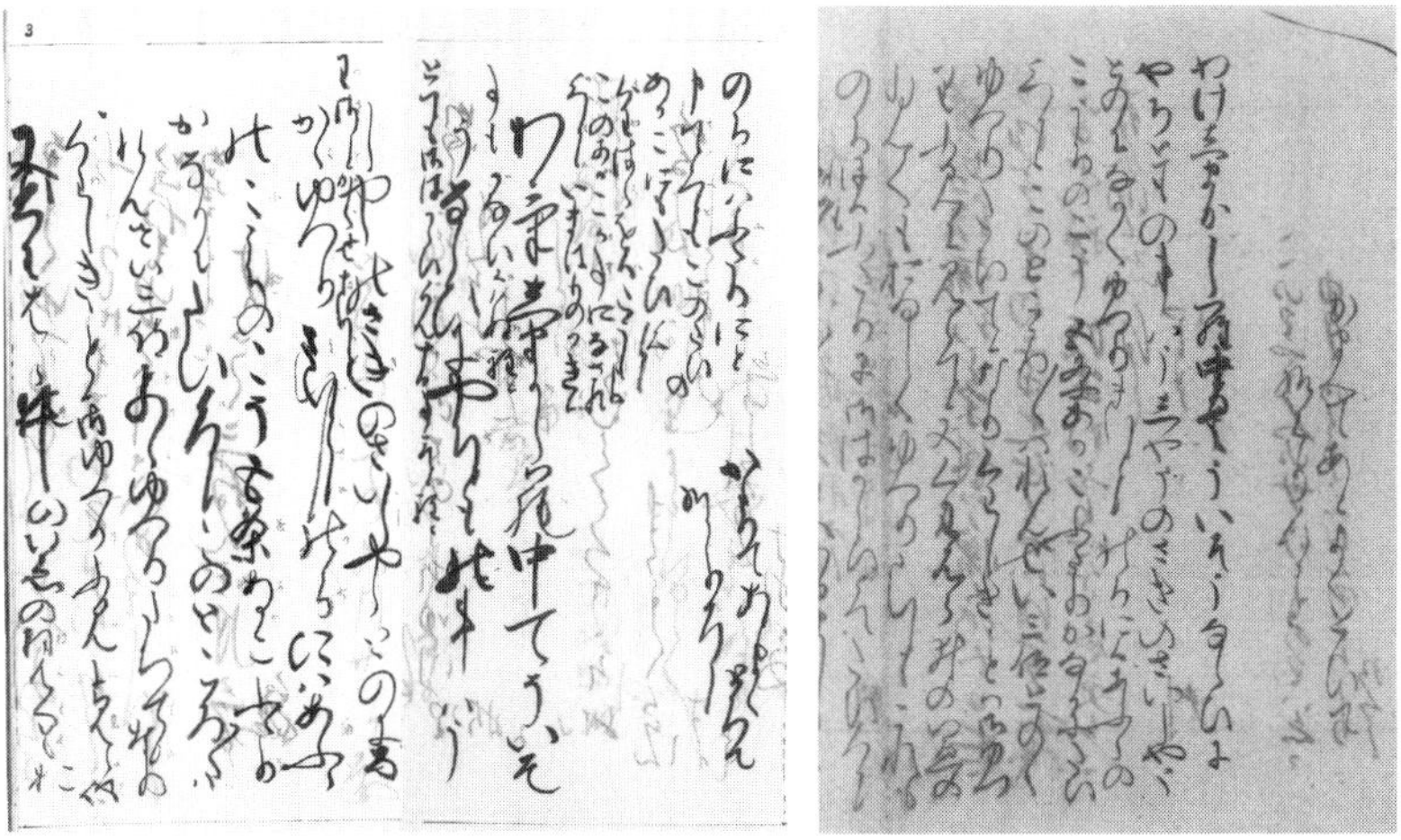

図6　藤原基定母譲状　　右：御遺言条々（紙背5）　左：藤岡氏所蔵文書

うしたことを勘案すると、この譲状は、表文書を書写し、一軸にまとめ終わった後に経顕が得たものとするのが、最も自然な解釈ではあるまいか。

注目すべきは、京都大学文学部古文書室架蔵の影写本、藤岡氏所蔵文書[11]の中に、紙背5と同一の文書が存在する点である（図6）。影写本であるため、断定するには躊躇されるが、紙背5が「はん」とする署判部分について花押を写し取っていることや、端から行間にかけて紙背5には見えない追記が施されていることからすると、御遺言条々がもととした原文書である可能性が高い。そうであるならば、次に考えるべきは原文書に存在した追記を紙背5が記していないという点である。御遺言条々がこの藤原基定母譲状を載せるにあたって、煩雑な追記部分を除いた可能性も否定し去ることはできないが、この追記は、基定母が経顕に譲った所領に関して、後に油小路督と五条阿賀子の二人に譲渡するよう指示していた本文の内容を変更し、阿賀子一人のものとするように改めたもので、こうした重要な変更を煩雑だからといって省略する意図は想定し難い。また、藤岡氏所蔵文書と紙背5を見比べるならば、用字方法や改行位置などを異にするものの、両者は極めて近い筆跡で、追記部分も含めて同筆である可能性が高い。こうしたことを勘案するならば、紙背5は追記がなされる前に御遺言条々に載録されたと見るのが穏当だろう。

これらを踏まえて、表文書と紙背文書A類の成立過程を復原してみよう。まず、表文書の成立時期の上限は、所収文書のうち最も新しい花園院院宣の元徳二年七月二九日である。下限は、紙背5が紙背1から紙背4までとは異なり、表に記された文書と直接関連しないことからして、紙背5が出された元徳三年四月三日とすることができ、ならば、表文書の成立時期は、元徳二年七月二九日から翌年四月三日までの八ヶ月ほどに絞り込むことができる。そして、紙背5は、原文書に存在する追記を記していないことから、元徳三年四月三日から追記がなされるまでに記載されたと考えられる。表文書の最新文書の年次と紙背5の時期があまり遠くないことからすると、元徳三年四月三日から程遠くない時期に写されたと思われ、換言すれば、表文書と紙背5の記載時期は、あまり離れていないということになろう。このように考えてよければ、表文書と紙背文書A類の筆者も自ずと判明する。これらを書写したのは、中村が指摘した如く、この当時の家長で、花園院院宣や紙背5の藤原基定母譲状を得た勧修寺経顕と見て間違いはない。定資の処分状の端には「毎㆓続目㆒在㆓御判㆒」と記されているが、吉田経俊処分状（4）において「続目平氏被㆑加㆑判」とあるように、花押を「判」または「はん」と表現するのが表文書の通例であるのに対し、定資の判を「御判」と表現していることは、定資の子である経顕がまとめたものであることを傍証する(12)。その後、応安六年正月五日に経顕が薨じると、種々の文書とともにこの御遺言条々も嫡子経方へと譲られ、その直後、経方が、手元にあった経顕が記した文書を紙背に写すことで、現在目にし得る御遺言条々が完成したものと考える。

定資の薨去後、家を継承し、定資の遺領を継承した経顕は、元徳三年一〇月に従三位に叙されて参議を辞し、その後、正慶元年（一三三二）に権中納言に任じられた。しかし、翌年に鎌倉幕府が滅亡して後醍醐親政が復活すると、それに伴い職を止められ、経顕に先立って元弘元年に権中納言に任じられていた兄俊実も、京都を逃れた後伏見・花園・光厳の三皇に同行して、江州馬場宿辺りで出家をしてしまう。後醍醐天皇の建武新政において、経顕らと同じく勧修寺流に属する吉田定房や万里小路宣房が重用される一方で、代々、持明院統に近しい関係にあった経顕の家にとっては、出身もままならなかったと言える。しかし、そうした不遇の時代も長くは続かなかった。新政が瓦解する中で宣房は出家し、定房は後醍醐天皇と行動をともにして出奔してしまい、経顕が建武四年（一三三七）正月七日に権中納言へ復任した時には、経顕は勧修寺流藤原氏の長、すなわち、勧修寺長者の地位をも手に入れることとなった。勧修寺流藤原氏の中で最も政治の中枢に位置することとなった経顕は、「可レ号二吉田一之条本意也。坊城非二本意一也。俊光卿号二日野一。依二此例一為二長者一代之号一、可レ称二勧修寺一如何」と述べ、父定資から引き継いだ坊城という号を改め、勧修寺の号を家の名として名乗るようになるのである(13)。

御遺言条々に関する分析を通じて中村は、経顕の栄誉は家領の獲得に起因するものと結論付けた。もちろんそうした側面も重要であろうが、両統迭立から建武新政、南北朝の動乱という激しい時代の変化を思うと、家をどのように存立させていくかが、経顕の生きた時代の公家社会にとって焦眉の課題だったことを推測するのは容易い。代々、持明院統に寄り添って家領を築いてきた経俊以来の家を継承し、また、兄俊実を越えて家嫡となった経顕にとってはなおさらだったであろう。経顕が経房以来の文書を整理しようとしたのも、こうした不安定感が大きく影響していたものと思われる。時代が大きく変容していく中、経房以来自らに至るまでの家の歴史を明示するものとして、経顕は歴代の文書を書写して御遺言条々という一軸にまとめたものであり、それが経顕を起点とする勧修寺家の子孫へと伝えられていったのである。

おわりに

これまで見てきたように、勧修寺家本御遺言条々には、正治二年（一二〇〇）の藤原経房処分状（1）から、応安五年（一三七二）の勧修寺経顕譲状（紙背12）まで、六代約一七〇年間の合計六一通の文書が収載されている。これらは経顕によって一軸にまとめられ、その後、嫡子経方によって、紙背に追記がなされたものが、現在目にすることができる御遺言条々なる一軸であると考える。両統迭立から建武新政、南北朝動乱へ続く激しい時代の変化において、家の存立が不安定さを増していき、そうした中で自らの家の歴史を見つめ直し、家の継承を確かなものとするために作成されたのがこの一軸で、家の継承の基幹となる文書を主軸に配列したことにも、こうした意識を看取し得るというのが本章の結論である。

ところで、ここに引載された経房以来の文書は、少なくとも一四世紀まで保管されていたと見てよいが、いつしか勧修寺家の手を離れたようで、現在、京都大学総合博物館に所蔵される勧修寺家旧蔵資料に見出すことができない。御遺言条々としてまとめられたことで、原文書の存在意義が減じたとも想定できようが、それはともかくとして、一一世紀末から一四世紀中葉の勧修寺家の継承を知る材料は、この御遺言条々を措いて他に存在せず、また、勧修寺家以外の公家において、このようにまとまった財の継承に関わる史料は、皆無と言っても過言ではない。まさに中村直勝が述べたように、勧修寺家本御遺言条々は「稀覯のもの」と言え、その正確な把握が、中世公家社会における家の継承を把握する上で重要なものになろう。そうしたことを考えると、述べきたった事柄がどれほどの妥当性を帯びているのか、中村を始めとする先行研究をどれほど前に進めることができたのかなど、

甚だ心許ないものがある。個々の文書の内容を含めて、詳細な検討は今後の課題であり、ひとまずは擱筆することとする。(14)

（1）　中村直勝「勧修寺家領に就いて」（『荘園の研究（著作集第四巻）』淡交社、一九七八年、初出一九四一年）。

（2）　中村直勝は、『尊卑分脈』において「侍従平業元女」とされる俊定の母を、「業元は業兼の音通であろう」として、経俊の妻を高階栄子の子である業兼の女と理解する。しかし、業兼の極官は従三位治部卿で『尊卑分脈』の「侍従平業元」との記載と齟齬があり、また、業兼が沙弥尋蓮として譲状を認めた貞応元年（一二二二）八月には、経俊はまだ九歳であったから、経俊が業兼の女を妻としたとは考え難い。『公卿補任』より、業兼は承元二年（一二〇八）正月一三日に治部卿を辞して息男業光を侍従に申任していることが判明し、貞応元年の譲状（11）にも「長嫡侍従業光」と見えることから、『尊卑分脈』の「業元女」は「業光女」の誤字で、経俊の妻は業兼の子である業光の女であったと見るのがよい。

（3）　槇道雄「公卿家領の成立とその領有構造」（『院政時代史論集』続群書類従完成会、一九九三年、初出一九八六年）、高橋秀樹「祖先祭祀に見る一門と「家」」（『日本中世の家と親族』吉川弘文館、一九九六年）、松薗斉「勧修寺流藤原氏」（『日記の家―中世国家の記録組織―』吉川弘文館、一九九七年、初出一九九六年）など。

（4）　筆者も勧修寺流吉田家が菩提寺などを展開した中世吉田地域の景観を復原する際に、この史料を利用した。拙稿「中世吉田地域の景観復原」（京都大学埋蔵文化財研究センター編『京都大学構内遺跡調査研究年報　二〇〇一年度』二〇〇六年）。

（5）　旧稿は、御遺言条々の釈読を目的とする報告書『勧修寺家本『御遺言条々』の基礎的研究』（二〇一四年）の解題として記したものである。全体の釈読や個々の文書の内容については、この報告書の中で筆者の案を提示した。

（6）　ただし、冒頭部分が欠損していることからすれば、この旧外題は欠損した後に付けられたものと思われ、本書の成立時まで遡るものではないだろう。なお、勧修寺高顕は、同じ時期に藤原為房の日記『大記』に関しても修補・軸装を行っている。

(7) 処分状・譲状・置文の区別は明確ではないが、本章においては、処分状を財の継承・分配を定めた最も正式な文書、譲状を個人を対象とした財の継承を示す文書、置文を処分状や譲状の内容を補足して指示するような文書として区別し、処分状・譲状・置文の順で書状的要素が強くなるものとして文書名を付けた。

(8) 『後愚昧記』応安三年（一三七〇）三月一六日条。

(9) 観応二年（一三五一）正月の年紀を持つ文書のうち、紙背7は、勧修寺経顕が自らの所領・家地・文書などを嫡子経方と阿賀・女房に譲渡した処分状で、紙背8は、「経方可二存知一条々」と見えることから、経顕が経方に宛てて記した置文と見てよい。延文五年（一三六〇）七月の紙背6は、経顕の息経重を経重の兄、経方の嫡子とし、経方に譲与した文書・所領以下を全て相続させるように指示した経顕の譲状。紙背10も経方に宛てて出した経顕の置文である。御遺言条々の中で最も年紀の新しい応安五年（一三七二）一二月の紙背12は、摂津国小林上荘などを入道に譲るよう指示した仮名書きの譲状だが、入道は貞治元年（一三六二）一二月二四日に従三位権中納言で出家した経方を指すと考えることができる。

(10) 中村直勝は、これらを後伏見院宣と記し、『鎌倉遺文』はなぜか29を後伏見上皇院宣、38と44を花園上皇院宣とするが、いずれも「可下令二相伝知行一給上之由、新院御気色所レ候也」と見えており、新院花園院の院宣と見て間違いはない。

(11) 国史か2―山城―一七六。なお、紙背5は、備前国和気荘・河内国島頭荘・加賀国井家荘中条・但馬国射添荘や家地を経顕に譲渡する譲状で、後には、油小路督と五条阿賀子に譲り、播磨国桑原荘と井家荘の年貢についても、経顕から督と阿賀子へ譲るように指示する。藤岡氏所蔵文書では、本文で示した如き追記が加わっている。

(12) 23の藤原基定母消息は、基定から譲られた備中国両法華堂と越前国藷野荘に対して安堵の院宣を賜りたいこと、及び一期の後は定資へ譲渡することを伝えるものであるが、この端に「銘云、少将母儀状故殿御筆」とあり、基定母の消息を代筆した人物を「故殿」と称す。この「故殿」も定資と考えるのがよく、定資を「故殿」と呼ぶ人物、すなわち経顕が、これらの文書を書写したと考えてよかろう。また、藤原基定母譲状（紙背5）は、本文でも述べたように、原文書と思しいものが藤岡氏所蔵文書に存在するが、その追記部分には、「いまはものかき（書）候事もかなひ（叶）候ハぬ程ニ、わさとかゝ（書）せまいらせ候」と見え、経顕が代筆した可能性が高い。追記部分と本文とを異筆とは考え難く、紙背5と藤岡氏所蔵文書が同筆であろうことをも勘案すると、本文もまた、23の藤原基定母消息を定資が代筆したのと同様、経顕が代筆したのだろう。

(13)『建内記』正長元年（一四二八）三月二三日条。なお、勧修寺の号は、当初、勧修寺長者であった経顕一代限りのものとされていたようだが、それがいつの間にか経顕の子孫へと継承されていくこととなる。

(14) なお、本章で関説した京都大学文学部古文書室架蔵の藤岡氏所蔵文書（影写本）は、明らかに勧修寺家から流出した文書群であり、弘安九年（一二八六）の亀山院院宣から天正一七年（一五八九）の勧修寺知行分地子銭覚まで、三〇通の文書を掲載する。御遺言条々と重なる時期のものも若干含まれるが、それ以降の文書がほとんどで、御遺言条々を補訂し、それより後の財の継承を考える上で極めて重要である。

あとがき

本書は、これまで折に触れて記してきた宮廷儀礼を主題とする小文をまとめ、一書にしたものである。全体を大きく三部に分かち、第Ⅰ部には律令制期の様相を扱った文章を、第Ⅱ部、第Ⅲ部にはそれぞれ平安前期、平安中期における変容を述べた文章を配した。それらを通じて、日本古代宮廷社会の構造的特質とその変遷過程を描き出そうとしたものである。各章の初出は以下の通りである（年次の下の数字は発表順）。

第Ⅰ部

天皇の座と儀礼構造―高御座に関する考察から―

原題：律令天皇制儀礼の基礎的構造―高御座に関する考察から―　『史学雑誌』一一二―三、二〇〇三年（3）

行為としての宣命と公式令詔書式　栄原永遠男・西山良平・吉川真司編『律令国家史論集』塙書房、二〇一〇年（8）

祭祀空間としての神祇官　『歴史研究（大阪教育大学）』四二、二〇〇五年（5）

第Ⅱ部

平安時代宮廷社会の〈土器〉　『史林』八九―六、二〇〇六年（6）

荷前別貢幣の成立

原題：荷前別貢幣の成立―平安初期律令天皇制の考察―　『史林』八四―一、二〇〇一年（1）

成立期の蔵人所と殿上侍臣　藤陵史学会編『晴歩雨読―和田萃先生古稀記念文集―』二〇一四年（11）

石清水八幡宮寺創祀の周辺　『日本歴史』七五三、二〇一一年（9）

第Ⅲ部

平安時代の儀礼運営と装束使　『ヒストリア』一九二、二〇〇四年（4）

御願供養会の准御斎会化

原題：准御斎会「成立」の歴史的位置―国家儀礼の再編と律令天皇制―　『日本史研究』四六八、二〇〇一年（2）

大将着陣儀と大粮納畢移　新稿（12）

平安時代における天皇制の展開と後院　『日本史研究』五五八、二〇〇九年（7）

勧修寺家本御遺言条々に関する覚書

原題：解題（個々の文書の解説部分は省略）『勧修寺家本『御遺言条々』の基礎的研究』科学研究費報告書、二〇一四年（10）

本書の構成と各章の発表順とはほとんど連動しておらず、このことに端的なように、これまで何らかの統一的な視座のもとで検討を行い、文章を発表してきたわけではない。むしろ、微細な個々の事象の分析に終始してきた感のある各々の小文について、考察の対象とした事柄の年代に基づきながら配列し直し、一書にしたというものである。小文を総体として眺めることによって、潜在的にあった自身の歴史像を客観視し、先学との関係や内在する課題を見出したいとの思いがそこにはある。はしがきにおいて示した宮廷社会の特質とその変遷の様相は、各章の関連性を自分なりに整理した結果であり、また、本書をまとめることによって筆者が得た歴史像の提示という意味合いも含んでいる。もとより各章の議論は甚だ粗雑なもので、本書で得た結論もさして目新しくはない。結論の当否やそこに至るまでの論証過程の正当性、さらには取り上げた題材の適否など、様々な観点から諸賢の叱正を賜れれば幸いである。

曲がりなりにも一書をなし得たのは、多くの方々から学恩を蒙り、ご厚情を受けてきたが故に他ならない。高等学校の教諭になりたいとの甘い希望から大阪教育大学に入った私は、丹生谷哲一先生と吉田靖雄先生からご指導を受ける中で、研究のおもしろさに感じ入り、研究を生涯続けていくことを志すようになった。その後、京都大学大学院文学研究科に進み、鎌田元一先生、西山良平先生、吉川真司先生から史料読解や研究の手解きを受けたのであるが、演習や参加した研究会の中で展開される議論には全くついていけず、そこでの日々は、研究の厳しさを思い知った、ある意味で辛いものでもあった。修士課程・博士課程を終えると、鎌田先生の薦めによって、幸運にも京都大学埋蔵文化財研究センター（現在は文化財総合研究センターと名称変更）に就職し、京都大学構内遺跡の発掘調査に従事することとなったが、それまで経験したことのなかった考古学を専門とする同僚諸氏との共同作業は、新鮮かつ刺激的で楽しいものであった。その後、京都教育大学に職を転じ、初等・中等学校の教員を志す学生の指導にあたるようになると、研究と学校教育との関係性や学校教育の現状について考える機会が増え、何を目指して研究しているのか、自問自答することが多くなった。

各々の小文は、こうした日々の生活を背景として生まれたものであり、それとは無関係に自立して存在しているわけではない。教えをいただいた恩師を始めとして、先輩・同輩・後輩、同学の徒、同僚・学生など、様々な場で出会った多くの方々に、深く感謝を申し上げたい。

塙書房の寺島正行氏が京都の研究室を訪れ、出版を勧めてくださったのは、二〇一〇年一〇月のことであった。

以来、折ごとに温かい言葉で励ましてくださったが、生来の怠惰な性格からなかなか筆が進まず、ここまで遅延してしまった。その分、充実した内容になったのであれば、幾分かの言い訳ができるのであるが、研究の進展がないばかりか、分析の技量や慎重さの面で後退してしまった感が否めない。甚だ不十分な内容になってしまったことを、この場を借りてお詫びするとともに、これまで受けたご厚情と、本書における丁寧な編集作業に対して、心よりお礼を申し上げる次第である。

本書は、JSPS科研費　JP一七HP五〇八三の助成を受けて刊行される。

二〇一八年一月

吉江　崇

吉　江　　崇（よしえ　たかし）

略　歴
1973年　長野県上田市に生まれ、大阪府枚方市で過ごす
1997年　大阪教育大学教育学部卒業
1999年　京都大学大学院文学研究科修士課程修了
2002年　京都大学大学院文学研究科博士後期課程単位取得退学
　　　　京都大学大学院文学研究科助手（埋蔵文化財研究センター助手を兼任）
2005年　京都大学博士（文学）
2007年　京都教育大学教育学部講師
2009年　京都教育大学教育学部准教授
現　在　京都大学大学院人間・環境学研究科准教授（2017年より）

主要業績（本書に収載したものを除く）
「中世吉田地域の景観復原」（『京都大学構内遺跡調査研究年報　2001年度』2006年）、『勧修寺家本『御遺言条々』の基礎的研究』（科学研究費成果報告書、2014年）、「平安前期の王権と政治」（大津透他編『岩波講座日本歴史』第4巻（古代4）、岩波書店、2015年）、『京都教育大学所蔵二条家文書目録』（共著、京都教育大学教育資料館、2016年）、「造東大寺司の停廃」（栄原永遠男他編『東大寺の新研究2　歴史のなかの東大寺』法藏館、2017年）

日本《に　ほん》古代《こ　だい》宮廷社会《きゅうていしゃかい》の儀礼《ぎ　れい》と天皇《てん　のう》

2018年2月28日　第1版第1刷

著　者　吉　江　　崇
発行者　白　石　タ　イ
発行所　株式会社　塙　書　房
〒113-0033　東京都文京区本郷6丁目8-16
電話　03(3812)5821
FAX　03(3811)0617
振替　00100-6-8782

亜細亜印刷・弘伸製本

定価はケースに表示してあります。落丁本・乱丁本はお取替えいたします。
 ISBN978-4-8273-1293-5　C3021

索　引

さ

た